教育部人文社会科学研究专项任务项目（中国特色社会主义理论体系研究）

"近现代社会转型中的儒学现代化研究"（编号17JD710045）结项成果

济宁学院博士启动金（编号272311）资助

中国近现代社会
转型中的儒学现代化

郭　瑞◎著

人民出版社

序

　　近代中国国势衰微，国家生灵涂炭，曾经辉煌的东方文明在政治、经济与文化上全面落伍，在近代资本主义文明胁迫下，中国社会缓慢向前发展，开启近现代社会转型。儒学赖以生存的经济基础以及依附封建制度随着社会转型不断瓦解、解体，迫使儒学向现代转化。在这个过程中，儒学一度被视为落后挨打厄运的精神与文化根源而受到质疑、否定与批判。儒学逐渐失去原来位置与影响，中国人丧失了文化自信，备受欺凌，被迫向西方寻找思想武器。持续的挫折与失败，一度使中国人陷入困惑与迷茫，直到马克思主义传入中国并广泛传播，中国人在思想上才由被动变为主动。在此进程中，围绕中国往何处去，近代政治思想领域上一直存在传统与现代、改良与革命、西化与保守之间的对立与冲突。究其原因，近代中国特殊国情制约了中国近现代社会的顺利转型，强大的封建势力、民族不独立、人民不觉悟等都是严重阻碍中国社会转型的主导因素，近代中国社会转型举步维艰，充斥改良与革命之争。在儒学现代化的历史进程中，曾经关于传统儒学的任何变革都曾引起封建顽固保守主义者激烈的反抗，恪守祖宗之法与维护儒学道统是顽固守旧势力不可触碰的底线。儒学现代化的曲折进程反映中国近现代社会转型的艰难性，中国近现代社会转型的目标与任务决定了儒学现代化的方向，这也是为什么康有为为变法改良而托孔改制，成为近代推动儒学现代化的第一人，在那个时代背景下具有值得肯定的进步意义的原因之所在。援西入儒，

1

将近代西方文化与儒学对接，在传统儒学的基础上开出儒学的新道统，实现返本开新是现代新儒家群体在推进儒学现代化的一贯立场与主张，但是他们都没有看到属于传统儒学的时代已经结束，儒学势必被新的文化意识取代是历史必然。他们都是以维护儒学道统、恢复儒学原来地位与影响为目标，因此遭受挫折，受到打击，势力与影响甚微也就在情理之中。儒学只有经过现代转化之后服务社会，从而延续儒学命脉，发挥其现代价值，这是儒学现代化的成功之道。中国化的马克思主义对儒学的借鉴与吸收，实现马克思主义中国化与儒学现代转化的有机融合，是近现代儒学现代化的一条成功的经验。在中国近现代社会转型的背景下，在现代化的历史与现实情境下，思考儒学如何融入并致力与中国现代化事业，一直是近现代中国思想运动的一个突出的主题，也是一个重要的理论组成，这是近代关于儒学现代化的文化逻辑。为此，众多的思想史学者、文化工作者为此作出了不懈的努力。对于当代中国，救亡图存的时代课题已经结束，实现民族复兴与全面现代化是我们的奋斗目标。将中国特色社会主义文化自觉创造与历史悠久的、内涵丰富的儒家文化相衔接，实现儒学创造性转化与创新性发展，我们还要继续鸦片战争和五四运动以来一批前辈学者开辟的儒学现代化路径继续推进下去，总结他们在儒学现代化上经验与教训，克服种种因素造成的理论上的粗糙和偏颇，力求把这一项工作做得更好。

带着对儒学在近现代社会转型命运的思考，我选定了"中国近现代社会转型中的儒学现代化"为研究对象，沿着近代以来儒学现代化的历史逻辑，梳理脉络，总结规律。近代以来，为应对千年之未有变局，儒学不断进行文化改良与文化变革，包括今文经学的复兴、经世致用思潮的兴起，洋务思潮与中体西用文化纲领，康有为代表的维新变法派托孔改制的文化变革，资产阶级革命派对儒学抨击以及五四新文化运动对儒学毫不留情的批判等标志性事件，梳理其中思想脉络，总结儒学现代化的规律。马克思主义的传入是近代以来文化改良与文化变革失败而导致的必然结果。马克思主义中国化对儒学的批判继承、借鉴吸收既是马克思主义中国化的需要，也为儒学引入先进的思想资源，推动儒学的现代转化，马克思主义中国化推动儒学现代化。马克思主义中国化是近现代中国历史发展中的根本性事件。马克思主义取代儒学成为主流意识的过程就是马克思主义不断中国化的过程，儒学为马克思主义中国化的提供民族形式与内容，儒学在马克思主义中国化推动下实现现代化。马克思主义中国化在革命、建设与改革各个阶段有不同面相，以先进文化改造落后文化，批判继承儒学是党在民主革命时期的文化方针。新中国成立后，从革命向建设转变，党的路线方针也要随着调整，但是"左"的思想发展导致以革命思维对待传统文化，对儒学进行意识形态批判导致儒学现代化被迫中断。改革开放背景下，西化思潮侵袭、海外现代新儒家反哺大陆、国内复杂多元的意识形态格局，儒学现代化面临多路径选择，关于儒学现代化的质疑与争论正是当代思想意识多元化的反映。新时代，在马克思主义指导下，摒弃儒学消极因素，吸纳人类先进文明资源，构建社会主义新儒学是儒学现代化的方向与目标。实现马克思主义与传统文化深度融合，促进儒学创造性转化与创新性发展，是构建社会主义新儒学的路径之一，这既是对马克思主义中国化推动儒学现代化经验的继承，也是21世纪中国的马克思主义发展需要，也是繁荣儒家文化、建设文化自信的需要。

儒学是中国文化上的主体，在中国人有着中挥之不去的影响，近现代中国社会转型，儒学虽然失去原来的位置与影响，但是对儒学的思考从未停止。以近现代社会转型为视角，历史地、长时段地、整体地考察儒学在一百多年里的兴衰荣辱，考察儒学经历了一个失去权力庇护被逐渐边缘化的过程，直至从意识形态独尊位置跌落；儒学经历了一个被质疑、被否定、被批判但又迎来发展机遇并重新焕发生机的过程。儒学如何融入、并发力于中国走向现代化的事业，成为近代中国思想运动中的一个突出的主题，这是近现代社会转型中儒学现代化的理论逻辑。众多学者在挖掘儒学之中具长久或永恒价值的观念因素，以确立中国文化的生命之根；探寻儒学之中可以生长发育出现代生活的思想成分，寻找与现代生活衔接的榫卯，实现儒学的现代转化。他们的努力无论成功与否，都是对近代中国近现代思想运动涌现的儒学现代化这个跨越两个世纪主题的回应。应该承认，这个主题现代仍然在困扰着我们，也激励着我们，召唤更多的学者去进行自己的理论创造。我的研究就是对儒学现代化这一进程的考察、思考、总结，可以勉强算得上是有着上百年课题的一个小小的回应，为儒学现代化尽一点微薄之力。

目　录

绪　论

　　民国初年，以《新青年》创刊为标志着的新文化运动是中国近代影响深远的思想解放运动，它的发生标志着中国资产阶级革命又向前迈进了一步，中国从此进入一个新时代。陈独秀等人高擎民主与科学的旗帜，首先在文化领域掀起一场革命，他们倡导个性解放与思想自由，积极进行资产阶级思想启蒙。当时中国社会正处在激烈的新旧交替转型时期，各种矛盾呈现出胶着与不断激化的状态之中。在社会上有一股复古势力，留恋逝去的时代。他们站在文化保守主义立场，在思想文化领域以古非今，企图恢复儒学原来地位与影响。他们尊孔的思想与行动，得到了企图复辟政治人物的响应，二者不谋而合，在社会掀起一股尊孔复辟的逆流。尊孔与复辟的结合使中国先进知识分子认识到以儒家纲常伦理是维护封建专制的帮凶，儒学是扼杀新思想的刽子手，思想不解放是阻碍中国进步的根源。新文化转向对孔子及儒学的批判，一场轰轰烈烈的"批孔"运动随即展开……中国由此开始了一个新时代。这一切都发生在刚刚过去的一百多年前。

　　汤因比说过："追求历史的好奇，不仅是一种知识活动，而且是一种感情的经验。"抱着对儒学近代命运的深切关注，对未来儒学发展的殷切期盼，我最终将"近现代社会转型中的儒学现代化"作为研究对象，以近现代中国社会转型为背景，以儒学的现代转化为研究对象，考察儒学在中国近现代一百多年的历史命运。从历史发展角度上看，从1840年算起，一百多年

1

过去了。一百多年放在历史的长河中并不算长，但这一百多年，对中华民族、对现代化社会转型期的中国来说，可谓是意义重大、不同凡响，而儒学在这一百多年中的境遇正是其中的一个缩影。在当今社会，当下方兴未艾的文化热潮，儒学成为万众瞩目的焦点，儒学热持续升温。党的十八大以来以习近平同志为核心的党中央高度重视儒学的继承与弘扬，借鉴与吸收传统智慧成为习近平新时代中国特色社会主义思想的重要来源，儒学将迎来新的发展机遇。儒学不会缺席中国现代化进程，不会在民族复兴之路上作壁上观，总结历史经验是为了实现明天更好的发展，儒学现代化既是一个理论问题，也是一个现实的课题，极具研究价值。

一百多年关于儒学的历史记忆——这个记忆有很大的曲折，既有悲剧性的健忘，又有主动的忘却——这与中华民族近代的命运有关——整个民族在西方文明的压迫下陷入了困境。如果没有这种历史感，就不会对百年来儒学现代化的发展变迁有任何的学术兴趣；如果没有这种历史感，就很难展望今后中国文化的走向。认真了解我们前辈的思考和尝试，你就会对今天中国所出现的所谓儒学热、复兴儒学有清醒的认识，看出其中许多思想主张的苍白与无力，从而坚定儒学现代化的社会主义方向。

进入新世纪以来，文化热持续升温，各种形式的文化热在很大程度上表现为对儒学的提倡和重视，有关儒学复兴的声音也不绝于耳，这引起笔者对儒学的兴趣，对儒学过去历史的关注。考察儒学在近代以来的历史命运，就不能离开中国社会变迁，儒学与近现代中国社会转型的关系是我思考的重心。近代中国，遭受西方列强的殖民入侵，逐渐丧失民族独立，一步步沦为半殖民地半封建的社会，中国由传统社会缓慢向近现代社会转型。从那时起，先进的中国人为结束近代以来悲惨的民族命运，实现中华民族的独立与富强苦苦寻找道路，实现民族独立与完成现代化成为中国近现代社会转型面临的历史任务。伴随西方坚船利炮而来的，还有西方文明的不断输入，这是经过近代启蒙运动产生的一种全新的文明，它高扬个性独立、自由平等的价值理念，以竞争为特征的经济形态、以民主法治为基础的社会政治制度与中国传统封建社会君主专制的农业文明有着显著的差别。儒学是传统文化的主干，在中国封建社会的占主导地位。近代以来，社会不断转型，儒学已经不适应中国社会发展的需要，遭遇危机，西方文明的输入加快了儒学衰落。儒学在中国近现代社会转型中经历了没落、危机、被批判直至被彻底否定的过程。儒学要生存，就必须适应社会转型实现现代转化。中国现代化离不开对传统文化的继承，在中国近现代社会转型中的儒学现代化为当代儒学发展积累了丰富的经验，为当代的儒学现代化指明了路径。

一、中国近现代社会转型中的儒学

"社会转型"是近年来频繁使用的一个学术名词。中国近现代社会转型泛指中国社会的近代化与现代化，它的引入为考察中国近现代社会发展变化提供了新的视角和新的方向。近代以来，中国从封建社会向资本主义社会转型，从农业社会向工业社会转变，从传统社会向现代社会转型。儒学失去原来独尊的政治位置，出现危机是社会转型的必然结果。儒学从中国近现代社会转型的那一刻起，就面临着现代化转换的压力。以中国近现代社会转型为背景分析儒学现代化的历史过程，通过对儒学现代化的内在因素与外部动力的考察，准确把握儒学现代化的规律，为中国特色社会主义社会里的儒学现代化提供有益参考与积极借鉴。

（一）中国近现代社会转型的实质与类型

目前学术界有以下研究观点：（1）近现代社会转型与社会现代化同义。中国近现代社会转型的概念，在学术界常常是以近代化或现代化等概念代替其使用的，它们之间并未有明显的划分，也就是说，中国近现代社会转型是与中国的现代化、近代化是相同的含义。一般认为，在近代西方入侵下，中国近代社会转型是以西方现代化为方向展开的，求富自强的洋务运动迈开了中国现代化的第一步。胡伟希指出，西方是最早实现现代化的地区与国家，其在实现现代化过程中出现的种种理论，为中国这样的"后发性"国家提供了参照。① 马敏认为近代中国就是从农业向工业的转变，也就是现代化过程。② 陈国庆认为，近代中国社会转型就是中国社会的近代化和现代化。③

（2）中国近现代社会转型是被动转型。没有帝国主义的侵略，中国能不能走向现代化的道路，大多数的学者都持否定的态度。高华在《近代中国社会转型的历史教训》一书中指出，中国有诱发现代社会的因素，但中国社会存在制度缺陷使得中国无法出现资本主义。④ 刘惠君在《论中国近代经济、政治法律及文化转型》中分析指出：中国社会的超稳定结构严重阻碍着传统中或许可以走向现代化生长的因素，即便是中国有资本主义萌芽也不可能自觉走向资本主义。⑤ 陶爱萍在指出：在近代工业社会转型的过程中，西方文化发挥了导向和催化作用。⑥（3）中国近现代的社会转型是漫长的历史进程。学者普遍认为，中国长期在儒家思想浸淫下，近代中国的社会转型是中国社会结构、生产方式及文化制度等各方面深层次的矛盾阻碍或推动的，古老中国在极其缓慢的节奏中艰难地适应这种转型，直到今天还没有真正彻底完成。如黄玉顺教授认为，有文字记录以来，中国社会有两次社会大转型：第一次是春秋战国时期，儒学建立起来；第二次是我们身处其中的近代、现代与当代（这次尚未完成）。⑦"近代中国的社会转型，从总体上看是从传统农业社会向现代工业社会的转变，同时伴随着社会经济、政治和文化诸方面的新旧结构更替，因而呈现出立体型的多元运动趋势。"⑧ 学者们充分认识到近代中

---

① 胡伟希：《20世纪中国三大社会思潮及其当代转型》，《华东师范大学学报》2010年第5期，第1页。

② 马敏：《有关中国近代社会转型的几点思考》，《天津社会科学》1997年第4期，第98页。

③ 陈国庆：《中国近代社会转型刍议》，《华夏文化》2001年第2期，第16页。

④ 高华：《近代中国社会转型的历史教训》，《战略与管理》1995年第4期，第3页。

⑤ 刘惠君：《论中国近代经济、政治法律及文化转型》，《社会科学家》2008年第12期，第30页。

⑥ 陶爱萍：《西学、儒学与中国近代社会转型》，《兰州学刊》2008年第2期，第112页。

⑦ 转引自许嘉璐主编：《重写儒学史—儒学现代化版本问题》，人民出版社2015年版，第2页。

⑧ 王世雄：《中国传统社会的政治特征及其近代转型》，《新东方》1998年第5期，第61页。

国社会的转型是在三千年未有之大变局的挤压下进行的，是一种被动的应对，但开启了近代以来中国社会前所未有的深刻变革。

（二）中国近现代社会转型与近代儒学的关系

近代中国在鸦片战争失败之后，西方先进的科学技术刺激与亡国的危机，促使中国开始向西方学习，对西方现代化的认识从器物到制度再到文化。在这个过程之中，传统儒学步步走向危机，直至解体，儒学遭到批判与否定，结束意识形态独尊的地位。儒学解体只是意味着作为"制度儒家"①的消亡，儒学并没随着制度的解体而丧失影响力；相反，从中国社会转型的那一个刻起，儒学要存活，就不得不面临着现代化的选择。目前的学术界，基本上认同这种分析与判断：儒学不能为中国的近现代的社会转型提供思想上的指导，近代社会转型是儒学被一步步被证伪的历史过程。如干春松教授，他认为制度儒学的解体，作为文化认同的儒学被抛弃，而新的文化并没有及时立起来，中国近现代的社会转型显得举步维艰，中国遭受了世界上其他国家难以想象的苦难，寻找文化的认同始终是近现代社会实现变革的内驱动之一。

近现代社会转型与儒学关系的研究有不同的观点：

（1）儒学是阻碍中国近现代社会转型的文化因素。在中国存在了几千年的儒家文化是阻碍中国近现代社会转型的文化因素，儒家文化因为其封建性和保守性而不适应现代化的社会，在无形中阻碍了这一进程。高华先生认为，"中国传统的儒家学说与现代社会相脱节的根本原因在于它基本上是发挥维系等级森严的君主专制制度的作用。"②方晓珍认为"近代中国历史上一次又一次的政治变革之所以遭到挫折和失败的原因应当从文化和文化哲学中

---

① "制度儒家"是借用干春松教授的一个观点，包含着维护封建制度的意识形态儒学。制度儒家与封建制度融合在一起，在近代随着封建制度的解体而终结。（参见干春松：《制度化的儒家及其解体》，中国人民大学出版社2003年版。）

② 高华：《近代中国社会转型的历史教训》，《战略与管理》1995年第4期，第3页。

寻找"。① 社会转型促进文化发生变革和创新，新文化促使社会转型。中国近代社会转型的过程亦是对儒家文化不断进行批判创新的过程。陶爱萍认为"由于儒学不能为中国近代社会转型提供文化根基，人们也无法从儒家文化内部找到未来社会的期望，因而儒家文化从整体上来说是不利于中国近代社会转型的，中国近代社会转型的过程亦是对儒家文化不断进行批判创新的过程"。②

（2）儒学在近代社会转型中尝试变革。钱穆认为1840年鸦片战争开始到1895年这段时间，虽然中国已深陷西方殖民统治之下，但是西方对中国的冲击仍然是表面的，当时中国一些重要的思想人物的思想，很少显现西方的迹象，大部分绅士关心的仍然是维护儒家纲常伦理的核心地位等问题。学者李三谋也认为，19世纪末，中国官员和学者都坚信，儒家纲常精微，而西方只有技艺之长，儒家学说足以应对近代之变局。③甲午战争失败之后改良运动兴起，西学扩大了在中国的影响，资产阶级思想的传播对传统儒学的地位造成一定的影响。干春松教授指出，对西方一系列军事失败和对于这些失败根源的探讨，发展到对儒家观念体系的怀疑，中国人在社会心理层面发生重大的危机，引发重大的儒学危机。④近代中国社会缓慢转型，儒学赖以生存的经济基础与政治基础都发生了变化，西方文明的传入，加快了传统儒学危机。儒学已经不能使中国实现自立与自强，无法抵御外来的入侵。甲午战争的失败才使得中国人真正觉醒，认识到包括儒学在内的中国传统文化是不能应对西方入侵的，在各个方面中国已经落伍了，亡国灭种危机下的救亡运动推动古老中国的社会转型，因此传统儒学必须改革与创新才能适应时代要求。儒学现代发展离不开社会的变迁，徐庆文指出20世纪初，封建社会

---

① 方晓珍：《中国近代社会思潮的主要特征》，《安庆师范学院学报》（社会科学版）2001年第6期，第57页。

② 陶爱萍：《西学、儒学与中国近代社会转型》，《兰州学刊》2008年第2期，第114页。

③ 李三谋：《近代中国对"中学为体，西学为用"的认识历程》，《河北学刊》1986年第3期，第77页。

④ 干春松：《制度儒学》，上海人民出版社2006年版，第213页。

的终结导致经学的解体,传统儒学失去依托。经学学科地位的边缘化、儒学话语权的失声、儒学阐释的泛滥等成为困扰儒学现代发展的因素。[①] 刘宗贤指出在中国近代社会转型与现代化历史进程中,儒学未能成为延续传统的活力源泉,是因为没有能围绕现代化目标进行积极有选择的转换。[②]

此外,也学者认为儒学近代化开始于明末思想启蒙,随着中国资本主义新的生产关系萌芽,标志着由中国传统社会开始转入近代社会,在文化上,儒学就已经开始试图突破封建的束缚,开启近代儒学变革。对此,也有人提出不同的意见,明末资本主义生产关系萌芽极其微弱,以至于明末思想启蒙并没有突破传统儒学的藩篱,儒学纲常伦理没有根本性的变革,儒学没有先进文化的引入,未出现全新的形态,因而不能是一次真正的社会转型与儒学变革。

综上所述,真正意义上的社会转型和儒学变革还是开始于近代,开始于近代西方入侵引发的亡国灭种危机,传统儒学的经济基础、政治基础和社会基础不断瓦解和解体,在西学不断的直接冲击下,陷于危机中儒学开始在近现代转型中尝试着现代化的变革。中国共产党立足于当代世界中国现实,以马克思主义先进理论的指导,继承、汲取中华优秀中国传统文化,不断推进马克思主义中国化。

二、儒学现代化的国内外研究现状

"儒学现代化"在 20 世纪 80 年代开始就有学者著文探讨,核心主题是儒学与现代化的关系、儒学现代化的内涵等。儒学现代化随着 21 世纪儒学热持续升温而成为研究的热点,涌现出一大批活跃在儒学研究领域的老中青专家与学者,他们在普及儒学,对推动大陆儒学研究及现代化上作出了应有的贡

---

① 徐庆文:《经学解体与儒学的现代转换》,《山东社会科学》2010 年第 2 期,第 37 页。
② 刘宗贤:《儒学与中国现代化关系的反思——以东亚模式为视角》,《齐鲁学刊》2003 年第 4 期,第 5 页。

献，出版大量的学术专著，撰写大量的高水平理论文章，形成一个初具规模的大陆儒家学派，与海外新儒家交相辉映，极大地推动儒学的现代化研究。

（一）儒学与现代化的关系研究现状

儒学与中国现代化的关系问题，一直是儒学研究中未解的难题。20世纪80年代以来，关于儒学与现代化的关系，经历一个否定之否定的发展过程。

观点有如下两类：一是儒学已经不适应现代化社会。儒学不适应时代社会。儒学与现代化关系，首先面对的就是"韦伯命题"①。马克斯·韦伯早在20世纪之初就认为儒学伦理严重阻碍近代资本主义的发展。马克斯·韦伯将儒家文化与新教伦理作了一个比较，得出的结论是儒家文化的保守性和封闭性阻碍了中国现代化的启动，不利于中国现代化的发展。美籍华人余英时提出了"游魂说"，随着封建制度的崩溃，儒学在现实生活中已经失去立足点，儒学与现代生活之间的联系完全断绝。列文森分析了在转型时代出现儒学认同危机一个特有的现象：近代的中国面对西方的强势侵略，儒学在中西文化较量中的甘拜下风，中国人表现出对西方帝国主义的憎恨由此对西学表现出爱恨交加的复杂情感，出现了内心对儒家思想的困惑、疑虑和自我否定，对西方列强以及对西方现代化的心理扭曲。在国内，学者李一氓20世纪80年代到90年代初期，认为儒学是一个"非常封建的学说"，不会"促进社会主义的建设"，儒学与马克思主义之间没有调和的余地，在反对儒学现代化上具有代表性。他在写给蔡尚思教授的信中这样认为："马克思主义和孔子学说，无论如何是两个对立的体系，而不是可以调和的体系（折中主义），或者并行不悖的体系（二元论）。我们无法把马克思主义的地位轻而易举地让给孔子，因为我们的世界观无法接受一个唯心主义的哲学体系。"②可

---

① 韦伯认为，儒教中国以实用伦理而无法孕育出"资本主义精神"，中国传统社会文化亦无法独立开出资本主义。这一命题成立，直接意指着中国传统与"现代性"的绝缘。

② 《李一氓同志写给蔡尚思教授的一封信》，《文汇报》1990年12月26日。

以说李一氓的观点具有片面的真理性，但是他只看到儒学与马克思主义之间对立的一面，没有看到二者相通或相融的一面。这种观点代表了当时国内学术界对儒学现代化的主流认识。

二是儒学经过现代转化，可以适应现代社会。20 世纪 70 年代以后，儒学在东南诸国的现代化建设起到的积极作用，儒学与现代资本主义的有机结合，催生出一种全新的现代化模式，宣告了韦伯命题的破产。儒学在东南亚诸国的成功证明了儒学经过现代转化，是完全可以适应现代社会，因而儒学现代化也越来越被普遍接受。黄玉顺教授认为，儒学是善于不断吸纳外来文化实现变革的，儒学是积极入世的学问，每一个时代的儒学都在回应那个时代的问题，是"与时偕行"的，儒学与现代性并不对立，中国现代化进程离不开儒学的现代化。①

大陆学者对儒学现代化的研究开始于 20 世纪 80 年代后期。李一氓致蔡尚思的信公开发表以后，就有学者对此提出了不同意见，如张国光提出要以毛泽东的"二分法"对待和继承孔子及传统文化，"党的十一届三中全会以后，开展对孔子思想的重新认识和评价的活动，正是马克思主义占领了学术阵地和党对民族传统的批判继承方针得到了贯彻的表现"。当今关于孔子思想的评价只是一个"认识问题、学术问题"，不能上纲上线。② 学术界召开一系列的大型国际型学术座谈会③，出版了一系列的学术专著学术论文，带动了儒学现代化的研究热潮。姜林祥教授认为进入 20 世纪末期，特别是 21 世纪之后，随着中国社会现代化进程的加快，不断崛起的中国不断回归传统，寻求文化认同，树立文化自信，必然会对民族文化形成文化自觉，儒学热就是

---

① 黄玉顺：《论生活"儒学"与生活的"儒学"》，《中州学刊》2016 年第 5 期。
② 张国光：《要坚持毛泽东同志关于孔子和传统文化的"二分法"——兼评〈李一氓写给蔡尚思教授的一封信〉》，《湖北社会科学》1992 年第 6 期。
③ 规模及影响较大的学术会议，如 1992 年 6 月在四川的德阳召开的首届"儒学及其现代意义国际学术研讨会"，来自包括美国、澳大利亚、新加坡、马来西亚及日本的中外学者 264 人参会。学术泰斗张岱年先生亲到会并做主旨发言，出版论文专辑《儒学与现代化》。

在这种文化背景下持续升温，复兴儒学不绝于耳。

改变人们对儒学现代化的认识不能忽视海外现代新儒家群体，以及他们对儒学现代化的特殊贡献。20世纪60年代东亚一些国家和地区在经济上的迅速崛起，创造了有别于西方现代化模式，即所谓的"东亚模式"，作为其文化背景的儒学传统理念为特征的"亚洲价值观"被提了出来，引发了关于儒学与现代化问题的讨论。海外新儒家以"儒家资本主义"和"汉文化圈"的观点来解释与分析东亚经济发展奇迹获得越来越多的认可，为儒学现代化转化提出了一系列新观点，并身体力行推进这项事业，取得广泛的关注并取得较大的社会影响，杜维明、成中英、余英时、刘述先是其中的代表人物，他们被称为第三代现代新儒家的代表人物。第三代现代新儒家对儒学的现代化的复兴持乐观和积极的态度。杜维明作为其中的代表人物，早在20世纪末就曾经预言，儒学在中国处于"一阳来复"的阶段；他认为儒学要生存就必须进行现代转化；在现代文明的进程中如何对待传统文化，杜维明提出"现代性中的传统问题"，对当代继承与发展儒学具有启示意义。学者余英时否定儒学的政治价值，他在《现代儒学论》认为现代社会之中道德和知识来源多元化，儒学虽然独霸精神价值领域的时代已经过去了，但儒学在文化上具有独特作用，中国人建立自己的现代认同还必须从儒家吸收精神营养。儒学和现代化的关系是一个动态的过程，在现代化过程中，经过现代化调整后的儒学在东亚和地区的经济复苏与发展中发挥了积极的作用，证实了儒学的现代价值。

儒学现代化与儒学复兴。大陆儒学热在进入21世纪以后继续升温，儒学复兴呼声不绝于耳。儒学能否复兴成为学术界关注的话题。21世纪之初，在大陆儒学复兴的驱动下出现一个独特的群体，这个群体被冠名为："大陆新儒家"。它是一个20世纪90年代开始出现的集文化探讨、学术研究、社会实践于一体的复杂团体。他们以复兴儒学为己任，具有一种强烈的社会实践意识和政治参与倾向。他们不局限于大学之中传播儒学知识，而是涉及宗教、教育和政治实践等诸多问题，对复兴儒学表现出强烈的关注，对现代性保持一种强烈的反思。"大陆新儒家"表现出强烈意识形态倾向得到大多数人的反对，目前势力与影响日渐微弱，但它的出现代表了新世纪"儒学复兴"的一种倾向：儒学政治化、意识形态化。这种倾向引起人们对儒学复兴的高度重视，对儒学现代化的方向与路径进行重新的定位。许全兴教授认为：作为意识形态的儒学在当代社会已决无可能复兴，但作为学术流派的儒学在经过自我的变革实可以现复兴，为中国特色社会主义服务，但不能成为文化的主导。①

（二）儒学现代转化的路径与方向

儒学虽然是属于旧的时代文化形态，在现代社会中仍然具有相应的价值，但儒学必须进行现代性的转化，这一点在今天的社会已经没有太大的争议。这里的核心问题是儒学在哪些方面适合现代社会。如何推进儒学的现代转化是最为重要的问题。

（1）儒学现代转化的路径。对儒学的继承，著名学者匡亚明提出了"三分法"②，对新时期儒学的现代转化指明了路径。汤一介认为，儒学可以从"经济基础"的问题与"人治"两个方面的加以纠正，克服儒学的"道德至上主义"，发挥儒学在现代社会应有价值。③儒学现代化"只能给它以现代解释，使它得到发展，并使之有利于我们的现代社会，就是可行的"④，但儒家思想的现代化将是一个十分艰巨的工程，需要长期探索。郭建宁教授认为儒家文化是一个复杂的矛盾体，要正确认识儒学在现代社会的地位和作用，儒学要实事求是地进行分析和鉴别，必须处理好传统与现代的关系，继承和

---

① 许全兴：《关于儒学复兴的若干思考》，《贵州社会科学》2010 年第 2 期，第 8 页。

② 所谓的三分法就是：对儒学封建性的东西，也就是那些直接为维护封建统治阶级特殊利益服务的东西，例如忠君尊王的思想等等，必须采取严肃的批判和与之决裂的态度，对带有人民性和真理智慧而仅具参考价值的东西，例如大同思想等等，则应采取严肃的分析和借鉴的态度，对具有人民性、科学性而今尚有生命力和现实意义的东西，例如《论语》中许多有益的箴言等等，则应当采取认真清理和大胆继承使用并加以发展的态度。[参见《匡亚明认为对孔子要实行"三分法"》，《人民日报》（海外版）1986 年 2 月 19 日。]

③ 汤一介：《传承文化命脉　推动文化创新》，《中国哲学史》2012 年第 4 期。

④ 汤一介：《儒学现代化问题》，《天津社会科学》1991 年第 2 期，第 46 页。

创新的关系，避免"一锅煮"和"一刀切"。① 周桂钿认为，儒学一直在适应社会进行现代化。儒学价值在现代社会得到了应用，所以可以说儒学已经现代化，但现代化不是一次性的，所以儒学需要继续现代化②。李翔海认为，儒学现代化大体沿着"外在冲击""内在转化""综合创新"的路径，经过上述三个阶段转化之后实现从传统到现代的转型。③ 方克立教授提出"马魂、中体、西用"的观点，他认为在文化建设路径上，以马克思主义为思想指导，是文化建设的"魂"；儒学是中学的核心，中学为体视以儒学为中华民族文化主体、生命主体、创造主体；西学为用是以西方文化和其他一切民族文化的积极成果、合理成分为学习、借鉴对象。儒学是马克思主义中国化的文化土壤，马克思主义是主导意识，儒学是支援意识；儒学现代化只能在马克思主义的指导之下，中国特色社会主义是科学社会主义，而不能是儒家社会主义。④

（2）儒学现代化上要正确处理与马克思主义的关系。20世纪80年代"文化热"以来，围绕儒学与马克思主义关系的讨论成为儒学现代化争论其中一个焦点。许全兴教授指出，"文化热"围绕古今中外展开，马克思主义与中国传统文化（尤其是儒家文化）的关系是核心。⑤ 方克立教授认为儒学是马克思主义中国化的文化土壤，马克思主义是主导意识，儒学是支援意识。⑥ 丁成际认为，儒学必须与马克思主义相结合，才能实现儒学现代的转化，另一方面，马克思主义也必须与儒学相结合，以真正地实现马克思主义的中国化。⑦ 儒学与马克思主义的相融相济的关系源于儒学的现代化与

① 郭建宁：《马克思主义与儒学》，《中国教育报》2010年6月30日，第4版。
② 周桂钿：《关于儒学现代化的断想》，《新视野》2006年第6期，第97页。
③ 李翔海：《论中国文化现代发展的三个阶段》，《南开学报》2005年第6期。
④ 方克立：《马魂、中体、西用》，人民出版社2015年版，第113页。
⑤ 许全兴：《百年中国的哲学革命》，人民出版社2015年版，第456页。
⑥ 方克立：《马魂、中体、西用》，人民出版社2015年版，第113页。
⑦ 丁成际：《马克思主义儒学化与儒学马克思主义化之辨析》，《现代哲学》2013年第5期，第97页。

马克思主义中国化的双向需要，也是充分发挥民族精神与时代精神的双重要求。① 许全兴认为中国的马克思主义者有两个老祖宗：在坚持不忘马列老祖宗时，不要忘记自己民族的老祖宗，中国的马克思主义应该是对中国历史文化的总结与概括。② 也有学者这样认为：在推进马克思主义中国化的过程中，马克思主义必须承认儒学作为中国文化主人的合法地位，重新确立儒学的中国文化正统地位，然后以自身的理论开放性与儒学的正统相融通，从而以包容中国传统文化的姿态与融入中国传统文化之中的方式做回中国文化的主人。③

（三）儒学现代化研究群体

大陆儒学现代化研究随着 20 世纪 90 年代儒学热而逐渐升温，出现一批年富力强的中青年儒学研究的学者，接替了老一代学者如庞朴、匡亚明、张岱年、汤一介等人，成为儒学现代化研究的中坚力量。方克立曾经这样概括目前大陆儒学研究群体："国内研究现代新儒学的学者，绝大多数属于马克思主义派。"④ 这是对大陆现代新儒学研究队伍一个比较符合实际的分析评述。方克立教授是大陆马克思主义指导下的学术研究群体的代表，这个群体在社会主义条件下的儒学现代价值及现代路径的研究中取得一系列成果。如方克立教授认为，在文化建设上要以马克思主义为思想指导，这是当代文化建设的"魂"；儒学是中学的核心，中学为体视以儒学为中华民族文化主体、生命主体、创造主体；西学为用是以西方文化和其他一切民族文化的积极成果、合力成分为学习、借鉴对象。儒学是马克思主义中国化的文化土壤，马克思主义是主导意识，儒学是支援意识。⑤

---

① 丁成际：《历史、现状与未来——儒学与马克思主义研究的三个面向》，《马克思主义与现实》2012 年第 4 期，第 196 页。
② 许全兴：《百年中国哲学革命》，人民出版社 2015 年版，第 430 页。
③ 孙铁骑：《论马克思主义与儒学的融通》，《理论探讨》2013 年第 4 期，第 54 页。
④ 方克立：《现代新儒学与中国现代化》，天津人民出版社 1997 年版，第 584 页。
⑤ 方克立：《马魂、中体、西用》，人民出版社 2015 年版，第 113 页。

  总之，关于近现代社会转型中的儒学现代化研究的不足之处表现为以下几点：

  一是对近代以来儒学现代化发展的脉络不清晰；对中国共产党在马克思主义中国化进程中对儒学的借鉴与吸收，促进儒学现代转化的历史意义认识不足，没有正确予以定位。马克思主义中国化进程中与儒学相结合，不是用儒家文化来改造马克思主义，而是对儒家文化进行必要的批判、改造、补充和发展，目的是为了改造中国旧传统，改造中国落后的现实，二者是辩证统一的、相互促进的。

  二是近现代社会转型中的儒学现代化方向与目标定位模糊，只是比较笼统地概括为西方化与现代化。事实上，中国革命在中国共产党的领导下，改变了近代以来中国以欧美现代化学习的目标，中国的现代化是内源的现代化，是中国人民自己探索的现代化之路，而不是所谓的"冲击""外源"之说，即西方对中国输入的现代化，中国近现代社会转型是以现代化为总目标和总任务。中国革命推动中国近现代社会转型，为中国现代化开辟了新路。中国社会主义现代化建设开启了人类文明新的模式，中国沿着这条现代化道路一直走到今天。中国近现代社会转型是以往中国历史上从来不曾有过的，带来的变化是震撼的，时间是漫长的，从近代一直持续到今天，社会仍然处在这种转型之中。由于中国近现代社会的特殊性，中国社会转型步履艰难，民族不独立严重制约了中国的现代化。中国近现代社会转型的历史任务决定了儒学现代化的方向，而儒学现代化的曲折也反映出中国近现代社会转型的艰难性。对儒学现代化与中国近现代社会转型之间这种关系认识与把握，目前在理论界还没有相关的研究。目前学术界关于儒学现代化的研究还缺少上述的视角，对近现代中国文化转型缺少宏观的历史视野。

  三是研究成果缺乏马克思主义的理论视野，没有唯物史观的运用，以历史的、发展的、宏观的眼光，从思想史、观念史的角度认识儒学在近现代社会的地位、作用以及意义。对儒学与近代社会转型的关系认识不足，对儒学现代化的内涵、路径与背景研究分析不足，显得过于笼统；只简单提到现代化的概念、意义、时间等，对如何实现现代化的缺乏具体的分析。

三、本书的现实背景及理论意义

（一）现实背景

本书从以下几个方面对儒学面临着的现实问题进行思考：

一是21世纪"儒学热"方兴未艾，"儒学复兴"不绝于耳。今天文化热持续升温，社会掀起一股传统文化的热潮：国学热、儒学热，伴随而来的是游学热、读经热、祭祀热、私塾热、修家谱热，人们对传统文化表现出浓厚的兴趣。很多人为了寻找文化认同，又一次回到了儒家传统文化，全国上下表现出对儒家文化的格外重视，儒家文化的复兴势不可当。文化热、儒学复兴的背后有令人忧虑和担心的倾向：将传统的东西"一股脑"搬到今天，大搞"文化复古"；也有人搞厚古薄今、以古非今……如何看待当下传统文化热与儒学复兴思潮？传统文化如何复兴？儒学如何复兴？这些问题的回答需要面对现实，冷静思考，深刻总结历史经验，作出合理的规划与指导。中国近现代社会转型中的儒学现代化就是总结一百多年来儒学是如何适应现代社会转型实现现代转化的历史经验，为新时代社会主义文化建设提供有益的借鉴。

二是市场经济条件下，利益多元化格局带来社会意识、社会价值的多元化，中国逐渐告别计划经济体制下文化单一、社会意识相对单纯的局面。同时，开放背景下，西方文化意识对国内意识形态建设还会带来不小的冲击。在当代社会，如何处理各种社会意识与马克思主义之间的关系是一个重大的现实问题。我们看到在传统文化热、儒学热的背后，有一股否定马克思主义在意识形态领域指导地位的倾向，如"大陆新儒家"、自由主义新儒家。以近现代社会转型为视角考察儒学现代化的历史进程更能清晰地认识到儒学救不了中国，中国革命、建设与改革取得的成就靠的不是儒学，儒学的发展不能取代马克思主义在意识形态工作的指导位置。通过本书，对儒学现代化上坚持正确的方向有清醒的认识，对新儒学的发展有坚定的立场。

三是儒学与中国现代化的关系。儒学与现代化的关系一直是引起争论的问题。在中国近现代社会转型中，儒学不断吸收外来先进文化实现现代转化，为新时期儒学发展积累了丰富的经验。实践将证明，现代化为儒学开辟道路，儒学的现代转化伴随中国现代化进程，为现代化提供精神滋养与智力支持。在中国特色社会主义现代化建设道路上，中国不断崛起，在国际上拥有了更多的发言权、话语权，民族文化意识的觉醒，对自己传统文化重新评估和自我文化身份的重新认定，儒学又迎来新的发展机遇，如何实现现代转化，发挥其应有价值，服务于现代社会，总结儒学现代化经验，可以为儒学未来发展提供积极借鉴和有益启示。

四是儒学现代化与中国文化复兴。当今中国的现代化取得举世瞩目的成就，中国正在崛起，中华民族正在复兴，社会发生深刻的变化。民族复兴必然带来文化繁荣与复兴。文化复兴是文化强国建设的重要步骤，文化复兴必然推动传统文化现代转化的进程不断加快。儒学是新时代文化建设重要的思想宝库之一，推动儒学的现代转化，服务于现代社会发挥儒学其应有价值是每一个儒学研究者和儒学爱好者共同的心愿。

总之，在推进儒学现代化的进程中，既反对"全盘西化"的文化虚无主义，也要反对以古非今的文化复古主义。在儒学现代化的方向上，既看到儒学在现代社会的价值，又要谨防儒学消极因素对现代化的不利影响，推动当代的儒学现代化。当代的儒学现代化为社会主义现代化建设提供思想动力与智力支持，成为社会主义文化的重要组成部分。

（二）研究的理论意义

本书以马克思主义的立场、观点与方法考察近现代社会转型中的儒学现代化，研究理论意义有以下几点：

一是通过研究，更加坚定我们马克思主义的基本立场，反对各种形式的文化决定论。考察近现代中国社会转型的进程，我们深刻地认识到近代以来中国落伍、被动以及挨打，沦为半殖民地半封建的社会，正常的社会发展被迫中断，争取民族独立是中国近现代社会转型首要的历史任务，但是儒学救不了中国，解决不了近代中国御敌于外侮实现民族独立，最终完成现代化社会转型的历史任务。现代新儒学是近现代儒学现代化思想重镇，但现代新儒家在文化观上就是典型的文化决定论者，他们看不到儒学在近代没落的历史命运与近代经济基础的改变有直接的必然联系，而把直接的原因归结为五四新文化运动和马克思主义思想的传入。实践证明，只有马克思主义才能救中国，马克思主义传到中国以后深刻改变了近现代中国的历史命运；只有马克思主义才能发展中国，中国建设和改革的成功，探寻到一条通往现代化之路，根本原因就是诞生了马克思主义中国化的最新理论成果——中国特色社会主义，为根本上完成中国现代化社会转型，实现中华民族伟大复兴奠定坚实基础并提供最可靠的保障，从而也为儒学的创造性转化和创新性发展提供了社会基础。

二是总结历史经验，探寻儒学现代化之路。儒学已经内化到中国人心理、行为以及意识之中，到了"日用而不知"的地步。无论过去、现在还是未来都将表明，中国离不开儒学，但儒学只有完成现代转化才能适应新社会。近代以来，中国经济、政治、文化在西方殖民入侵下发生了深刻的变化，中国封建社会逐渐解体过程中，传统儒学处在不断瓦解之中。儒学是封建社会意识形态的旧文化，儒学要发展就必须创新，就必须面向现代化，以开放包容的心态积极借鉴与吸纳世界上包括马克思主义在内的其他先进文明，实现创造性转化与创新性发展，在新的经济、政治基础上构建出新儒学。无论是近代康有为等儒学派，还是现代新儒家，他们在儒学上都有很深的造诣，对儒学怀有很深的感情，在他们所处的时代，一种延续儒学道统的神圣意识支配他们延续儒学命脉，推动儒学的现代转化，但是他们都没有意识到儒学赖以生存的经济与政治已经解体，在旧经济、旧政治基础之上是无法建立新的文化，因而他们在儒学现代化上是不成功的，没有真正振兴儒学。在马克思主义指导下，中国共产党领导中国人民取得中国革命、建设和改革的伟大胜利，社会主义制度的确立以及中国特色社会主义道路的开辟为在新的经济基础与政治基础之上，建设社会主义新文化提供了可能，在此基础之上儒学才可能真正实现复兴，儒学现代化才能真正开展。探寻儒学现代化之路不仅是一个急迫的现实问题，更是一个值得研究的理论问题。

三是考察近现代中国社会转型中的儒学现代化，我们可以清晰看到中国共产党不仅是旧文化的坚决批判者，更是中国文化的继承者与创造者。中国共产党致力于探索一条有别于西方模式的人类文明之路，中国特色的现代化之路，从领导中国革命的那一刻起，中国共产党就致力于马克思主义中国化，不断探索马克思主义的基本原理与中国实际结合，不仅开辟新民主主义革命道路、中国社会主义建设道路以及中国特色社会主义现代化之路，而且实现马克思主义与中国传统文化结合，建设了新民主主义革命文化、社会主义建设文化和中国特色社会主义文化。批判继承传统文化是中国共产党一贯的文化主张。新时代，中国传统文化为解决中国现实及人类共同面临的发展问题提供现实的参考与理论创造的资源，推进儒学创造性转化与创新性发展，服务中国现代化事业，服务中国特色社会主义，成为中国特色社会主义文化建设重要组成部分，这对中国的发展及世界文明进步，必将产生重大和深远的现实意义。

第一章

社会转型、中国近现代社会转型及儒学现代化

　　1840年的鸦片战争，对古老的中国来说是一个有标志性意义的历史事件。从秦汉到明清，中国社会虽然多次出现政治与社会危机，封建王朝频繁更迭，但中国政治结构以及儒家宗法制度都始终没有发生变化，社会依然在原来的轨迹上运行。但是，鸦片战争之后的情况就完全不同了，从那时起，古老的中国被迫卷入了与传统农业社会迥然不同的、西方主导的工业文明之中，一个古老的封建帝国开始与一个、继而与一群现代资本主义国家处在不断碰撞与冲突的之中，西方资本主义政治的、军事的、经济的、文化的等各种力量伴随一系列不平等条约向中国涌来，侵蚀着古老封建帝国的衰颓之躯，逐渐置换着它既有的政治、经济、文化与社会结构。古老的中国在强大外力作用下，开始了近代社会转型。在近代社会转型中，对西方现代化的认识经历了从器物到制度再到思想文化发展变化过程，中国近现代社会在缓慢转型。

　　中国近现代社会转型，是从一个封建落后的农业国家转变为一个的近现代工业国家，从一个有着几千年历史的封建专制的国家转变为一个具有现代意义上的平等、自由、民主、法治的国家，是古老的中国走向现代文明的历史过程。实现现代化是中国近现代社会转型的最终目标，也是近代以来一百多年中国人持之以恒追求的目标。近代中国特殊国情决定了中国近现代社会转型首要的任务就是实现民族独立，这个历史任务最终在中国共产党领导的新民主主义革命完成，革命推动中国近现代社会转型。中华人民共和国的成

立与社会主义制度的确立为中国完成现代化的转型开辟了道路并提供了制度保证。

儒学是中国两千多年封建社会的意识形态，长期占统治地位。中国近现社会转型，传统社会的经济基础瓦解，儒学不适应社会的发展，一步步从封建社会独尊的位置跌落，失去昔日的地位与影响。中国现代化离不开传统文化的继承，离不开儒学的现代转化。儒学现代化就是儒学在适应近现代社会转型实现转化具备新的形态，产生新文化，成为新文化建设的重要组成部分，儒学价值在现代社会得到体现。以近现代社会转型为背景考察儒学现代化的历史进程，深刻总结儒学现代化的经验与规律，对当代儒学的现代转化具有现实启示，对当代的儒学现代化具有重要意义。

第一节　社会转型的界定

"社会转型"是英文"Social Transformation"一词的汉译过来的，是生物学"Transformation"概念的借用。"社会转型"是西方取代"现代化"概念在社会领域中的运用。在社会史、思想史等领域的研究中，"现代化"曾经是使用率较高的理论范式[①]，影响深远。但随着世界各国的现代化，特别是广大发展中国家现代化进程的复杂现实，尤其是包括中国在内许多国家现代化发展事实，打破了西方"现代化"研究范式，破除了对西方现代化固定模式的推崇，现代化理论范式解释力进一步降低，公信力受到质疑，这些现实突破了支配世界范围现代化范式所作的预测。"社会转型"的引入改变了

---

① "范式"（Paradigm）概念源于希腊语 Paradeigma，是"模范"或"模型"。是 20 世纪美国科学哲学家托马斯·库恩在 60 年代提出的核心概念。库恩指出："我所谓的范式通常是指那些公认的科学成就，他们在一段时间里为时间共同体提供典型的问题和解答。""一个范式就是一个公认的模型或模式。"（参见托马斯·库恩：《科学革命的结构》，北京大学出版社 2003 年版，第 4、21 页。）

原来"现代化"研究框架与模式的不足，为社会现代化提供了新的研究视角。

一、社会转型的含义

用"社会转型"来描述中国社会的发展变化是近年来频繁使用的一个学术概念，它的引入为考察中国社会变迁提供了新的视角和新的方法。关于本书所涉及的社会转型，要从以下几点来把握：

一是社会转型的研究涉及一个社会政治、经济及文化的整体性变迁。一方面体现在社会整体结构的变化上，另一方面体现在变化的过程上。从传统社会向现代社会、从农业社会向工业社会、从封闭转向开放的过程。也就是说，社会转型这种变迁的研究，既要对所转之"型"的结构进行分析研究，搞清楚"型"是什么，也要对型"转"之过程进行分析研究，"转"强调的是社会结构方向性、全面性和根本性的变化，考察"转"这个动态的过程。"社会转型是一种整体性发展"，"它意味着经济结构的转换，同时也意味着其他社会结构层面的转换，是一种全面的结构性过渡"。[①]

二是"社会转型"与"现代化"理论的区别与联系。美国学者罗兹曼认为："所谓走向现代化，指的是一个从农业为基础的人均收入很低的社会，走向着重利用科学与技术的都市化和工业化社会的这样一种巨大转变。"[②]美国学者亨廷顿认为："现代化包括工业化、城市化，以及识字率、教育水平、富裕程度、社会动员程度的提高和更复杂的、更多样化的职业结构。""现代化是一个革命的进程，唯一能与相比的是从原始社会向文明社会的转变，即为文明本身的出现。"[③]"社会转型"的概念提出比"现代化"概念提出的时间

---

① 李培林：《"另一只看不见的手"：社会结构转型》，社会科学文献出版社2005年版，第3—5页。

② ［美］罗兹曼：《中国的现代化》，国家社会科学基金"比较现代化"课题组译，江苏人民出版社1988年版，第4页。

③ ［美］亨廷顿：《文明的冲突与世界程序的重建》，周琪等译，新华出版社2010年版，第58页。

要晚，二者研究涉及范围和领域既有区别又有联系。社会转型研究领域更为宽广，有广义和狭义之分。有学者认为广义的社会转型包括人类社会从原始社会到未来知识社会经历或正在经历了三次大的社会转型：由原始社会的采猎社会向农业社会转型、由农业社会向工业社会的转型、由工业社会向知识社会的转型。① 狭义上的社会转型则认为，如同一社会形态下，社会生活的某一个或几个方面发生了较大甚至较为剧烈的变化，但这种变化不涉及社会形态的变化，只是一种社会生活的量变过程。② 现代化是社会转型的一个特例或一种类型，即工业社会向农业社会的转型。在这个过程中，生产力、生产（生活）方式、经济结构、政治结构、价值观念等的变革或质变。中国近现代社会转型，从大的方向上看，就是中国现代化的历史进程。

三是社会转型不是一般意义上的社会发展过程。社会转型与社会发展相比，社会转型是一个变动相对激烈、时间相对短暂、连接两个结构相对稳定的社会的过渡性时段。在这个社会转型的进程之中，是一个充满新与旧的相互碰撞，相互摩擦以及相互作用的过程，也就是一个充满相互矛盾甚至是激烈冲突的过程。在发生质的飞跃之前，社会处在一种不显著的、潜在的变化过程之中，这一过程被称为社会转型期。③

四是社会形态的演变包含社会转型的意蕴。马克思虽然没有明确提出有关"社会转型"的概念，但他用社会形态演变来论述关于社会转型的问题。马克思提出了人类社会发展的五大形态理论："大体说来，亚细亚的、古代的、封建的和现代资产阶级的生产方式可以看作是经济的社会形态演进的几个时代。"④这种划分简单明了，指出了资本主义是近代社会转型的必然结果。随后，马克思在《1857—1858 年经济学手稿》中，对社会中人与物的关系上，从生活方式上对人类社会发展形态作了描述："人的依赖关系（起

---

① 文军、童星：《论人类社会发展与三次社会转型》，《湖南社会科学》2001 年第 1 期。

② 陈国庆：《中国近代社会转型刍议》，《华夏文化》2001 年第 2 期。

③ 陈国庆：《中国近代社会转型研究》，社会科学文献出版社 2005 年版，第 1 页。

④ 《马克思恩格斯选集》第 2 卷，人民出版社 2012 年版，第 3 页。

初完全是自然发生的），是最初的社会形态，在这种形态下，人的生产能力只是在狭窄的范围内和孤立的地点上发展着。以物的依赖性为基础的人的独立性，是第二大形态，在这种形态下，才形成普遍的社会物质变换，全面的关系，多方面的需求以及全面的能力的体系。建立在个人全面发展和他们共同的社会生产能力成为他们的社会财富这一基础上的自由个性，是第三个阶段。第二个阶段为第三个阶段创造条件。因此，家长制的、古代的（以及封建的）状态随着商业、奢侈、货币、交换价值的发展而没落下去，现代社会则随着这些东西一道发展起来。"① 从马克思的论述中可以看出现代化是人类社会发展的必经阶段，人类社会社会形态向着现代化演变的，但现代化也只是世界历史发展的一个必然阶段，它为未来更高级的社会形态准备各方面的条件。以马克思主义社会形态理论分析社会转型，每次社会转变社会都在政治、经济、文化等层面综合意义上发生质的变革。因此所谓近代社会转型，就是一个国家在政治、经济、文化等层面综合意义上脱离中世纪的轨道，从自然经济为主导的农业宗法社会向以商品经济为特征市场经济社会的发展演变，也就是实现人类文明从封建社会向资本主义社会再到社会主义社会的转变。

二、社会转型的原因

社会转型的发生是社会转型研究所要探讨的主要内容，社会转型是有着深刻的社会原因。马克思主义的唯物史观是我们分析、研究社会转型所要坚持根本性的、原则性的方法。

对社会变迁的原因分析，马克思主义反对"精神决定论"或"文化决定论"，指出："一切社会变迁和政治变革的终极原因，不应当到人们的头脑中，到人们对永恒的真理和正义的日益增进的认识中去寻找，而应该到生

---

① 《马克思恩格斯全集》第 46 卷（上），人民出版社 1979 年版，第 104 页。

产方式和交换方式的变更中去寻找；不应当到有关时代的哲学中去寻找，而应当到有关时代的经济中去寻找。"①马克思主义认为，在生产系统里面，生产力与生产关系是一对矛盾体，矛盾的解决最终是以生产力对生产关系的突破，进而为了适应新的生产力而重构生产关系或生产关系主动"妥协让步"的方式，再一次与生产力保持"一致"而宣告结束。从这个意义上，人类社会的历史也就是在生产力与生产关系的矛盾运动中不断前进的。马克思指出："社会的物质生产力发展到一定阶段，便同它们一直在其中运动的现存生产关系或财产关系发生矛盾，于是这些关系便由生产力的发展形式变成生产力的桎梏。那时社会革命的时代到来了。""随着经济基础的变更，全部庞大的上层建筑也或慢或快地发生变革。"②随着生产的发展，不仅社会经济结构和政治结构发生变革，社会结构的所有方面和人们社会生活的一切关系都会发生变革。于是，新的社会也就产生了，这正是一个完整社会转型的过程。

经济基础决定上层建筑是分析和研究社会转型所要坚持的根本原则。马克思主义的基本观点，在归根结底上的意义上说，社会转型都是经济发展的产物，都是经济原因导致的社会发展的结果，这是深层次的、终极意义上的原因，而导致社会转型发生和推动社会转型发展的直接原因则复杂得多，它的发生和完成都不可能是某一因素促成的，它必然是多种因素共同作用的结果，表现出一种"历史合力"的综合作用。在对社会转型研究的同时，除去考察引起社会转型发生的内在根本原因和直接原因外，还要综合分析外在的、偶然的因素的影响，对最终导致社会转型实际发生的诸多条件构成的综合原因进行考察。在具体某一次的社会转型的过程中，"历史合力"的诸多力量因素绝对不是均等的，所起到的作用也是不均等的，因而也就出现某种主导因素的情况。恩格斯曾经这样指出："我们自己创造着我们的历史，但是第一，我们是在十分确定的前提和条件下创造的，其中经济的前提和条件

---

① 《马克思恩格斯选集》第 3 卷，人民出版社 2012 年版，第 654—655 页。
② 《马克思恩格斯选集》第 2 卷，人民出版社 2012 年版，第 2—3 页。

归根结底是决定性的。但是政治等的前提和条件，甚至那些萦回于人们头脑中的传统，也起着一定的作用，虽然不是决定性的作用。"[1] 一些偶然因素往往在特定的国家、民族在特定的历史阶段可能具有更为直接的、更为重要的决定性作用。发生在中国这样的东方传统国家的近现代社会转型便是如此。西方军事入侵打开古老中国的大门，面对来自西方列强军事、政治、经济、文化等方面的侵略，在压力救亡图存，政治、社会结构和生产方式都被迫发生变化，中国近现代社会不断转型。

第二节　中国近现代社会转型

中国近代开始于 1840 年鸦片战争，从那时起中国一步步沦为半殖民地半封建的社会，一直到 1949 年中华人民共和国的成立才正式宣告终结，标志着中国近代社会结束和现代社会开始。

人类社会进入世界历史阶段以后，资本的本性决定了它必然会在全世界寻找市场、推销产品，实现全球的扩张，世界在资本主义主导下正在变成一个统一的市场。以封闭与隔绝为对外政策，不与世界发生任何联系的大清王朝是不可能独立于这个市场之外的，资本主义的触角总有一天会伸到古老的中国，中西文明之间的较量是必然要发生的事情。1840 年鸦片战争及其以后的漫长时间里，西方帝国主义列强用坚船利炮敲开了古老的中国大门，深刻改变了中国原有的政治、经济与文化，打断了中国社会原来的演变进程，给中华民族带来无尽的灾难。古老的中国不能继续保持往日的威严，不得不艰难地在政治、经济、文化等方面做出调整与革新，缓慢地适应千年之未有的变局，由此中华帝国进入了一个迟缓而且充满坎坷曲折的近现代社会转型期。

---

[1]《马克思恩格斯选集》第 4 卷，人民出版社 2012 年版，第 604—605 页。

一、中国近现代社会转型的阻力

中国近现代社会转型就是从一个封建落后的农业国家转变为一个先进文明的工业国家，从一个封建专制社会转变为民主法治的社会，从一个有着几千年封建传统的社会转变为一个有着民主平等意识现代社会，从封闭保守的、湮没个性的、封建宿命的文化转变为开放包容的、民主科学的现代文化，这是中国历史上从来不曾有过的社会转型，从近代一直持续到今天这个现代化的社会转型直到今天一直在持续，至今仍然没有结束。

中国近现代社会转型是与近代的衰败与落伍联系在一起的。中国近代的衰落是我们文明中固有的、亟须变革的弊端，同时也是与近代西方列强对中国的侵略和殖民的结果。我们不能简单把中国近代衰落的原因归于生产不发展、市场的不发达，或者抽象归于"专制制度"，甚至是"国无宪法""民无权利"。这种观点在晚清及民国初期早就有了议论，这些认识都没有抓住历史的本质，是历史与现实脱离的空洞说辞；也不能把中国近现代社会转型原因简单归于西方列强的入侵，"内因—外因"说、"冲击—回应"说、"传统—现代"说以及"西方文明促进"说。这些看法都缺失唯物史观，一是没有认识到中国近代落伍的原因之一就是西方列强的侵略。二是忽视中国封建社会内部结构与经济规律的分析与把握，站在西方立场认识中国近现代社会转型，因而会得出的结论也是以偏概全的观点。三是对待历史要有宏观的历史视野，要在历史大势中把握规律，尤其是在站在中国立场上，以马克思主义唯物史观分析与认识中国近现代史，以马克思主义观点、立场和方法分析中国近现代社会转型，才能对近现代中国社会有清醒的认识，透过现象看到本质，从而把握其中的规律性。

（一）西方资本主义入侵阻碍中国近现代社会转型

中国近现代社会转型在鸦片战争的炮火之中进行，"对于中国来说，这次战争是一块界牌。它铭刻了中世纪古老的社会在炮口逼迫下走入近代的最初一步。"① 如果没有西方的入侵，按照中国社会正常的发展演变，只要中国保持民族独立与国家主权和领土完整，社会发展到一定的阶段也会过渡到资本主义发展道路上去，完成近代社会转变。毛泽东所说："中国封建社会内的商品经济的发展，已经孕育着资本主义的萌芽，如果没有外国资本主义的影响，中国也将缓慢地发展到资本主义社会。"② 西方侵略是严重地阻碍了中国社会的进步，造成中国近代落伍的重要原因，严重制约中国近现代社会转型。

资本主义自16世纪以来从地中海地区发展起来，资本主义文明凭借着金融手段和军事强权的优势开始向全世界扩张，把整个世界都划入了近代资本主义的体系，把非资本主义国家变成他们的殖民地，成了资本主义国家掠夺原材料以及商品倾销的市场。西方资本主义扩大商品经济的需求与中国封闭自足的自然经济之间形成尖锐的矛盾与冲突，即西方资本主义发展对于无限攫取原材料和开拓国际市场的内在要求与中国封闭自守的国策和自然经济不能满足这种要求而发生冲突与碰撞，中英之间由一场贸易纠纷最终导致了一场近代中西文明较量的战争，这就是以中国割地赔款而告终的鸦片战争。从此，中国开始进入了不断遭到西方列强侵略与瓜分的近代史。近代西方的侵略从根本上打乱了中国社会正常的发展进程。

西方殖民者用大炮打开了中国封闭的大门，其目的是要变中国为殖民地，成为其经济的附庸。他们的侵略行为产生了双重的作用，一方面，西方资本主义入侵，其本意不是为促进中国社会的进步，而是为了打开中国的市场，推销他们的商品。但是，国外资本主义在中国的发展迫使中国封建社会传统自然经济的解体，客观上促进了中国民族资本主义的产生与发展，对中国近现代社会转型起到了促进作用。另一方面，中国近现代社会转型的同时又受到西方侵略的阻碍，这表现在西方殖民者通过在近代发动的五次大规模的侵华战争，造成了近代中国人生命与财产的巨大损失，严重的民族危机把

① 陈旭麓：《近代中国社会的新陈代谢》，上海人民出版社1992年版，第53页。
② 《毛泽东选集》（第二卷），人民出版社1991年版，第626页。

中国一步步推向亡国灭种的深渊。

帝国主义的侵略，割占了中国大量的领土，攫取了在中国大量的特权，索取了巨额的赔款。仅赔款一项，近代从 1840 年到 1901 年，"中国近代向帝国主义列强付出的战争等赔款总数达 126000 余万两。"[①] 清政府在 1840 年前后全部中央财政收入约 4000 万两，就是到 20 世纪前 10 年每年也只有约一亿两。[②] 因此，近代西方列强向中国勒索的巨额赔款大致相当清政府 20 到 30 年全部财政收入。这些巨额赔款大大加重了中国人民的负担严重阻碍中国近代经济的发展，如到 1919 年中国万元以上近代工业企业才 1100 来家，总资产约 26000 万元。[③] 中国民族资产阶级辛辛苦苦搞了 50 年的总资产，尚不及帝国主义列强从中国索取赔款的 1/40。帝国主义对中国的殖民与侵略，为本国的资产阶级攫取大量的财富，助推了本国的现代化的发展，帝国主义国家的繁荣是建立在中华民族日渐衰败与落后，中国人民悲惨的命运基础之上的。甲午战争之后，日本索取的巨额赔款大大加速日本的现代化进程，"成为日本发展经济和国际地位提高的一个开端。但对中国来说，赔款全部要向欧美各国借贷，成为加速经济衰退和从属于外国的原因。"[④] 中国殖民化的程度随着帝国主义战争一步步加深，阻碍了中国社会的进步与发展，延误了中国的现代化进程。总之，外国资本主义势力的入侵，不平等条约的签订，中国社会不断被殖民化是中国近现社会转型难以完成的主要原因。

（二）中国封建专制制度严重阻碍了中国现代化进程

阻碍中国现代化进程的另一个重要原因是中国几千年延续下来的封建

---

① 魏洛：《近代中国割地赔款情况简述》，《教学与研究》1990 年第 5 期。

② 费正清：《剑桥中国晚清史》下卷，中国社会科学出版社 1985 年版，第 78 页。

③ 中国史学会编：《第二次鸦片战争》（五），上海人民出版社 1978 年版，第 205 页。

④ ［日］依田憙家：《日本帝国主义与中国》，卞立强译，北京大学出版社 1989 年版，第 44 页。

专制主义制度。明末清初中国封建社会内部已经孕育资本主义生产关系的萌芽，发展极为缓慢。到清王朝统治时期，中国已经全面落伍。中国的封建专制制度在秦汉时期基本定型，历经几千年的发展，基本没有变化，中国封建专制制度对一个地域广大、地区差异大、民族众多东方农业大国的发展稳定，对中华文明乃至世界文明的繁荣与进步起到了重要的作用，曾经在唐宋时期达到顶峰，代表了辉煌璀璨的东方文明。但是，正如任何事情具有两面性，在 16 世纪地中海地区诞生了一种新的文明形态，标志着人类文明开始从封建文明向资本主义文明过渡，中国资本主义发展缓慢，曾经是我们繁荣与进步的制度优势变成了导致中国近代落伍的因素。1840 年以后，中国遭受西方资本主义世界的殖民入侵，不仅造成中国巨大的人力、物力、财产的损失，而且打乱了中国社会正常的发展进程，被迫向近现代社会转型。西方资本入侵虽然客观上促进中国资本主义的发展，但是，中国半殖民半封建社会不是一个完整的独立的社会形态，中国资本主义一开始就是在这样一个畸形的社会孕育出来的，因此先天发育不足，造就中国资产阶级的软弱性与妥协性。中国封建专制制度严重制约了中国资本主义的发展，阻碍了中国现代化进程。

中国半殖民地半封建是一种畸形的社会形态，不仅在中国历史上也是独特的，在世界近代历史上也是独一无二。半殖民地半封建的社会性质准确地概括出近代中国社会的特征："它被纳入资本主义世界体系而又形成不了资本主义社会，只是从传统社会跨向另一个新式社会的大过渡"，所以半殖民半封建社会"是一个过渡形态的社会"。[①] 在帝国主义的侵略和打击下，腐朽的清王朝沦为西方列强侵略中国的帮凶和工具。西方帝国主义国家通过一系列的战争以及不平等条约将中国变成他们的殖民地与半殖民地，并同中国专制主义的封建势力勾结在一起，维护他们的各种特权、阻碍中国经济独立自主的发展、残酷镇压中国人民反抗，中国从一个完整意义上的国家变成一

① 陈旭麓：《中国近代史十五讲》，中华书局 2008 年版，第 5 页。

个半殖民半封建的国家，中国封建专制制度造成中国现代化发展缓慢，中国近现代社会转型举步维艰、难以实现的原因之一。

半殖民地半封建社会性质是我们考察近现代社会转型中出发点和立足点，只有对这个社会性质有清醒的认识，对这个社会形成有详细的了解，才可能对近现代社会中国的历史任务有清醒的把握，对中国近现代社会转型的特点有清醒的认识。在半殖民地半封建的近代中国，帝国主义和封建势力相互勾结，严重阻碍了中国近现代社会转型，争取民族独立是近代中国革命首要的历史任务，为实现中国现代化开辟道路。

二、中国近现代社会转型的历史任务

本书参照学术界关于中国近代与现代的划分以及中国近现代社会转型的阶段性特点，把中国近代的起点定位在 1840 年的鸦片战争，结束于 1949 年的中华人民共和国的成立，这 109 年的历史为中国近代，这 109 年中国社会是半殖民地半封建性质的社会，面临的首要历史任务是民族独立问题。1949 年中华人民共和国的成立结束了近代中国半殖民地半封建的社会性质，标志着中国从近代转向现代，从那时起中国社会在新民主主义社会的基础上逐步过渡到社会主义社会，主要的历史任务是现代化。"社会现代化和民族独立构成了近代以来中国社会发展的两大历史任务和基本内容，而民族独立则是社会现代化的首要任务，社会现代化为民族的独立提供坚定的基础。"[1] 近代以来，中国主要的任务是争取民族独立，为全面现代化建设奠定政治基础和提供制度保障。中华人民共和国的成立以及社会主义制度的确立为中国现代化开辟了道路、奠定基础，并提供制度保障，这个历史时期的主要任务是现代化建设，实现现代化并最终实现民族复兴大业。中国近现代以来以现代化为目标的社会转型过程漫长，阶段性十分明显。

---

[1]　许全兴：《中国近现代两大历史任务刍议》，《理论视野》2016 年第 8 期，第 46 页。

（一）争取民族独立是近代社会转型首要的历史任务

中国近现代社会转型是在启动于近代鸦片战争，从那时起中国开始缓慢的现代化。中国近现代社会转型是在西方列强政治、经济与军事的压迫下启动并艰难推进的。争取民族独立、实现民族复兴是推动近代中国革命的巨大的、不竭的动力与目标，贯穿于中国近现代社会转型的全过程。

抗击西方资本主义列强对中国的侵略与殖民及推翻国内封建反动势力，进行反对帝国主义与反对封建主义的民族革命与民主革命，实现民族独立是近代中国革命的主题。中国近现代社会转型总任务是现代化，但没有民族独立，就不可能有全面的工业化，现代化问题就不能真正解决。因此争取民族独立，推翻帝国主义在中国的统治是中国实现现代化的首要前提。近代中国的各种政治派别和先进人物提出了各种主张和建国方略，在中国近代不同时期他们从所代表的阶级、阶层或政治集团和势力的利益出发，提出过各式各样的思想、观念和主张，但统统都以失败告终。新民主主义革命实现民族的独立，建立了中华人民共和国，完成近现代社会转型的第一个历史任务，是实现社会现代化提供了政治前提，而社会主义制度的确立则为中国现代化建设开拓广阔前景，提供了制度保障。

（二）实现现代化是中国现代社会转型的总目标

现代化是中国近现代社会转型的总目标，中国近现代社会转型总的来说就是中国现代化的历史进程。从近代以来，中国一直进行着一场大规模的社会转型，即向现代化的转化过程，这是近代以来中国人孜孜以求的梦想和不懈追求，从那时起，中国一直在进行着以现代化为目标的社会转型。

资本主义发展阶段，是人类文明从中古发展到近代的一个全新的阶段，在这个阶段具有以下特征：一是工业化和市场化；二是资本主义文明的普遍化。资产阶级在创造巨大生产力的同时，也把自己的生产方式与文明方式传播给其他的民族，并按照自己的面貌创造新的世界，"它迫使一切民族——

如果他们不想灭亡的话——采用资产阶级的生产方式；它迫使它们在自己那里推行所谓的文明".[①] 三是人的主体性增强，追求个性解放，自由、民主以及平等理念深入人心。世界各国都面临着近代社会转型，西欧各国是最早完成近代社会转型的国家。世界历史随着近代资本主义文明的崛起而形成，在资本主义生产方式带动下人类的现代化程度空前提高，生产力实现突飞猛进的发展。科学技术革命带动下，西方文明在18—19世纪成功超越以中国为代表的东方文明。人类文明发展到从传统农业文明向近代工业文明的转变阶段，近代工业文明意味着经济的快速增长、民族国家的形成、社会以城市为组织中心、国家动员力的增加、现代意识的形成、市民社会阶层的出现等多个方面的特征。简言之，近代化具体就是经济上的工业化、政治上的民主化以及人的现代化，特别是人的个性与思想的解放现代文明中占据重要的位置。从中古文明到近代文明，再到现代文明是每一个民族国家的必经环节，这是一个漫长的过程，现代化是人类文明发展阶段性的目标。现代化不是意味着西方化，更不是"全盘西化"。实践证明，各国有自己的现代化道路，非西方国家在吸取西方文明的基础上批判继承自己的民族优秀文化，完全可以实现现代化。

从现代化理论上看，中国现代化是属于"后发型"的现代化。这种后发现代化国家最初的诱发和刺激的因素主要来自外部世界的生存挑战和示范效应。中国现代化社会转型一开始是以西方现代化为目标的，已经现代化的西方资本主义国家对近代中国形成示范效应，中国近现代社会转型是在"求富求强"的急迫心理下，开始主动向西方学习科学技术，变革社会结构，逐渐向变革生产与生活方式、社会价值观念上转变。在西方主导的世界资本主义体系中，中国只有深刻进行社会变革，在中国道路上积极借鉴并吸收西方文明先进的经验，并与中国的现实、历史与文化相结合，综合创新，才能真正走出近代，实现现代化。但是，在西方资本主义的侵略以及中国封建残余势

---

① 《马克思恩格斯选集》第1卷，人民出版社2012年版，第404页。

力的压迫下，中国资本主义先天营养不足，而且发展极为缓慢，中国社会近现代社会难以转型。直到中华人民共和国成立之前近代中国半殖民地半封建的社会性质没有发生根本性的变化，中国现代化事业进展缓慢，中国仍然是一个贫穷落后的农业国家，现代工业基础极为薄弱。无论是地主阶级的洋务运动，资产阶级民主派的政治改良，还是中华民国都没有使中国实现独立与富强，中国近代以来封建落后的面貌没有根本改变，工业化进展缓慢，现代化目标对中国来说依然遥远和渺茫。近代中国是世界上最贫穷落后的国家之一，人均 GDP 列在世界第 134 位，婴儿死亡率高达 200‰，人均寿命只有 35 岁，成人文盲率 80%。[①] 实现民族独立，为全面现代化建设扫清障碍，中国现代化社会转型首要的历史任务。

三、中国革命推动中国近现代社会转型

革命方式实现从旧封建体制下向现代社会转型、从半殖民地半封建的社会向自由与独立社会转型是中国近现代社会转型的一种策略与路径选择，是近现代中国社会性质决定的，也是中国近现代社会转型的一大特点。帝国主义侵略与封建专制统治是阻碍中国近现代社会转型的主要因素，因此反帝反封建是中国革命的对象与目标，中国革命为近现代社会转型扫清了障碍，奠定了基础，开拓开辟了道路。

中国近现代社会转型是伴随着中国革命不断向前推进的，革命是中国近现代社会转型的驱动力。"近代中国是在革命与改良的不断变革中曲折前进的，充满了革命与改良之争。"[②] 美国政治学家亨廷顿指出："一场革命导致价值观念、社会结构、政治制度、政府政策以及社会政治领导层迅速、彻底、剧烈的转变。转变得越彻底，革命也就越彻底。一场'伟大的'或'社会的'

① 韩毓海：《人间正道》，中国人民大学出版社 2011 年版，第 124 页。
② 陈旭麓：《中国近代史十五讲》，中华书局 2008 年版，第 38 页。

革命意味着社会和政治体系的各个方面都发生重大的变化。"① 面对"三千年之未有的大变局"，逐渐觉醒的先进中国人开始向西方学习，以他们所接触的西学和所理解的现代化，从器物到制度，再到文化，力图把中国改造成一个西方式的现代国家，但是都先后失败了。以西方为目标的洋务运动、戊戌变法、清末新政是自上而下的社会变革，但是这样的变革与传统社会的封建统治格格不入，在原有的政治和社会框架内是不可能完成现代社会转型，以革命的方式推翻封建反动势力，为中国近现代社会转型开辟道路，中国革命具备近代意义上民主革命的性质。

毛泽东指出："帝国主义和中国封建主义相结合，把中国变为半殖民地和殖民地的过程，也是中国人民反抗帝国主义及其走狗的过程。"② 以革命的方式，以暴力的方式摧毁其赖以生存的经济基础和依附的政治制度，才能推动中国近现代的社会转型。以革命方式的方式是实现民族独立，是中国近现代社会转型第一步，为全面现代化社会转型开辟条件，奠定基础。近代中国遭际的危局和乱局，是一切非西方民族被西方列强摄纳到资本主义——殖民主义体系内之世界历史的缩影，"如何结束这样的乱局、实现中国的独立统一是中国近代史所提出的最重要也是最迫切的命题——这不但指向传统中国的现代转型，更意味着中国文明在现代性境遇下的重建。"③ 西方列强通过近代五次大规模的入侵，给中华民族带来无尽的灾难，严重阻碍了中国社会发展，近代中国沦为西方列强的殖民地。中国封建势力腐朽堕落，不能使中国自强独立于世界，最终走向反动，沦为帝国主义在中国侵略的封建代理人，成为阻碍中国发展的反动势力，是中国民主革命的对象。

无论是太平天国农民起义，还是资产阶级领导的改良运动都不可避免地

---

① [美]塞缪尔·亨廷顿：《变革社会中的政治秩序》，盛平译，华夏出版社1988年版，第336页。

② 《毛泽东选集》第二卷，人民出版社1991年版，第632页。

③ 鄢一龙等：《大道之行——中国共产党与中国社会主义》，中国人民大学出版社2015年版，第29页。

失败了。辛亥革命虽然推翻了清王朝的统治，在中国建立一个以西方为参照的现代化国家，揭开近代中国以革命方式实现社会彻底变革的序幕，但是，中国资产阶级的软弱性与妥协性，无法独立领导中国进行一次彻底的革命运动，完成近代中国革命的历史任务。中国半殖民地半封建的社会性质没有根本改变，没有实现民族独立，中国仍然是世界上最黑暗、最落后的国家之一，中国革命还在需要继续寻找新的阶级力量和先进的指导思想。毛泽东指出："灾难深重的中华民族，一百年来，其优秀人物奋斗牺牲，前仆后继，摸索救国救民的真理，是可歌可泣的。但是直到第一次世界大战和俄国十月革命之后，才找到马克思列宁主义这个最好的真理，作为解放我们民族最好的武器，而中国共产党则是拿起这个武器的倡导者、宣传者和组织者。"[①]五四新文化运动之后，马克思主义在中国广泛传播，"走俄国人的道路"成为当时先进中国人共同的选择。中国共产党诞生使中国革命面貌焕然一新。

中国革命在中国共产党领导下取得了胜利，实现民族独立，结束了充满屈辱的近代历史，中国人民站了起来，为实现近代社会转型的历史任务提供了政治前提和保障，由此中国进入社会主义革命与现代化建设的新阶段。社会主义制度的建立为中国现代化建设开辟了崭新的道路，中国近现代社会转型进入一个新阶段。

四、中国近现代社会转型的艰巨性与长期性

中国近现代社会转型的长期性与艰巨性首先表现在近代中国内无民主、外无独立，实现民主、获得独立只有采取革命的手段，中国革命推动中国近现代社会转型，中国近现代社会转型是近代以来中国追求民主自由、实现独立富强的过程。近代中国遭受西方列强的侵略，中断了中国社会正常的发展演变进程，实现民族独立是中国近代社会转型的首要任务。从那时起，围绕

---

① 《毛泽东选集》第三卷，人民出版社 1991 年版，第 796 页。

"中国向何处去"，先进的中国人不断寻求救国救民的真理，不断探索民族解放的道路。

近现代中国社会转型的长期性与艰巨性表现在中国封建传统势力对近现代社会转型形成强大的阻力。在两千多年前秦汉时期确立的中国封建专制制度虽历经改朝换代，但是基本结构保持稳定，没有实质性的改变。在这种封建体制下中华民族创造了辉煌灿烂的东方文明，并在唐宋时期达到发展高峰，中国代表的东方文明雄踞世界文明之上，代表来了人类文明的方向。而同时期的西方则处在中世纪的黑暗之中，还看不到任何近代文明的曙光。中国封建社会制度早在两千多年就已经固定成型，中国封建社会是一个典型早熟的社会，传统的力量根深蒂固，要实现社会变革，推动文化转型，阻力很大。社会转型的本质是"现代"取代"传统"，传统势力是不愿退出历史舞台，必然极力加以反抗。中国封建社会历史文化悠久，社会结构超强稳定，因而在面临着转型时，表现出的惰性也就越大。如自然经济对商品经济的抗拒，专制集权对现代民主政治的抵制，传统道德伦理对个性自由、解放的压制等，诸多传统因素延缓了中国近现代社会转型。

中国近现代社会转型的长期性与艰巨性还体现在近代中国是一个传统农业国家向一个现代国家跨越，跨度之大，时间之长，道路之艰难，在世界文明史上是未曾有过，是前所未闻的。从1840年到今天，在一百七十多年的时间里，从统一的、稳定的封建社会沦为半殖民地半封建的社会，再到实现民族独立，结束百年屈辱的历史，进行社会主义现代化建设，这是近代中国百年革命历程。在这一百多年之中，中国现代化的社会转型进展缓慢，围绕"中国向何处去"无数仁人志士付出了艰辛的努力，直到找到马克思主义这个真理，在中国共产党的领导下，最终完成反帝反封建的任务。以马克思主义社会形态一般发展规律分析中国近现代社会转型，更能加深对这一"自然规律"的理解与认识，对中国近现代社会转型发生的必然性以及转型的方向有深刻的把握。

近代以来，帝国主义对中国的侵略，根深蒂固的封建势力是中国近现代社会转型的两大障碍。近代中国，一个有着几千年文明史的国度，一个徜徉在儒学文化圈里扬扬自得而且有着不错发展的国家，在近代面临西方强势入侵不得不转型，其道路之长，过程之复杂，惯性之大，几乎超出人的想象。历史文化悠久的中华民族是一个不甘落后、自强不息的民族，其内部同时也包含着推动推动中国近现代社会转型的积极因素。自近代以来中国遭受西方侵略，国家四分五裂，民不聊生，中华民族陷入亡国灭种危机的过程中，激发出中国人民不屈不挠、忍辱负重、视死抗争的民族气节，会同振兴中华、超越西方的强烈愿望，以大无畏的爱国主义精神、自强不息奋斗的勇气、"知耻而后勇"的志气，会同儒家思想中国追求大同理想、民本理念，这种强大的精神力量支撑每一个华夏儿女与炎黄子孙为争取民族独立与实现民族复兴英勇奋斗，成为推动中国近现代社会转型的强大精神动力。

第三节　儒学、近现代社会转型与儒学现代化

儒学是中国传统文化的代表、主脉，是封建社会占统治地位的意识形态。近代以来中国社会转型，随着封建自然经济的瓦解，传统儒学失去赖以生存的经济、政治与社会基础，不再适应社会发展的需要，儒学逐渐失去昔日的独尊位置，传统儒学面临着适应社会的现代转化，儒学现代化是儒学适应社会转型进行现代转化成为新的形态或新文化的一部分。儒学通过现代转化在现代社会得以继承和弘扬，为社会主义现代化服务。

一、儒学及发展阶段

孔子是伟大的思想家、教育家、儒家学派的创始人。孔子熟悉夏、商、周三代文化，以继承和发扬礼乐文化传统为己任，对古代文化特别是礼乐文化加以反思和总结，是在殷周宗教观念被突破和西周宗法观念蜕变基础之上

形成的，涵盖"礼""仁""德""修""中""天命"等为基本内容的，以"仁"为核心的思想观念体系。孔子之后，"儒分为八"，孔门弟子按照各自的理解对孔子的思想进行了阐发，其中孟子、荀子为代表，继承与弘扬孔子学说，进一步完善了儒家思想体系。汉代以后，儒学逐渐成为有着权力因素的君主专制国家的意识形态。儒学的社会、政治的功能不断得到扩展，不仅具有道德的功能，还表现出法律性与宗教性的功能。南宋以后，程朱理学强化了儒学国家意识形态性质。随着中国科举制度的发展而且不断成熟，儒学通过国家"教化"政策的推动，通过科举考试到通俗的启蒙教育读物等多种方式，儒学逐渐浸透到士、农、工、商的各个阶层，儒学在制度、器物、风俗等层面作为一种文化结构渗透到社会各个地方。儒学从春秋战国时代中国众多文化流派中一支而不断发展逐渐成为中国文化的主脉，奠定了中国数千年传统文明的基础，儒学的几度沉浮与中华民族兴衰荣辱联系紧密。

（一）儒学的基本内容

一是"仁"。孔子继承和发展了西周以来重人的思想，把人作为关注的中心，提出了"仁"。"仁"是孔子思想的核心，他把"仁"看作是做人、做事的标准、模式与原则。孔子认为"仁者，爱人"，人与人之间应该宽厚、谦让、互惠；孔子认为人要讲"孝悌"，遵循"忠恕之道"，做到"己所不欲，勿施于人"，这都是"仁"的不同境界；在孔子看来，"博施于民，而能济众"是"仁"的最高标准，古今鲜有人能够达到这个境界。

二是"礼"。"礼"与"仁"相互为用。"礼"是"仁"的表现形式，也是"仁"的规范与目的。孔子认为"克己复礼为仁"，"非礼勿视，非礼勿听，非礼勿言，非礼勿动"，这是"礼"的规则。从孔子开始，儒家继承并发展了西周以来重视人伦关系的传统，以"礼"规范社会秩序，逐渐形成了儒家的伦理道德学说。儒家思想是一种典型的伦理型人文主义学说。

三是"中"，"中"即是"中庸"。中庸在孔子看来是"礼"实行的标准。能做到"持中和"则"天地位焉，万物育焉"。中庸是儒家的思想方法，是他们的处世哲学。

四是"德"。儒家主张积极入世精神，主张"为政以德"，以"德"治国，这是儒学在政治思想方面的显著特征。儒家政治思想基础是孔子的德政学说，经过一代又一代儒家学者的丰富与充实，德政思想一直是儒家政治思想的核心。儒家看来，政治生活的目的在于杜绝争斗，防止社会混乱，使社会发展处于有序的状态之中。"为政以德"，所谓"德"，便是以"礼"为标准，处理好社会中的各种人际关系。儒家政治思想关于"礼"的着眼点就是如何妥善处理好君臣与君民关系。

五是"修"。儒家注重个人的修身，认为德政乃以修身为根本。儒家经典《大学》是儒家政治思想的总纲。《大学》中提出的"大学之道，在明明德，在亲民，在止于至善"被后人视为儒家政治思想的"三纲领"。为实现这一理想，儒家希望人们从个人做起，加强自身修养，在致良知、革除物欲、端正内心、真诚意念上下一番功夫；在此基础上，追求"齐家、治国、平天下"，实现个人政治抱负。

孔子创立的儒家思想极为重视人与人之间的关系，因而被称为"人学"；又因为重视礼，被称为"礼学"；极为看重心性修养，又被称为"心学"；因为提倡德政，重视政治，又被称为"治国平天下"之学。总之，孔子创立的儒学可以归结为"内圣外王"之学：一是修身，通过个人的修养而达到道德上的圣人贤者；二是经世，人人都可以通过这样的努力，实现个人的抱负与国家治理，达到修身齐家治国平天下的统一。

（二）儒学的发展阶段

自孔子创立儒家学派以后，在中国两千多年封建社会的历史进程中，随着社会的发展，儒学也经历了不同的历史发展阶段。儒学的发展可以简单划分为先秦儒学、两汉经学、宋明理学以及明清实学等阶段。

先秦儒学以孔、孟、荀为主要代表的先秦儒家，是春秋战国时期的诸子百家之中的"显学"。孔子及儒学的创立那一刻起儒学就表现出积极的"入世"

精神，谋求儒家思想成为治世良方。但是与春秋战国时期"礼崩乐坏"的局面格格不入。与同时代的法家相比，儒家教义显得不合时宜。但是，任何学说都是时代的产物，先秦儒学认为只有通过积极入世，从事政治活动，实现对国家的有效治理实现天下太平，从而奠定儒家"内圣外王"的人生追求。先秦儒学奠定了儒学理论的基本形态，后世儒学都是在先秦儒学的基础上发展起来的。

儒学独尊地位确立。在先秦时期，儒家是仅仅与墨家、道家、法家等并列的诸子百家的其中之一。汉代"罢黜百家"之后，儒家学说成为独尊的官方意识形态。秦朝灭亡之后，西汉政权建立以后，统治者采取了"与民休息"的政策，意识形态上呈现比较宽松的氛围。在那种特殊的历史背景下，人们对秦灭亡进行了冷静的反思，认为儒学不崇、仁义不施是秦朝灭亡的原因，众多学者对儒学的本质和社会功能进行了深刻总结。董仲舒继承先秦儒家孔、孟、荀的思想，又从天人相类的神学目的出发，以建立了以天人感应为核心、以阴阳五行为框架新儒学体系，使儒学成为适应时代需要的新儒学。汉代以后儒学被不断官学化、政治化。汉代"儒学独尊"是政治大一统的需要，是时代发展的产物，是历史发展的必然，对中国封建社会的发展起到了深远的影响。

宋明理学将儒学发展推向一个新阶段。继汉亡之后的魏晋时期，天下大乱，思想界玄学流行。所谓玄学，就是糅合儒、道而形成的一种思想体系，士大夫把道家的《老子》《庄子》《周易》称为"三玄"，他们谈论本与末、有与无、名教与自然等哲理问题，反映出这一时期政权更替频繁、社会动荡不安的社会现实。玄学家注经是突出自己的见解，寄言出奇意，探寻玄理。玄学极盛一时，对儒学形成不小的冲击。随后，佛教的传入和道教的产生，也对儒学也形成严峻的挑战。纵观整个南北朝以及隋唐时期，思想文化界始终贯穿着儒、佛、道之间的斗争，而且它们之间的斗争还一度尖锐化。儒者以维护儒家伦理道德的立场，站在维护儒学正统地位的目的出发，反对佛教，指责佛教为"无父之教"，斥责僧徒"下弃妻孥，上绝宗祀""不忠不孝""游手游食"。

比如中唐时期的韩愈，就曾经斥责佛教违背封建伦理纲常，以儒家之道取代佛教伦理，他仿照佛教传法世系的祖统说，建立了从尧舜开始到孔孟世代相传的儒家"道统"，确立儒家的正统地位。经过上百年的斗争，儒、佛、道之间出现明显的融合趋势。到了宋朝，儒学吸收了佛家关于抽象与具体、本质与现象的哲学思辨与形而上，弥补了儒学长于对现实人生的关注而短于形而上抽象思辨的不足，儒家纲常伦理与道家宇宙生成、万物演变思想融合成为新儒学之中宇宙本体与道德本体相统一的思想体系。宋明理学明显受到佛教和道教的影响，是儒学与佛家和道家思想不断融合的结果。宋明理学的产生显示了儒家思想的开放精神，包容能力和强大的生命力。宋明理学是儒学又一里程碑式的发展结果，它标志着儒学进入一个新的历史阶段。

明末清初的实学形成。明末清初，中国社会急剧动荡，最终的结果是异族又一次入主中原。这一时期风云变幻、矛盾复杂而又尖锐，涌现出许多进步的思想家和学者。明朝中叶以后出现的资本主义萌芽使封建社会的经济形态面临着严重的挑战，但是封建专制严重阻碍了新的生产关系进一步发展；同时，明末清初激烈的民族矛盾、阶级矛盾错综复杂地交织在一起，社会危机日益严重，明末清初的启蒙思潮是社会政治经济形势的新变化在思想领域的反映。宋明理学是官方意识形态且高度普及，反思明朝的灭亡就是对宋明理学的反思。明朝的灭亡以及满清入关从文化层面上宣告空谈心性义理的宋明理学已经不适应社会的需要了，在儒家的眼中，异族的入侵标志文明的中断，就意味着亡天下，宋明理学要为天下的灭亡负责任。

顾炎武是明末大儒，他强烈感觉到儒生只谈心性，对国家治理缺乏应有的知识与能力，当然更不知如何挽救危难的时局。顾炎武主张发扬儒学经世致用的思想，倡导"读万卷书，行万里路"，对陆王心学只注重个人道德修养，忽略儒学积极入世的倾向提出了矫正。他的调查研究思想对后世影响极大。颜元身体力行，创办"习斋"，将儒家修身要旨贯彻到书院的教学实践中，他将儒家道德实践内化于实际的习与行，重视实习中得到的体验；颜元强调事功，主张经世，取消道德境界，反对空谈心性。黄宗羲对"天崩地裂"、阶级矛盾和民族矛盾异常尖锐的社会现实针砭时弊，主张"经世应务"学说，将矛头对准封建君主专制提出批判，认为"天子之所是未必是，天子之所非未必非"①；反对儒家三纲伦理之说。他认为君臣只是社会分工，在儒家伦理不占中心位置；坚决反对君臣混同，"父子一气，子分父之身而为身"②，只有父子的关系是不变的，反对封建的专制与独裁。王夫之对理学、心学、佛学和道学等学说进行批判与整合，形成了朴素的辩证唯物主义体系，建立了与唯心主义理学相对立的唯物主义实学思想体系，成为中国哲学史上又一座高峰。王夫之强化儒学经世致用的功能，认为"气"是主宰"理"，"理"就是规律，存在于物质的运动中，把"理"与"气"的关系颠倒过来。当"气"主宰"理"时，"理"只有在实践活动中才能表现出来，人们必须在行动中去认识"理"，重构儒学道德哲学。与经世致用紧密相连，王夫之主张个性解放、摒弃奴才意识，提出"六经责我开生面，七尺从天乞活埋"。王夫之认为，人之所以为人，就在于"强固之气质"，思想解放，每个人有自己的个性和意志。清代戴震是一个"气论"者，主张"欲当即是理"。他认识到程朱理学提倡的"理"与"欲"之间的强烈的冲突，主张个人欲望的重要性，是第一个对与儒学道德伦理价值提出"以理杀人"第一人，是近代中国思想解放的先驱。

顾炎武等人对宋明理学进行了前所未有的思考，表现出对封建君主专制以及封建儒家道德伦理不同程度的怀疑和否定的态度。虽然他们的思想体系还没有跳出传统儒学的条条框框，但他们力图突破封建专制主义束缚，透出对新思想的向往和对新社会关系的朦胧向往，是新生产关系的萌芽在传统儒学上的反映。但是，清朝统治者的思想钳制，使这些新思想的萌芽被淹没在随后近两百年烦琐的考证辞章之学中，直到晚清才被当时人们所认识，其光辉价值对近代的思想解放起到了积极的推动作用，成为中国人走向现代化和对抗西方冲击的宝贵思想资源。

① 黄宗羲：《明夷待访录·学校》，中华书局 2011 年版，第 7 页。
② 黄宗羲：《明夷待访录·原臣》，中华书局 2011 年版，第 4 页。

二、儒学与中国封建社会

儒学是封建社会意识形态的主干，是建立在封建自然经济与血缘宗法基础之上文化意识，与封建社会结构相适应，在社会治理上具有维护王权，安定人心，缓和阶级矛盾的作用；儒学与封建政治制度紧密结合，在政治上可以起到维护专制、加强中央集权、反对分裂的功效。儒学是维持中国封建社会长期稳定的文化因素，可以实现封建统治者的有效治理，因而最符合统治阶级的长远利益，也就最适合封建专制主义统治的需要。从汉代董仲舒"罢黜百家，独尊儒术"的建议被采纳以后，儒学的政治功能不断强化，被意识形态化，被历代封建统治者尊奉为治国经典，成为中国封建社会统治思想与精神支柱。儒学在中国封建社会享有很高的位置，处于独尊的地位，孔子的身份和地位随着历代统治者的尊孔被不断抬高，从"圣人"一直到帝王"先师"，被尊为"万世师表"。

（一）儒学与中国传统社会的结构

深刻认识孔子及儒学与中国封建社会的关系，必须把握中国封建社会结构的基本特点，如果不对儒学与中国封建社会内部结构之间的关系有清晰的认识，那么就不能对近现代以来儒学的发展变化形成正确的分析与判断。

中国封建社会是典型的家国同构，也就是血缘宗亲的家族结构在国家层面上的扩展。在中国汉语的语境里，"国家"虽然里包含着国和家两个概念，但是二者是不是截然分开的，它们形式上是同构的，是以血缘关系为纽带的宗法关系扩展到国家具体表现，这是中国封建社会结构的显著特点。孟子讲过："天下之本在国，国之本在家"，宗法的家族和封建的国家结合在一起，国家是家族结构与道德伦理在家基础上的放大。在中国封建社会的各个朝代，封建国家从家的意义上理解就是封建帝王一家一姓、一宗一族的国家。

中国封建社会家国同构的结构中，儒家道德伦理是连接宗法家庭与国家之间桥梁。在这个体制下，家族是最基本的单元体，这个单元体是以儒家道德伦理治家的。在封建社会"以孝治天下",家族道德伦理之中最基本的规范是"孝"。孔子曰:"其为人也孝悌,而好犯上者,鲜矣。不好犯上而好作乱者未之有也。"[1] 统治者提倡以"孝"治国,移孝作忠,是为了巩固他的封建统治。在儒家看来,"孝"是"仁"之本,二者是相互对应的,臣对君王尽"忠",君主就以实行"仁政"以回报。要实现个人之"仁"到社会之"礼"的过渡,社会还必须建立一整套的规则约束言行、规范社会伦理的"礼"与"法",这样礼与法就成为维护国家正常运行的社会组织原则。儒家的"修齐治平"的内圣外王之道正是封建社会家国同构模式的理想目标。中国封建社会孝与忠、礼与法不可分离,儒家家庭层面的道德伦理最终转化为国家层面的社会治理功能,从权力运作来看,建立在宗法血缘关系上的儒学使得封建国家权力的运行获得了合法性。

中国封建社会长期存在并两千多年内保持稳定,对这一问题的回答已被学术界给予了不同的解答。[2] 每一个文明都有它内在的合理性的演化模式,中国封建社会从秦汉一直到维系到晚清,中国社会内部在不停变换,但从社会组织方式看,它的政治制度、经济制度以及占主导地位的儒家文化却始终是社会的基本结构,在两千多年的社会演变中基本保持稳定不变。

(二)儒学与封建社会的政治结构

中国封建社会的政治结构,是一整套与大一统的高度集权的君主专制相适应的制度,这是一个以封建帝王为核心的,从中央到地方的官僚结构以及地方乡绅基层治理为基础的结构。这个结构中,封建皇帝居于统治的最高位置,他所代表的皇权具有最高的权威,神圣不可侵犯。孔子讲:"天下有

---

① 《论语·学而》。
② 历史学家给出的解释有:一、从生产力、生产关系及阶级斗争的观点解读:比如小农经济、封建的剥削及商品经济的不发达等方面解读中国为什么没有产生新的生产关系;二、专制、官僚的中央集权及思想控制遏制了新生产关系的萌芽;三、从亚细亚生产方式剖析东西文明的差异;四、其他因素如地理因素;等等。

道，则礼乐征伐自天子出。"①儒学适应了高度集权的封建专制制度。从中央到地方的官僚结构是维持封建社会运行的中间环节，科举制度是封建社会官员基本的选拔制度。中国封建社会政治统治只维持到郡县一级，县以下是靠地主乡绅维持基层治理，因此地主乡绅既是封建政治统治的基层组织，也是封建社会基层自治的基础，地主乡绅自治是血缘宗法为基本特征的家族治理模式，家族是中国封建社会最小的"细胞"。中国封建社会的这种政治结构是与在经济是以封建地主、自耕农和贫雇农为主要成分的封建地主土地所有制，自给自足的自然经济为封建社会的经济基础，在文化上儒家文化占主导的地位相适应的。

汉代"独尊儒术"以后，儒学从此就具备了官学与民间学问的两重身份，而儒学的官学身份就是儒学具有政治功能，儒学具备了道德、法律、宗教等社会功能，成为封建社会的官方意识形态。儒学的官学、政治身份使得它对封建专制政体和宗法等级制度有着强烈的依赖。儒学与政治的关系表现在：一是儒学为封建社会提供一整套的道德伦理、价值标准和政治规范，对维护封建社会的稳定起到非常重要的作用；二是儒学得益于封建专制制度的庇护以及历代封建王权对儒学的尊崇，从众多学术流派脱颖而出，一枝独大。儒学在科举考试、道德伦理、价值标准、思想意识以及学术传承上的主导地位，不断扩展儒学在政治、思想、文化意识形态上的地位与影响，直至形成独尊的地位。儒学最终形成一整套的、同封建专制主义统治相适应的意识形态体系。

儒学维持封建专制主义政治制度的运行，中国封建社会延续长达两千多年之久。儒学是组织、协调宗法家族与国家治理的调节器，它与中国封建政治之间有一种内在的、紧密的联系，他们相互支援，成为维系中国封建政治稳定发展的重要因素。科举考试和经学教育是维系儒学与封建政治之间纽带与桥梁。其一，在封建统治的上层，官僚是通过科举考试由儒生转化而来，

---

① 《论语·季氏》。

官僚将儒家观念转变为社会的治理。儒生自幼接受儒家思想启蒙，熟读儒家典籍才有资格参加科举考试。封建社会的知识分子长期浸淫在儒家思想之中，终生受到儒家思想的影响，儒学已成为他们的信仰，是维系他们在封建社会中安身立命的学问，儒家纲常伦理成为他们行为准则，内化于心、外化于行。其二，地主与乡绅是乡村治理的主体，他们也是接受儒学意识形态的知识分子，以儒家思想为修身齐家的标准，以儒家伦理道德实现对乡村的治理。其三，族长和家长也是依据儒家思想治理家族和家庭，以儒家道德伦理制定族规与家规，行使对家族和家庭的管理。

中国封建政治体制就是通过上层的君主官僚体制将国家机器到达每一个县，县以下地主、乡绅的治理，辅之以宗法家族管理到每一个家庭，实现一个超级农业社会的整合。官员、乡绅、地主、儒生构成中国封建社会政治治理的体系，实现中国社会上、中、下三个层次的治理结构，儒学是维持这个治理体系和结构的正常运行的思想意识，保证了中国封建社会保持长期政治稳定。在中国封建社会政治结构中，通过儒学把政治和文化两种组织结合起来，形成"一体化"[①]的结构，这是中国封建政治制度的显著的特点，也是

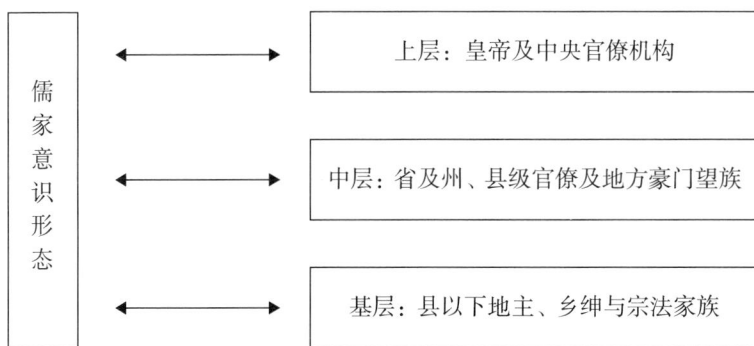

图 1-1　儒学与中国封建政治结构的对应表

①　"一体化"先生是金观涛提出中国封建社会超稳定结构假说中的一个核心概念。自20世纪80年代提出之后，在解释中国封建社会长期稳定及分析近现代中国文化变迁方面具有独特的价值。参见金观涛先生《兴盛与危机——论中国社会稳定结构》《开放中的变迁——再论中国社会稳定结构》《中国现代思想的起源》等著作。

理解中国传统社会及近代以来儒学发展变化的一条主线和脉络。

三、中国近现代社会转型与儒学现代化

中国近现代社会转型是从一个封闭落后的农业社会转变为一个开放文明的现代工业社会，从一个有着两千多年封建传统的专制主义社会转变为现代民主法治的社会，从一个等级森严、尊卑分明的伦理型社会转变为一个公平自由平等的现代社会，是古老的中国走向现代文明的历史过程。中国近现代社会转型中，儒学在出现了危机，这种危机从表象上看是西学冲击的结果，但从根本上是中国封建社会的自给自足的自然经济解体，社会经济基础发生变化，儒学赖以生存的经济基础和社会基础改变的结果。儒学不再适合社会需要，失去昔日的地位与影响，一步步从封建社会独尊的位置跌落。儒学要适应社会转型，不断吸收其他先进文明成果实现现代化的转化，否则儒学没有出路。

（一）中国近现代社会转型中的儒学

近代中国是社会的变革、社会转型的时代，但必然也是文化革新、文化转型的时代。在强大的时代潮流震荡推动下，这二者不断相互推动、相互促进。中国近代社会转型中封建制度不断解体，儒学随着中国封建社会的解体而逐渐走向没落，其主流、独尊的地位随之终结。儒学面临着适应社会转型的现代转化。"近代中国文化的多样、复杂，是半殖民半封建社会的必然现象，它是古今、中西、新旧文化的会合点"，"又以中西文化的冲突和交融成为百年相继的层见叠出的浪潮。"① 近代中国从一个完整的封建专制国家逐渐变成一个半殖民地半封建社会性质的国家，从社会形态发展演变上看，半殖民半封建社会比中国封建传统社会毕竟向资本主义的近代化道路迈进了一

---

① 陈旭麓：《陈旭麓学术文集》，上海人民出版社 2011 年版，第 62 页。

步，无论是在社会经济、政治体制还是文化上都有了近代的新内容，虽然很微弱，但毕竟在发展。中国封建自给自足的自然经济、封建君主专政的政治体制以及血缘宗法的家族制度是传统儒学赖以生存、发展的经济、政治基础。近代中国半殖民地半封建社会的形成，正是中国封建社会逐渐解体的过程。在这个过程中，依附于封建制度的儒学逐渐解体，儒家伦理秩序和价值体系不断质疑，儒学危机日益严重，儒学在历史发展过程中形成的普遍主义① 难以为继。被统治者禁锢在"三纲五常"儒家封建专制主义伦理道德已经失去了存在的经济基础，逐渐觉醒现代意义上的"人"与儒家道德伦理对人性的压抑以及"人治"传统形成尖锐的矛盾。缺失独立的个性，在现实生活层面缺失近代科学精神以及科学理性，这时候传统儒学已经固化为"体制儒学"，对民族精神有益甚少，对历史进步的推动不足，逐渐成为阻碍中国近现代社会转型的障碍。要变革社会，挽救民族危亡，就必须把儒学与"体制儒学"剥离，吸收当时先进的西方文明，推动儒学的现代转化。

（二）中国近现代社会转型与儒学现代化的关系

传统儒学并非不能滋生出现代文化的因子，但长期与封建专制主义的政治结合在一起，儒学被封建专制制度严重固化，失去了生命力。辛亥革命终结了封建专制的统治，但并没有彻底完成反封建的历史任务，代表封建专制文化的儒学仍旧不断"借尸还魂"。五四新文化运动举起科学与民主的大旗，对传统儒学为代表的封建专制主义进行了彻底批判，结束儒学在意识形态上

---

① 关于普遍意义，指的是儒学在中国文明圈里的一种价值上的认同。近代中国社会转型中正是儒学普遍意义不断消失的过程。汪晖认为，在晚清儒学所面临的最大危机是"随着帝国成为世界资本主义的边缘区域，儒学'万世法'同时沦为一种不合时宜的'地方性知识'。儒学'万世法'建立在儒学礼仪与'中国'之间的内在的历史关系之上，一旦'中国'无法抽象为普遍的礼仪原则，一旦风俗、种族、地域等等超出'中国'的范围，一旦'中国'的存在不再能够自我界定或必须有'外部'加以界定，这一'万世法'的普遍性和适用性必然面临危机。"（参见汪晖：《现代中国思想的兴起》上卷，生活·读书·新知三联书店 2004 年版，第 741 页。）

独尊地位，剥离儒学的政治外衣，儒学成为中国多元文化中的一支。在近现代社会转型中，先后有戊戌变法、五四新文化运动对孔子的批判、现代新儒家产生、中国的马克思主义对儒学的吸收与借鉴，是儒学的现代转化的过程，儒学在长期历史进程中善于吸纳其他文化发展自己的特点体现了儒学变革创新的特点。儒学现代化是近代以来所有关心中国命运的中国人共同的使命和致力的方向。

1. 中国近现代社会转型的历史任务决定了儒学现代转化的方向

中国近现代社会转型前后分为两个阶段：从 1840 年的鸦片战争，到 1949 年的中华人民共和国的成立，为近代，中国社会性质是半殖民地半封建的社会，面临的历史任务是实现民族独立。1949 年中华人民共和国的成立结束了近代中国半殖民地半封建的社会性质，标志着中国从近代转向现代，从那时起，中国社会在新民主主义社会的基础上逐步过渡到社会主义社会，主要的历史任务是实现现代化。

实现民族独立是中国现代化前提条件，在中国近现代社会转型之中，在半殖民地半封建的中国，首先的历史任务就是进行反帝反封建的斗争，实现民族独立。在这个社会转型中，围绕"中国向何处去"这一问题，先进中国人对近代以来中国政治、经济、文化的思考与变革之中，争取民族独立、实现民族复兴是推动近代中国革命的巨大的、不竭的动力与目标，贯穿于中国近现代社会转型的全过程。儒学的现代转化上，深刻体现了近代中国争取民族独立这一根本的历史任务。在为挽救甲午战争之后严重的民族危机，中国资产阶级改良派的代表人物康有为以传统儒学为工具，以变法图强为目的，糅合西方进化论、科学主义、空想社会主义等西方政治学说重新阐释儒学，在儒学与西方政治思想贯通上做出了大胆的探索与不懈的努力，使传统儒学具备某些近代思想的特征，对儒学现代化进行了初步的尝试，是近代开启儒学的现代转化第一人。中国先进知识分子经过半个多世纪对国家与民族出路的探索之后认识到，中国与西方列强之间最根本的差距不在器物，也不在制度，而在于思想和文化。五四新文化运动高举民主与科学的大旗，举起批孔的大旗，对儒学为代表的中国封建旧文化展开了彻底批判，剔除传统儒学不合时宜的部分，为儒学现代化清理外部空间，催生出现代新儒学的产生。20世纪 30 年代深刻的民族危机激发民族精神的复苏，出现了一批爱国主义学者对儒家传统文化的弘扬，出现了梁漱溟、熊十力、冯友兰等现代新儒家，他们力图通过中西文化的融合会通，促进儒学的现代转化。现代新儒学的出现在一定程度上挽回了自辛亥革命之后特别是五四新文化运动以来传统儒学日益没落的趋势，经过改造之后的传统儒学有了现代化的气息和较为完备的理论形态。

马克思主义是中国革命指导思想的理论基础，马克思主义从西方传到中国以后，要在中国发生实际效果，就必须实现中国化。马克思主义不仅要与中国现实相结合，还要与中国的历史文化相结合。中国共产党是中华优秀传统文化的批判者和继承者，马克思主义与中国优秀传统文化的结合是推进马克思主义中国化重要的一个环节，儒学是中国传统文化中的主脉，是其中的主要代表，马克思主义与中国传统文化的结合其实主要就是马克思主义与儒学的结合，不是用儒家文化来改造马克思主义，使马克思主义与中国现实、历史、文化相适应、相妥协，而是对儒家文化进行必要的批判、改造、补充和发展，目的是为了改造中国旧传统，改造中国落后的现实。马克思主义与儒学的结合是一个过程的两个方面：一是马克思主义吸收儒学中优秀的成分实现中国化，使马克思主义具有中国化的理论特征、民族特色和中国风格；二是儒学因为马克思主义先进思想的引入而获得实现现代转化，产生新儒学，传统儒学获得新生。中国共产党实现民族的独立。建立了中华人民共和国，完成近现代社会转型首要的历史任务。中国革命推进了中国近现代社会转型，为中国现代化建设开拓广阔前景。

现代化是中国近现代社会转型的总目标，中国近现代社会转型总的来说就是中国现代化的历史进程。现代化具体就是经济上的工业化、政治上的民主化以及人的现代化，特别是人的个性与思想的现代化在现代文明中占据重要的位置。现代化是每一个民族国家的必经环节，这是一个漫长的过程。现代化是人类文明发展阶段性的目标。从近代以来，中国一直进行着一场大规模的社会转型，即向现代化的转化过程。中国的现代化为儒学的现代转化提供了契机，指明了方向。在不断现代化的社会，儒学吸纳现代化的成果实现自我创新与转化，可以为现代化提供精神食粮与智力支持，推动现代化事业的不断向前推进，因此适应现代化，服务现代化，才是未来儒学的发展方向。

当今，儒学现代化应该站在当今时代的高度，具有宽广的视野，着眼于现代化、全球化、信息化与智能化，总结近现代社会转型中儒学现代化的历史与经验教训，我们应该认识到儒学现代化不再仅仅是通过引进西方文化来改造落后的儒学，也不意味着从传统儒学中开出现代的诸如"科学""民主"等现代理念，以证实儒学能够"返本开新"。今天儒学现代化应着眼于"三个面向"：面向现代化、面向世界、面向未来，实现两大任务：其一，儒学经过现代转化，成为社会主义文化建设重要组成部分。其二，以儒家天下情怀及人类命运共同体意识，正视世界各国发展面临一系列发展难题，为全人类寻求解决的出路。① 现代化的儒学不再局限于中国，而且以继承"天下"情怀放眼世界，为人类文明的进步贡献中国智慧。

2. 中国近现代社会的艰难转型决定了儒学现代转化的曲折历程

中国近现代社会转型是在中国近代落伍与西方文明的崛起的背景下发生的。中国为了生存和发展的需要，在内外双重压力下，不得不适应世界形势的发展，以西方为代表的现代文明为参照对象，开始中国近现代社会的转型。一方面，西方的入侵改变了中国社会正常的发展轨迹，中国被迫融入了西方主导的资本主义现代化的发展道路，客观上推动中国近现代社会转型，促进了中国近代资本主义的发展。但是，西方侵略对近代中国的发展造成巨

---

① 在西方文化的主导下，人类社会经过几个世纪的发展，在取得巨大物质成就的同时，也出现了人生意义的迷失、人性的异化、资源的枯竭、环境污染、生态的危机、贫富悬殊、核武器威胁以及霸权主义及地区恐怖主义等，严重威胁人类在未来的生存与发展，这已经成为全世界人们的共识。

大灾难，是造成中国近代落伍的重要原因。另一方面，近现代中国社会转型受到了中国几千年封建传统顽固势力和小生产者的封闭保守的习惯势力严重的阻碍。以上两个方面造成中国近现代社会转型异常艰难。

在近现代中国社会转型之中，围绕儒学现代化，出现了传统与现代、保守与激进、中体与西化的矛盾与对抗。对待孔子及儒学的问题上，近代以来，人们的态度形成了明显的两极。近代既有全盘否定传统文化的西化派，对儒学采取历史文化虚无主义。也有拒绝对儒学上的任何变革，恪守传统的原教旨的顽固守旧派。更多的是各种形式的文化保守主义，如东方文化派、现代新儒家等。中国近现代社会转型中儒学现代化长期受到西化自由主义全盘西化思想与保守主义思想两方面的干扰，呈现出文化转型的复杂性与曲折性。

一是近现代社会转型中的儒学现代化受到西化思潮的干扰。西方在政治、经济、文化、军事上的优势主张"全盘西化"思潮的思想根源。西方资本主义的发展及市场扩张的要求，通过军事侵略的方式，对近代中国构成了生存挑战，为了求生存，中国社会被迫向现代转型；同时，已经现代化的西方资本主义国家对近代中国形成示范效应，一开始的中国近现代社会转型是在"求富求强"的急迫心理下，主动向西方学习科学技术，变革社会结构，逐渐向变革生产与生活方式、社会价值观念上转变。西方政治、经济、文化给中国近现代社会转型造成很深影响，"西化自由主义"思潮就是这种影响的反映。在强大的西方文明面前，中国人表现出十分复杂的心理矛盾："他者非常强大，并且被解释为理想的榜样，那么就非常可能会出现他者的过度美化，同时也就会对自己进行过度反思，从而形成一种爱恨交加的自我认同。"[1]近代中国失败落后的原因很容易被归结到儒学，西方进步和成功原因归宿为西方文明，从而全盘否定儒家文化变为全盘接受西方文化。在这种文化心理支配下，不少中国人将中国落后的原因归结到儒学为代表的传统文化

---

[1] 赵汀阳：《没有世界观的世界》，中国人民大学出版社 2003 年版，第 71 页。

上，强化和放大了人们对儒学负面影响的认识，曾经出现了一个"反传统的传统"，一部分知识分子认为中华民族要摆脱苦难就必须彻底否定与抛弃传统文化。将近代中国的落后挨打归结为儒学，归结为传统文化的阻碍，这是典型的文化决定论。这种思想在近现代中国社会转型中屡见不鲜，有相当的市场，比如现代新儒家将近代儒学的失落归结为五四新文化运动对孔子及儒学的批判，就是一种典型的文化决定论。

二是近现代社会转型中的儒学现代化受到各种传统的保守势力阻碍。中国近现代社会转型中一直伴随着传统与现代的冲突。中国封建社会历史悠久，社会结构超强稳定，因而在面临着转型时，中国社会传统的力量根深蒂固，表现出的惰性也就越大，要实现社会变革，推动文化转型阻力很大。如自然经济对商品经济的抗拒，集权式专制对现代民主政治的抵制，小农意识对现代文明的拒绝，顽固保守势力对改革变法的反对，习惯势力对现代新事物的排斥等因素，诸多的因素延缓了中国近现代社会转型，也制约了儒学的现代转化。

第二章

中国封建社会的解体与传统儒学的终结

鸦片战争是中国近代社会开始的标志。在西方坚船利炮的武力逼迫下，古老的封建帝国被卷入世界资本主义殖民体系，从完整的封建社会沦为半殖民地半封建社会的过程，也是中国人民不断起来反抗争取民族独立的革命过程。从鸦片战争到五四运动将近八十年的时间，围绕"中国向何处去"的问题，中国人民在黑暗之中摸索，在绝望中不断奋起。各种政治力量先后登上历史舞台，分别代表不同阶级对中国未来出路进行探索，无论是封建统治集团内部的开明地主阶级求富自强的洋务运动，反抗封建压迫的太平天国农民运动，还是资产阶级领导的民主革命，都不可避免地失败了。中国处在瓜分豆剖的悲惨境地，封建社会的经济基础、政治基础在不断解体之中，封建社会结构发生重大变化，儒学无法摆脱自身危机，衰败乃是必然之势。甲午战争的失败进一步表明，遵循祖制、恪守传统无法应对近代变局。康有为"托古改制"的政治改良，对传统儒学的改造宣传了资产阶级学说，迎合了时代潮流，起到了解放思想的功效，客观上促进了儒学现代化。腐朽没落的晚清已经沦为帝国主义在中国的封建代理，成为盘剥压榨中国人民的反动势力，严重阻碍了中国社会的发展。在资产阶级革命派的凌厉攻击下，清王朝终于土崩瓦解。辛亥革命结束了封建帝制，宣告了中国封建社会的正式终结。在封建社会不断瓦解的过程中，新式教育发展、儿童停止读经及科举的废除对制度上的儒学形成巨大冲击，依附封建政体的传统儒学逐渐走向终结。

第一节　鸦片战争前后的中国封建社会

在近代衰败与落伍的原因除了历史上的衰世共有的腐败无能、徇私枉法、结党营私、土地兼并等原因以外，还有一个新的因素加入进来，那就是西方列强的入侵。明清之际西方英法等国先后完成资产阶级政治革命，建立资本主义现代民主政治制度，进而完成资产阶级工业革命，资本主义生产力实现跨越式发展。西方资本主义文明在近代以后超越了中国为代表的封建主义文明。这些现代国家以强大的武装为军事手段，以先进工业文明作为后盾，不断谋求世界的霸权。西方列强终于以坚船利炮轰开了中国封闭的大门，中国逐渐沦为列强的殖民地，中国与世界的差距加大了。

一、清朝中叶以后封建社会危机与衰败

清朝统治的所谓"康乾盛世"实际上是中国封建社会的回光返照，在这之后迅速由盛转衰，嘉庆、道光年间中国封建社会面临着严重的社会危机。传统封建生产方式、高度集权君主专制、封建儒家宗法制度、儒学为意识形态的思想文化，虽然还在维持着封建社会的运行，但内部已经是危机四伏，矛盾重重，显露出衰败之势。清王朝比起前朝，在对外关系上更加保守封闭，长期执行闭关锁国的对外政策。封建统治者一方面采取高压政策镇压人民的反抗，一方面穷奢极欲、强征暴敛、腐败横行，清王朝的统治已经严重阻碍了社会的发展与进步。而与此同时，西方资本主义国家先后完成工业革命，经济实力与军事实力大增，不断进行海外殖民主义扩张。中国的衰败与落伍与近代西方的崛起几乎同时发生，近代中西方的较量以中国在鸦片战争中的完败为终结，中国从此一蹶不振。

（一）鸦片战争前中国政治、经济、文化的状况

清王朝统治时期，封建社会内部矛盾加深，阶级斗争尖锐化，儒学日益保守与封闭，明末清初出现的资本主义生产关系的萌芽未能突破中国封建制度坚硬的外壳发展出资本主义，完成从封建社会到资本主义社会的转变，完成中国近代社会转型。明清时期中国已经落伍于同时代的西方各国，中国文明的发展处在停滞状态，清王朝统治下的中华文明出现了衰败的迹象。近代中国，在政治、经济及文化上，中国与西方国家有了明显的差距。清朝的统治进一步固化了中国封建专制社会的弊端，清王朝妄自尊大，以一种更加封闭与保守的方式割断了中国与世界其他文明的交流，社会发展停滞，失去活力，封建体制逐渐僵化。

在鸦片战争以前，所谓的康乾盛世只是昙花一现，落日辉煌，中华帝国已是空壳巨人，清政府统治下的中国社会面临各种矛盾与冲突，中国封建社会的阶级矛盾与社会危机已经达到了尖锐的程度。从经济上看，国内土地兼并日益严重，国内的皇亲国戚、封建官僚以及地主乡绅霸占了国内大量的土地，广大农民无地或者少地，生活困苦。当时一个地方巡抚给皇帝的奏折所言："今日田之归于富户者，大约十之五六；旧时有田之人，今俱为佃耕之户。"这是那个时代真实的写照。地主阶级对农民的残酷的剥削加强了小农经济与家庭手工业的结合，这种结合是"以织助耕"的需要。但是这种小规模的手工业具有自给自足的特性，排斥商品交换与社会分工，是落后生产力的反映，阻碍着资本主义因素的成长。从明朝中叶以来的中国资本主义萌芽一直到清朝中叶仍旧处在萌芽阶段，相当微弱。中国依然是一个传统的封建农业社会。从政治上看，鸦片战争爆发以前，国内的阶级矛盾日益尖锐，秘密结社的组织遍及各省，各地农民起义不断发生，如1796年爆发的白莲教起义、1813年的天理教起义，规模都很大，给清王朝以沉重的打击，严重动摇了其统治的根基。清政府吏治腐败，统治者治理无术，统治精英擅长以骈三四六的文体说假话、大话和空话，为维持荒

淫无度、纸醉金迷的生活不断进行中饱私囊的贪污。与政治腐败相联系的是武备荒废，军纪松弛，八旗以及绿营是有血统特权的军队，在当时举国腐败的大环境下，军队贪污盛行，既无训练又无纪律，战斗力很差。清朝在文化上实行专制主义的统治，大兴文字狱，以莫须有的罪名处罚言论出格的文化人；大搞思想专制，强化程朱理学的学统、道统地位；严禁结社结党，广大知识分子慎言谨行，不敢越雷池一步，故纸堆里做学问，不问世事。整个社会万马齐喑，一片死寂。

（二）近代西方的崛起及鸦片战争的爆发

中国封建君主专制体制在两千多年的秦汉确立以后，虽然历经各个历史时期的改朝换代，但保持稳定不变。中国文明在明清时期逐渐衰败，中国文明的衰败与西方文化的崛起几乎是同时，东西文明在 500 年不断的互动与博弈，构成了 500 年来世界大势和脉络。

正当中国处在清王朝封建专制主义的桎梏下裹足不前之时，世界发生了巨大的变化。西方资本主义制度先后在欧美等国家确立，产业革命使得西方经济实力迅速增长，实现崛起。资本主义自 1500 年以来从地中海地区发展起来，在 19 世纪相继完成产业革命，一种新的文明——西方文明的诞生，标志着人类文明史上一次深刻的变革，它以工业和军事技术为核心向世界各地扩张，逐渐形成近代资本主义的体系。马克思指出，自 16 世纪开始，西方靠的是军事、金融、国家相结合的特殊的组织形式，是西方世界近代崛起的关键。资本主义发展的内在固有规律必然按照资本的逻辑将触角伸向世界各地，以上朝自居而又封闭自守的大清帝国面临着严峻的挑战。"随着近代欧洲军商合一的民族国家体制在 1648 年的威斯特伐利亚条约被制度化，中国的正面形象随后就黯然失色了。"[①]

完成工业化进程的英国政府为打开中国的大门，不断向中国源源不断输

---

① 阿瑞吉：《从东亚的视野看全球化》，转引自韩毓海：《漫长的 19 世纪》，《书城》2009 年第 7 期。

送鸦片以改变中英贸易之间的顺逆差。据统计，在鸦片战争的前夜，中英之间的鸦片贸易已达三万五千箱之多。大量鸦片的流入，不仅对中国人的身心造成严重的损伤，而且给中国造成白银大量外流，国内货币短缺，银价飞涨。据估计，从 1820 年到 1840 年 20 年间，中国外流的白银大约为 1 亿银元左右，相当于当时中国银货流通总量的 1/5。罪恶的鸦片贸易给中国封建社会的政治、经济造成巨大的灾难，给广大的劳动人民带来沉重的负担，因此，鸦片的问题关系到清王朝的生死存亡的迫在眉睫的问题。中英之间的鸦片战争最终由于鸦片贸易引发，中英之间政治制度、科学技术之间的差距，以及清王朝统治者的昏庸和妥协投降的政策，中国在这场战争中以失败而告终。西方殖民者用野蛮的暴力方式以及无耻的鸦片贸易撬开中华帝国封闭的大门，毛泽东指出："自从 1840 年的鸦片战争以后，中国一步一步地变成了一个半殖民半封建的社会。"[1]

19 世纪 40 年代，中西文明碰撞后，中华民族突然陷入的困境。这种碰撞带来的困境是两种不同文明形态之间的较量，前现代的农业文明败给了近代资本主义工业文明。如果没有西方的入侵，中国也可以通过正常的社会演变过渡到资本主义道路上去，但是，西方列强的入侵打乱了中国社会发展进程，中国被迫开始了痛苦的近现代社会转型。

二、鸦片战争之后中国社会的变化

鸦片战争对中国社会造成的影响是极其巨大的。一方面，帝国主义的野蛮入侵给中国带来了极大的灾难与破坏，阻碍了中国经济的正常发展，阻碍了中国社会的前进。另一方面，鸦片战争也打开了中国长期封闭的古老大门，开始了中国学习西方文化的历程。西方资本主义破坏了中国自给自足的自然经济基础，但它客观上也促进了城乡商品经济的发展与中国资本主义的

---

[1] 《毛泽东选集》第二卷，人民出版社 1991 年版，第 626 页。

成长，这是西方侵略者始料未及的。毛泽东指出："中国的封建社会继续了三千年左右。直到十九世纪的中叶，由于外国资本主义的侵入，这个社会的内部才发生了重大的变化。"① 西方的入侵也促进了中华民族的觉醒，先进的中国人由此放眼世界并走向世界，向西方寻求救国救民的真理，揭开中西文化交流与融合的序幕。

鸦片战争以后中国的主权与领土完整遭到破坏，中国丧失政治主权、司法独立、关税权的丧失，受到帝国主义国家的严重践踏，中国从此丧失了独立自主的地位。

在经济方面，在鸦片战争以前，中国社会内部已经孕育资本主义生产关系的萌芽，资本主义性质的手工工厂开始在一些地区和部门出现，但占据主要地位的仍然是封建的小农经济，自给自足为主要特征的自然经济是当时社会的经济基础。第一次鸦片战争结束后签订的《南京条约》，使中国丧失经济主权，开始被西方列强殖民。战后鸦片贸易合法化，中国社会的银荒进一步加剧，这不仅进一步加剧了中国财政的拮据，而且广大的劳动群众的遭受更为惨痛的压榨与剥削，生活受到严重的威胁，广大人民群众纷纷破产，大量市井小民的生活陷入困境。外国商品的大量涌入，破坏了中国的传统手工业，加快了中国自然经济的解体。由于丧失了关税及外贸的主权，中国商品的出口受到国外资本主义的钳制。中国殖民化程度不断加深，中国的出口贸易完全失去自主权，中国经济不断被殖民化。为使中国人屈服，将中国永久变为他们经济上的附庸国，为此帝国主义不惜发动一系列的侵华战争，签订更多的不平等条约，以达到控制中国主权的目的，近代中国失去民族独立，失去对财政与经济的控制，晚清政府成为帝国主义在中国的封建代理人，中国变成一个半殖民地半封建的社会。

国外资本主义的企业以及中国民族资产阶级的产生与发展，在19世纪40年代后，国内外资产阶级在开放的码头以及兴办内地工厂，中国近

---

① 《毛泽东选集》第二卷，人民出版社1991年版，第626页。

代社会出现了受国内外资本主义雇佣与剥削的最早的一批产业工人，中国社会开始出现无产阶级和资产阶级两个对立的阶级。鸦片战争以前，只有广州与外国"互市"，在广州的行商和鸦片贩子充当西方资产阶级在华代理人。战后，除广州以外，福州、厦门、上海和宁波等城市相继变为通商口岸，西方资产阶级通过所谓的"自由贸易"，在这些沿海城市的西方资产阶级在华代理人不断增加，经济实力不断增强，逐渐成为中国近代的买办资产阶级，这是中国近代社会的阶级关系新变化。买办资产阶级是西方资本主义侵略中国的产物，在经济与政治上与西方侵略者有密切的联系和共同的利害关系，勾结西方资本主义挤压中国民族资本主义的发展，在中外反革命势力中起到特殊的作用，是中国近现代社会转型中之中的一个毒瘤，是中国半殖民半封建社会一种独特的社会现象，是中国革命的对象之一。

地主和农民是中国传统封建社会的两个基本经济成分，在鸦片战争以前，中国封建社会的主要矛盾是封建地主与农民之间的矛盾，"帝国主义和中华民族的矛盾，乃是各种矛盾中的最主要的矛盾"。[①] 矛盾的变化导致中国革命的主要任务也发生了相应的变化。鸦片战争之前，中国人民革命的主要任务是反对地主阶级的压迫、剥削与统治，而战后中国革命的任务在反封建的同时，还要反对西方资本主义的侵略，承担民族与民主革命的两大历史任务。民族独立与现代化是近现代中国社会转型的主要任务，近代中国社会特殊性质决定了中国革命首先要摆脱帝国主义的侵略实现民族独立，为中国现代化建设铺平道路。

三、儒学古今之争与经世思潮的兴起

鸦片战争前，社会危机四伏，为应对封建社会政治、经济的危机，儒学

---

① 《毛泽东选集》第二卷，人民出版社1991年版，第631页。

流派之中重要的一支今文经学逐渐兴起。鸦片战争以后，中国社会沦为半殖民地半封建的社会，中国传统社会的政治、经济发生重大的变化，儒学赖以生存的封建社会基础发生变化，儒学也被迫调整，儒学"经世致用"得到广泛的重视。鸦片战争前后，在中国思想界出现的今文经学与古文经学的争论以及近代"经世致用"思潮，是封建社会政治经济危机在文化上的反应，传统儒学进行了某些必要的调整与变化。这种变化是中国封建社会不可避免走向解体，传统儒学不断走向衰败的起点。

（一）晚清社会危机与今文经学的兴起

今文经是相对于古文经而言，是儒家经籍在不同时期的版本。今文经学与古文经学是中国历史上影响深远的两大学派。今文经与古文经的主要差别在于他们对经书的解释不同，对孔子及其宗旨的评价与着眼点也有差别。今文经学者不认为孔子是一个文化保守者，经书是开始整理前代的基础上再创造，赋予了新的含义，于是经书就有了"微言大义"，应该重视经书之中的"义"，因而今文经与政治的关系较为密切。古文经学者认为六经皆为前代史料，孔子是"述而不作，信而好古"的圣人，只是将前代的史料加以整理、传授而已。古文经学者注重经书的校勘与训诂。

在清代嘉庆、道光年间国势的衰弱，一部分有识之士深感社会危机严重，预感到大厦将倾的危险，认为当时知识分子埋头的古文经学考古训诂的学风需要改变，主张以崇尚"微言大义"今文经学代替"训诂名物"的古文经学的必要，只有讲求"微言"来讥切时弊，倡导社会变革，救国救民，挽救封建社会日益严重的社会危机与民族危机。提倡今文经学复兴的以庄存与、刘逢禄为代表的一些常州人，因而被称作为"常州学派"。庄存与、刘逢禄倡导今文经学，将治学的重点放在阐述《公羊传》等儒经经典的微言大义上，回到汉代天人感应、谶纬神学的经学老路，以达到"上刺王公，下讥卿大夫而逮庶人"的目的（刘逢禄：《公羊何氏释例》），这种变化与努力反映了传统封建士大夫力图打破经学枷锁，讥讽时弊、隐议朝政的微弱愿望。

他们只是对汉代今文经学的简单模仿，没有引进新鲜的内容，对当时社会危机于事无补，反而有神化的孔子，把儒学引入神学迷信歧途的趋向。在历史上，古文经学和程朱理学，曾长期居于儒学发展的主流地位，被视为儒学正统。今文经学却把孔子及《春秋》神秘化、神圣化，在汉代董仲舒引入阴阳变异、天人感应，甚至谶纬迷信作论证，因而被视为儒学的异端。鸦片战争前后古文经学的抛弃，引出充满颂扬、讥讽、警告、预言、迷信的今文经学，说明儒学已经走投无路、陷入歧途、出现危机。[①] 随着今文经学在近代兴起，传统儒学内容被逐渐抽空，势力和影响日益萎缩，儒学不可避免逐渐走向衰落。

（二）儒学经世致用思潮的兴起与变法改制的政治主张

鸦片战争之后，中国社会开始发生剧烈变化与历史性的转折，中国封建社会向半殖民半封建社会过渡的进程中，民族危机日益严重，战争惊醒了中国人民，也打开了一部分知识分子的眼界，如何救国救民成为人们面临的亟待解决的问题。晚清今文经学派中两个重要的代表人物：龚自珍、魏源，对晚清"经世致用"思潮的发展起到了重要的推动作用。魏源 1814 年到北京师从刘逢禄学《春秋公羊传》，研习今文经"经世致用"之学，并与龚自珍相识、结交，是今文经学大师刘逢禄的学生，时称"龚、魏"，作为地主阶级的有识之士，他们最早把握到了由传统社会向近代社会转变的时代精神，认识到只有实行变革才是国家的唯一出路。"龚、魏"是开创近代"经世致用"思想的两个关键的人物，他们变法改制思想对推动晚清社会变革起到了重要的推动作用。

在儒家传统思想熏陶下的中国古代知识分子追求的目标是"内圣外王"，沿着"修身、齐家、治国、平天下"实现个人理想与抱负，这一理想把读书做学问与报效国家结合起来，强调了读书的目的不仅是为提高个人的素养，

---

① 赵吉惠等编：《中国儒学史》，中州古籍出版社 1991 年版，第 809 页。

更为最关键的是管理社会、报效国家。"经世致用"主张体现了儒家自强不息、积极入世、刚健有为的精神特质与价值取向，这是儒家思想的精华。明末清初，在顾炎武、黄宗羲、王夫之、颜元等人的倡导和实践下，主张经世致用，反对程朱理学的空谈义理和理学家望文生义的学风，号召人民关心现实、改变现状，主张以实事求是的态度，重视考据训诂之学，加强经义本身的研究，儒学恢复了经世致用的学风。但是，在清王朝的政治高压与文化钳制下，乾嘉时期以训诂名物为特长的朴学专研经典，抛弃了顾、黄所提倡"经世致用"的精神，埋头故纸堆，回避社会现实问题。清代中叶以后经世致用的今文经学复苏，这是日益严重的阶级矛盾与社会危机在思想文化上的反映。"到了社会危机四伏的关口，国家与民族面对纷沓而至的内部的或外部的挑战，文化专制有所松动，士人的忧患意识便会大觉醒，其学术也在现实生活的冲撞、磨砺下，沿着经世方向发展。"[①] 今文经学主张"微言大义"，取法致用，一改乾嘉时代朴学训诂名物的传统。

要推动社会变革，首先是对封建专制统治下腐败的批判与黑暗现实的揭露，以龚自珍最为突出。封建王朝面临即将爆发的社会危机，龚自珍对社会批判涉及各种具体的社会问题，对封建社会的各种矛盾与危机、封建统治阶级贪污腐败、封建专制主义都有揭露，展现出他思想的光芒。魏源将公羊学的变易哲学思想应用于现实社会，在总结历史经验的基础上提出一整套关于社会进化和变革的理论。魏源认为当务之急是中国人应放下"天朝上国"的架子，主动了解外国，他认为"欲制外夷者，必先悉夷情始；欲悉夷情者，必先立译馆翻夷书始；欲造就边才者，必先用留心边事之督抚始"。[②] 针对当时充斥朝野的保守颓废习气，魏源强力主张破除旧习，积极变法改革，"法无久不变，运无往不复。"[③] 奋力作为，树立进取的精神，不要为一己之私而

---

① 冯天瑜：《道咸间经世实学在中国文化史中的方位》，转引自葛荣晋主编：《中国实学研究》，中国社会科学出版社 1992 年版，第 179 页。

② 《海国图志·筹海篇三》。

③ 《魏源集·军储篇一》。

误天下。魏源一改儒学流行的"三代是黄金时代"的论调，认为历史的进化是不可阻挡的，"故气化无一息不变者也，其不变者道而已，势则日变而不可复者也。"① 魏源是进化论者，力主变法，批判历史退化论，认为社会后胜于今，只能是越来越进步，"天下无数百年不弊之法，无穷极不变之法，无不除弊而能兴利之法，无不易简而能变通之法。"② 魏源等人继承与发展了今文经学变易进化的思想，他们从社会生活、历史研究中得出一套"变"的哲学，其目的，寻求富强之道，推动变革旧制度，挽救社会危机，变是龚自珍、魏源晚清经世致用思潮倡导者主张变法改制的思想基础。处在历史大变大转折的历史时期，龚自珍魏源等突破理学家顽固守旧的陈腐观念，尖锐批判封建专制主义政治弊端，提出更法改制和学习西方的新思想，反映了中国进步的地主阶级的发展要求。

龚、魏在学术上重新提出了"经世致用"的口号，批判了当时占统治地位的程朱理学，对乾嘉以来烦琐考据学风起到了矫正作用。龚、魏斥责汉学与宋学的厚古薄今，逃避现实，扼杀才智，禁锢人们思想。汉学舍本逐末的治学道路，毕生从事的文字训诂事业只是学问的入门，玩弄雕虫小技，无益于社会进步，结果只会"学术衰而人才坏"。龚自珍主张"不必拘泥于经史"，要"通乎当世之务"对今文经学有所改造。龚、魏倡导的经世致用思潮振兴了注重经世的实学发展。在"一代之治即一代之学"的倡导之下，被腐儒们所鄙薄的功利之因为能解决现实生活中的实际问题，起到实用的经世效果而得到普遍的重视。这种经世致用学风的带动下，鸦片战争以前经世致用派所关注的时务多为漕运、盐政、治水、练兵国内政治经济领域在鸦片战争以后逐渐转移到对国外问题的研究上，兴趣和关注点发生了显著的变化。魏源"师夷长技以制夷"的思想是鸦片战争之后经世致用思想在新的社会条件下的进一步发展，"师夷"强调的是学习西方，以达到制衡的目的，这是当时比较先进的见解。在当时背景下，要学习西学，首次是要把西学纳入到儒家

---

① 《魏源集·默觚·治篇五》。

② 《魏源集·筹鹾篇》。

经世的范围才能做到，西学经世随后的洋务运动以及戊戌变法有直接与重要的影响。

龚、魏以经世致用为向导，推动了当时社会的思想解放，对近代社会变革思想起到了"创榛辟莽，前驱先路"的作用，龚、魏倡导的经世致用思潮倡导的变法图新的精神对中国近代传统儒家文化适应社会转型的变革起到了重要的启蒙作用，他们变法改制的思想对因循守旧、毫无生气、墨守成规的晚清思想界有所震动。"自古及今，法无不改，势无不积，事例无不变迁，风气无不移易。"这一历史规律，如同"天之废封建而统一也昭然"[1]一样是历史的而必然趋势。龚、魏的变法思想对洋务运动、维新变法乃至清末新政产生巨大的影响，是近代以来社会变革的思想根源。梁启超后来这样评价："晚清思想之解放，自珍确与有功焉。光绪间所谓新学家者，大率人人皆经过崇拜龚氏之一时期，初读定庵文集，若受电然。……然今文学派之开拓，实自龚氏。"[2]

第二节　"中学为体，西学为用"与洋务运动

洋务运动是清王朝在"内忧外患"局面下，主动地向西方学习的自强运动。在龚、魏开创的晚清"经世致用"思想影响下，面对"三千年之未有的变局"，洋务派经过激烈的斗争，突破了清朝统治者内部顽固守旧势力"以夷变夏""祖宗之法不可变""礼失而求诸野"的文化围剿，在中西文化问题上形成了突破，"中学为体，西学为用"的理念逐渐形成。"中体西用"旨在维护儒学在中国文化上的主体地位，将西学严格限制在器物层面，学习西方之用，维护中学之体，试图挽救日益危机的时局。

---

[1] 《龚自珍全集·上大学士书》。
[2] 梁启超:《饮冰室合集·专集之三十四》，中华书局 1989 年版，第 54 页。

一、西学经世与洋务运动的逻辑展开

自强求富的洋务运动与近代经世致用思想之间有直接的联系，"洋务思潮是经世思潮的延续和发展"①。鸦片战争之后，面对日益严重的危局，清朝封建上层统治集团开始分化，逐渐形成顽固派与洋务派两大对立的派别。顽固派恪守儒学之道，维护封建政体，严格夷夏之变，以为封建纲常名教可以完全应付近代变局，在中国近代社会的巨变中表现出故步自封、盲目自信的特点，排斥外来新鲜事物，拒绝变革。另一派别就是洋务派。第二次鸦片战争失败之后，当时中国开明地主阶级与少数的洋务派政治精英，从沉睡中醒来，开始追求西方科技的现代化，以达到自立自强的目的。洋务自强运动是开明士大夫们在国家与民族危机面前一种本能的自卫反应。地主阶级中的开明派成为首批起来学习西方资本主义并付诸行动的代表人物。②龚、魏倡导变法改制的思想影响了开明地主阶级出身的官员，促进了洋务运动的开展。在当时的背景下，洋务派仅在器物层面认可西方的先进性，在儒家纲常伦理上仍然根深蒂固，具有不可触及与动摇的地位，还在坚持"夷夏之防"的文化立场。洋务派相比起顽固守旧派而言，他们至少已经承认了西方在科学技术上的先进，承认了自己的不足，表现出了进步性。在这种背景下，要学习西方，实现自强，只有在维护封建专制政体以及儒家纲常伦理基本不动摇的前提下，将西方科学技术被纳入到儒家经世致用的逻辑之中才可能被时人所接受和认可。洋务运动主要领导人之一的左宗棠就曾经表示，他办洋务就是实行"魏子所谓师其长技以制之"之说。③梁启超在谈到《海国图志》一书时，还讲道："其论实支配百年来之人心，直至今日犹未脱离净尽，则在历史上

① 郑大华：《晚清思想史》，湖南师范大学出版社2005年版，第107页。

② 近代中国首先提出学习西方资本主义的是太平天国农民起义军。洪仁玕在《资政新篇》提出了浓厚的发展资本主义色彩的纲领：如学习西方"精巧"的"技艺"与"宏深"的"国法"；兴工业，开矿山，发展交通，创办银行，发行报纸，设立邮局，允许私人办企业等主张。但只是一纸空文，没有付诸实施。

③ 左宗棠：《〈海国图志〉序》，《左宗棠全集·家书·诗文》，岳麓书社1987年版，第257页。

关系，不得不谓细也。"①经世思潮"率先把研究的重点，从国内问题转到中国和外国的关系问题上去，开创了研究'夷情'、研究洋务、研究西学为特色的时代新文化"。②西方先进的科学技术，尤其是军事技术就成了他们所能接受和学习的西学。经世思潮使中国思想从传统向近代的转换起了重要的桥梁作用。

洋务运动根本没有触碰到儒家纲常伦理，儒学仍是官方意识形态，仍是社会的主流价值，仍然是士子们为安身立命所追求的学问。根据马克斯·韦伯的理论，近代化主要是指一种心理态度、价值观念和生活习俗等改变的过程。洋务派在经世思想指导下采纳西学是近代社会危机之中儒学的一种本能应对，以维护四面危机的封建统治为根本目的，通过对西方科学技术的学习，在"御夷图强"的洋务实践中不自觉地顺应近代社会的发展，以实现富国强兵的目的。洋务派主要是上层官僚发起并推动的，这些来自统治阶级内部的人员无一是长期在儒学思想熏陶和影响下成长起来的传统的士大夫，身上有着强烈的儒学卫道的情结，不会触及封建政体及儒学道统。在面对前所未有变局的时候，儒家经世致用思想在他们身上得以体现，是很自然的。"这些洋务思想可以看作是其经世思潮的延续和发展。"③洋务思想是经世思潮的延续和发展，洋务运动的兴起与经世思潮之间有直接的联系。儒家"经世学说"的前提是一切政治行动都要受儒家道德规范的约束，必须服从儒家意识形态勾画的理想社会秩序。对洋务派来说，在儒学的正统地位，维护"三纲五常"的前提下，由于切身体会到西方科技的冲击，把"经世致用"理解为审时度势的国防现代化，但对于那些顽固派来说，感受不到西方军事和科技的压力，对洋务派这种折中仍然不可理解，从中加以阻挠。在洋务运动进程

① 梁启超：《中国近三百年学术史》，《饮冰室合集·专集之七十五》，中华书局1989年版，第323页。
② 丁伟志、陈崧：《中西体用之间》，中国社会科学出版社1995年版，第16页。
③ 张昭军：《传统的张力——儒学思想与近代文化变革》，吉林人民出版社2004年版，第74页。

中，始终受到顽固派的刁难与非议，洋务始终未能得到全面的开展。当洋务要培养和选拔西学人才时，总有人出来反对，认为这样与儒学传统教育模式相违背，丢掉了传统纲常伦理，这种人才有何价值？总之，在近代中国，传统与现代的冲突以西学与儒学上的冲突最为激烈，东西文明在思想意识、文化价值、道德伦理之间的冲突与对抗，不断冲击着古老的中国，缓慢推动着它的转型。

二、洋务派"中体西用"的体用观

洋务运动开始以后，一个棘手的问题摆在洋务派面前，那就是中学与西学的关系如何处理？"中体西用"作为洋务运动的思想纲领，是洋务派处理中学与西学关系的原则与立场，是当时时代背景下中西文化论争的产物，具有鲜明的时代特征。

"中学为体，西学为用"是洋务派对待中西文化的态度最好的表述。"中体西用"的提出经历了一个不断发展的过程，从 19 世纪 60 年代到 90 年代三十余年间，洋务运动政治家和思想家在论及中学与西学的关系时，曾有过"中本西辅""中本西末""中体西用""中道西器""中道西艺"等不同的提法。近代改良思想家冯桂芬提出"以中国之伦常名教为原本，辅以诸国富强之术"论证中学与西学关系的"中体西辅"说是"中体西用"论最早的思想雏形。在其后的薛福成、王韬、沈毓桂、孙家鼐等都表达了类似于"中体西用"的思想观念。"'中体西用'这一提法只是在 1895 年维新思想兴起后才开始流行。"[1]张之洞在光绪二十四年（1898）三月，在戊戌变法紧锣密鼓筹措之时，写就《劝学篇》，代表洋务派正式提出"中体西用"之说。《劝学篇》反对康有为维新变法，反对民权、平等之说，张之洞是"中体西用"的理论总结与力行实践者，他认为"旧学为体，新学我为用，不使偏废"。[2]

① 戚其章：《从"中体西末"到"中体西用"》，《中国社会科学》1995 年第 1 期。

② 张之洞：《劝学篇·设学》。

洋务派"中体西用"之说，对与中学、西学、体与用之间的界限与关系做了明确的界定：

首先，关于中学，洋务派特别强调了儒学的正宗地位。在这里"中学"就是中国原有儒家的纲常伦理、封建制度，是体用观的本体部分。"中学为内学，西学为外学；中学治身心，西学应世事；不必尽索之于文，而必无悖乎经义。"① 随着西学在中国广泛传播且影响日益扩大，资产阶级民权思想、自由平等主张在中国开始传播，起到了思想启蒙的效果，而这一切无不危及封建专制政体的稳定，无不对儒家纲常伦理形成正面的冲击。不管是洋务派还是顽固派，对资产阶级民主思想表现出担忧与惧怕，他们害怕这种思想会"煽惑"人心，使"不知忠孝节义为何事"而"丧其本真，争相趋附"。② 他们要维护的就是几千年来的"君君、臣臣、父父、子子"的社会秩序和儒家社会意识形态不动摇。

其次是规定"西学"的内涵，严格限定"为用"的界限。在维护儒学的纲常明教基本要义不动摇，封建专制体制不改变的前提下，在器物层面采纳"西用"，即强调要引进西方的科学技艺以及一些新的制度。在林则徐、魏源的时代，对西学的只是初步的认识，概念与对象还比较迷糊，西学即为"夷之长技"，仅指坚船利炮。随着洋务运动的开展，人们对西学的认识大大扩展了，西方的"格致"之学、声光电化等学问开始被人们关注，范围不断扩大的，门类也不断增加了。张之洞总结前人对西学的认识，从更为广泛的意义上概了"西学"的内容："西政、西艺、西史为新学。"③ 他认为"学校、地理、度支、赋税、武备、律例、劝工、通商，西政也。算、绘、矿、医、声、光、点，西艺也。"④ 张之洞将西方资本主义近代文明纳入"西学"的范围，但在政治上设立议院、推行民权、改革教育等涉及民主政治、思想文化

---

① 张之洞：《劝学·外篇·会通第十三》。

② 《翼教丛编》卷五，《湘绅公呈》。

③ 张之洞：《劝学·序》。

④ 张之洞《劝学·外篇·设学第二》。

等方面的内容被排除在西学之外，其最终目的是为了守住"中学"的最后防线。

再次就是对体与用进行严格的限定，体与用是洋务派人士在表述中学与西学关系时借用中国传统哲学用以说明事物状态的基本范畴，"体"原义为根本或根据，是"本体"意蕴，"用"是功用、功能的意思，是"体"的外部表现，洋务派对体与用观的关系进行了严格的界定。张之洞的《劝学篇》系统总结了洋务派关于中学、西学的基本思想，对于西学的价值，张之洞也承认："今日之中国，存中学，则不得不讲西学。"但是，中学是"体"，必须"以中学固其根柢，端其识趣"。① 在此基础上，以中学为标准对西学有所选择。张之洞认为"中学"是本，居于主要地位；西学是"用"，居于次要地位，西学对中学只能起到一种修补的辅助职业，绝不可数典忘祖，本末倒置。

最后对"中学为体，西学为用"思想纲领的中心主旨进行了界定。洋务派以"中体西用"为理论纲领是以"西用"来捍卫"中体"，维护摇摇欲坠的封建统治；同时借用西艺、西技来增强清王朝的力量，在与列强面前保全"天朝上国"的虚骄面子。当时背景下，洋务派比顽固派高明之处就是他们已经初步认识到世界正在发生变化，中国正面临着"千年之变局"，中国已不可能再同以前那样独立于世界发展，回到安安稳稳的封闭状态之中。顺应时代潮流主动变革，既是明智之举，也是被迫无奈之举。张之洞为代表的洋务派认为，要适应形势变化进行不断的变革，"虽孔孟复生，岂有议变法之非者"②，因而也提出了一整套的废科举、改学制、开矿产、修铁路、讲求农工商学、发展近代工业等种种主张，因而"有趋时之言，与泰西法貌似"，显示自己也是一个进步的变法维新主义者。③ 但这只是主要局限于经济与器物层面的变革，尽量避免有迫切意义的变法关键——开议院和改革政治法律

① 张之洞：《劝学篇·循序》。
② 张之洞：《劝学篇·外篇·变法第七》。
③ 李泽厚：《中国近代思想史论》，生活·读书·新知三联书店 2008 年版，第 77 页。

制度等政治层面的变革，也尽量避免涉及当前具体的实际要求，如裁厘金、加关税等具体措施。

"中体西用"具有深深的时代烙印，它是在顽固守旧派占据主体地位的中国近代思想界，面对千年变局，微微向外界闪开的一道门缝。没有"中体"作为前提，"西用"就无所依托，西方先进的器物、技术、文化就进不了中国的大门，落不了户。"须知那个时候的中国，要在充斥封建主义旧文化的天地里容纳若干资本主义的新文化，除了'中体西用'还不可能提出更好的宗旨来。"①"中体西用"就是承认中国封建政体合理的前提下，保留儒家纲常伦理不变，承认西方科学技术的先进性，在保持原来制度不变的基础上尽量吸纳西方科学技术使中国实现富国强兵的目的。"中体西用"虽然不完备，是妥协与折中的产物，但毕竟在折中的方案中打开了一道门缝，让中国人认识到了外面的陌生的世界，开始西学东渐的历史进程，恢复了中断近两百年的中西交流。②"中体西用"代表晚清洋务派的封建士大夫们在对待中、西两种不同文明的基本立场。

即便是这样，洋务派仍然遭到顽固派激烈的反对，顽固的守旧派仍旧固守夷夏之辨，固守儒家传统价值不变，拒绝吸收任何来自国外的文明。面对盲目排外、顽固不化的守旧势力，洋务派把向西方学习概括为"中体西用"，在当时的历史条件下，这是个双方都能接受的折中办法，具有历史进步意义，对中国的现代化起到了推动作用。

三、传统儒学嬗变的失败与体制变革的呼声

洋务运动期间，清廷向外国购买军舰、兴办兵工厂、钢铁厂，并积极派遣留学生出国，还翻译诸多的西方科技著作，并设立京师同文馆有目的地培

---

① 陈旭麓：《中国近代史十五讲》，中华书局 2008 年版，第 84 页。
② 从 16 世纪西方传教士利玛窦开始在中国传教，带来大量的科技书籍，从那时的西学东渐算起，到洋务运动，近两百年。

养体制内的洋务人才等，做了不少学习西方的实事。但是，在思想与文化层面，"中体西用"思想纲领将西学与中国政治制度和思想意识严格隔绝起来。儒学在"中体西用"的庇护下，既没有认真思考过日益涌进的西学所带来的影响，也没有对其带来的冲击作出有深度的回应。

甲午战争的失败宣告中体西用的破产，证明了传统儒学嬗变的失败，即在企图通过在不改变封建专制体制，维护儒家纲常伦理的基本价值下，仅仅在器物层面依靠洋务实现富国强兵抵御外侮是行不通的。洋务运动失败证明传统儒学在"千年之变局"面前无能为力，这是儒学从来没有遇到过的危机。洋务派以西学经世，通过学习西方技术应对危局，实现自富求强的目的落空了。耗尽三十年时间与机遇，甲午战败涂地，近代中国问题一个也没有解决，国家濒临亡国灭种的危机。近代中国现代化三十年间步履蹒跚，与同期日本明治维新同时起步，但效果却有天壤之别。空前的民族危机引起人们无限的悲愤与失望，反思洋务思考变革迸发出近代戊戌思潮。

甲午战争的失败清楚地向世人证明，无论儒学在其内部如何调整、如何强化经世致用的功能，但在西方军事、经济与文化侵略下，加速了自身的危机。洋务运动的失败也表明"中体西用"的破产，即不改变中国政体，只在再器物层面学习西方是无法使中国自立与自强。甲午之后引发的严重民族危机，有识之士突破"中体西用"思想的束缚，开始在制度上思考中国的变革。改革与改制成为那个时代几乎所有良知的中国人共同的诉求。上自朝廷士大夫，下至民间的读书人，个个反思洋务，思考近代日本崛起的经验，对贻误中国发展的洋务派人物表现出极度的愤慨。洋务运动的核心人物李鸿章遭到"朝野上下的唾骂"，认为李"国人皆曰可杀"。[1] 谭嗣同把三十年的洋务运动称为"中国虚度数十年""奉行故事虚靡帑项而已"。[2] 1895 年以后在晚清政局以捍卫传统儒家道统为基本特征的清议派，也出现了文化价值取向的

---

[1] 中国史学会编：《中日战争》（四），上海人民出版社 1957 年版，第 71 页。

[2] 谭嗣同：《谭嗣同全集》（上册），中华书局 1981 年版，第 158 页。

大转变，很多人有捍卫传统的保守派一下子转向激进的改革派。^①甲午战败，促进中国人思想的进步，大大突破"中体西用"思想局限，对战败的反思已经直接指向了两千多年的封建思想与政治制度。

甲午战争的失败使当时的人们意识到中西之间的差距不仅在器物层面，坚船利炮也抵抗不住资本主义的侵略，失败的原因在于中西制度上的差距。中日两国在近代相同的遭遇，但现代化不同的结果，使得人们认识到了中日之间在制度上的差异导致不同的结局，从而中国人把目光集中在日本，把日本作为中国学习的对象，也希望在中国通过一场君主立宪的制度变革使中国强大起来，摆脱沉重的危机，实现民族自立自强。

第三节　维新变法思想的兴起与传统儒学危机

甲午惨败促使中国知识分子的政治觉醒，他们逐渐认识到，单靠学习西洋的船炮、制械、科技、工艺等技术远不足以求富、自强，只有仿照西方进行政治制度的改革，才可以摆脱危亡之局，达到独立、富强目的。在19世纪90年代以前，已经有具备世界眼光的先进中国人窥探到西方列强之所以强大的根源在于政治制度，认为中国之政教精神与西人相反，是以与强者遇，而归于弱败。^②郑观应、王韬、马建忠、陈炽等为代表的早期温和改良派都曾经提出过模仿西方建议议院制度的想法，他们对西方现代化认识从洋务派的器物层面转向制度层面，在政治上推行维新变法进行制度变革。要达到政治变革的目的，就必须改造人们的传统的思

① 柯文：《在中国发现历史——中国中心观在美国的兴起》，林同奇译，中华书局1989年版，第32页。

② 郭嵩焘是洋务派中对西方了解最彻底和最深刻的。在出任中国公使出访英国的两年内，详细了解英国的政治制度。对英国政教制度之演化成熟，对英国议会政治、政党制度、法制有深刻的认识，清醒地看到了中英之间的巨大差距。

想观念，突破传统儒家思想的束缚，接受近代西方思想的启蒙。维新派以他们接触到的西方天赋人权等理论，以资产阶级的民主、自由、平等理念为依傍对封建专制主义制度以及维护封建专制主义制度的儒学进行了激烈的批判，对近代思想解放作出了贡献。维新派既看到了近代以来儒学不断质疑、解构，传统儒学危机四伏，又受到儒学核心价值的束缚，他们政治变革以从改造儒学、变革儒学开始，积极借鉴当时所能接触达到的西学，改造传统儒学，援西入儒，促进儒学现代转化，迈开了近代儒学现代化的第一步。

一、资产阶级思想的传播对传统儒学的冲击

最早传到中国的是西方近代科学技术，西方科技传到中国的时间可以追溯到明朝后期的耶稣传教士，但影响的范围与深度有限。林则徐的《四洲志》、魏源的《海国图志》、徐继畬的《瀛环志略》等著作，使中国人看到了外面的世界，对摆脱根深蒂固的夷夏之辨，走出华夏文化圈，推动封闭的中国面向世界起到了积极作用，从一定意义上是近代中国启蒙的先声，是中国近代化的前奏。

鸦片战争后西学开始进入中国，随着西方政治、军事、文化势力在中国的日益加强，西学对中国的影响也不断加大。同时，由于洋务派办理洋务以及培养洋务人才的需要，中国人开始主动地向西方学习，而且变得日益迫切，从那时起向西方学习已成为有识之士的共识。西学不断的传入，西方声光电化、农商工贸等器物层面的现代文明不仅冲撞了旧物，更是刺激了思想观念的更新，这促进了近代中国的思想启蒙。西学的传播方式、途径首先是翻译西方书籍。早在 1868 年，洋务派在上海江南制造总局设立译书馆，翻译西书。北京的京师同文馆也陆续翻译一些外国书籍。据不完全统计，从1865 年到 1905 年这四十年间，共计翻译 178 部西方著作，"其中有 66 部自然科学著作，38 部军事科学著作，35 部工程制造著作，11 部医学著作，7

部农学著作,21 部有关历史和制度的著作"。① 近代西方教会创办的各类教会学校,洋务派在各地的"洋务学堂"为培养现代人才、普及西学知识起到了积极的推动作用。在戊戌变法期间由于社会变革的需要,这时的中国知识分子对西学的关注已由军工、格致、政法转向西方近代的社会政治学说和哲学。接受、崇尚西学的人也越来越多,讲西学逐渐成为知识分子的时尚。经由严复等人的接受、宣传的,借助新兴的报纸、杂志等近代新的宣传工具,进化论及西方近代的一套政治、经济、伦理观念和学说开始在中国流行,并被越来越多的青年知识分子所认同,其中,天赋人权、主权在民说、社会契约论尤为引人注目。随着戊戌思潮的兴起,西方自由、平等、博爱等理念开始在古老的中国大地传播,并迅速生根。"西学东渐"不断加深,西方资产阶级思想在近代中国的传播速度逐渐加快,在中国的影响也日益加大。

近代中国资产阶级思想启蒙是在中西文化的碰撞与冲击之中不断推进的,近代中国资产阶级思想启蒙的效果反映在国人对传统儒学的变化之上,一方面是由于中国持续的失败导致对传统儒学的社会价值怀疑;一方面是西学在中国的传播与影响日益扩大,西学不断对以儒学经义为主体的传统知识结构的动摇,直接威胁到了儒学的生存基础。

资产阶级思想的传入对传统儒学形成巨大冲击,主要表现在以下几个方面:第一,近代西方的科学技术知识对传统儒学的宇宙观的冲击。西方近代自然科学知识提出的一整套宇宙观对儒家传统宇宙观形成直接的冲击。传统儒学的宇宙观是支撑中国人儒学信仰的关键。"天人之际"是儒家宇宙观的核心,这种宇宙观是由传统儒学里一些形而上学的概念如阴阳、气论、五行、四时、天、道、性、命、理等构成。儒家宇宙观随着 19 世纪末输入的科学基本概念和基本知识的普及而逐渐解构。1895 年出使欧洲四国的参赞宋育仁在《泰西各国采风记忆》中这样写道:"(依泰西说)天为无物,地域五星同为地球,俱由吸力相引,则天尊地卑之说为巫。肇造天地之主可信,

---

① [美] 郭颖颐:《中国现代思想中的唯科学主义》,雷颐译,江苏人民出版社 1998 年版,第 3 页。

乾坤不成两大，阴阳无分贵贱，日月星不为三光，五星不配五行，七曜拟于不伦，上祀诬而无理，六经皆为虚言，圣人为妄作。据此为本，则人身无上下，推之作为家无上下、国无上下，从发源处决去天尊地卑，则一切平等，男女均有自主之权……"① 中国古代的政治、伦理秩序都是以儒家这种天人相应的宇宙观为基础的。"在转型时代，与这基本的宇宙观一向绾合在一起的一些儒家基本价值也在受到侵蚀而逐渐解体。"② 一旦这种宇宙观遭到西方近代自然科学知识的冲击，其真理性遭到质疑，势必动摇政治、伦理秩序的基础，造成"家无上下、国无上下"，"妇不统于夫，子不制于父"的后果。这种冲突还集中体现在儒家"天下"观在近代西方现代民族国家体制下冲击下而逐渐解体，中国人用平等的眼光去审视的西方国家。

第二，近代西方民主学说对传统儒家的纲常伦理的冲击。随着西学的普及，一些儒家的经典和教义逐渐成为"虚言""瞽说"。传统儒学价值观秩序在西学冲击下的动摇，象征着近代中国思想转型的序幕。儒学在传统中确立起来的价值原则与信仰系统面对西学的基督教系统信仰，以及在西方启蒙运动中确立起来的人文主义价值原则的挑战，儒学逐渐失去了安定人心，从自身的文化中获得信心和力量的能力，在中西文化碰撞之中儒学处处显露危机。一些思想先进的知识分子开始对儒学"王权制度"的批判涉及传统政治和社会价值，其中首当其冲的是传统的帝制思想，在中国人的眼里，天子不仅是一个帝国的统治者，还是地球上保持宇宙和谐的"天"之最高的代理人。天子成为"居于人类社会秩序和神圣的宇宙秩序之间的调停者"。③ 在当时的知识分子眼里，"不论从现实的功效角度还是道德价值的角度，帝制均不足以充当政治社会秩序的基础。"④ 对许多中国的知识分子

---

① 林毓生：《二十世纪中国的反传统思潮与中式乌托邦主义》，转引自许纪霖编：《二十世纪中国思想史》（上卷），上海东方出版中心 2000 年版，第 446 页。

② 张灏：《中国近代思想史的转型时代》，《幽暗意识与时代探索》，广东人民出版社 2016 年版，第 138 页。

③ 张灏：《危机中的中国知识分子》，中央编译出版社 2016 年版，第 7 页。

④ 张灏：《烈士精神与批判意识》，中央编译出版社 2016 年版，第 15 页。

来说，"这种秩序的危机不仅是一种政治危机，它还是更深层的和意义更深远的意识领域中的危机。"① 这种危机其实是一种"宇宙观下的王权制度"的瓦解，这意味着近代中国面临着一种更为深刻的东方秩序危机。在戊戌变法期间，作为禁锢人们思想观念的"三纲五常"等封建伦理道德是"道"之首遭到猛烈的批判，解放了思想，宣传了资产阶级思想，促进了人们的觉醒。

第三，西方政治学说对儒家价值观的冲击。不断传入的西方近代社会政治学说也对传统儒学基本价值观念形成不断的冲击，不断解构传统儒家伦理价值，其中最为重要的变化就是中国古代几千年的"天不变，道亦不变"的传统观念开始松动，接受新学思想启蒙的人们开始明白"道"也是必然要变的。甲午战争的失败使许多先进的知识分子朦胧感觉到了中国固有的儒家"常道"：格物、自知、诚意、正心、修身、齐家、治国、平天下与现代化浪潮之间的内在冲突。② 在这种背景下，先进的知识分子介绍和宣传了西方各种自然科学、哲学和社会政治学说逐渐取代儒学的基本价值。在近代中国，西方先后传到中国的价值观念主要有：细胞学说、原子说、以太说、化学元素说、进化论、星云假说、太阳中心说、穆勒的逻辑学、洛克的经验论、斯宾塞的实证主义、达尔文的社会达尔文主义、卢梭和孟德斯鸠的天赋人权、社会契约论及地理环境决定论、康德的自由意志论、叔本华和尼采的唯意志论、亚当·斯密的自然人性论等。可以说，几乎近代西方所有的新思想在当时的中国都有介绍，但在中国影响做大的还是达尔文的生物进化论，马克思指出："理论在一个国家的实现程度，决定于理论满足这个国家的需要的程度。"③ 进化论在中国的广泛传播，就在于它恰好满足了近代中国现实的社会需要，"变"是中国近代社会的基本特征，也是中国近代思想史和哲学史的

---

① 张灏：《危机中的中国知识分子》，中央编译出版社 2016 年版，第 8 页。

② 宋志明、刘成有：《批孔与释孔——儒学的现代走向》，华东师范大学出版社 2004 年版，第 3 页。

③ 《马克思恩格斯文集》第 1 卷，人民出版社 2009 年版，第 12 页。

主题之一。[①] 进化论为中国知识分子提供了一个新的价值坐标系，用进化论审视中国传统文化就会得出不同以往的新结论。

第四，西学与传统儒学的冲突还体现在文化保守势力对待西学的态度上。西学在中国的影响日益加大，不可避免地同中国传统的儒学发生冲突，这种冲突一方面体现在以儒学为正统的守旧势力对待西学的态度上，他们认为，欲解决近代中国的社会问题，根本之途在于"正人心、纯风俗、辩学术"，孔孟之道、纲常伦理是中国的立国之本，不可动摇。另一方面体现在革新变法派通顽固守旧派的政治斗争上。无论在洋务运动，还是维新变法，都有保守主义者反对的声音，他们恪守"祖宗之法不可变"，排斥西学，维护封建的纲常名教，甚至出现在戊戌变法失败后对维新改革的反动，顽固保守派掌握权力，一度主导了中国政治的走向，八国联军侵华与庚子兵败，与保守派当权有直接的联系。1901 年清廷的推行新政的诏书说："迂儒谈正学，又往往不达事情"[②]，正是当时真实写照。

二、资产阶级维新变法思想的形成与发展

在洋务阵营里，逐渐分化出一批具有初步资产阶级思想的知识分子，他们中的大部分一开始是洋务运动的赞成派或参与人，他们看到了洋务运动在推行进程中的局限与弊端。他们对西学的接触与了解，使其对西学有了更深层次的认识，超越了洋务派，在政治、经济上提出了新的改革要求，如"工商立国""开设议院"等建议，主张从更广阔的领域里向西方学习。这种变化反映了当时的中国出现了新生的阶级——资产阶级的利益诉求，这些主张和建议客观上开始表达了当时中国社会新兴经济力量的要求，形成早期的资

① 宋志明、刘成有：《批孔与释孔——儒学的现代走向》，华东师范大学出版社 2004 年版，第 4 页。

② 璩鑫、唐良炎编：《中国近代教育史资料汇编·学制演变》，上海教育出版社 1991 年版，第 4 页。

产阶级改良思潮。

早期维新派与洋务派的差异，他们思想的分野，主要表现在对本体观、道器论的认识。早期的维新派重新规定了"体"与"用"的内容，他们把中学与西学的关系从洋务派"中体西用"思想扩展到"道"与"器"，在"中体西用"的基础上他们主张"变器卫道"，有别于洋务派的思想纲领。他们认为学习西方是大势所趋，西方的工艺科学以至政治制度都是"器"，这样一来，向西方学习的内容就不仅限于科学技术，还扩展到政治法律等层面，向西方学习的范围扩展了，这是一大进步。但是他们仍然认为："器则取诸西国，道则备自当躬"，其所谓道即"孔子之道，儒道也，亦人道也"[1]。道是不能变的，孔子之道就是纲常名教，即封建君权及宗法制度，这是他们的历史局限。

早期的资产阶级改良派秉持的还是传统儒学"变则通"的循环变易观，还未达到之后康有为的历史进化论的高度。虽然他们发表了不少的尊崇孔子之道和儒学的言论，但是他们已经开始要求从制度层面学习西方，进行较洋务运动更为广泛的社会变革；他们主张把西方的"器"与中国的"道"通融起来，他们的主张较之于洋务派更明显地背离了传统儒学的修齐治平之道，在传统儒学伦理道德上开了一个缺口，造成了相当的冲击。然而，同洋务派一样，在根本上儒家思想不可偏离，封建的"三纲五常"绝对神圣，他们对西方思想中的民主政治、思想道德、文化价值均采取排斥的态度，这又不同于戊戌变法时期的改革派。因此，早期的资产阶级改良派是从洋务派到康梁维新变法派的中间派，是具有过渡性的一班人物。

甲午战败的灾难不仅使早已存在的民族危机变得更加严重，同时也进一步激发了以救亡为图存为目的维新变法思潮的进一步发展。在空前的民族危机的刺激下，全国上下，包括士绅阶层，甚至包括保守派的士大夫都感觉到中国非变革不可。在"外患日急，人心激昂"的变法浪潮中，顽固派也"留

---

[1]　王韬：《杞忧生〈易言〉跋》，《弢园文录外编》，上海书店出版社 2002 年版，第 266 页。

意西学"，"非决口不谈洋务者比"，认为"行军制器参用新法，未为不可"。
这是至 1840 年半个世纪以来，不甘沉沦的中国人意识到必须推进政治制度
的变革以应对危亡的时局。如果说洋务派是要解决经济工业化问题，那么随
后登场的资产阶级维新派所要解决的就是实现从传统社会到近代社会的转
化，走上资本主义道路。因此，他们更加明确地提出了政治、经济和文化的
变革纲领，要求在中国进行全面的变革，实现社会的转型。"戊戌思潮"突
破了"中体西用"思想的局限，在西学认识上比洋务运动大大扩展了，是一
种变革维新的社会思潮①。

三、资产阶级维新变法派对传统儒学的抨击

资产阶级维新派要进行维新变法首先要进行的就是思想观念的变革，就
必然会触及封建专制制度以及维护封建专制的纲常名教，就必然抨击儒学为
代表的封建专制思想。康有为、梁启超自幼接受传统的儒学教育，具有浓厚
的尊孔崇儒情结，中年以后接受并传播西方近代的社会政治学说，呼吁政治
变革。康、梁等维新派既看到了传统儒学的精神宗旨与时代精神、时代需要
的冲突，对传统儒学的批判主要集中在对封建"三纲"的批判、对"天不变，
道亦不变"的批判、对儒家轻功利的义利观的批判、"去人欲，存天理"封
建伦理的批判。谭嗣同对儒学的抨击最激烈。谭嗣同认为"三纲"既非天理，
亦非良知，而是君主为了"钳制天下"而制造的工具，是君桎臣、官轭民、
父压子、夫困妻的工具。②谭嗣同将两千年君主专制思想的根源归结为荀学，
对荀子作了全面的抨击："二千来之政，秦政也，皆大盗也。二千年之学，

① 伴随"戊戌思潮"诞生还有更偏执、更情绪化的国粹思潮，即所谓的"清议派"。这种思
潮坚持儒学的圣学本位意识，以盲目的非理性排外立场对待任何外界的新事物。以清议
派为代表的国粹主义随着洋务运动的失败而崛起，则使儒学通过自我更新和自我调节的
方法来实现民族自卫的可能性变得更为渺茫。（参见萧功秦：《儒家文化的困境——近代士
大夫与中西文化碰撞》，广西师范大学出版社 2006 年版，第 103 页。）

② 《谭嗣同全集》（增订本）下册，中华书局 1981 年版，第 299 页。

荀学也，皆乡愿也。惟大盗利用乡愿，惟乡愿媚大盗。二者交相资，而罔不托之于孔。"①同时又分析到儒学在中国人心目中独特的地位，采取迂回的方式，将孔子的学说与后世儒学进行分割，从中国的国情出发，因势利导推行社会变革与文化革新，促进儒学现代转化，以西学装扮孔子，作为维新变法的护法神。"尊孔子而批后儒（主要是宋以来的流行儒学）是康有为等人对待儒学的基本态度。"②康有为等人认为，孔子之说原本无瑕，但在孔子之后，经历代后儒之手，逐渐变了样。"孔子之道，原天地，本神明，育万物，本末精粗，四通六辟，其运无乎不在。后学各得其一体，寡能见天地之容，故暗而不明，郁而不发，而大道遂为天下裂。"③因此当务之急就是揭露后儒对孔子学说的种种误解、歪曲和篡改，恢复本来的面目。康有为认为，"中国人公德缺乏，团体涣散，将不可以立于大地，欲从而统一之，非择一举国所同戴而诚服者，则不足于结合其感情，而光大其本性"。④康有为认为"一民族之心理必有所系，然后能结合而为有秩序之进步"，孔子是中国历史上"最有价值之人物"⑤，这面大旗不可丢，维新变法要取得成效，就必须借助孔子和儒学，以恢复、捍卫"真孔学"的名义来改造传统儒学，使之符合变革的需要，将社会变革、文化革新统一于孔子的旗帜之下，以孔子的名义进行。这样就会使中国的社会和文化变革"为有秩序之进步"，这样的变法和改革不会出现大的动荡，能使之"有所系"而更趋于统一。戊戌变法运动，是对中国社会进行的第一次向现代转化的改革。⑥

　　维新派对传统儒学的抨击，触及了传统儒学的根基，传播了西方自由主义的理念，为推行维新变法奠定了思想基础，是一次深刻的资产阶级思想启

---

① 《谭嗣同全集》（增订本）下册，中华书局 1981 年版，第 337 页。

② 张锡勤：《儒学在的中国近代的命运》，人民出版社 2011 年版，第 114 页。

③ 汤志钧编：《康有为政论集》（上），中华书局 1981 年版，第 471 页。

④ 梁启超：《南海康先生传》，《饮冰室合集·文集》（六），中华书局 1981 年版，第 67 页。

⑤ 梁启超：《论中国学术思想变迁之大势·近世之学术》，《饮冰室合集·文集》（七），中华书局 1981 年版，第 101 页。

⑥ 姜林祥：《儒学与社会现代化》，广东教育出版社 2004 年版，第 223 页。

蒙。维新派思想家提出政治变革及经济变革纲领的同时，开始对中国的儒家文化进行有史以来第一次的大清理，着手进行文化革新。中国的文化结构也开始发生新的变化。[①] 这是有史以来对传统儒学进行第一次大清理，集中在对封建君主专制制度及其儒家伦理思想的激烈批判。儒家的"大一统"的仁政社会观和"天不变，道亦不变"的哲学观在近代社会变革之中变迁，"三纲五常"的封建伦理也受到激烈的抨击，维新派对儒学的革新，是儒学结构发生变化的开始。

第四节　康有为托古改制启动儒学的现代转化

康有为在宣传资产阶级的政治思想学说时从传统儒学中寻找合适的资源为西方学说披上儒学的外衣，以证明这些社会改革方案是中国历代古代圣贤追求的理想，以便证明儒学是符合时代的潮流。康有为以政治改良目宣传资产阶级思想促使传统儒学现代转化成为近代儒学现代的第一人。传统儒学"三纲五常"等封建道德伦理虽然受到维新变法派的批判，但他还不能完全突破传统儒学思想的束缚进行彻底的资产阶级思想革命，他们的变法维新思想以"旧瓶装新酒"方式借用了传统儒学的形式与影响力。这些特点是资产阶级软弱性与妥协性的体现。

一、康有为"托古改制"变革儒学思想的形成

康有为的思想转变经历了一个过程：他先是从崇尚儒学走向怀疑儒学，然后从对传统儒学的怀疑转向西学，最后从吸纳西学之后重新解释儒学。康有为接触到西学以后便对传统儒学有了新的认识，并在此基础上形成自己的

---

① 　张锡勤：《儒学在中国近代的命运》，人民出版社 2011 年版，第 102 页。

思想体系。这复杂的转变集中体现了传统儒学不得不转化的艰难历程。康有为是资产阶级改良派的代表人物，他以西学对传统儒学进行的改造体现在他维新变法的思想体系之中。

康有为出生在理学世家，自幼受到过良好的传统教育并打下坚实的儒学基础。康有为 21 岁时就对"四书要书大意，略知其概"，但是面对日益严重的社会危机康有为认为旧学乃是"故纸"一堆，根本达不到济世救民的目的，于是就"弃之而私心好求安心立命之所"。[1] 康有为与恩师朱次琦的决裂表明了他对传统儒学的前途已经极度失望，也预示着康有为最终放弃了成为一个传统士大夫的努力。康有为对传统儒学极度失望曾一度转向佛学，但佛学也没有使他真正平复。正当康有为极度失望、万般苦闷、彷徨无计之时西学闯入到了他的视野，接触到西学之后，眼界为之大开，相见恨晚。

康有为阅读了《西国近世要编》《环球地理新录》等西方书籍，并去香港游历，开阔了眼界，认识到了西方现代文明，始知"西人治国有法度"，从而改变了对西方及西学的看法，不再"以古旧之夷狄"的观念看待中西关系。1882 年赴京应举遇挫之后，途经上海购置大量江南制造局翻译的西方科技书籍，西方科技之发达、物用之美对康有为产生强大的震撼，"益知西人治术有本"，从而"尽释故见""大讲西学"。[2] 此后的两三年内康有为大量阅读西方书籍及报刊，逐渐完成思想上的转变。1885 年，康有为认为他"至乙西之年而大定，不复有进矣"。[3] 康有为还阅读了《佐治刍议》《自西徂东》欧洲史志和游记以及大量的自然科学和著作。康有为接触到的科学原则对其思想发展有决定性的影响，他在 1885 年到 1887 年形成了他以下的观点：对于历史进化论，康有为认为历史文化的衍变就像自然界的客观一样有规律可循，而且是同样的规律，差异只是不同的阶段而已；对人类未来的发

---

[1]　中国近代史丛书编写组：《戊戌变法》第 4 册，上海人民出版社 1957 年版，第 112—114 页。
[2]　中国近代史丛书编写组：《戊戌变法》第 4 册，上海人民出版社 1957 年版，第 115—116 页。
[3]　《康有为全集》第 1 集，中国人民大学出版社 2007 年版，第 237 页。

展规律，康有为受西方科学理性的影响，对人类的发展充满信心，他感叹与西方化、电、光等科技精美、公理之严密，科技不断进步则人类社会也将一片坦途，人类美好的大同将至；对自由平等认识，康有为以西方科技之实理公法，批评传统思想与制度，认为"人类平等是几何公理"而倡导绝对的公平与自由等。康有为接触到西学之后开始重新解释经典，"凭着这些文献和对中国传统文化的批判继承，他艰难而富有创造性地建设了中国第一个比较完整的资产阶级启蒙思想体系。"[1]

1888 年上书光绪皇帝的失败之后是其治学思想的又一个转折点，康有为认识到传统封建势力的顽固不开化，要推动中国的变革必须着手进行思想上的宣传与发动。康有为回到广东以后，开办万木草堂学馆聚众大讲今文经学，周围聚集了一大批弟子、门人而逐渐成为一个有影响的学术团体。康有为从汉宋调和论调者转向今文经学，"康有为的经学转变深受廖平影响"。[2]在这之后，康有为撰写先后撰写《新学伪经考》《孔子改制考》，为变法改制制造舆论，建立了以孔子为变法改制的思想体系并付诸实践，为资产阶级的维新运动进行思想上的准备与发动并在此基础上，最终形成了其完整的思想体系。

上书的失败使他深感封建顽固势力的强大，要打破这种格局，就必须从中国传统学说中寻找思想与方法，康有为把他的改革思想构筑在今文经学上，他认为："（孔子）不为人主，而为制法主。天下从之，民萌归之。自战国至后汉八百年间，天下学者无不以孔子为王者，靡有异议也。自刘歆以《左传》破《公羊》，以古文伪传记功今学之口说，以周公易孔子，以述易作，于是孔子遂仅为后世博学高行之人，而非复为改制立法之教主圣王，只为师通而不为君统。尽以其权归人之主。于是天下议事者引律而不引经，尊势而不尊道。其道不尊。其威不重，而教主微，生民不严不化，益顽益愚，皆去

① 董士伟：《康有为评传》，百花洲文艺出版社 2010 年版，第 9 页。
② 干春松：《康有为与儒学的"新世"——从儒学分期看儒学的未来与发展路径》，华东师范大学出版社 2015 年版，第 118 页。

孔子素王之故。"① 也就是说，古文经的作伪者把孔子矮化为教书先生，以至于后儒变成了考据、辞章、训诂的"小人儒"，儒学在汉代成为封建社会御用文化之后偏离原来的轨道，人民"尽以其权归人之主"，丧失"民权"的意识。康有为利用清代今文经学的学术成果，一改清代汉宋之学为考据学与养心学的说法，将汉学恢复到汉代的"经世之学"上，并确立《春秋公羊传》的儒学正统地位，成为他"改革与改制"学说的基础。康有为借用孔子之名托古改制，正如马克思在《路易·波拿巴的雾月十八日》对当时法国资产阶级的形象概括一样："人们创造历史，但不是随心所欲地创造，而是在直接碰到的、从过去继承下来的条件下创造。""当人们好像在忙于改造自己和周围的事物并创造前所未闻的事物时，恰好在这种革命危机时代，他们战战兢兢地请出亡灵在为他们效劳，借用他们的名字、战斗口号和衣服，以便穿着这种久受崇敬的服装，用这种借来的语言，演出世界历史新的一幕。"② 康有为借用与改造儒学宣传资产阶级变法思想，也是中国资产阶级软弱性与妥协性的形象表现。

二、康有为给资产阶级学说穿上传统儒学外衣

康有为认为："孔子之道，其本在仁，其理在公，其法在平，其制在文，其体在各明名分，其用在与时进化。"他进一步解释说："夫主乎天平，则人人有自主之权，主乎文明，则事事去野蛮之陋；主乎公，则人人有大同之乐；主乎仁，则物物有得所之安；主乎各明权限，则人人不相侵；主乎与时进化，则变通尽利。"③ 从康有为对孔子之道的简要介绍中可以看到，因为完全是以经典资产阶级的社会政治理论和哲学观点去解释和发挥孔子学说的。

---

① 康有为：《孔子改制考》卷八，《康有为全集》第三集，上海古籍出版社1992年版，第225页。

② 《马克思恩格斯选集》第1卷，人民出版社2012年版，第669页。

③ 汤志钧：《康有为政论集》上册，中华书局1981年版，第468页。

康有为对传统儒学进行了大胆的改造，极力将西方的观念、思想附会到儒家思想之中。康有为努力使他对儒家思想新的解释和发挥与近代资产阶级的社会政治理论和哲学观点相符合。康有为通过对传统儒学的资产阶级思想改造，将孔子打扮成为一个近世倡导革新的大师，将儒学改造成为具备某些近代思想特征的思想文化。

维新运动是参照日本与俄国君主立宪的国体进行政治变革的改良运动。时代背景以及阶级本性决定康有为还不得不借助形态儒学的势力与影响来宣传他的资产阶级变法改制的思想。康有为认为孔孟学说之中有许多"微言大义"是通过口说心授传下来的，这是孔孟学说之中的精义所在，这种精义也只有真正掌握孔孟精神的人才能发现、理解和发扬光大。他自己就是承担这种任务的人物。康有为认为："孔子太平之道，暗而未明，郁而不发，盖二千年矣"，[①]他要对孔子之道发明之、光大之，"苟能明孔子改制之大义，则周秦诸子谈道之是非出入，秦汉以来二千年之义理制度所本，从违之得失，以及外夷之乱强弱，天人之故，皆能别白而昭晰之"。[②]

（一）康有为将资产阶级变法思想糅进儒家公羊改制的学说之中

通过前面的分析，我们看到康有为最终转变向今文经学，并成为今文经学的集大成者，他写下《新学伪经考》与《孔子改制考》等著作对古文经学进行了尖锐的批判，掀起了近代今古文之争。康有为对《公羊》为代表的今文经学加以改造，宣传他的资产阶级维新变法思想。

《新学伪经考》是康有为1891年完成著作，其核心观点就是古文经学是汉代刘歆对当时的儒学经典有意的篡改和伪造，古文经学不是孔子的真经，是伪经，也即是说清代有广泛影响的"汉学"不是孔子的真经，而是刘歆替王莽伪造，他把中国历代封建统治者尊奉的"古文"经典统统斥为"伪经"，

① 汤志钧：《康有为政论集》上册，中华书局1981年版，第257页。

② 汤志钧：《康有为政论集》上册，中华书局1981年版，第102页。

予以否定。康有为的这个结论在学术界引起轩然大波，犹如一声惊雷给死气沉沉的思想界带来了强烈的震撼。梁启超对此评价："第一，清代正统派之立足点，根本动摇；第二，一切古书，皆须从新检查估价。此实思想界之一大飓风也。"[1] 封建正统的思想被宣告为"伪经"，那么"恪守祖训"、泥守古法的主张也就失去了依据，从而为维新变法制造了理论根据。

如果说《新学伪经考》的作用在于破，那么康有为在之后写的《孔子改制考》的用意则在立，其政治色彩更加强烈，对当时思想界的震动也更大，在梁启超眼中那就是"火山喷火"和"大地震"的震撼效果。康有为借用孔子的旗号进行政治改革，与西方资产阶级改革借用宗教改革的旗号有相似之处，在《孔子改制考》之中，康有为推翻孔子"述而不作"的传统观念，他指出蕴含着"微言大义"的"六经"都是孔子为托古改制的目的而写的，这是孔子以后世儒家一贯的主张。经过改造，康有为把孔子打扮成托古改制"大师"和反对保守的"素王"。

康有为推翻了古文经在学术上的地位，把孔子塑造成应时而变、主动进行改制的改革家，为维新变法革新提供舆论上的宣传与理论上的支持。康有为认为：这样，顽固派恪守祖宗之法的说法不可变便不攻自破，儒家与封建社会意识形态的关系也发生变化，改革与变法是决定封建帝国的前途与命运的抉择。

（二）康有为以西方进化论改造儒家"三统三世"的进化观

儒家思想里关于进化的理论集中体现在如《易经》之中，体现在儒家的"因""损""革""益"等说法之中。康有为吸收儒家典籍关于历史发展理论，并以近代资产阶级理论进行改造，成为他宣传维新变法的科学依据与推动社会进步的历史观。今文经学经典《春秋公羊传》中的"三统说"经康有为融合西方进化论之后改造之后成为指导维新变法的历史观，也是推动儒学现代

---

[1]　梁启超：《清代学术概论》，《饮冰室合集》第 8 册，中华书局 1981 年版，第 57 页。

变革的理论基石。

康有为认为："求孔子之道，莫如《春秋》。"①"惟《公羊》详素王改制之义，故《春秋》之传在《公羊》也。"②《春秋公羊传》指出每个朝代都有一个受制于天的"统"，即"黑统""白统""赤统"，这黑、白、赤的三统分别与每个朝代循环相配，这其实一种历史循环论；三世是把鲁国历史分为"太平世""升平世""据乱世"三世。康有为正是从《礼记》中得到启示，改造了"三统三世"之说，在西方进化论指导下摒弃其中的历史循环论与倒退论，将其改造为糅合进化论的三世发展观，这样一来，就打破了儒学自创立之始就"一以贯之"的传统观念，那种今不如汉唐、汉唐不如三代、三代不如五帝的历史退化论也就站不住脚了。康有为指出："孔子三世之变、大道之真，在是矣；大同小康之道，发之明而别之精，古今进化之故，神圣悯世之深，在是矣；相时而推施，并行而不悖，时圣之变通尽利，在是矣。"③

康有为认为当前中国正处在社会大变革之中，制度和政策都要因时制宜有所改变，必须因时而异，不断变革，不能一成不变。正是从这种历史进化论的基础上，赋予传统儒学变革的外衣，同时也宣告顽固派"祖宗之法不可变"的倒行逆施是违背客观及历史发展的规律，是与儒学的真精神相违背的，从而证明了维新变法的必要性和必然性。

（三）康有为给传统儒学注入近代资产阶级思想

康有为在宣传他的资产阶级启蒙思想之时，总是引经据典到传统儒学中寻找合适的语句，在传统儒学之中发掘资产阶级的思想资源，为儒学穿上资产阶级学说的现代时装。

康有为接受了西方自由人权的学说，结合中国的现实状况，把资产阶级的现代政治主张都附会到孔子身上。在康有为看来，西方近代一些基本的观

---

① 汤志钧：《康有为政论集》上册，中华书局 1981 年版，第 467 页。

② 汤志钧：《康有为政论集》上册，中华书局 1981 年版，第 195 页。

③ 汤志钧：《康有为政论集》上册，中华书局 1981 年版，第 193 页。

念、制度均在儒学之中，西方现代的政体设计也可以在儒学找到根源。康有为认为孔子是主张"民主君主"的，是君主立宪的竭诚拥护者，是争取民权的斗士。康有为认为"孔子之道，务民义为先"，孔子之所以要"祖述尧舜"、托古改制就是因为"尧舜为民主，为太平世，为人道之至"。比如康有为说："《尧典》曰：'辟四门，明四目，达四聪。'《盘庚》：'登进厥民，命众悉至于庭。'《洪范》：'谋及卿士，谋及庶人。'《孟子》：'左右曰贤，诸大夫皆曰贤，未可也；国人皆曰贤，然后用之……'黄帝曰'合宫'尧曰'总章'，三代曰'明堂'。中国古固有议院哉！"[1] 康有为认为孟子提出的"民为贵，社稷次之，君为轻"包含着近代民主思想，"此孟子立民主之制，太平法也"。在康有为看来"民为主而君为客，民为主而君为仆，故民贵而君贱易明也。众民所归乃举为民主，如美法之总统"，这种近代西方民主体制，"孟子早已发明之"。康有为又进一步把西方资产阶级民权思想和议院制度附会到儒家思想之中，他对"所谓有故国者非谓有乔木之谓也"作了夸大的发挥，说"此孟子特明升平授民权、开议院之制，盖今之立宪体，君民共主法也"。孟子所说的"左右"，是指"行政院及元老顾问官"，"诸大夫"是上议院，"国人"则是下议院。可见，"民权共政之体"乃是"孔子创立，而孟子述之"。[2]

在康有为看来，儒家孔孟思想也充满着自由平等博爱的精神，在他的著作之中对此将"仁"为"博爱"之义反复予以申明。如康有为就这样认为："《论语》曰：'仁者爱人'，'泛爱众'；韩愈《原道》犹言'博爱之谓仁'；《大学》言'平天下'，'絜矩之道'；《论语》子贡曰：'我不欲人之加诸我，吾亦欲无加诸人。'岂非所谓博爱平等自由而不侵犯人之自由乎！"[3]

康有为还利用他的三世说的历史观对"四书"和《礼记》进行注释来说明人类社会的发展规律、中国在当下的社会定位以及未来的社会发展目标。

---

[1]　姜义华等编：《日本书目志》卷五，载《康有为全集》（三），上海古籍出版社1992年版，第748页。

[2]　康有为：《孟子微》，中华书局1987年版，第20—21页。

[3]　汤志钧：《康有为政论集》下册，中华书局1981年版，第845页。

在康有为看来，变易、进化、改制这些是资产阶级变法改制的核心理念都可以在《易》与《春秋》找到，也就是康有为指出的仅《易》与《春秋》即可了解、把握孔学改制实质的思想意蕴。

三、康有为将西方空想社会主义与儒家大同思想进行糅合

中国人自古以"均平"为目标，孜孜以求没有压迫、没有剥削，平等平均美好理想的社会充满向往。"大同"就是中国人自古的社会理想，热爱和平、向往平等与自由，为了实现人人平等的理想社会。儒家经典《礼记·礼运篇》对大同理想社会进行了描述，这种理想社会深入中国人内心成为中国古代的理想社会观。当西方社会主义思潮传到中国以后，中国人就很自然把社会主义与儒家大同思想联系在一起，大同理想代表了中国式的共产主义社会，以"大同"思想为代表的中国人追求道德高尚、向往平等、取消差别的理想社会。

戊戌变法失败之后在西方诸国的流亡期间康有为目睹了西方社会的现状，超乎他对西方社会的想象，于是对坚信孔子三世说的也同样适用于西方各国："《春秋》有三世，据乱、升平、太平，其运无所不包。今地球各国之理不能外，后持千百亦不能外也。"[1] 他把《礼记·礼运篇》中的小康大同说与公羊三世说进行了比附，在儒家大同理想的基础上康有为创作了《大同书》，提出了自己对未来的社会的构想。康有为以中国儒家大同思想为蓝本，在吸收欧洲空想社会主义的基础上通过总结不同社会发展阶段的政治特征对未来社会作了具体的设想。

《礼记·礼运》的"三代之制"由具体的三个朝代描述为三种普遍性的制度文明（三世）：据乱世、升平世和太平世，这样的现实制度安排，被统称为"小康"，"小康"是一个建立在宗法关系基础之上使亲情有序的社会，但这并不代表人类发展的最高阶段。康有为认为孔子的理想不是"小康"制

---

[1] 汤志钧：《康有为政论集》下册，中华书局1981年版，第1103页。

度的"三世"轮回，而是如何实现天下的"大同"。他认为，孔子之后中国一直停留在"小康"阶段而踟蹰不前是因为荀子及后来的古文经学败坏了孔学之道，康有为说："读至《礼记》乃浩然而叹曰：孔子三世之变，大道之真在是矣。"① 两千多年封建社会历史在康有为眼里是据乱世的"小康"社会，他以孔子的"大同"理想为蓝本糅合近代西方空想社会主义为未来人类社会勾勒出大致的轮廓，指出了人类文明的发展方向。

康有为在接受了西方资产阶级的学说之后对儒家大同思想的改造体现了受儒家思想熏陶的近代中国知识分子共同的特征：中国富强与世界的大同。② 康有为写作《大同书》的主要目的重新阐释儒学经典，在吸纳西学的基础上把传统儒家文化之中的具有现代价值与优秀因素的部分从封建主义的"三纲五常"的专制文化的束缚中解放出来建立适应中国社会发展的资产阶级的学术知识体系以达到重塑近代中国文化认同的目的，解决与拯救近代的文化危机。《大同书》以康有为的三世进化历史观对当下及未来社会的任务和目标做了具体的展望，为人类展现了"大同"的未来社会发展图景。康有为"以《春秋》三世说与《礼记》大同升平说为其社会哲学指标"，全面研究儒家经典，成为"名正言顺而独立的儒家学者"。③

《大同书》认为人类现实的痛苦与弊病都是九种差别导致的结果，他们分别是国界（现代民族国家）、级界（人类高低贵贱之分）、种界（人种差别）、行界（男女形态和社会角色之差别）、家界（家庭组织）、业界（私有制和财产差别）、乱界（法律和社会分层）、类界（人和动物的差别）、苦界（因差别而产生的差别）。破除九界就可以消除社会上的苦难与不公，从而达到世界的"大同"。康有为"大同"理想是建立在对西方文明片面的认识与朦胧的反思基础之上，对未来社会的想象，既是对儒家大同思想的继承也是近代

---

① 汤志钧：《康有为政论集》上册，中华书局 1981 年版，第 193 页。
② 王祖荣：《晚清变法思想论丛》，（台湾）连经出版事业公司 1983 年版，第 25 页。
③ ［美］萧公权：《近代在中国与新世界：康有为变法与大同思想研究》，汪荣祖译，江苏人民出版社 2007 年版，第 41—43 页。

中国先进知识分子试图超越东西文明对人类未来社会的构建，带有中国式的儒家乌托邦的特征。

其一，康有为吸收西学超越传统体现在对于儒家"家"的改造上，"去家界"指出的是"去家界为天民"。康有为一方面指出家族制度是私有制之源，同时又认为孔子理想的制度不是家庭而是"大同制度"，不是"家天下"，而是"公天下"，这就破除了"孔子思想的基础是家族制度"的成见。康有为主张"去家"，他说："欲人性皆善人格皆齐，人体得养，人格皆具，人体皆美，人质皆和平广大，风俗道化皆美，所谓太平也。然欲致其道，舍去家无由。故家者，据乱世、升平世必须之要，而太平世最妨害之物也。"① 封建家庭之中儒家伦理的束缚导致个性缺失、自由压抑以及不平等，窒息了青年人的发展，与现代社会发展格格不入，因此破除封建首先要从家庭开始。传统儒学的男女之别以及种族的不平等是康有为竭力反对的并主张必须扬弃的，康有为主张去"级界"与"行界"，这些差别的去除是大同理想的基础。这样，经过康有为改造的大同理想社会就完全褪掉封建专制"三纲五常"等级的外衣，将儒家思想与封建专制制度分离，继承儒家优良的传统，康有为"大同"社会以儒家基本道德伦理为行为准则和规范，展现出"大同"社会亲情全面泛化儒家文化的特征，这既是中国传统儒家大同理想的继承，也是西方空想社会主义传到中国以后与中国传统文化结合的新产物。

其二，"去国界合大同"。儒家传统文化里的"天下"的视野与胸怀是世界上最早的、最系统的从全人类的角度看问题的哲学，康有为在《大同书》中"去国界合大同"包含着对欧洲文化与文明的反思与批判，而对中国儒家"天下"蕴含着的秩序观与文化观的积极扬弃与充分吸收。康有为一改儒家"天下"视野中夷、夏的狭隘立场而充分肯定"天下观"是从整体角度看问题的儒家哲学的独特世界观，展现出"天下为一家"的胸怀与视野。康有为在西学的启发下，在继承与积极扬弃的传统儒家"天下观"价值观基础上，

---

① 康有为：《大同书》，《康有为全集》第七集，中国人民大学出版社 2007 年版，第 91 页。

提出了"世界大同"的文化价值观，《大同书》"去国界合大同"就是这个思考，即"欲去国害必弭兵始"，人类的永久和平的必须建立在废除国家战争基础上，康有为"去国界合大同"思想是对欧洲现代民族国家体制的批判与否定，他为认为欧洲诸国之间的战争就是"有国界之害"的最直接表现，这是现代国家必须去除的"大害"。在康有为看来欧洲民族国家体制是作为战争机器而设计出来的形成于欧洲各国之间的战争。民族国家体制全世界推广必然会导致国家之间的战争被强加到全世界人民的头上，这是人类将面临前所未有的灾难。"欲去国害必自弭兵始"才能想获得人类永久的和平。尽管无论孔子还是康有为，"大同社会"谁也没见过，从这个意义上讲，"大同"甚至鄙视任何一种社会现实制度，小康社会中，需要"圣人"教诲、圣人制作和圣人改制，但到大同社会后，"圣人"才不需要了，人人皆为尧舜，人类社会与"道"合而为一。

其三，"去种界同人类"。种族主义造成人类之间不平等，这是西方殖民主义结下的恶果，康有为认为破除种族主义才能破除现代西方殖民主义并最终实现世界上的人人平等。

其四"去产界公生产"。《大同书》中的"去产界公生产"涉及对建立在私有财产基础上的近代资本主义生产方式的批判，这种批判包括对土地私有制度、资本驱动的工厂劳动、西方垄断贸易，代表资本家利益的党派政治的批判涉及近代资产阶级民主政治。康有为认为"合群均产"只不过是"大同之先声"，[①] 他心目中的大同社会是建立在彻底否定私有制的基础之上的。《大同书》从批判私有制的角度，将西方体制与中国传统体制的批判结合起来。

康有为儒家大同社会的构想，展现了中国先进知识分子苦苦探寻中国的富强之道，并未简单复制和追随同时代日本维新派的弱肉强食的逻辑，这是儒家"仁"和"不忍之心"熏陶下中国知识分子的内在的精神追求与特有的情怀。对康有为"大同"理想，日本学者沟口雄三对此有独特的认识，他将

---

① 康有为：《大同书》，《康有为全集》第七集，中国人民大学出版社 2007 年版，第 221 页。

中国近代视为"大同式的近代"，他认为康有为大同理想包含着一种超越国族的"世界大同"的情怀，包含着一种儒家的"仁"和"不忍之心"拯救人类苦难的博大胸襟的清醒认识，体现了中国的独特性。[①]

四、康有为援西入儒推动儒学现代化评析

中国近代的思想与文化是在中西碰撞、渗透中逐渐实现现代转化。康有为是近代中国具有改良思想的资产阶级代表人物，康有为所处的时代背景及其阶级本性决定了他提不出彻底的反封建文化纲领，只能借助传统儒学外壳及影响进行资产阶级思想的启蒙。康有为从政治改良目的出发对传统儒学进行的现代化改造解决了儒学与西方现代政治思想的贯通问题，他是将资产阶级政治学说引入并解释儒学推动传统儒学向现代转化的第一人。

（一）康有为是推动儒学现代化的第一人

康有为在维新变法时期将西方资产阶级学说与传统儒学的糅合适应了社会变革的需要，促进了儒学的现代转化，具有历史进步意义。推动古老中国迈向现代化就必须突破传统的束缚向西方学习，但在顽固封建专制主义的统治下近代半殖民地半封建的中国要参照西方资本主义制度实现政治变革是绝对不可能的。世界各国现代化的经验告诉我们：传统与现代并不是绝对对立的，在现代化进程中既需要冲破传统又需要利用与改造传统作为依靠的支柱与发展动力，在此过程中传统也因此获得新生成为现代化的内生资源，现代化又反过来保护传统。"当古典学问的旧瓶尚未破裂之前，任何一个人想要表达他的新见解，仍然有义务在古典学问的范围内表达。"[②] 当传统文化势

[①] ［日］沟口雄三：《作为方法的中国》，孙军悦译，生活·读书·新知三联书店 2011 年版，第 17 页。

[②] Richard Wilhelm, Fung, A History of Chinese Philosophy, 2: 267. Confucius and Confucianism, p.97.

力比较强大的时候，要迈开现代化第一步就需要借助传统文化的力量及其影响被社会接受并获得支持，传统与现代的融合产生新文化。这样既发挥了传统的作用又促进了传统文化的现代转化，康有为在戊戌变法期间改造传统儒学、把孔子打扮成维新斗士与改革大师正是对当时社会的背景与现实的考虑具有进步意义。

康有为开启儒学现代化的历史进程，是在中国近现代社会转型中思考儒学现代转化并付诸实际行动的第一人。康有为对传统儒学的改造承载了他对儒家传统文化的思考，这种思考渗透到他的价值诉求和人生理想之中。正如萧公权所说："康有为致力于转儒学为变法哲学，不应该简单视为一种经学研究的学术贡献，而应重视他对当时即后来中国近代思想史的实际影响。"①在近现代中国政治思想史上，由于各种原因对康有为儒学现代化的历史贡献评价不高，他甚至不被任何一个儒家研究群体认可。但是这都掩盖不了在当时保国、保种、保教的历史背景下康有为对传统儒学现代化改造的积极意义，掩盖不了他对儒学在未来社会普遍意义思考的价值。李泽厚指出康有为哲学是"中国古典哲学的继承与终结，另一方面他显示了中国近代哲学家国要真正开始"。②康有为研究的专家萧公权认为他是儒学第四期的"开导者"，指出："康有为可以说是一儒学修正主义者。他对儒学思想的修订与充实，可说有功于儒学。"③康有为推动儒学开拓性的创新、实现创造性的转化在近代文化转型中起到了承上启下的作用，即向上承接"中体西用"的文化思路，引西援儒的思路则开启现代新儒学的文化路径，康有为是现代意义上新儒学的创始人。

但康有为在变法运动失败以后仍未改变他君主立宪反对革命的政治主张，其文化立场日趋保守，康有为参与了张勋等人的复辟活动并积极参与了

① 萧公权：《近代中国与新世界：康有为变法与大同思想研究》，汪祖荣译，江苏人民出版社2007年版，第77页。
② 李泽厚：《中国近代思想史论》，生活·读书·新知三联书店2008年版，第124页。
③ 萧公权：《康有为思想研究》，新星出版社2005年版，第83页。

孔教运动及孔教会的活动，逐渐蜕化保皇派的代表人物之一，康有为逆时代潮流反对民主共和就背离了现代化的方向，成为顽固不化的守旧派代表，他对儒学的某些思考也湮没在其积极参与的政治复辟活动之中。

（二）康有为儒学现代化的实质与内涵

康有为是近代中国具有改良思想的资产阶级代表人物，他是将资产阶级政治学说引入并解释儒学推动传统儒学向现代转化的第一人，康有为的思想核心资产阶级的西方学说，中国资产阶级阶级本性决定了康有为既要冲破传统儒学的束缚实现国家政治制度的变革又不能完全抛开传统儒学进行资产阶级彻底的思想革命，所以康有为维新变法就必须借用中国传统文化的外衣，以孔子为依托对传统儒学进行资产阶级政治思想的改造，将资产阶级宪政、变法改制、空想社会主义等政治主张借助传统儒学的形式表达出来。康有为接受了西方进化论和自由民权学说，试图通过中国政治制度的改革把中国转变为一个资产阶级的君主立宪的国家，进行思想宣传需要为资产阶级政治学说穿上了传统儒学外衣，同时康有为花了大气力在中国传统文化之中寻找支援资产阶级变法改革的内生资源为儒学套上资产阶级学说的罩衣。康有为以变法改制为政治目的的儒学现代转化从根本上触及了传统儒学的思想根基，动摇了传统儒学在封建社会的"独尊"的地位，这必然与文化保守势力发生激烈的矛盾与冲突。变法失败以后，资产阶级改良派遭受重大挫折，封建保守顽固派对资产阶级改革变法派的思想反动，中国思想界重新回到"祖宗之法不可变"的顽固愚昧的封闭状态之中，政治上改良派被肃清之后，守旧派重新掌权他们拒绝任何实质性的变革。

康有为坚持儒学基本价值，抵制"全盘西化"。康有为对孔子及儒学内心是崇仰的，他真诚地相信，传统思想文化中某些基本的东西是不能丢掉的。康有为儒学思想里有一部分却确实是为变法维新、为现实政治服务的，但综合分析康有为的儒学思想，他致力于儒学现代化还承载了康有为对中国传统文化的价值诉求与人生理想，为此，他不断著书立说，奔走呼号，赞美孔子之道的同时，反复强调要审时度势对传统儒学进行改造与变通，建立、完善儒学现代体系。康有对儒学的改造批评为"其貌若孔，其心则夷"，"这样批评说明儒家并没有找到恰当的应对西方的方式，亦没有摆脱失去存身之地的困境"。① 在西学东渐的背景下，康有为指出"不能复以中国之是非绳之"，② 面对"西化"思潮，康有为坚决反对与抵制，这种主场一方面是康有为对儒学的深厚感情有关，也与他坚持君主立宪的改良主义政治立场有关；另一方面，也与康有为在戊戌变法失败后遍游欧美，观察到欧美的社会制度与文化中存在的许多问题，认为盲目"全法欧美"与完全去中国化的观点与行为是错误的，康有为认为，"各国自有本末，行政自有次第"，"苟妄师之，必生病害"③。

（三）康有为儒学现代化的评说

康有为意识到在近代社会转型时期的儒家道德伦理、价值理念已经不合时代精神并逐渐成为社会变革的阻碍，传统儒学的现代转化势在必行。康有为对儒学现代化进行了开拓性的探索，呈现出以下特征：

首先，康有为对儒学的改造是当时困境下应对危机的举措之一，这种基于政治改良目的改造具有明显的实用主义色彩，对儒学的解释往往有牵强附会之感，就在当时的人们思想状况来说，接受起来有也相当的难度，这就直接影响到改造过儒学的生命力。康有为过于自信的狂者气质，偏执的学风，急于实现其政治抱负的急迫心情也导致其在儒学现代转化上显得的仓促和粗糙。梁启超这样评价康有为："其所以自成家数崛起一时者为此，其所以不能建立健实之基础者亦如此"④。在当时客观严峻形势的逼迫下，变

---

① 干春松：《保教立国——康有为的现代方略》，生活·读书·新知三联书店 2015 年版，第 12 页。

② 汤志钧：《康有为政论集》上册，中华书局 1981 年版，第 47—48 页。

③ 汤志钧：《康有为政论集》下册，中华书局 1981 年版，第 706 页。

④ 梁启超：《清代学术概论》卷二三，《饮冰室合集·专集》卷三四，第 57—58 页。

革者急于求成的心态导致极端急躁的学风。在这种学风下使得当时人们眼里只有西学，不可能冷静、理智地去挖掘儒学深层次的内在资源，导致康有为和他的新儒学和他的整个思想体系一样，都缺乏"健实之基础"，它自然很难得到人们的信服。梁漱溟曾指出："数十年来冒孔子之名，而将孔子精神丧失干净。"① 在他看来，康有为不是在弘扬儒学精神，而是败坏孔子精神。从儒学找到西学的根源是康有为援西入儒的出发点，有些思想和理念是可以在儒学中找的根据的，但引申和附会的更多。康有为甚至认为"外国全用孔子制"②，"政治之学最美者，莫如吾六经也……凡泰西之强，皆吾经义强之也。中国所以弱者，皆与经义相反者也……外国乃用吾经义之精。"③ 按照康有为的说法，西方现行的一套竟然是儒经所提倡的、孔子所主张的，而现行的一套是背离儒经，这就说明孔学的真精神乃是西政、西学。这种理论未免太过激进，从而导致众人的非议，"长素尝谓刘歆伪造经典"，其实真正伪造经典的是康有为。康有为对孔学的"复原"其实是凡"与己不合者则以为伪书、俗说"，而"凡彼所谓孔学者，皆杂取之孔子以外一切新奇可喜之理，不问其合否、通否，而并以归诸孔"④。所以，早在戊戌变法时期，封建顽固反对派叶德辉等人便攻击康有为是在"用夷变夏"，攻击康有为是"隐以改复原教之路德自命，欲删六经，而先作《伪经考》，欲搅乱朝政，而又作《改制考》，其貌则孔，其心则夷"⑤，打上"康记"烙印的孔学与孔教，在随后现代新儒家看来，康有为对儒学的改造并不成功，因而得他们认同与认可。

其次，康有为改造传统儒学是政治变革的目的。康有为创立的"新儒学"具有鲜明的政治指向，是为变法革新进行资产阶级思想的宣传，他推动传统

① 《东西文化及其哲学》，《梁漱溟全集》第一卷，山东人民出版社 1989 年版，第 464 页。
② 《万木草堂讲义》，《康有为全集》（二），第 296 页。
③ 《孔子改制考》卷一五，《康有为全集》（三），第 185 页。
④ 钱穆：《中国近三百年学术史》，第 774、737 页。
⑤ 叶德辉：《叶吏部与刘先瑞黄郁文两生书》，载苏舆编：《翼教丛编》卷六，上海书店出版社 2000 年版，第 165 页。

儒学的现代转化是服从于政治改良的。康有为进行政治改良推动传统儒学现代化的原因是多方面的：其一，康有为强烈的政治参与愿望是那个时代先觉的中国人在当时社会背景下必然的一种反应。面对西方帝国主义政治、经济、文化全面的入侵，先觉的资产阶级知识分子对国家与命运作出了探索，强烈的危机意识下康有为推动传统儒学现代转化带有着强烈的政治目的。其二，是出于文化救亡的目的。康有为等人在民族危机空前严重、社会变革已经迫在眉睫的时代背景下改造儒学，认识到西方对中国侵略的利器不仅是武力，还有文化上的侵略。西方基督教从中国风俗人心瓦解开展一步步拓展到中国的文化和民族认同，一旦人心与文化认同瓦解就会最终导致则社会瓦解与解体。其三，是中国资产阶级为了减小变法改制的政治运动的阻力，获得最大支持就必须借助传统儒的势力与影响来宣传变法思想，为改制进行思想启蒙与宣传。维新派人士改造儒学的目的实则是利用孔子、孔学的旗帜呼吁和推动变革。紧迫的社会现实以及变法者的社会角色决定了康有为等对儒学的改造主要是出于政治而非文化的目的。康有为对儒学的诠释、创新从一开始便指向制度层面的变革，但对儒学的其他方面缺乏热情和关注。

康有为儒学现代转化与政治改良结合如此紧密，为寻求资产阶级变法改制的儒家内生资源不惜篡改经典、断章取义在当时就已经招致学人与士子们反对与排斥，在戊戌变法期间就已经影响到他参与主导的维新改良事业。戊戌变法失败以后康有为逐渐淡出政坛，但是他先是参与孔教会的活动致力于儒学的宗教化，后又反对民主共和参与封建军阀的复辟活动等活动，这些活动使得康有为受到了来自各方的抨击。康有为顽固的政治立场以及在政治活动中若隐若现的身影已经影响到了他的学术成就与学术立场，尤其是他对传统儒学的改造因为其与政治联系过于紧密受到了来自各方的批判，"这一切使得在激进的知识分子阶层眼里，儒家日益与制度和愚昧等同起来，成为中国进步之主要障碍物"。①康有为对孔教倡议不断未能挽救儒学衰败的事实，

---

① 　干春松：《制度化儒学及其解体》，中国人民大学出版社2003年版，第345页。

反而激起人们对孔子及儒学的厌倦，起到了事与愿违的结果，这些只能说明康有为对儒学现代价值的思考化受到了政治因素的严重干以至于扰掩盖了其思想的光芒。

再有，康有为对儒学的现代改造是外在的，严格来说只能是简单的包装而已，他们赋予儒学的种种"新义"是为了现实斗争需要硬贴上去的，并没有在儒学要义中真正找到多少内在根据，这样就不会对儒学现代转化有什么实际意义。这种在"'孔子之道'的圣人外衣灌进了与圣道正相悖背的一整套资产阶级新思想"，[①]比起"中体西用"洋务派的文化观是巨大的进步，给传统儒学有史以来最大的冲击，产生巨大的震动，但"他们在儒学实现自我超越、自我革新的努力是不成功的。"[②]汪荣祖说，康有为力攻"帝国儒学，以解放思想，厥功甚伟，但于新儒家典范的建立，确是徒劳而无功"。[③]

第五节　中国封建社会的解体与传统儒学的终结

戊戌运动之后，帝国主义侵略之下的近代中国危机四伏，在日益沉沦的国家命运与严重的民族危机下对国家出路的探索转向资产阶级领导的革命运动。庚子事变与《辛丑条约》的签订进一步暴露了清政府的腐败无能与投降卖国的本质，越来越多的人对清王朝的失去信心与忍耐，亡国灭种的空前民族危机下"排满"的情绪迅速增长，资产阶级民主革命思想已经在酝酿与发动之中。在空前严重的社会危机、民族危机的强烈刺激下，资产阶级民主革命思潮已取代维新变法思潮成为时代的潮流，政治目标从君主立宪逐渐转向追求民主共和体制的政治目标，革命派与资产阶级的改良派展开了革命与改良的论战，人们进一步突破封建传统思想禁锢，促进了思想的解放。"国内

①　李泽厚：《中国近代思想史论》，生活·读书·新知三联书店 2008 年版，第 80 页。
②　张锡勤：《儒学在中国近代的命运》，人民出版社 2011 年版，第 140 页。
③　汪荣祖：《康章合论》，新星出版社 2006 年版，第 67 页。

斗争的空前激化和革命高潮的正式涌现，中国人民与清朝专制政府的矛盾，成了反帝斗争的中心一环和时代的突出课题。"①

　　庚子战败带来的亡国灭种耻辱，促使封建官僚绅士与传统知识分子的思想也在改变，开始对政治变革开始抱有同情与支持的态度，就连顽固的封建保守势力也在经历战争的巨大创伤与屈辱之后才慢慢觉醒，出于对维护苟延残喘封建政权的需要开始推行变革，从 1901 年开始"新政"改革。清末新政并没有触及封建专制主义的政体，改变中国近代社会落后面貌，挽救晚清大厦将倾的危局与封建政体倾覆的命运，但在新式教育、科举考试上的改革触及了传统儒学的根基，对儒学形成冲击，制度儒学不断解体。1911 年辛亥革命爆发，延续中国两千多年的封建君主专制统治宣告结束，制度上的儒学终结。

一、封建顽固守旧势力对资产阶级维新改良派的攻击

　　康有为借用孔子的权威并使其现代化来宣传资产阶级思想推动改革，展现出了现实的积极意义与历史进步的作用。康有为极力神化孔子，势必引起人们对康有为学术研究的真伪与价值产生怀疑，导致不少同情变法的人离他而去。在慷慨激昂维新派的鼓动下，年轻气盛的光绪皇帝在短短一百多天里发布了近 300 道的上谕，这些上谕有的是很难操作的，有的是不切实际的高大言论，有的是损害普通官员及其既得利益的，原来支持改革的温和派、既得利益者与坚决反对改革的顽固保守势力派联合起来，共同反对维新变法，改革很快就以失败告终。

　　在近代政坛，顽固守旧势力首先是文化上的保守派，他们以空洞的儒家圣学立场，操持虚骄而不切实际的高谈阔论，顽固恪守儒学纲常伦理维持世道人心的价值，对封建儒家道德、礼法、经义没有丝毫的怀疑与改变，

---

① 李泽厚：《中国近代思想史》，生活·读书·新知三联书店 2008 年版，第 83 页。

竭力加以维护。对不思变革的顽固守旧派来说，康有为变法改制更是伤害了那些封建卫道士对传统儒学的"圣洁"感情，触动了他们的坚决捍卫传统儒学顽固的立场，在思想文化领域出现了顽固守旧派对维新变法派的反动。封建顽固派以维护圣道为借口对维新变法思想反攻倒算，尽力而讨伐之。在维新运动中，变法派与顽固派都以维护孔子而自我标榜，都以儒学为攻击对方的武器。恪守祖训、不思变革的封建顽固守旧派，他们以道统立场，抬出孔子为自己辩护，攻击康有为篡改孔子和儒家精神是大逆不道，罪不可赦。以张之洞、叶德辉为代表的封建卫道士相继抛出《翼教丛编》和《劝学篇》，从思想上对维新派进行疯狂的攻击。在反对资产阶级维新派的守旧阵营里，以叶德辉为代表的是顽固的道德守旧派攻击康有为是在"用夷变夏"，是"隐以改复原教之路德自命，欲删六经，而先作《伪经考》，欲搅乱朝政，而又作《改制考》，其貌则孔，其心则夷"①，他们顽固的封建卫道情结，对西方文化采取顽固的一概排外的态度。张之洞为代表的洋务派坚持"中体西用"的立场，在维护封建专制制度上同顽固派是一致的，他们对维新变革运动不会采取真正支持的态度，他们与封建顽固派都是封建卫道士，维护儒学圣道，反对任何涉及政体及价值观的变革。"封建顽固守旧派对资产阶级维新派发动的这场攻击，正是历史上倒退与进步的斗争在新的历史条件下的继续。"②

戊戌失败之后，中国社会内部改良与保守两极愈加分化，进而势不两立。在政治上，一方面康有为维新变法的失败，封建顽固守旧势力以捍卫儒学道统、维护祖宗之法借机得势而上位，晚清政坛随即被顽固守旧的清朝权贵把持。当变法革新不能顺利实现"在传统体制内部的转化而遭到越来越多的人的不满与抵制时，其结果则引起保守派变本加厉的反动。"③他们以更情

---

① 叶德辉：《叶吏部与刘先瑞黄郁文两生书》，转引自苏舆编：《翼教丛编》卷六，上海书店出版社 2000 年版，第 165 页。
② 冯契：《中国近代哲学史》，上海人民出版社 1989 年版，第 378 页。
③ 萧功秦：《危机中的变革》，广东人民出版社 2011 年版，第 79 页。

绪化的方式，更为落后与守旧的方式顽固地坚持"祖宗之法不可变"的立场。一批昏庸、眼光狭隘的儒家"原教旨"主义者进入权力中枢，他们是一批盲目排外势力，对西学、洋务一窍不通，造成中国更加专制与黑暗。另一方面，戊戌变法失败之后，一大批知识精英政治立场从体制内变革转向体制外的革命，"革命排满"成为更多人的诉求。在思想上，戊戌变法失败后，顽固守旧派在意识形态上占得上风，重新退回到祖宗之法不可变的立场，他们轻易地战胜了激进的改良派，出现了顽固保守的封建守旧派对维新变法派的反动，用强制性行政干预的办法，顽固推行祖宗之法，强化制度儒学的认同，维护中国传统封建君主专制体制。在当时，全国上下、朝廷内外充斥革命与改良，共和与保皇之争。

在面对八国联军的咄咄攻势，人们相信捍卫儒道的神圣感可以以血肉之躯能够抵挡甚至打败敌人的枪炮，儒家文化可以抵抗住帝国主义的侵略，他们对传统的感情以及捍卫传统的举动令世人感叹。"义和团运动几乎把所有的中国传统文化都抬出来，从孔子的'尊王攘夷'，到佛家的如来济世；从阴阳八卦，到画符念咒作法；从桃园结义，到唐僧四徒弟。集合了姜太公、诸葛亮、赵子龙、岳飞、黎山老母、西楚霸王、九天玄女、托塔天王、济公、武松、黄天霸、秦琼、杨家将、观音菩萨直到玉皇大帝这样一支强大得无以加复的队伍。结果，还是一败涂地。"[1]"一个受过现代教育的现代中国人，作为义和团的后代，没有任何权利去嘲笑、指责自己的祖辈——那些世代被剥夺了受教育的权利的人们在为捍卫自己民族的尊严时所采取的斗争形式。"[2]引起我们深思和反思的是为什么经过近六十年的现代化，中国为何还没有走出蒙昧的状态？夹杂在西方列强侵略与殖民中的中国近现代社会转型为何这样步履维艰？儒学在近代中国的命运将飘向何方？

---

① 孔庆东：《1921：谁主沉浮》，重庆出版社 2008 年版，第 4—5 页。

② 萧功秦：《儒家文化的困境——近代士大夫与中西文化碰撞》，广西师范大学出版社 2006 年版，第 141 页。

二、新式教育与废除科举对儒学的冲击

清末新政是在空前的危机面前，晚清政府迫于巨大的外界压力采取挽救自身危亡的变革。中国在八国联军侵华战争的惨败再一次证明了中国在西方强敌面前是多么不堪一击，中西方的差距该有多大，中国又一次面临着亡国灭种的危机，危机再一次暴露了中国封建统治者的腐朽没落与中国政治精英的愚昧与短视。但是，中国民众在这场民族灾难中表现出的巨大反抗力量和不屈精神，使西方列强极为震撼，不再敢轻言瓜分中国。在巨大的危机面前，人人思变，晚清统治者开始思考变革，在清算了保守派的势力之后，出于对统治危机的恐惧，转身变为新的改革政策积极推动者。庚子事变后，中国士大夫的心态已经出现巨大而深刻的变化。① 在统治集团，徐桐、倭仁等顽固的守旧派在决策层已经销声匿迹，祖宗之法不可违背的信条已经彻底没有了市场，甚至连保守的慈禧太后也认识到变革的重要性启动改革了。在西方的经济、文化、军事全面的侵略之下日益增长的民族危机使得知识阶层与士大夫阶层终于在改革上统一了认识，变法改制的阻力比起戊戌变法相对小了的许多，在政治、经济、文化上全面向西方学习被纳入官方改革设计，再也不是传统"仁政"变革模式。全面的改革入官方意识形态，一系列改革措施在清末新政中全面实施，缓慢推动中国的近代化，中国封建政体与改革之间的矛盾也愈加不可调和，新政不断促进封建社会的解体，清王朝在自我的改革中走向没落，为辛亥革命所终结。

1901 年的"新政"不再是重复求富自强的洋务运动，而是效法戊戌变法，向学习西方的改革。在清末新政众多的改革举措之中对后世影响最大的就是对文化教育的改革。废除科举与兴办新式教育对统治中国两千多年的封

---

① 相当多的士大夫在庚子事变后，思想来了个一百八十度的大转弯，政治改革的方案比康有为更为激进。如张之洞，1901 年张思想最为激进的时期，简直判若两人。（参见苏云峰：《张之洞的中国官僚系统民主化构思——对张之洞的再认识》，《近代中国史研究通讯》1989 年第 8 期。）

建社会在文化上打开一个缺口，依附于封建政体的制度儒学在新式教育与废除科举冲击与打击之下逐渐解体，西方现代的科学技术随着新式教育逐渐普及，促进了人们思想的解放，大大推动了对近代中国的社会变革。如果说停止读经导致儒学传承体系中断，那么废除科举则是对制度上对儒学的致命一击。新政并没有真正触及封建专制主义的政体，挽救封建统治者大厦将倾的命运，新政却加速了封建统治的灭亡，带来对传统儒学带来直接、冲击力巨大的冲击。

（一）新式教育的发展对儒学的传承机制产生重大影响

近代新式教育，在甲午战争之前，主要是西方教会所办的各类教会学校和洋务派所办的各类专业学校。甲午之后，受到战败的强烈刺激，废科举、兴学校的呼声日益升高，民间办学之风出现。维新运动期间，改革科举制度、兴办新式教育是变法的纲领之一。在维新派的推动下，不仅着手筹办了京师大学堂，同时光绪皇帝下诏令各地书院改为兼习中西之学的学堂。1901年的"新政"，其中重要的一项内容就是兴办学堂。《辛丑条约》签订的同月，清廷下诏废除八股文，并宣布从第二年起，乡会试等改为策论，不再用八股文程式，同时停止武科乡会试，后又下诏，凡入翰林者，必学入京师大学堂，分门肄业。

1901年8、9月，清廷先后下诏，要求各地改书院为学堂，各府与直隶州增设中学堂，各县设立小学堂，各省筹建武备学堂，多设养蒙学堂。在学堂章程上，规定凡有学堂毕业考试及格者，由政府给予贡生、举人、进士等名称，设立官学大臣以专其责。关于教育改革的另一项措施就是派遣留学生，当慈禧还在回京途中的时候，清廷就下诏，要求中国驻各国使节认真考察在该国的留学人员，从中发现优秀的人才，送回国听候任用。同年，清廷发布上谕明令以后的乡会试废除八股并降低儒学经义在考试中的比重和地位，儒学的影响不断降低。随着西学普及人们的观念变革加快，废除科举考试已是众望所归。

新政在教育制度上的改革。1902 年和 1903 年，清政府先后颁布"壬寅学制"与"癸卯学制"，着手进行学制改革。1905 年科举废除之后，清政府成立学部，专门管理全国教育事业。同年，修订考试出国归国学生制度，此后每年考试留学生成为常制。随着晚清政府的推动，几年内，新式学堂如雨后春笋在全国各地迅速兴建，新的教育体制初步形成。

少儿读经的存废。兴办新式学堂之初，清政府把读经作为必修课，强调各级学堂当以尊孔崇儒为宗旨，企图在学习西学知识的同时保全儒学的根脉，维护儒学的传统地位。清政府一再强调："中小学堂宜注重读经以存圣教。外国学堂又宗教一门，中国之经书即是中国之宗教。若学堂不读经书，则是尧舜禹汤武周公孔子之道，所谓三纲五常者尽行废弛，中国必不能立国矣。学失其本则无学，政失其本则无政。"[①]"无论大小学堂，宜以经学我必修之科目，作赞扬之歌，以化末俗浇漓之习。春秋释菜及孔子诞日，必在学堂致祭作乐，以表欢欣鼓舞之忱。"[②] 1906 年，学部又将"尊孔"列为五项教育宗旨之一。在新政中，保全儒学的意图是相当明显的。在新的学制方面，仍然保留"读经"一门课。其中周学时小学为 12，中学为 9，高等学堂为 2。[③]在各级学堂的课程设置上，新学、西学的比重无疑是超过旧学、中学。中国传统的学科划分是经、史、子、集，即四部之学。在癸卯学制中大学划分为 8 科：经学课、政法科、文学科、医科、格致课、农科、工科、商科。[④] 虽然读经在新式教育中所在的比重已经压缩，但新政教育改革并没有完全废止读经，直到辛亥革命之后的 1913 年才正式取消经学课。

---

① 璩鑫、唐良炎编：《中国近代教育史资料汇编·学制演变》，《奏定务学纲要》，上海教育出版社 1991 年版，第 498 页。

② 璩鑫、唐良炎编：《中国近代教育史资料汇编·学制演变》，《奏陈教育宗旨》，上海教育出版社 1991 年版，第 544 页。

③ 璩鑫、唐良炎编：《中国近代教育史资料汇编·学制演变》，上海教育出版社 1991 年版，第 306、320、328、339 页。

④ 璩鑫、唐良炎编：《中国近代教育史资料汇编·学制演变》，《奏定大学堂章程》，上海教育出版社 1991 年版，第 348 页。

　　1905 年科举的废止，扫除了兴办新式学堂的最大障碍后，新式学堂以及接受新式教育的学生的数量直线上升。科举的废除，知识分子不再需要以儒经为敲门砖入仕，大量的年轻者进入新式学堂，接受新式教育，转化为新型的知识分子。一位当时的山西士绅这样描述当时的情况："科考一停，士皆殴入学堂从事西学。"①

　　总之，近代中国新式教育的发展使青年一代的知识结构发生了根本性的变化，西学逐渐代替了儒学，儒学在新式教育中不断被边缘化，在青年一代知识结构的比重也越来越下降，传统儒学的势微不可避免。接受新知识后，广大青年普遍喜好新学而厌恶旧学，读经课多带有强制性："今之学堂，所教者西学为要，能外国语言文字者，即为上等人才，至五经四书并置不讲。"② 原本清政府兴办学堂的希望学堂教育当以"四书五经"为体，以"宗圣尊王"为要义③。可是，一旦青年学生接受了新式教育，获得了新知，开阔了视野，思想观念就会发生变化，这也超出了统治者的预料。

（二）科举制度的改革与儒学败落

　　科举制在中国封建社会的地位及意义非同小可，在中国历史上，儒学的权威地位很大程度上是靠科举制度来支撑的。科举制度形成之后，熟读"四书五经"及儒家经典注释成为广大知识分子改变自身地位的重要前提，由此通过科举考试进入仕途实现"学而优则仕"的人生理想。汉武帝设立五经博士是在制度上保证儒学的流行与传承，促使政治化的重要举措。唐宋以后科举制度渐趋完备，科举制度强化了儒学的正统地位，士子们势必"言孔曾思孟之言，行孔曾思孟之行，学孔曾思孟之学，道孔曾思孟之道"。④ 科举制

----

① 刘大鹏：《退想斋日记》，山西人民出版社 1990 年版，第 147 页。

② 刘大鹏：《退想斋日记》，山西人民出版社 1990 年版，第 140、152 页。

③ 璩鑫、唐良炎编：《中国近代教育史资料汇编·学制演变》，上海教育出版社 1991 年版，第 46、44 页。

④ 唐鉴：《直省乡墨序》，《唐确慎公集》卷二，转引自张锡勤：《儒学在中国近代的命运》，人民出版社 2011 年版，第 194 页。

度使得儒学得以长期延续、普及，儒家价值被社会高度认可并定于一尊，儒家是"大一统的文化价值体系"的核心，中国封建社会是儒家文化为主流文化的一统天下。

科举制度不断强化，到了明清之际已经不适应中国社会选拔人才的需要。科举制度下塑造的思想僵化、知识单一、毫无生气的书呆子，无法满足近代中国社会的需要，因为近代中国已经不再是传统意义上的封建社会，在西方文明的挤压之下，中国已经开始了缓慢的近代转型，作为与封建传统社会配套的人才选拔机制也逐渐走上了它的末路，中国进入近代社会以后就再也没有出现春秋战国时期多元文化格局，究其原因，"从制度层面，可以从科举考试制度这一简单的事实中得到解释"①。科举制度的完备造成封建士子们一心钻研儒学经典条文、应试策略、八股文体，放弃对时政的关注，儒学"经世致用"的功能被湮没在"学而优则仕"世俗的功利追逐之中。尤其是明清科举考试形成一整套的完备制度之后，在它的指挥棒下中国读书人就被"四书五经"与八股文体禁锢了头脑，表现出思想僵化、循规蹈矩、缺乏进取精神的状态，科举选拔的只是一些出口成章、擅写对仗文章对国家的政治、经济乃至文化的治理毫无见识与能力的废物，由八股取士而选拔出来的人才，显然应对不了"数千年未有之变局"，面对西学东渐的大趋势，传统教育考试制度内容相形见绌。中国社会开始向近现代社会转型，科举制度与现代化的矛盾、冲突更加激化了。

资产阶级改良派效法欧美，改革中国的政治、经济制度，对如何变革中国的旧文化教育，培养适应现代社会新人才十分重视。早期改良派提出要改变"所学非所用，所用非所学"，做到"人无弃才"，就必须废除八股文，改革科举考试。王韬认为："文武两科，皆当变通，悉更旧制，否则人才不生。"②郑观应通过对西方学校的考察，认为："学校者，人才所由出；人才

① 萧功秦：《从科举制的废除看近代以来的文化断裂》，转引自新京报编：《科举百年》，同心出版社 2006 年版，第 230 页。

② 王韬：《弢园文录外编·变法自强》。

者，国势所由强。故泰西之强，强于学。"① 近代中国处在不断的国难之中，一次次的失败使得许多人对传统士大夫的无能与误国表现出强烈愤慨，国危思良将，人们纷纷将矛头指向八股"科举制"，严复说："逮甲午东方事起，以北洋精炼而见败于素所轻蔑之日本，于是天下愕眙，群起而求所以然之故，乃恍然于前此教育之无当，而集矢于数百年通用取士之经义。"② 康有为说："学八股者，不读秦汉以后之书，更不考地球各国之事……近群臣济济，绝无以任事变者，皆由八股致大位之故。"③ 梁启超认为"君子不器"的儒家理念与现代西方教育理念的冲突之处，他指出科举考试使得中国人陷于愚昧的境地，应该废除。资本主义生产方式的出现，近代中国需要各式的政治、经济、文化的人才是旧式的科举选拔考试制度无法满足的，改革势在必行。

在强大的舆论冲击下，晚清政府开始进行西式教育的改革，开始兴办新式教育，着手进行考试制度的改革。新式教育的普及，遍布各地的新式学堂又成为新思想、新观念、新文化的传播阵地，不断培养传统儒学的背离者和批判者。随着新式教育的办学规模不断扩大，培养新式教育的学生日渐增多，科举制度成为阻碍新式教育进一步发展的主要障碍，废除科举制度一再被提上日程，因此排除兴办新式教育的阻力是废除科举的原因之一，有学者指出："由旧科举向新学校的转变，实质上是一个由选拔少数道德文化精英从政的制度，向一个普及全民教育、广泛实施专业、技术训练制度的转变，前者依附于一个等级社会，而后者是走向一个平等社会。"④ 近代中国缓慢向现代社会转型，从一个等级森严的专制社会逐步向平等、开放的现代社会转变，虽然道路漫长而且阻力重重，但经过六十多年的转型，社会在慢慢向前进步，科举废除引起的争论正是社会向前发展的具体表现。在种种的压力下，1905 年 9 月 2 日，清廷正式停罢科举，废除了中国历史悠久的科举取

① 郑观应：《盛世危言·西学》。
② 严复：《严复集》（第 1 册），中华书局 1986 年版，第 166 页。
③ 康有为：《康南海自编年谱》，中华书局 1992 年版，第 19 页。
④ 何怀宏：《选举社会及其终结》，生活·读书·新知三联书店 1998 年版，第 392 页。

士传统制度。科举制度的废除是近代儒学衰微的表现。随着近现代中国社会的转型与中国封建社会的不断解体，科举制度也走到了它的历史尽头，没落是必然的。从文化原因分析，科举的废止是近现代社会转型中儒学衰微最直接的表现。科举考试以儒学经典与要义为基本内容，对儒家的观念的传播十分关键。只有熟读儒家经典接受并认可儒家价值观才有资格参加科举考试。社会认同科举制这种人才选拔方式说明儒家价值被全社会认可。当儒学价值被不断被质疑，通过科举选拔的人才与社会实际需求向背离时，科举制度就会越来越失去存在的必要，尤其是科举考试的内容和形式决定了选拔的人才只是张口"子云诗曰"，标榜"仁义道德"，在西方侵略面前束手无策的时候，人们对这一延续千年的制度的痛恨是显而易见的。列文森说："儒家的需要导致了科举制度的形成，但科举制度形成后似乎又违背了儒家的需要，它甚至按照那些想成为官员之人的愿望把文化提升到了品质之上，因为学问是能够系统检验的，而品德不能。"① 科举的废除，不仅是选拔人才、官吏制度的大变革，也是考试制度的大变革，由此引发的则是"中国文化格局和政治格局的大变革"②，是传统儒学走向没落的重要标志。对传统儒学来说，科举的废除所带来的"影响无疑是灾难的"，是以"皇权为核心的中国的传统的制度系统和价值系统整体危机的一种体现"。③"儒家思想被迫从各个层次的建制中撤退，包括国家组织、教育系统以至家族制度等。""1905 年科举的废止是儒家建制解体的一个最早的信号，其事尚在辛亥革命之前。"④

三、中国封建社会的结束与制度儒学的终结

庚子事变激起的亡国危机刺激了人民的觉醒，中国资产阶级民主革命派

---

① ［美］列文森：《儒教中国的现代命运》，郑大华译，中国社会科学出版社 2000 年版，第 197 页。
② 张锡勤：《儒学在中国近代的命运》，人民出版社 2011 年版，第 196 页。
③ 干春松：《制度儒学》，上海人民出版社 2006 年版，第 103 页。
④ 余英时：《现代儒学论》，上海人民出版社 1998 年版，第 242 页。

开始登上历史舞台。近代中国的变革开始由资产阶级倡导的政治改良运动转入到政治革命的阶段。1903 年以后中国资产阶级民主革命运动逐渐进入高潮，虽然晚清统治者先后实施新政与推行立宪改革，但仍然遏制不住遍及全国的革命怒火。一个王朝、一个政权不思变革要灭亡，变革太晚也要灭亡。晚清政府敷衍改革使人民大失所望，"驱除鞑虏，恢复中华"，反满是首要完成的革命任务。随着革命形势的向前推进，反满革命逐渐发展到政治革命，1911 年前后的中国围绕政治变革，或诉诸改良，或求之于革命，总期望以西方的政治制度代替延续两千多年的君主专制制度，以达到拯救国家、拯救民族，实现国家走向独立自主、民主、富强的现代化梦想。

　　1911 年在中国历史上具有划时代的意义。辛亥革命"抉破了历代王朝的更替机制，否定了皇权体制，因而也触动了传统社会的各条神经"，"在新旧嬗替的历史进程中留下了自己不可磨灭的影响"。[①] 通过的《中华民国临时约法》（以下简称《临时约法》）明确规定"中华民国之主权，属于国民全体"，总统由选举产生，这就从根本上否定了君权神授说，传统儒学一整套的尊君的理论、维护封建专制的观念就失去了合法性。《临时约法》从法律条文和社会准则上对封建君权予以废除和否定，封建君权被主权在民的现代民主政治所取代。《临时约法》规定："中华民国人民一律平等"，这就使维护上下尊卑的等级制度、被历代捧为金科玉律的"三纲"在法律上被正式否定，历代被奉为"正统"、维系封建君主专制政体意识形态的儒学，随着封建帝制的寿终正寝而失去昔日的地位。《临时约法》否决了尧舜禹汤文武周孔之道以及儒学经法的地位，规定人民有言论、信仰之自由，人们不必自幼读经与科考，不再受儒家道德伦理的束缚，儒学独尊的地位从法律上被终结。依附于封建制度的儒学，随着帝制的终结而退出历史舞台，原来一整套的传统儒学教育体制被彻底废止，延续两千多年的祀孔典礼自然停止，少儿自幼的读经启蒙被废止，1912 年 1 月 19 日，南京临时政府成立不久，南京

---

① 陈旭麓：《近代中国社会的新陈代谢》，载《陈旭麓文集》第 1 卷，华东师范大学出版社 1996 年版，第 427 页。

政府教育部便通令"小学读经科一律废止"。[1] 各地文庙、学田在 1913 年 1 月被教育部下令改作小学经费。[2]

辛亥革命之后，中华民国成立改变了以往改朝换代历史的轨迹，"这意味着儒学所维系的政治秩序的崩溃"。[3] 对儒学而言，帝制的终结使得儒学与制度之间的联系中断，儒学靠政治取得独尊的依靠消失，制度上的儒学解体。

四、反封建的文化革命与资产阶级思想启蒙的呼声

资产阶级革命派为宣传民权思想，广泛利用报刊、书籍、学校、社团等新兴事物，反对封建伦理纲常，批判君主专制制度，宣传革命思想，积极进行"排满"革命。在对待孔子及儒学上，革命派表现出不妥协的战斗精神，提出"扫荡三纲，煎涤五伦"革命口号，提出"欲提自由之空气，振独立之精神，拔奴隶之恶根，救民群之悲运，岂可得哉!"[4] 革命派把矛头指向孔孟，提出"三纲革命""圣人革命"。中国"数千年来，思想滞阁不前，学术陵迟"，就是因为孔子及儒学的独尊。孔子是历代当权者捧起来的，是"秦汉以来，历代相传有不可思议之一怪物"，"破专制之恶魔必自无圣始"。[5] 维新变法派是"托孔改制"，是以孔子及其儒学为外衣进行政治变革，仍是尊孔的基调。革命派对儒学的批判不仅限于对封建君主专制及专制主义的批判，还对封建礼教进行的批判。资产阶级民主革命派还把批判的锋芒指向了

---

[1] 璩鑫、唐良炎编:《普通教育暂行办法》，《中国近代教育史资料汇编·学制演变》，上海教育出版社 1991 年版，第 606 页。

[2] 罗检秋:《近代中国社会文化变迁录》第三卷，浙江人民出版社 1998 年版，第 88 页。

[3] 韩华:《民初孔教会与国教运动研究》，北京图书馆出版社 2007 年版，第 2 页。

[4] 《伦理学平等厄言》，《经世文潮》第二期，转引自吕明灼:《儒学与近代以来中国政治》，齐鲁书社 2004 年版，第 173 页。

[5] 凡人:《无圣篇》，《河南》第三期，转引自吕明灼:《儒学与近代以来中国政治》，齐鲁书社 2004 年版，第 174 页。

孔子及宋明理学。把孔子的批判与对封建专制主义的批判结合起来，在首先否定了孔子这个传统偶像后，把反君主专制与儒家封建伦理联系在一起，一并否定并予以批判，这是资产阶级改良派不曾具备的特点，这是辛亥革命前民主革命思潮高涨的一个显著标志。革命派反对尊孔，这是近代社会发展演变的必然结果，是时代主题的转变，是历史文化的一大进步。

但是，辛亥革命是一次不彻底的革命。资产阶级对孔子及儒学的批判，因为自身的软弱性和妥协性带有时代的局限，同西方资产阶级的启蒙运动相比，中国资产阶级民主革命因为没有充分的思想准备，缺乏完整的思想文化纲领，民族危机面前没有时间和条件对西方先进的思想文化进行科学的分析和充分的吸收，对封建专制思想的认识与批判严重不足，在思想文化革命上是严重的不彻底，在文化上没有彻底根除封建文化的残余，作为维护封建专制统治的儒家思想并不能在短时间内发生消失，还有可能会借尸还魂。正如后来的人们对这场革命的评价一样："1911 年 10 月 10 日的中国革命，不过是宗法式的统一国家及奴才制的满清宫廷败落瓦解之表征而已。至于一切教会式儒士阶级的思想，经院派的诵咒书符的教育，几乎丝毫没有受伤。"[1] 辛亥革命的胜利果实被袁世凯窃取以后，中国陷入共和与复辟、崇新与复古、黑暗与光明的冲突与斗争之中。自清末以来，连年的政治混战和思想界的混沌，无量头颅无量血换来一个"新政权"的称号，中国的现代化并没有如革命党人预料的那样水到渠成，而是步履维艰，进展缓慢。

从洋务运动、戊戌变法到清末新政，再发展到反帝反封建的辛亥革命，总结失败的教训，要救国、实现民主、共和，就必须唤起国人伦理觉悟，洗刷旧思想。陈独秀说："吾人于共和体之下，备受专制政治之苦。"[2] 要实现现代化，就必须进一步向西方学习，尤其是学习西方文化，对中国传统文化进行彻底的改造，努力改变人们的思想观念，让每一个人认识到自己做一个

---

[1]　《青年之宣言》，《新青年》1923 年第 1 期。
[2]　陈独秀：《吾人最后之觉悟》，《陈独秀著作选编》第 1 卷，上海人民出版社 2014 年版，第 202 页。

人，做一个国民都意识到自己身上的权利与责任，从专制、宗法的、家族的束缚中解放出来，只有这样，才能为新社会、新制度奠定思想基础。

本章小结

1840 年资本主义列强用大炮轰开了古来中华帝国的大门，在军事上、经济上、政治上对中国的侵略，深刻改变了古老中国社会原来的形态。伴随着西方列强的殖民与侵略，西方文化开始传到中国。西方文化是同样有着上千年辉煌的文化传统并且完成近代化的先进文化，西方各种思想文化传到中国以后，加速了近代儒学危机。在清代中叶开始出现的今文经学以及经世致用思潮的学术转变，这是深刻的社会政治经济危机在文化上的反应，代表了封建传统士大夫在中国传统儒家文化资源之中寻找应对儒学危机的努力。甲午战败宣告洋务运动失败以及"中体西用"文化思路的破产，随着中国社会半封建半殖民地的程度进一步不断加深以及近代中国社会危机的总爆发，政治变革成为时代共同的呼声，康有为等人开始登上历史舞台。面对更为严重的危机，传统儒家的经世功能受到更为普遍的重视，传统儒学经世范围不断扩大，但是遍寻中国传统体制的内外资源已经无法应对西方文化的冲击与挑战，于是有识之士开始将经世范围扩展到西学，企图在传统儒学之内汲取西学精华促进传统儒学的近代转化来挽救日益严重的时局，康有为就是从这个文化立场解决社会危机的。康有为是近代中国资产阶级改良派的代表人物，在今文经学及西方资产阶级学说的影响下，康有为以传统儒学为工具，以变法图强为目的，糅合西方进化论、科学主义、空想社会主义等西方政治学说重新阐释儒学，在儒学与西方政治思想贯通上作出了大胆的探索与不懈的努力，使传统儒学具备某些近代思想的特征，对儒学现代化进行了初步的尝试。辛亥革命结束了封建帝制，宣告中国两千多年封建帝制的终结，中国告别封建帝制进入民主共和的新时代，这在中国近现代社会转型之中是一个标志性的转折点。但是，辛亥革命并没有改变中国半殖民半封建的社会性质，没有完成反帝反封建的历史任务，没有实现民族独立，也没有开创中国现代化的历史进程，中国仍然是一个被动挨打、四分五裂的落后局面。在思想文化领域，辛亥革命没有完成反帝反封建的文化革命，造成中国进入民主共和时代以后，封建专制、尊孔复辟思想逆流等仍有思想残留，这种思想混乱的局面与当时混乱的政治局势以及军阀割据的社会局面结合在一起，严重阻碍了中国的进步，一场更大规模的思想革命已经在酝酿之中。

第三章

五四新文化运动与儒学现代化的展开

辛亥革命结束了两千多年封建专制的统治，建立了民主与共和的新制度，这是中国近代社会历史性的进步。但是，辛亥革命是一次不彻底的革命，它没有完成反帝反封建的历史任务，没有改变中国半殖民半封建的社会性质，国家很快陷入分裂，人民依然处在水深火热之中。在中国，占统治地位仍旧是半殖民半封建的经济与政治，封建专制主义的文化残余以及儒家的纲常伦理依然束缚人们的思想，制约着社会进步，辛亥革命之后出现的尊孔复古与帝制复辟的逆流就是社会现实的真实写照。政治混乱与思想混沌促使中国先进知识分子的反思与觉醒，他们认为要推动中国社会变革就必须进行一场现代思想启蒙运动与彻底的反封建思想革命，在文化上突破封建传统的束缚。陈独秀等人高举民主与科学的旗帜开启了 20 世纪中国第一次思想解放运动。新文化运动对"三纲"等代表的儒家旧伦理、旧道德进行了彻底的批判，结束了儒学独尊的地位，解除了封建文化对人思想的束缚，促进了人们思想的解放，也为包括马克思主义在中国的传播奠定了思想基础。儒学经过新文化运动批判的"淬火"，结束了在意识形态上的独尊地位，促进了自身的现代化。五四之后出现了以梁漱溟、熊十力、冯友兰、贺麟等为代表的现代新儒家，重新阐释、弘扬儒学的现代价值，在借鉴与吸收西学的基础上分别创立了各自的思想体系，为儒学现代化作出了有益贡献。

第一节　民国初年的中国社会与新文化运动的兴起

没有进行广泛深入的思想启蒙是辛亥革命失败的原因之一，中国人普遍伦理不觉悟，封建专制主义的文化依然遍布国中，仍然有势力和影响。民国初年，相当一部分学者、名流立国教，公然维护传统儒家的纲常伦理。封建军阀倡导尊孔读经，将孔子及儒学作为政治招牌的思想基础。袁世凯以孔子和儒学为文化招牌，打出尊孔复古的旗帜，旨在复辟帝制。面对尊孔复辟的倒行逆施，使中国先进知识分子深切地认识到：为了使古老的中国获得新生，必须进行深入的思想启蒙与观念的变革，必须对封建专制文化进行批判，解放思想，才能推动近代中国进步。

一、民国初年中国社会的新变化

1901 年清末新政实施以来，中国资本主义经济有了较快的发展，尤其是在第一次世界大战期间，由于西方帝国主义忙于各自的战争，无暇东顾，放松了对中国的经济侵略与控制，中国民族资本主义得到了较快的发展。

近代中国社会结构发生重大的变化。自然经济的逐渐解体，部分农民失去土地，失去赖以维持基本生活的基础被抛到失业大军的队伍之中来，成为近代中国数量庞大的"流民"，其中也有一部分转化为工厂雇佣工人。新式教育快速发展，培养大量的新式知识青年，但是科举制度在 1905 年被废除以后，新的人事铨选制度尚未建立，大量地接受西式教育的知识青年不能通过正常的途径获得公职，被迫沦落到社会失业大军队伍中来。中国知识分子告别传统读经诵典儒学教育模式，越来越多的人接受新式西方教育与现代西方思想成长起来，这支与传统思想意识背道而驰的新式知识分子组成的具有现代思想的文化新军，是新文化运动中的主力军。1915 年的新文化运动绝不是突发的偶然事件，"不是几个青年凭空造出来的"，是以中国旧民主主义革命的整个历史发展为基础，"经济的变动，是思想变动的重要原因。"[①] 新文化运动首先是一场思想革命、是一次文化革命、是一次现代思想启蒙与现代文学革命，是中国近代社会变革与文化革新的互动在曲折中不断深化的产物，有其深刻的政治、经济、社会、文化背景。

（一）近代中国资本主义经济进一步发展

自从 19 世纪 70 年代洋务运动开设工厂后，中国出现的资本主义经济造成了中国封建自然经济的解体。《马关条约》的签订使外国资本获得了在中国投资办厂的权力，外国资本纷纷涌入中国。在帝国主义列强经济侵略的刺激下，一些有经济实力的官僚、地方绅士在"实业救国"感召下，积极投身于近代资本主义性质的工商业。20 世纪初的前十年，中国资本主义经济的发展明显加快。

中国封建社会的经济基础是小农经济，传统农耕社会采取的是重农抑商的政策。近代中国在西方资本主义经济的刺激下，逐渐放弃传统自然经济，开始学习西方，发展资本主义工商业。晚清由重农抑商的传统政策转变为鼓励新式资本主义工商业发展的激励措施。晚清政府于 1903 年成立商部，颁布实施勋商章程，依据投资现代新型工业的数额大小，分别封授不同等级勋号和官阶品衔。1905 年至 1911 年，中国社会出现了一股投资兴办工矿企业的热潮，资本主义经济获得较为快速的发展。据不完全统计，1901 年到 1911 年的十年间，新设工矿企业 650 家，资本总额 1.4 亿元，较之前 43 年的总和，是其两倍还多。[②]

一般经济史学者一个比较一致的看法就是民国成立后的十年左右时间里是中国经济，特别是工业经济得到较快发展的十年，被称为"黄金时期"。据统计，到 1921 年 6 月，在农商部注册的近代企业有 794 家，资本总额为

---

① 李大钊：《由经济上解释中国近代思想变动的原因》，载《李大钊文集》下卷，人民出版社 1984 年版，第 177 页。
② 张锡勤：《儒学在中国近代的命运》，人民出版社 2011 年版，第 150 页。

32182 万元，与民国前相比、分别增长 1 倍和 2 倍。[1] 国内民族资本工交企业资本额，1913 年为 28741 万元，1920 年为 57977 万元，七年也增长了 1 倍。[2]1902 年，山西太原的一位绅士这样记载了当时山西的经济发展："正太铁路之工已开，迨至工已告竣，铁路成为而轮车通，矿物大兴，取煤取铁，其势纷如。"[3]中国资本主义在这个时期的发展可以从中国纺织业为例得到印证。以纺织业而言，华商棉纺织厂，1915 年共有 15 家，1922 年增加到 64 家；纱锭在 1915 年有 544010 枚，1922 年增至 1593034 枚；布机在 1915 年共有 2254 台，1922 年增至 9817 台。面粉业在辛亥革命前仅有 37 家，而在 1912 年至 1921 年的十年就新建了 117 家，主要以民族工业为主，中国由面粉的入超国变为面粉的出超国。其他如：缫丝、造纸、印刷、火柴和运输页等也有不同程度的增长。民族资本的发展使资产阶级的力量有所增强，他们要求更大的发展机会。与此同时，日本也利用欧战的机会加大了对中国的经济入侵，在中国开设了许多的工厂，以纱厂为例，在 1914 年到 1922 年，在中国新开设 22 家厂，纱锭数 1922 年增加至 621828 枚，是 1913 年的 5 倍半还要多。[4] 日本在华企业的扩大，是同行业中国民族资本最强大的敌人。国内军阀黑暗统治，军阀混战和割据，以及繁重捐税是民族工业发展的另一重大的障碍，民族资产阶级日益要求摆脱帝国主义和封建势力的束缚，实现民族资本主义的独立发展。

（二）辛亥革命后中国社会结构的新变化

资本主义经济的发展，直接导致中国社会结构的新变化。近代工业企业发展带来的直接后果是城镇的发展和农村人口向城镇流动。这些城镇人口

---

[1] 《五四时期爱国运动档案资料》，中国社会科学出版社 1980 年版，第 2—11 页。

[2] 许涤新、吴承明：《中国资本主义发展史》第 1 卷，人民出版社 1999 年版，第 1046—1047 页。

[3] 刘大鹏：《退想斋日记》，山西人民出版社 1990 年版，第 131 页。

[4] 以上引用的数据参见丁守和编：《从五四启蒙运动到马克思主义的传播》，生活·读书·新知三联书店 1979 年版，第 11 页。

中，有些经商，有些做工，有些从事其他社会事业。一批旧式的官僚、地主绅士因投资或服务于新式的企业而转化为资本家、新式企业的管理者；一大批破产的农民、手工业者则被迫离开乡土，告别原来的身份，一部分成为近代中国社会的"游民"，这个"中国的殖民地和半殖民地的地位，造成中国农村中和城市中的广大的失业人群"，由于没有任何谋生的手段，"当兵"成为养活自己的好职业，五四运动之前的几年是军阀发展最为迅速的阶段，而更多的人"寻求不正当的职业过活这就是土匪、流氓、乞丐、娼妓和许多迷信职业家的来源"。① 也有一部分相当数量的农民转化为雇佣工人，中国工人的数量在近代随着中国资本主义经济的发展而不断壮大。据有人估算，1913 年中国产业工人有五六十万②；甚至比这个数字更多，大约 100 万③。

西式教育的发展与新知识分子群体出现。新文化运动正好是在清王朝废除科举考试十年以后发生的。十年正是兴办十年新式教育培养一代新知识分子所需要的时间。

表 2-1　1912—1916 年全国各类学校统计④

年份	1912	1913	1914	1915	1916
学校数	87272	108448	122286	129739	121119
学生数	2933387	3643206	4075338	4294251	3974454
毕业人数	173207	232221	257889	335372	334519
教员数	128297	164607	189853	198976	182583
职员数	89929	22174	122116	130799	129221
年收入（元）	29647098	34170082	37824104	35653156	34988539
年支出（元）	29667803	35151361	37092045	37406212	35588298
资产（元）	84041199	98087158	102680195	128824807	102179878

---

① 《毛泽东选集》，第 2 卷，人民出版社 1991 年版，第 646 页。

② 汪敬虞：《中国近代工业史资料》第 2 辑，生活·读书·新知三联书店 1958 年版，第38—39 页。

③ 刘明逵：《中国工人阶级历史状况》第 1 卷第 1 册，中共中央党校出版社 1985 年版，第89 页。

④ 李良玉：《动荡时代的知识分子》，浙江人民出版社 1990 年版，第 132 页。

从上表中可以看到，辛亥革命后，新学堂及学生数以惊人的速度增长。1912年各类学校的数量仅为87272所，到1915年就增长到了12739所；新式学校的学生数目从293387人快速增长到1915年的4294251人。在新文化运动中，接受新思潮并以各种形式参加运动的，基本上是接受新式教育的人。1915年全国中学生学生人数有69770。如果将清末以来接受中等以上教育的人数考虑在内，那么，到新文化运动期间，全国具有中等以上教育程度的人，总数将不下在十万。[①] 这些人数比起当时中国四万万人口来，可能是微不足道的。但是，这些人群与传统绅士都是当时的社会精英，主要集中在沿海、沿江以及沿重要交通要线的城市了，他们的作用就不能小觑了。

一批从欧美留学归来的高学历的人员回国，提高了新式知识分子的质量。学成归国的留学人员对西方文化有比较深的认识与了解，他们对儒学的现代价值也有了全新的认识。现代新儒家的代表人物冯友兰、马一浮、贺麟等人都出自这一群体。

新式教育的发展和新知识分子群体在辛亥革命之后的迅速发展为新文化运动反对旧文化集聚了力量。马克思在《共产党宣言》中指出："在旧社会内部已经形成了新的社会的因素，旧思想的瓦解是同旧生活条件的瓦解步调一致的。"[②] 接受新式教育的知识分子作为现代独立的群体出现，他们"并不是一个阶级或阶层。但从他们的家庭出身看，从他们的生活条件上看，从他们的政治立场看，现代中国知识分子和青年学生的多数是可以归入小资产阶级范畴的。"[③] 接受新式教育的知识分子在城市中，他们与传统社会格格不入，然而社会现实使他们处处碰壁，倍感压抑，他们"一般地是受帝国主义、封建主义和大资产阶级的压迫，遭受着失业和失学的威胁。因此，他们有很大的革命性"。[④] 他们很难进入政治、经济的中心位置，新式知识分子中存

---

① 转引自张锡勤：《儒学在中国近代的命运》，人民出版社2011年版，第241页。
② 《马克思恩格斯选集》第1卷，人民出版社1995年版，第292页。
③ 《毛泽东选集》第二卷，人民出版社1991年版，第641页。
④ 《毛泽东选集》第二卷，人民出版社1991年版，第641页。

在大量失业的现象。他们大多数从事教育和各种自由职业如报刊编辑、记者，或者赋闲在家撰稿翻译卖文为生，他们已经不属于传统的一代，不再愿意生活在大家庭中，根据父母之命、媒妁之言选择配偶，对乡村的生活也不再依恋。他们迫切希望社会变革来改变他们的自身的生活条件，当集聚到一定的程度就会爆发，事实证明，在随后的五四新文化运动之中他们是推动者和主要的参与者，"起着先锋和桥梁的作用"。①

二、民国初年尊孔复辟的逆流

辛亥革命之后，随着民国的建立及清帝退位、国会召开，共和的理念深入人心，在中国人眼中，中国确实有一种告别旧时代，步入新时代的感觉，让人感觉到新旧嬗替带来的兴奋与激动的情绪。如鲁迅说："说起民元的事来，那是的确是光明得多。"②但是事与愿违，袁世凯企图复辟帝制，各地大小军阀各自为政，拥兵自重，整个社会呈现出无序和混乱的状态。社会思想意识更是混乱不堪，尊孔复古的社会意识一度甚嚣尘上，并且尊孔与政治复辟结合在社会形成的逆流，严重背离时代潮流，不断冲刷辛亥革命的成果。近代中国社会的基本矛盾一个也没有解决，中国近代社会性质没有发生根本的改变，这些矛盾的存在，决定了中国革命还必须继续向前发展。

（一）袁世凯"尊孔"面具下政治复辟的阴谋

袁世凯窃取了辛亥革命的成果之后，为谋求当上皇帝，摆出一副尊孔的姿态，企图以儒学为招牌，为其行为提供合法性。袁世凯重弹尊孔的老调，亲自掀起的尊孔崇儒的复古之风，助推了社会上尊孔复古的风气。

1912 年 9 月 20 日，袁世凯以大总统的名义发布《整饬伦常令》，宣称：

---

① 《毛泽东选集》第二卷，人民出版社 1991 年版，第 642 页。
② 《鲁迅全集》第 11 卷，人民文学出版社 1981 年版，第 31 页。

"中华民国，以孝悌忠信、礼义廉耻为人道大经，政体虽更，民彝无改。"[①]
意思是中国虽然由帝制改为共和，变了国号，但中国自古以来一套封建的
纲常伦理不因政体的改变而改变。1912 年 11 月，袁世凯又"令厘定尊孔典
礼"，认为"孔子之道，如日月经天，江河行地，树万世之师表，亘百代而
常新。凡有血气，咸蒙覆帱。圣学精美，莫与比伦……现值新邦肇造，允宜
致尊崇"[②]，公开承认尊孔体制不可更改。1913 年 6 月 22 日，袁世凯发布《尊
崇孔圣令》，强调："近自国体改革，缔造共和，或谓孔子言制大一统，而辩
等威，疑其说与今日平等、自由不合。浅妄者流，至悍然倡为废祀之说，此
不独无以识孔学之精微，即于平等、自由之真相亦未有当也……根据古义，
将祀孔典礼，折中至当，详细规定，以表尊崇，而垂永久。"[③]1913 年 9 月
17 日，袁世凯政府下令，将阴历 8 月 27 日孔子生日为圣诞节，各学校放假
一天，举行祭祀典礼。1914 年 9 月 25 日，颁布《祭孔告令》："凡国家政治，
家庭伦纪，社会风俗，无一非先圣学说发皇流行。……惟此孔子之道亘古常
新，与天无极。"[④]9 月 28 日，袁世凯着盛装亲率百官举行祭孔典礼，中断了
两年的由官府主持的祭孔典礼又得以恢复。1915 年 1 月 22 日，袁世凯政府
颁布《特定教育纲要》和《颁定教育要旨》，推翻 1912 年有蔡元培制定的新
的教育宗旨和方案，将"法孔孟"规定为七项教育宗旨之一，要求"各学校
均应崇奉古圣贤以为师法，宜尊孔以端其基，尚孟以致其用"。[⑤] 全面恢复
读经，尊孔成为教育宗旨。

　　袁世凯以行政手段强制恢复尊孔、祀孔、读经，倡导儒学旧道德，恢复
旧礼教，践踏了辛亥革命以来的新思想、新观念、新文化，企图将中国社会
拉回原来的轨道，为他以后恢复帝制制造舆论和文化的氛围，带有明显的政

---

① 　罗检秋：《近代中国社会文化变迁录》第三卷，浙江人民出版社 1998 年版，第 69 页。

② 　张锡勤：《儒学在中国近代的命运》，人民出版社 2011 年版，第 213 页。

③ 　罗检秋：《近代中国社会文化变迁录》第三卷，浙江人民出版社 1998 年版，第 137 页。

④ 　张锡勤：《儒学在中国近代的命运》，人民出版社 2011 年版，第 214 页。

⑤ 　璩鑫、唐良炎编：《中国近代教育史资料汇编·学制演变》，上海教育出版社 1991 年版，
　　第 76 页。

治意图。但是，袁世凯错误地判断了形势，没有看到辛亥革命之后，民主共和理念已经深入人心，袁世凯"帝制自为"倒行逆施一下改变了人们对袁世凯的道德形象，他身上中国"华盛顿"的光环消失殆尽并迅速败亡，毛泽东指出："辛亥革命后谁要再想做皇帝，就做不成了。"[1] 袁世凯复辟失败以后，很快倒台。袁世凯之后，中国进入的军阀割据的混乱局面，掌握军权的旧式军阀同样也是以儒家"三纲"作为维护封建专制统治的工具，打出尊孔的旗号，文化上更趋向复古守旧与倒退。

（二）尊孔复古的文化逆流

民国开创的民主共和大好局面在封建军阀封建割据下变得支离破碎，社会重新回到晚清时代黑暗专制、乱象丛生的社会之中，极大地挫伤了人们对辛亥革命原来的期望。封建社会解体后，社会政治制度的运行缺乏新思想的支撑，没有新权威的思想取代传统儒学的位置，同时随着大量西方思想的传入，如有学者认为的那样："普遍王权之崩溃所导致的社会、政治秩序之解体，不可避免地破坏了传统的文化、道德秩序。"[2] 资产阶级革命家急于"破"，而相对忽略了"立"，反映在道德方面就是旧道德被废弃，而"新者又未立也"，出现道德真空状态。在清末民初，旧文化日益消亡，但新文化却没有立起来。对传统的中国人来说，儒学是支撑他们安身立命、齐家治国的核心价值观，影响着他们的言行举止，决定着他们的人生意义，直至人生的信仰。原来的政治制度改变，儒学依赖的制度解体，新旧社会转变还未完成，新建的社会制度由于缺乏相应的社会条件还不能有效运作，民国之后社会无序，新旧思想之间产生激烈冲突，以至于在民国初年出现"旧者已亡，新者未立，怅怅无归"[3] 的局面。人们对辛亥革命之后黑暗社会现实的悲观，一时找不到出路而陷入极度的悲观和困惑之中。"乃遍观吾国一般之社会，

---

① 《毛泽东文集》第6卷，人民出版社1999年版，第346页。

② 林毓生：《中国传统的创造性转化》，生活·读书·新知三联书店1988年版，第222页。

③ 韩星：《儒家的现代传承与复兴》，福建教育出版社2015年版，第8页。

不惟无列强蓬蓬勃勃之气象，即中国历史上开国时代披霜露，斩荆棘之流风遗韵亦渺不可得。惟见人心日益坏，风俗益漓，人类生存必需之智与力，亦日益枯亡而不可救药。"①这就是民国初年，思想文化领域出现的尊孔复古思潮的政治背景与思想基础。

康有为等人认为政治败坏，缘于道德堕落，而道德的堕落则是由丢弃儒学造成的，如今的当务之急就是从恢复儒学道统地位，从建立儒教入手，解决社会道德伦理败坏与堕落的问题。"如果说在清末，倡孔教的人是与君主立宪的目标相关联的；那么，在民国初年倡孔教的人就大多数是基于道德救国和宗教救国的愿望了。"②

1912年康有为门徒陈焕章等人在上海成立孔教会。在其带动及影响下，各地孔教会相继成立。1913年8月，孔教会代表陈焕章、沈曾植等人呼吁："中国之道德，源本孔教，尤不容有拔本塞源之事。故中国当仍奉孔教为国教。""吾国自古奉孔为国教，亦自古许人信教自由，二者皆不成文之宪法，行之数千年，何尝相互抵触乎？今日著于宪法，不过以久成之事实，见诸条文耳。信教自由，消极政策也；特立国教者，积极政策也，二者并行不悖，相资为用。"康有为等人发动的孔教教及国教运动，企图恢复传统儒学独尊的地位，结束中国当时思想混乱的局面，但在政治上迎合了袁世凯、张勋帝制与复辟的需要，二者不可避免结合在一起，成为一股与时代精神格格不入的逆流。这种旧文化的复古是正处在没落的封建旧势力与旧文化回光返照，与当时民主与共和的社会进步方向极不相符，因而阻碍了历史的进步，遭到人们的唾弃。

（三）尊孔与复辟逆流违背了时代精神

无论康有为等人如何努力，儒学也没能立为国教。蔡元培认为"忠君

---

① 惟一：《最近社会之悲观》，转引耿云志：《近代中国文化转型研究导论》，社会科学文献出版社2016年版，第183页。

② 耿云志：《近代中国文化转型研究导论》，社会科学出版社2016年版，第191页。

与共和政体不合，尊孔与信教自由相违"。"孔子之学术与后世所谓儒教、孔教当分别论之，嗣后，教育界何处以孔子，及何以处孔教，当特别讨论之。"①1913 年康有为关于立孔教为国教的提案在随后的宪法讨论中未获通过，只是规定："国民教育以孔子之道德为修身之本"，提案暗含了只以孔教为人生修养的根本的立场从而否定了康有为等人的意见。1916 年国会不但没有接受康有为等人"孔教为国教"的建议，反而连"国民教育以孔子之道德为修身之本"也予以否决，大令康有为等人失望。"无论儒家建制在传统社会具有多大的合理性，之辛亥革命以来，这个建制开始全面解体，儒家思想被迫从各个建制的思想中撤退，包括国家组织、教育系统以至家族制度等。"②

民国初年出现的尊孔复古逆流主要的原因是因为辛亥革命推翻清王朝结束了封建帝制，但是它只是赶跑了皇帝，封建专制的文化基础并没有发生根本性的变化，社会占统治地位的还是以传统儒学为代表的旧文化、旧思想、旧伦理、旧道德，并没有挖掉封建专制主义的老根，特别是在意识形态领域，旧的思想文化不可能随着一场政治风暴而消失。随着时间的推移，当袁世凯复辟帝制失败后，人们才猛然醒悟，要在观念上终结封建专制帝制思想的残余，还有很长的路要走。"辛亥革命失败的原因之一就是革命派对革命理论准备没有得到足够重视，思想启蒙不力，因而没有形成广泛的思想文化运动，人民普遍不觉悟。"③

三、新文化运动是 20 世纪思想解放运动

新文化运动前后中国资本主义的迅速发展，中国近现代社会转型明显加

---

① 蔡元培：《对教育方针之意见》，摘自韩达编：《评孔子纪年：1911—1949》，山东教育出版社 1985 年版，第 3 页。

② 余英时：《现代儒学论》，上海人民出版社 1998 年版，第 242 页。

③ 许全兴：《百年中国哲学革命》，人民出版社 2015 年版，第 6 页。

快。中国近代资本主义经济的发展，特别是沿海、沿江、沿交通线的城镇，人们的生活与外界联系密切，更容易接受外来新鲜的、现代的事物、观念和思想。城市里各种新的文化传播媒体，如报纸、报刊、邮政、电报等新事物的出现和发展也为新思想的传播提供了便捷。民国以后，西学在国内的影响和传播比起以前方便和快捷，新思想的传播速度也更为便利，表现在新旧之间较量与冲突之间也较以前更为激烈。接受西学的人群数量快速增长，新思想、新观念的新一代知识分子已经成为一支不可小觑的社会力量，为即将到来的新文化运动准备了条件。这些新的经济形态、新知识分子、新鲜事物的出现，推动中国社会新陈代谢的速度明显加快。国内政治黑暗，封建军阀割据与混战，以及压在劳动人民和资产阶级头上的苛捐杂税是民族资本发展的巨大障碍，民族资产阶级日益迫切要求摆脱帝国主义和封建势力的束缚，实现民族独立。总之，中国资本主义的力量在增强，资产阶级、小资产阶级在努力探求改变中国现状的出路。

文化是政治经济在观念形态上的反映，同时反转过来又给予政治经济以深刻的影响。在中国两千多年的封建社会中，以儒学为代表的文化思想长期统治着中国人民的精神生活，起着维护封建制度的作用。自近代以来，无论是改革、改良，还是革命，对以儒学为代表的封建文化都没有根本的触动，没有在思想文化上清除封建残余势力的影响。孙中山致力于政治革命，武装推翻清王朝的过程中，却忽视了对封建思想的批判，没有发动农民解决土地问题，思想上、文化上未能完成反封建的历史任务是辛亥革命不彻底的表现。

新文化运动在 1915 年的兴起，是民国初年尊孔复辟的黑暗现实的直接刺激有关。辛亥革命得来的只是一个共和的招牌，人们的思想却还是帝制时代的思想。封建制度虽然解体，但维护封建专制统治的儒学势力仍在，儒学很容易被各种以封建复辟的野心家利用，以尊孔为工具和招牌，企图将人民永远置于落后、愚昧和盲从的状态。当帝国主义和中国残余的封建势力相互勾结，社会上刮起一股尊孔复旧的逆流，当尊孔与复辟结合，公开违背时代

127

潮流，践踏民主共和理念。陈独秀尖锐指出：三纲为"孔教之根本教义"。"儒教之精华曰礼"，三纲为儒教的精华。[①] 三纲起着维护封建专制的作用，复辟者大肆尊孔的目的就是维护封建专制制度，对此，陈独秀尖锐地指出"盖主张尊孔，势必立君，主张立君势必复辟。"[②] 资产阶级文化和封建文化之间的斗争达到的白热化，针对当时社会上猖獗的尊孔复古思潮，陈独秀、李大钊、鲁迅、吴虞、易白沙等人高举科学与民主的大旗对孔子为代表的封建旧文化、旧伦理、旧道德展开了批判，掀起了声势浩大的批孔运动。五四新文化运动的"批孔"对孔子及儒家学说的彻底批判，这既是资产阶级思想启蒙的需要，也是当时封建军阀借儒学进行复辟倒退的形势所迫。正如吴虞指出的那样："儒教不革命，儒教不轮转，吾国遂无新思想，新学说，何以造新国民？悠悠万事，惟此为大已！"[③]

当时资产阶级知识分子中逐渐形成一种共识，从思想文化入手，发动一场文化运动，要努力改变人们的思想，宣扬资产阶级民主思想；反对封建文化，从专制的、宗法的、家族的儒学束缚中解放出来，实现人的觉醒，尽自己的责任，实现自己权利。只有这样新社会、新制度才能在此基础上建立起来。陈独秀是经历了清末的改革与辛亥革命的人，他正是认识到这些改革与革命终无大成，乃决心从思想和文化入手，以创办《新青年》为标志发起了近代资产阶级思想启蒙性质的新文化运动。

新文化运动是以 1915 年 9 月创办《青年杂志》（从 1916 年 9 月第 2 卷第 1 号改为《新青年》）的创办为标志。新文化运动发动者是陈独秀，他以民主与科学进行思想启蒙，揭开了新文化运动的序幕。新文化运动另一位主将是李大钊，李大钊早年考入天津北洋法政学堂，深受西方民主思想的熏陶。1916 年从日本留学回国，担任《晨钟报》主编并积极为《新青年》撰稿，积极参与新文化运动。十月革命之后，率先在中国传播马克思主义，将

---

① 《陈独秀著作选编》第 1 卷，上海人民出版社 2014 年版，第 251 页。

② 《陈独秀著作选编》第 1 卷，上海人民出版社 2014 年版，第 375 页。

③ 吴虞：《儒家主张阶级制度之害》，选自《吴虞集》，四川人民出版社 1985 年版，第 98 页。

新文化运动推进到新的阶段。此外参加新文化运动的还有：鲁迅、胡适、蔡元培、钱玄同等人。新文化运动最初由思想革命发端，很快就发展为文学革命、政治革命。

新文化运动可以分为两个阶段：1915 年 9 月至 1919 年 5 月，是新文化运动的第一阶段，是旧民主主义的文化运动。在这个时期，对孔子及儒学批判的指导思想是西方资产阶级学说，代表人物是陈独秀、胡适等人，这个阶段是属于旧式资产阶级民主革命的范畴。1919 年 5 月至 1923 年是新文化运动的第二阶段，属于新民主主义的文化运动。

十月革命的胜利和世界革命的高涨，对中国发生了深刻的影响。在俄国十月革命的直接影响下，1919 年爆发了具有划时代意义的五四爱国运动。新文化运动开始是一场资产阶级先进知识分子发动的以反对旧道德、旧文化，提倡新道德与新文化为目的思想革命与文化革命，在俄国十月革命以及掀起世界革命高潮的影响下，先进的知识分子开始由文学革命转向反对军阀的政治斗争，并在反对军阀的斗争与反对帝国主义的斗争结合起来，逐渐改变了新文化运动的方向。五四运动之后马克思主义在中国得到了迅速的传播，新文化运动从思想革命、文学革命向政治革命的转变，从少数人参与的文学活动到群众性运动的转变。马克思主义在中国的传播促进了先进知识分子的觉醒，五四新文化运动最终转变为一场包含政治、思想、道德、文学等内容的革命运动。

新文化运动在接受十月革命的影响之前，存在着一些严重的缺点。新文化运动的倡导者们当时还不懂得，要彻底改变中国的现状，挽救中国的民族危局，就必须推翻帝国主义和封建主义的反动统治，从根本上改造中国的社会制度。虽然他们在启发人们的觉悟方面做了不少工作，但是他们没有把对封建礼教的批判同对反动统治者的不满和反抗结合起来，因此新文化运动只是主要集中在城市小资产阶级和资产阶级知识分子中间，不可能发动广大的人民群众参与。在当时新文化运动批判中，还没有马克思主义先进思想的指引，实行的是资产阶级形式主义的方法，正如毛泽东指出的那样："他们反对旧八股、就教条，主张科学和民主，是很对的。但是他们对于现状，对于历史，对于外国事物，没有历史唯物主义的批判精神，所谓坏就是绝对的坏，一切皆坏；所谓好局势绝对的好，一切皆好。"[1]

第二节　五四新文化运动"批孔"

新文化运动对孔子及其学说的批判，是对以儒学为代表的中国旧伦理、旧道德、旧文化的批判，是对当时社会上尊孔复辟逆流的批判。但"批孔"并不是五四新文化运动的唯一的内容。随着时间的推移，新文化运动在"批孔"的认识上是不断深入的，尤其是随着马克思主义传到中国以后，新文化倡导者接触到马克思主义以后，在"批孔"的认识上提升了一个层次。儒学经过新文化运动的批判，失去意识形态的独尊位置，开启儒学现代化的历程，成为中国新文化的组成部分。

一、五四新文化运动"批孔"实质

儒学是封建文化的代表，是封建社会主流意识形态，起着维护封建专制的作用。民国初年的社会意识领域，尊孔复古与政治复辟相互勾结，践踏了民主共和制度，阻碍了社会进步，新文化运动对孔子及儒学的批判，是反封建的需要，是顺应历史发展潮流的进步行为。对于新文化运动"批孔"认识，应该放到当时的历史背景下加以考察，认识"批孔"的时代背景、发展阶段、主要内容以及历史功绩等，正确认识新文化运动"批孔"与儒学现代化的关系。

在新文化运动之中对孔子及儒学的批判主要集中在儒学所维护的封建专

---

[1] 《毛泽东选集》第三卷，人民出版社 1991 年版，第 788—789 页。

制对人们思想的钳制，集中在封建军阀维护儒家"礼教"的批判上，集中在对当时尊孔复古社会现实的批判，集中在对儒学不适合现代社会的批判上。这些批判是当时新文化运动思想启蒙的重要组成部分。儒学与现代民主、自由、平等思想的对立，不集中火力对封建文化代表的儒学进行批判，就不能达到解放思想，宣传西方资本主义民主思想的目的。

陈独秀、李大钊对儒学的批判主要集中在以下四个方面：一是对尊孔复辟的批判。民初尊孔复逆流是与复辟帝制、恢复礼教、恢复封建专制制度紧紧相伴的。民初的政治乱象表明必须在文化上来一场彻底的批判与革命，才能真正解放思想，促进人民的觉醒，为中国资本主义发展创造条件。陈独秀认为要铲除复辟现象，就必须从思想上铲除帝制思想与孔子之道，对康有为等人提出的孔教及国教倡议以维护旧道德，反对民主共和以及平等自由的复古言论，陈独秀等新文化的倡导者表现出了极其强烈的反对立场，他在《宪法与孔教》中对康有为"不尊孔即为无教"的观点进行了反驳："今效汉武之术，罢黜百家，独尊孔氏，则学术思想之专制，其湮塞人智，为祸之烈，远在政界帝王之上。"①

二是对封建专制主义文化批判。新文化运动的倡导者认为孔教是君主专制和帝制复辟的祸根和思想基础。在深刻揭露孔教与君主专制制度之间的联系的同时，新文化运动者还把封建的"三纲"同社会上的宗法制度与政治上的君主专制联系在一起加以批判。"伦理思想，影响于政治，各国皆然，吾华尤甚。"陈独秀等人认为，"三纲之根本义，阶级制度是也。所谓名教，所谓礼教，皆以拥护此别尊卑、明贵贱制度者也"。②要想在不破除封建伦理，保守纲常阶级制，是不会实现共和立宪制。陈独秀着重指出，孔子之教，其根本在于礼教；而"三纲"是礼教的核心，"其范围不越少数君主贵族之权利与名誉，于多数国民之幸福无与焉"。③陈独秀指出："若共和之乱，乃是

---

① 《陈独秀著作选编》第1卷，上海人民出版社2014年版，第249页。
② 《陈独秀著作选编》第1卷，上海人民出版社2014年版，第204页。
③ 《陈独秀著作选编》第1卷，上海人民出版社2014年版，第268页。

过渡时代一时之现象，且为专制余波所酿成，绝非真共和自身之罪恶。""口共和而脑专制，此政象之所以不宁也。"[1]李大钊说："余之掊击孔子，非掊击孔子本身，乃掊击孔子为历代君主所雕塑之偶像的权威也；非掊击孔子，乃掊击专制政治之灵魂也。"[2]

三是把儒学作为自由、平等、个性解放的对立面来批判。儒家是封建伦理道德的基础，是自由平等西方资产阶级思想在中国传播的最大障碍，不推翻儒家封建道德伦理，资产阶级思想的启蒙就不结束，儒学作为自由平等的对立面必须进行坚决的批判。"个人独立主义，乃为经济学生产之大则，其影响遂及于伦理学。"

中国儒家纲常伦理湮没个性，造成人的不独立："为人子为人妻者，既失个人之独立之人格，复无个人独立之财产。"[3]李大钊认为："东人既以个性之生存为不甚重要，则事事一听之天命"，"东方之道德在个性灭却之维持，西方之道德在个性解放之运动"[4]。

四是对儒学在现代社会中不相适应的批判。"本志《新青年》诋孔，以为宗法社会之道德，不适于现代生活。"[5]陈独秀指出"封建之礼教""封建之政治"都属于过去时代，与民主共和是不相适合的。"其欲独尊一说，以为空间上人人必由之道，时间上万代不易之宗，此于理论上决为必不可能之妄想，而事实上惟于较长时间不进化之社会见之耳。"[6]在中国社会已经从封建社会进入现代社会的进程中，中国人必须接受西方资产阶级平等与人权思想，孔子儒家学说是属于过去时代的思想，已经陈腐不堪，因此必须打倒。李大钊指出："孔子之道，施于今日之社会为不适于生存，任诸自然之淘汰，

---

[1]《陈独秀著作选编》第 1 卷，上海人民出版社 2014 年版，第 293—294 页。
[2]《李大钊文集》上卷，人民出版社 1984 年版，第 264 页。
[3]《陈独秀著作选编》第 1 卷，上海人民出版社 2014 年版，第 268 页。
[4]《李大钊文集》上卷，人民出版社 1984 年版，第 558—559 页。
[5]《陈独秀著作选编》第 1 卷，上海人民出版社 2014 年版，第 311 页。
[6]《陈独秀著作选编》第 1 卷，上海人民出版社 2014 年版，第 265 页。

其势力迟早比归于消灭。"①

二、五四新文化运动"批孔"的历史功绩

如何评价新文化运动"批孔"？反对者认为"批孔"不尊重历史，儒学被彻底否定，中断传统。这种非难不很确当，具有很大的片面性。作为中国历史上一次空前的文化革命，无论是在社会参与程度，还是批判的深度上，都是一场规模空前的运动。站在儒学现代化的立场上看，如果没有新文化运动"批孔"，对儒学进行一次彻底的文化批判，那么封建主义的文化思想就不会自动从人们思想中革除，中国社会就不能取得实质性的进步。儒学经过新文化运动"淬火"，摆脱封建专制羁绊，剔除不合时代发展的糟粕，重启儒学现代化的进程。

（一）新文化运动"批孔"打击了封建专制文化，促进了思想的解放

从鸦片战争到新文化运动，近代中国人接受西方现代新事物，促进自身的觉醒，经历了器物、制度、价值与文化一个完整的过程。从戊戌变法到辛亥革命，主要时候政治革命而很少顾及思想启蒙和文化的批判。清朝专制政体和儒家传统观念、旧价值的崩溃和动摇，使五四新文化运动时期知识分子群体的注意力由船坚炮利和"革新去故"的改良、革命转移到思想与文化革命上来，新文化运动是在思想上解决中国问题的探索。"新文化运动在一些最基本的方面，为中国的现代发展开辟了道路。"②

五四新文化运动高扬科学与民主的旗帜，彻底批判传统文化，在中国数千年的文化史上是前所未有的，其影响是划时代的。五四新文化运动是一次现代思想的启蒙。要完成启蒙，只有彻底打倒封建旧文化的束缚，打破专制

① 《李大钊文集》上卷，人民出版社 1984 年版，第 258—259 页。
② 耿云志：《近代中国文化转型研究导论》，社会科学文献出版社 2015 年版，第 391 页。

主义对新思想的禁锢。"在欧洲，自我解放，乃在脱取耶教之桎梏；其在吾国，自我之解放，乃在破孔子之束缚。"① 新文化运动的倡导者认为孔教是君主专制和帝制复辟的祸根和思想基础。被胡适誉为"四川只手打孔家店的老英雄"吴虞，对封建的旧道德这样批评："详考孔子之学说，既认孝为百行之本，故立其教，莫不以孝为起点。……凡人未仕在家，则以事亲为孝；出仕在朝，则以事君为孝……由事父之事君事长，皆能忠顺。""孝之范围，无所不包，家族制度之与专制政治遂胶固而不可以分析。"所以，吴虞认为，儒家之孝悌二字遂成为"两千年来专制政治与家族制度连接之根干，而不可动摇。"② 在当时的社会上，诸多的守旧人士依然视儒学之"三纲"为神圣不可侵犯，视"六经"为中国立国之本，视尊卑贵贱的等级秩序为天经地义，视君主为中国不可少之圣物，极力排斥民主与共和。甚至还有人公开要求恢复少儿读经、行跪拜，可见，中国虽然经过辛亥革命的洗礼，但旧势力仍然很强大，封建专制主义文化的影响仍然不可低估。"余之掊击孔子，非掊击孔子本身，乃掊击孔子为历代君主所雕塑之偶像的权威也；非掊击孔子，乃掊击专制政治之灵魂也。"③ 李大钊等人将民初的乱象归结为专制主义的流毒，的确是看到了本质。

五四新文化运动推翻旧式儒学在思想界的权威，起到了解放思想的作用，为中国接受马克思主义准备了思想条件。"五四批孔，破除了对孔子的迷信，是我国历史上最伟大、最深刻的思想解放运动，也是我国历史上最伟大、最深刻的民主主义蒙启运动。"④ 新文化倡导者们对儒学某些极端情绪化的表达，也是为挽救日益危亡的儒学而采取的治重病而用猛药良苦用心，正所谓矫枉必须过正之意。正如李大钊指出的那样："吾今持论，稍嫌过激。盖尝秘窥吾国思想界之销沉，非大声疾呼以扬布自我解放之说，不足以挽

① 李大钊：《宪法与自由》，《李大钊文集》（上），人民出版社 1984 年版，第 247 页。
② 吴虞：《家族制度为专制主义之根据论》，《吴虞集》，四川人民出版社 1985 年版，第 62—63 页。
③ 《李大钊文集》上册，人民出版社 1984 年版，第 264 页。
④ 许全兴：《纪念"五四"新文化运动百周年四题》，《毛泽东邓小平研究》2015 年第 7 期。

积重难返之势。"①新文化运动对统治中国两千多年的儒学为代表的封建主义思想和传统观念进行了猛烈的冲击，使这个曾经享有绝对权威的思想开始崩溃，标志着中国人的思想革命与思想解放。

新文化运动对中国现代思想的启蒙和对传统变革的彻底性和全面性，是戊戌变法改良派对封建纲常伦理的抨击所不能比拟的，它在反对旧文化，促进人们的思想解放上立下了极大的功劳，承担了维新运动和辛亥革命在这方面都没有完成的使命。五四新文化运动从根本上动摇了封建主义旧思想的统治地位，宣传了近代资本主义民主与科学的新思想，从而为马克思主义与西方哲学的传入与发展创造了条件。正如毛泽东所说：如果不反对这些老八股和老教条主义，中国人的思想就不会解放，"中国就不会有自由独立的希望"。②新文化运动的一班人物成为最早接触并传播马克思主义的先进人物，包括李大钊、陈独秀在内的一批人从自由主义的民主主义立场转向马克思主义，成为具有共产主义觉悟的人。

（二）新文化运动破除了儒学的权威与迷信，剥离了儒学的政治外衣

一场轰轰烈烈的文化批判运动难免会出现这样或那样的偏颇，但是新文化运动中在"批孔"上的缺点不能影响到新文化运动正确与伟大。陈独秀充分肯定孔子在当时社会上的地位及其在历史上的影响，他说："孔教为吾国历史上有力之学说，为吾人精神上无形统一人心之具，鄙人皆绝对承认之而无丝毫疑义。"③他又指出："孔子精华，在祖述儒家，组织有系统之伦理学说……其伦理学说虽不可行之今日，而在宗法社会封建时代，诚属名产。"④这既有认识的不断深化的缘故，也有避免尊孔者对批孔的非难，出于斗争策

---

① 《李大钊文集》上册，人民出版社 1984 年版，第 247 页。
② 《毛泽东选集》第三卷，人民出版社 1991 年版，第 831—832 页。
③ 《陈独秀著作选编》第 1 卷，上海人民出版社 2014 年版，第 309 页。
④ 《陈独秀著作选编》第 1 卷，上海人民出版社 2014 年版，第 344 页。

略的考虑。李大钊也是对儒学尽量避免极端的言论，对做出客观的评价，肯定其在历史上的进步作用。"孔子为吾国过去之一伟人而敬之"，"孔子于其生存时代之社会，确足为其时代之圣哲，其说亦足以代表其社会其时代之道德"。① 李大钊认为"孔子固有之精华，将无由以发扬光大之"。② 新文化运动中对孔子的批判是站在反封建的角度对孔子及孔学的政治批判，极端地否定孔子的言论并不是当时"批孔"的主流，新文化更未全盘否定传统文化。"新文化运动时期的批孔，与其说是批历史上的孔子，不如说是批现存的封建礼教，批当时的尊孔派。以为新文化运动全盘否定孔子，实在是一大误解。"③ 新文化运动的主将们将批孔的主要精力放在了封建统治者对孔子的利用上，并非对"批孔"中全面否定儒学及中国传统文化进行了批评与抵制。对废除汉字的言论，陈独秀指出："钱先生是中国文字音韵学的专家，岂不知语言文字自然进化的道理？……他只因为自古以来汉文的书籍，几乎每本每页每行，都散发着对德、赛两先生的臭味；又碰到许多老汉学大家，开口一个国粹，闭口一个古说，不啻声明汉学是德赛两先生天造地设的对头；他愤极了才发出这种激切的议论。"④

儒学是封建伦理道德的基础，是自由平等西方资产阶级思想在中国传播的最大障碍，不推翻儒家封建道德伦理，资产阶级思想的启蒙就不结束，儒学作为自由平等的对立面必须进行坚决的批判。儒家旧道德的最大害处就是它束缚人心，湮没个性。新文化运动批判旧道德就必然提出个性解放的问题，也就是个性主义问题。个性主义，从根本上讲，也是自由范畴内的问题。主张个性主义，就是把人从儒家的旧道德中，把人从外部强加于人的旧伦理、旧思想、旧纲常的束缚中解救出来。新文化运动把思想文化问题提到改造社会决定中国前途的首位，把建立和具有什么样的生活态度和人生理想

① 《李大钊文集》上册，人民出版社1984年版，第264页。
② 《李大钊文集》上册，人民出版社1984年版，第246页。
③ 许全兴：《陈独秀与中国传统文化》，《孔子研究》1989年第2期。
④ 《陈独秀著作选编》第2卷，上海人民出版社2014年版，第10页。

作为决定中国前途的根本问题。新文化运动倡导者认为，要改变中国的面貌，以前的变法、革命都不行，必须首先要"多数国民"产生与"儒者三纲之说"的传统观念相决裂，转而接受西方的"自由、平等、独立之说"的"最后觉悟之觉悟"，才有可能。新文化运动"批孔"剥离了儒学的政治外衣，恢复了儒学的本来面目。

（三）新文化运动"批孔"结束了儒学在意识形态上独尊的地位

经过五四新文化运动的"批孔"之后，儒学作为一整套的纲常、准则、宗旨在中国社会价值取向以及人的思想行为方面不再具有普遍的价值与规范作用，人们不再被强制自幼读经，一生崇信孔子及儒学，按照儒家伦理约束自己。在大多数人的心目中"四书五经"已经属于过去的时代，不再是真理的化身，甚至还被人认为是迂腐之论。概言之，"经过五四新文化运动'批孔'之后，尊孔读经、以圣人之道治国的时代业已过去。"①

五四新文化运动之后，儒学不再是"政治法律"的唯一准则，也不再是"是非善恶，赏罚褒贬"的唯一准则，它已经退回到中国人日常的风俗伦理以至思想言论、观念之中，继续它的影响，也就是说儒家一些基本的理念已经深入到国人的心髓，其积极和消极的方面都在起着作用。新文化运动对儒学的批判有力批判结束了儒学在意识形态上独尊的地位，近代儒学危机在新文化运动之后出现一大转折点。作为对新文化运动"批孔"思潮的反思和检讨，现代新儒学的出现是近现代社会转型中儒学现代化的思想重镇，儒学发展迎来新的机遇期。

（四）五四新文化运动"批孔"为儒学现代化开辟道路

新文化运动"批孔"不仅没有全盘否定儒学的历史价值，中断中国传统

---

① 张锡勤：《儒学在中国近代的命运》，人民出版社 2004 年版，第 244 页。

文化发展，反而促进了儒学现代化，为儒学由传统向现代的转化创造了条件。"新文化运动在一些最基本的方面，为中国的现代发展开辟了道路。"①

在五四新文化运动中"批孔"只是整个运动中的一个方面，其另一个方面则是"释孔"，所谓"释孔"就是以同情的态度看待儒学，肯定它在现时代的文化价值，并且根据现时代的精神需求对儒学做出新的诠释，使它成为现代文化的有机组成部分。与维新变法时期康有为、梁启超以传统文化理解、评价新文化的时代风潮不同，五四新文化运动时期的主流动向是以新文化理解、评价传统文化，目的是"再造文明"。因此，如何以新思想、新文化观察和分析传统文化，特别是儒家思想，就成了当时思想文化界的主题问之一。新文化运动"批孔"促进了儒学现代化。

五四之后，儒学已经退回到中国人日常的风俗伦理以至思想言论、观念中继续它的影响，也就是说儒学意识形态独尊地位的终结并不意味着儒学在中国的消亡、消失，也不意味着儒学在社会生活中再也不起什么作用。儒学并没有走进"博物馆"，成为历史的记忆。儒学在经历二千多年的流传，自汉代取得独尊的地位以后，被历代的帝王奉为神圣，经过两千多年的积淀，在中国的伦理道德、政治思想、民族性格、行为方式可谓影响至深、至广、至远，儒学的一些基本的理念已经深入到中国人的心髓，其积极和消极的方面都随时在起着作用。

新文化运动的领导人之一李大钊对儒学的改造与整个中华民族文明的再造接在一起，提出"青春中华之创造"的号召，即把包括儒学在内的"老辈之文明""和解之文明"，变为"青春之文明""奋斗之文明"；要把"白首之文明"变为"青春中华"。李大钊以积极的心态、饱满的激情，改造社会，呼唤新的精神面貌，他说："当知今日为世界再造之初，中华再造之始。吾人宜悟儒家日新之旨，持佛门忏悔之功，遵耶教复活之义，以革我之面，洗我之心，而先再造其我。"② 他主张崇敬孔子、继承孔子，"不在其法制典章

---

① 耿云志：《近代中国文化转型研究导论》，社会科学文献出版社 2015 年版，第 391 页。
② 李大钊：《民彝与政治》，《李大钊文集》上册，人民出版社 1984 年版，第 175 页。

示人以守成之道，而在其卓越天才示人以创造之力也"；要继承与学习孔子在内的"先民创造之灵，而以创造新国民之新历史"。[①] 对于如何在新时代改造儒学为我所用，李大钊提出了"使孔子为我之孔子"的主张，亦即使孔子为我所用。一是利用区分孔子思想中的积极与消极的思想。李大钊引用孔子"舜何人也，予何人也，有为者亦若是"，来说明"孔子尝示人以有我"。因此他提出："真能学孔孟者，真能尊孔孟之言者，但学其有我，遵其自由之精神，孔孟亦何尝责人以必牺牲其自我之权威，而低首下心甘为其傀儡也哉。"[②] 二是继承孔子思想中的积极因素再造新文明。李大钊提出要对某些儒家的积极因素要"善用"，也就是"吾国民之善用其秉彝"的要求。比如对儒家"日新"的思想，他说："吾人宜悟儒家日新之旨，……以革我之面，洗我之心，而先再造其我，弃罪恶之我，迎光明之我；弃陈腐之我，迎活泼之我；弃白首之我，迎青春之我；弃专制之我，迎立宪之我；俾再造之我适于再造中国之新体制，再造之中国适于再造世界之新潮流。"三是改造儒家旧伦理，赋予新的含义。比如"孝"的理解。李大钊在反对儒家忠孝的封建旧伦理的时候，对一些激进的反传统者主张"废除家庭""弃老人"等极端的做法，李大钊认为可以不要"孝道"，但不能不尊重老人，不对父母关心与敬爱。

　　儒学的出路在何方？李大钊既不同于国粹派的全盘肯定，也反对西化派的对儒学全盘否定的民族虚无主义立场。李大钊认为儒学代表的中华文明应该向西方学习，走"中西文化融合"的道路，这是在当时非常具有前瞻性和开创性的观点。早在 1915 年李大钊在《厌世心与自觉心》中就指出东方特质在自贬以奉人，而西方是自存以相安的特质，二者各有利弊。因此，李大钊提出"东西文明之融合，政俗特质之变革"[③] 的主张。1917 年 4 月李大钊在其《动的生活与静的生活》一文中系统论述了东西文明"动静"的说

---

① 《李大钊文集》上册，人民出版社 1984 年版，第 165 页。

② 《李大钊文集》上册，人民出版社 1984 年版，第 161 页。

③ 《李大钊文集》上册，人民出版社 1984 年版，第 146 页。

法。李大钊认为这种建立在一定的经济基础之上的动与静的文明是两种文明"著于政治，一则趋于专制，一则倾于自由；显于社会，一则重于阶级，一则贵乎平等"。近代以来中国遭受西方侵略，国人"始悟""以静治动之非计"，于是变法维新，"不惜弃其从来之一切静的生活，取彼西洋方面之一切动的文明"。李大钊认为："吾人认定与今日动的世界之中，非创造一种动的生活，不足以自存。"① 李大钊主张的中国由静的文明转变为动的文明，就是要中国从农业文明过渡到工业文明，由封建社会转向资本主义社会，具有很大的历史进步意义。1918 年 7 月，李大钊又写了《东西文明根本之异点》一文，进一步阐述了东西方文明不同的具体内容。李大钊认为："平情论之，东西文明，互有长短，不宜妄为轩轾于其间。"东方文明"宜竭力打破其静的世界观，以容纳西洋之动的世界"；西方文明"宜斟酌抑止其物质的生活，以容纳东洋精神的生活"②。中华文明今后的历史任务应该是："竭力以受西洋文明之特长，以济吾静止文明之穷，而立东西文明调和之基础。"③ 从世界文明发展的大局与趋势上看，东西两种文明缺一不可。李大钊指出："宇宙大化之进行，全赖二种之世界观，鼓驭而前。"东、西方文明"为世界进步之二大机轴"，如同"车之两轮，鸟之双翼，缺一不可"。东、西二文明必须"时时调和，时时融合，以创造新生命，而演进于无疆"④。李大钊明确提出了两大文明的融合，创造"新生命"的命题提了出来。这种文明的"新生命"既不是东方的，也不是西方的，而是"第三种"的新文明。"东方文明既衰颓于静止之中，而西洋文明又疲命于物质之下，为救世纪之危机，非有第三种文明之崛起，不足以渡此危崖"。李大钊明锐地发现了发生在俄国的十月革命及其带来新的文明曙光，他认为："俄罗斯之文明，诚足以当媒介东西之任。"⑤"俄罗斯之

---

① 《李大钊文集》上册，人民出版社 1984 年版，第 440 页。
② 《李大钊文集》上册，人民出版社 1984 年版，第 561 页。
③ 《李大钊文集》上册，人民出版社 1984 年版，第 562 页。
④ 《李大钊文集》上册，人民出版社 1984 年版，第 560 页。
⑤ 《李大钊文集》上册，人民出版社 1984 年版，第 560 页。

革命是二十世纪初期之革命，是立于社会主义上之革命。"在这里，李大钊把人类新文明的希望寄托于社会主义的革命之上，建立社会主义文明，这是李大钊转变成为马克思主义者做出了深刻的分析与见解，具有重要的意义，指明了儒学在未来社会的发展方向。毛泽东指出："在五四以后，中国产生了完全崭新的文化生力军。"这支生力军"向着帝国主义文化和封建文化展开了英勇的进攻。"[①]

三、五四新文化运动"批孔"不足之处与消极作用

新文化运动中对孔子的批判是站在反封建的角度对孔子及孔学的政治批判，极端地否定孔子的言论并不是当时"批孔"的主流。虽然新文化运动的领导人尽量对孔子及儒学作出相对公允的评价，但一场轰轰烈烈的批判运动一旦发动起来，就难免有出格与过火的地方；还有就是新文化运动的巨大影响力，"打倒孔家店"成为时代口号而家喻户晓，因此新文化运动的"批孔"对儒学现代化也造成了不小的消极影响。应当承认新文化运动领导人及参与人陈独秀、李大钊、胡适、吴虞等人对于儒学，只看到了新旧文化之间的对立，而没有看到二者之间的联系，形式主义对待儒学。对此，否认这一缺点也是错误的，夸大这一缺点否认新文化运动更是不对的。

（一）五四新文化运动"批孔"对儒学的现代价值认识不足

陈独秀、李大钊对孔学的批判也很尖锐，初期也表现出对孔子及儒学一种极端的否定。当然，在民初那个极端混乱的局面下，中国政治之黑暗、社会之专制，人民之麻木，文化之落后，先进的知识分子对儒家文化是爱恨交加，新文化运动的积极参与者对儒学为代表的中国传统文化都有不少极端的言论，如李大钊对过去之文化与历史提出要"一举而摧焚之"，"一举而沦

[①] 《毛泽东选集》第二卷，人民出版社 1991 年版，第 697 页。

葬之"①；还有如"不读中国书""废除孔学、废汉字""把四书五经丢到茅厕里去"等主张，用历史的眼光看，这些极端言论是对钳制中国思想两千多年的传统儒学的不满与怨气的一种情绪化的发泄与表达，在新文化运动批孔的大背景下一吐为快的酣畅表达，免不了声大而语气粗，这是完全可以理解的。新文化倡导者们对儒学某些极端情绪化的表达，也是为挽救日益危亡的儒学而采取的治重病而用猛药良苦用心，正所谓矫枉必须过正之意。正如李大钊在检讨自己批孔过激的言论时指出的那样："吾今持论，稍嫌过激。盖尝秘窥吾国思想界之销沉，非大声疾呼以扬布自我解放之说，不足以挽积重难返之势。"②经过五四新文化运动对儒学疾风暴雨一般的批判之后，儒学经过新文化运动的批判之后，淡出人们的视野，日渐远离人们的生活，在学术界对孔子及儒学有些避之不及。儒学在大多数人的心目中已经属于过去的时代，不再是真理的化身，甚至还被人认为是迂腐之论。概言之，"经过五四新文化运动'批孔'之后，尊孔读经、以圣人之道治国的时代业已过去。"③"批孔"之后，对待儒学等中国传统文化呈现矫枉过正的局面，对待中国传统文化弃之如敝屣，对其蕴含的现代价值认识不足。现代新儒家的开山人物梁漱溟事后曾回忆说："今天的中国，西学有人提倡，佛学有人提倡，只有谈到孔子羞涩不能出口。"④新文化运动对孔子及儒学的批判，社会上出现了对儒学的极端否定的思想情绪，一度影响到了儒学现代化进程。

中国共产党对待儒学等传统文化的态度也受新文化运动对儒学否定的影响，对以儒学为代表的传统文化批判有余而肯定不足。中国共产党的总书记陈独秀虽然已完成马克思主义的转变，仍然把儒家为代表的中国传统文化视为"粪秽"，把"东方文化圣人之徒"的国故研究比作是"在粪秽中寻找毒

---

① 《李大钊文集》上册，人民出版社 1984 年版，第 181 页。
② 《李大钊文集》上册，人民出版社 1984 年版，第 247 页。
③ 张锡勤：《儒学在中国近代的命运》，人民出版社 2004 年版，第 244 页。
④ 梁漱溟：《梁漱溟全集》，山东人民出版社 1989 年版，第 544 页。

药"。① 直到 20 世纪 30 年代，新启蒙运动开展起来之后，延安文化界才矫正新文化运动对待传统文化的片面性，总结新文化运动以来的文化方针。马克思主义中国化不仅在革命实践上，还在同中国的历史、文化相结合有了正确的认识。②

（二）五四新文化运动之后西化思潮的滥觞，客观上延迟了儒学现代化的进程

新文化运动"批孔"的局势加速了西学东渐的势头，在反传统与西化潮流的思想局面下，极易造成对儒学为代表中国传统文化的现代价值认识不足，这是五四之后西化思潮异军突起的客观原因。新文化运动对孔子及其学说进行了彻底的批判，促进了西方思想在中国更为广泛的传播。"新文化运动的一个主要方面就是思想文化的西化运动，在这个阶段是整个中国思想史上西化思潮最为流行、影响最大的阶段。"③ 在新文化运动期间，西学在中国有了更多的介绍，更多的人有机会出国接受教育，"西学东渐"的势头比起以前的任何时代都加快了。五四之后逐渐形成以胡适为代表的西化自由主义思想派别，其中还包括蒋梦麟、林语堂、钱玄同、罗隆基等人。进入到 20 世纪 30 年代之后，西化派在进一步发展。西化派在文化上主张"全盘西化"，在 30 年代在中国思想界曾引起强烈的反响。"西化思潮发展到 20 世纪三四十年代，表现得最为成熟。"④ 这个时期是西化思潮发展的黄金时期，西化论者和自由主义者以《独立评论》为思想阵地，以胡适为思想领袖，集中了陈序经、卢观伟、吕学海等一批人，在 20 世纪 30 年代形成中国思想领域影响颇大、风头强劲的思潮。

---

① 《陈独秀文章选编》第 3 卷，上海人民出版社 2014 年版，第 198 页。
② 许全兴：《"马克思主义中国化"的提出与新文化运动》，《毛泽东邓小平理论研究》2008年第 3 期。
③ 张世保：《西化思潮的源流与评价》，华东师范大学出版社 2004 年版，第 87 页。
④ 张世保：《西化思潮的源流与评价》，华东师范大学出版社 2004 年版，第 103 页。

直到 20 世纪 30 年代以后，儒学才开始有人提倡，随后出现了近现代儒学现代化的思想重镇——现代新儒家。现代新儒家产生是新文化"批孔"的刺激下产生一支重要思潮，它的出现是对新文化"批孔"运动的反动，是与西化派、马克思主义并列的近现代中国政治思想史上的三大思想派别之一。一批对传统文化抱有深厚感情的饱学之士意识到儒学不能完全抛弃，中国社会离不开儒学，儒学仍有价值，"观今日之社会，诚岌岌可危，固非急图恢复我国固有之道德，不足以维持之"。[1] 梁漱溟就是在这种背景下提出复兴儒学的主张并开始探讨儒学现代价值的，他认定："孔子之真，若非我出头、倡导，可有哪个敢出头？"[2] 梁漱溟写下了《东西文化及其哲学》一书，被视为现代新儒学的开始之作，在书中，梁漱溟把以儒学为代表的中国传统文化纳入到世界文化平等的地位加以讨论，认为只有孔子之道才是当今人类文化的所要坚持的路向。从 20 世纪 30 年代开始，以梁漱溟、熊十力、冯友兰、贺麟等人为代表一批现代新儒家在各自基础上完成理论建构，构筑起现代新儒学的思想体系，成为近现代儒学现代化的思想重镇。现代新儒家们是在20 世纪中国社会现实与学术的土壤之上，以发扬孔孟程朱陆王为中国思想的根本精神，并以此作为主体来接受、吸收和改造西方近代思想和西方哲学解决传统儒学危机，寻求近现代社会转型中中国社会、政治、文化等方面的现实出路。

第三节 现代新儒家与儒学现代化

经五四新文化运动的批判，儒学为了生存、发展必须适应时代实现自我变革，实现现代转化。在孔子及儒学批的"羞不能出口"之时，以梁漱溟、熊十力、冯友兰、贺麟等为代表的一批哲学家以"儒学复兴"为己任，在促

---

[1] 丁守和：《辛亥革命时期期刊介绍》，人民出版社 1982 年版，第 583—584 页。

[2] 梁漱溟：《梁漱溟全集》第 1 卷，山东人民出版社 1989 年版，第 544 页。

进中西哲学融合上，各自创立了自己的学术体系，为传统儒学的现代转化作出了突出成就。

他们"在抗日战争爆发、民族矛盾激化的历史背景下重新寻找民族精神和优良传统之所在，并企图构建自己的新体系使这种传统得到继承发扬"。① 他们"以接续儒家'道统'、复兴儒学为己任，以服膺宋明理学（特别是儒家心性之学）为主要特征，力图以儒家学说为主体为本位，来吸纳、融合、会通西学，以寻求中国现代化道路的一个学术思想流派，也可以说是一种文化思想。"② 他们被后来的新儒学或研究者称为"第一代现代新儒学"。

现代新儒家们与晚清以来那些冥顽愚昧、食古不化的封建顽固守旧的传统文化保守主义者有很大的不同。他们大都完整接受了西方现代教育，在近代以来民主与科学的熏陶下接受了西方价值观。他们都是学贯中西的学者，认为"返本开新、守常应变"的精神是儒学固有的本能，在传统儒学基础上积极吸纳西学推动儒学现代转化。他们是爱国者，为复兴儒学，接续康有为儒学现代化的文化思路，继续援西入儒，推进儒学现代化。

一、现代新儒家产生的原因及背景

新文化运动举起"批孔"的大旗，以民主与科学为理论武器向着统治中国几千年封建文化的代表——儒学发起冲击，展开彻底的批判，将孔子从神坛上拉下来，从而结束了儒学在意识形态领域的独尊地位。五四之后，儒家纲常伦理不再是人们日常必须遵循的伦理准则，儒家礼法也不再具备道德约束与法律的功能，儒家经典也不再是人们必读的书目，总之儒学逐渐淡出人们的视野，甚至五四之后儒学不得不面对"羞不能出口"的尴尬现实。五四对孔子及儒学的批判与否定是现代新儒学产生的思想背景之一；同时，西学继续传入带来更多的文化、思想、观念的冲击，带来中国人的思想意识进一

---

① 崔龙水、马振铎主编：《马克思主义与儒学》，当代中国出版社1996年版，第99页。

② 方克立：《现代新儒家与中国现代化》，天津人民出版社1997年版，第4页。

步的深刻变化，但是"西化"思潮对社会的影响也愈加深刻，现代新儒家是文化保守论者，他们坚信中国文化的价值，致力于儒家文化的传播与弘扬，因此反"西化"也是现代新儒家诞生的思想背景。

（一）现代新儒家是对新文化运动"批孔"的反动

恩格斯在评价 18 世纪法国启蒙思想家和启蒙运动时曾经说过这样一段话："在法国为行将到来的革命启发过人们头脑的那些伟大人物，本身都是非常革命的。他们不承认任何外界的权威，不管这种权威是什么样的。宗教、自然观、社会、国家制度，一切都受到了最无情的批判；一切都必须在理性的法庭面前为自己的存在作辩护或者放弃存在的权力。"①

新文化运动对孔子及儒学的批判，主要集中在对尊孔与政治复辟社会现实的批判、对封建专制主义的批判、对儒家道德伦理的批判等方面，是反对封建专制、解放思想的需要，具有历史进步意义，前一章已经论述过，这里不再赘述。一场伟大的运动之中难免有不足之处，在"批孔"之中也难免对孔子及儒学出现出格的言论，对过去之文化与历史，提出要"一举而摧焚之""一举而沦葬之"②等诸多极端的言论。无论是陈独秀还是李大钊，都对儒学进行过尖锐的批判，也表现出对孔子及儒学一种极端的否定。在民初极端混乱的局面下，中国政治之黑暗、社会之专制、人民之麻木、文化之落后，表现出对传统文化爱恨交加的复杂感情，用历史的眼光看，这些极端言论是对钳制中国思想两千余年的传统儒学的不满与怨气的一种情绪化的发泄与表达，这是很正常的一种文化现象。经过新文化运动的批判之后，在学术界对孔子及儒学有些避之不及，正如现代新儒家的开山人物梁漱溟所回忆那样："今天的中国，西学有人提倡，佛学有人提倡，只有谈到孔子羞涩不能出口。"③

① 《马克思恩格斯文集》第 3 卷，人民出版社 2009 年版，第 523 页。
② 《李大钊文集》上册，人民出版社 1984 年版，第 181 页。
③ 梁漱溟：《梁漱溟全集》第 1 卷，山东人民出版社 1989 年版，第 544 页。

正是在这种文化背景下，一批对传统文化抱有深厚感情的饱学之士意识到儒学不能完全抛弃，中国社会离不开儒学，儒学仍有价值。梁漱溟就是在这种背景下提出复兴儒学的主张并开始探讨儒学现代价值的，他认定："要晓得孔子之真，若非我出头，可有哪个出头？"①梁漱溟把以儒学为代表的中国传统文化纳入到世界文化平等的地位加以讨论，他认为东西文化差异是"人生路向"上的不同，认为只有孔子之道才是当今人类文化的所要坚持的路向。梁漱溟在著作中表现出强烈的文化自信，断言只有中国文化在人生态度上表现最为合理，对西方现代工业文明表现出来的某些焦虑等精神方面的苦恼只有中国文化可以拯救。在 20 世纪 40 年代，新儒家代表人物贺麟认为"五四时代的新文化运动，可以说是促进儒家思想新发展的一个大转机"。新文化运动"促进儒家思想新发展的功绩与重要性，乃远远超过前一时期曾国藩、张之洞等人对儒家思想的提倡"。贺麟认为，新文化运动对孔子及其学说批判的"最大的贡献在于破坏和扫除儒家的僵化部分的躯壳的形式末节，及束缚个性的传统腐化部分"②，恢复了儒学的本来面目。从某种意义上说，没有五四新文化运动"批孔"，就没有现代新儒学

现代新儒家在文化观上是文化决定论者，他们脱离了中国社会，尤其是脱离了经济基础来思考儒学在近现代的命运，结果把儒学的失落归结为五四新文化运动。他们看不到近现代中国社会转型，儒学赖以生存的经济基础和依附的政治制度已经逐渐解体，儒学在近代的失落乃至出现危机是社会发展的必然，是不可避免。也看不到，儒学要生存只有适应社会转型，进行现代转化才是唯一的出路。

（二）现代新儒家反对全盘"西化"的文化主张

新文化运动对儒学为代表的封建道德伦理、封建专制文化进行了彻底的

---

① 梁漱溟：《梁漱溟全集》第 1 卷，山东人民出版社 1989 年版，第 544 页。

② 贺麟《儒家思想的新开展》，选自张学智编：《贺麟选集》，吉林人民出版社 2010 年版，第 131 页。

批判，结束了儒学在意识形态上的独尊地位。在"科学"与"民主"资产阶级思想启蒙下，西学呈现出对东方文化的压倒性优势。

《新青年》是资产阶级新思想的启蒙阵地，随着新文化运动向前推动，"当他们把注意力由传统制度的共同敌视转移到寻求积极解答的时候……新旧知识分子之间的不合与日俱增，先是思想上分歧，后来成为行动上的分裂，随后几年整个运动的方向就四分五裂了"。[①] 五四之后逐渐形成以胡适为代表的西化自由主义思想派别，其中还包括蒋梦麟、林语堂、钱玄同、罗隆基等人。

现代新儒家反对"全盘西化"的主张，但是他们并不完全排斥西学，而是通过主动与西方文化实现融合，推动儒学的现代转化。现代新儒家开山人物梁漱溟，他在1921年发表《东西文化及其哲学》一书中提出"东方化"与"西方化"也就是"孔化"和"欧化"的命题，承认"该书的思想差不多是归宗儒家"[②]。他认为中国的出路就是"孔化"，反对"去中国化""全盘西化"的自由主义文化主张，他说："我对两样东西完全承认，所以我的提倡东方文化与旧头脑的拒绝西方化不同。所谓两样东西是什么呢？一个便是科学的方法，一个便是人的个性伸展，社会性发达。"[③] 尽管在一些具体问题上有分歧，但主张"民主"与"科学"、反对封建专制主义是现代新儒者的共识。现代新儒家们始终坚持以中国传统文化为主体来"会通"西方文化，反对被动地接受"西化"影响，否则中国将失去文化上的自主权，陷入文化生上的殖民地。

现代新儒家大都具有良好的西学修养，他们对儒家以代表的中国传统文化主张进行融和"会通"西方文化进行现代转化，反对"全盘西化"的文化主张。现代新儒家反对"全盘西化"的文化主张是中国资产阶级在其阶级本性的反映，是处在近现代社会转型时期中国思想领域文化保守主义、西化自

---

① 周策纵：《五四运动史》，岳麓书社1999年版，第316页。
② 梁漱溟：《梁漱溟全集》第1卷，山东人民出版社1989年版，第324页。
③ 梁漱溟：《梁漱溟全集》第1卷，山东人民出版社1989年版，第349页。

由主义与马克思主义三派势力斗争与妥协的产物。

（三）现代新儒学产生与马克思主义在中国的传播

民国初期，马克思主义在中国的影响是非常有限。第一次世界大战给西方思想及经济带来巨大的影响，西方国家在战后暴露出西方现代性的弊端，表明西方文明本身出了问题，在当西化思潮发展势头强劲的时候，一下子改变了青年人对西方美好的印象。在这个时候，爆发于新文化运动期间的十月革命给中国带来新的文明曙光，中国主动认识马克思主义，就是在这个时候。中国的知识分子对中国向何处去的问题进行重新的探讨，中国思想界出现研讨社会主义的思想高潮。马克思主义传到中国并在五四新文化运动中得到传播，逐渐成为中国思想领域影响最大的学说。在当时的中国社会内部，情况在这个时候发生了重大的变化：中国资本主义得到较快发展，工人阶级已经成长壮大；新文化运动促进了人们思想的解放，在广大的进步青年中掀起了追求真理的热情。中国先进知识分子在欢呼十月革命的同时，很快接触并传播马克思主义，马克思主义成为中国思想界具有启蒙意义的重要理论资源。

马克思主义是无产阶级的世界观和方法论，是关于被压迫、被剥削人民的革命斗争的科学。中国人民是在为了摆脱帝国主义和封建主义压迫而迫切要求寻求出路的时候接触到它，是在十月革命的光辉中认识到马克思主义的。十月革命大大加强了中国人民反帝反封建的斗争信心，促进了群众的发动。随着五四运动的爆发和发展，马克思主义在中国广泛传播开来。在广大的知识青年群众之间，科学社会主义的创始人马克思恩格斯的名字、十月革命领袖列宁的名字成为响亮的名字，很多人在寻找和学习他们的著作，形成了一个学习马克思主义的思想潮流。从1918年到五四爱国主义运动，马克思主义在中国已经得到初步的传播。这一时期，李大钊发表多篇文章，宣传十月革命和马克思主义，有力推动新文化运动的发展。李大钊指出俄国十月革命是"创造一兼东西文明特质，欧亚民族天才之世界的新文明"①。他对社会主义的前景充满信心，指出："试看将来的环球，必是赤旗的世界！"布尔什维克的胜利是"二十世纪世界人类人人心中共同觉悟的新精神的胜利！"②

马克思主义的传播不可避免地引起了当时思想界非马克思主义思想流派的恐慌，出现了马克思主义与非马克思主义互争高下，互相竞雄的局面。现代新儒家对西方传来的马克思主义视为洪水猛兽，唯恐其深入到中国人的心目中，引起现代新儒家们内心的担忧与恐慌，他们认为五四新文化运动的"批孔"造成民族文化危机，直接的后果就是马克思主义的乘虚而入。在现代新儒学诞生的历史时期，正值"国内阶级矛盾和国家民族矛盾都相当突出，使得这种成为这个时期的主脉，由此导致这个时期的文化讨论过多地打上政治烙印。"③

（四）现代新儒学在民族危机中起到了振奋民族精神的作用

现代新儒家们既反对恪守传统、不思变革的文化复古主义，也反对"全盘西化"的民族文化的虚无主义，同时对马克思主义成为逐渐占据中国思想意识的主流也心存芥蒂，他们主张东西文化互补、交融会和的文化调和论。

在 1931 年爆发的中日战争深刻刺激了任何一个有良知的中国人。中日之间的民族矛盾由来已久，在中国近代的民族危机中，日本给中国带来无尽的灾难，屡屡打破中国自立、自强的努力。经过新文化运动影响与熏陶，在科学与民主思想的启蒙下，现代新儒学的代表人物经过十年左右系统的西式教育，进行了较长时间的知识与理论准备，才可能创造出比较完整的、系统的理论体系。熊十力的"新唯识论"酝酿于 20 世纪 20 年代，在 30 年代形成，1944 年重庆商务印书出版语体文本，其思想得以系统阐发。冯友兰、贺麟等人先后在抗战时期完成自己的理论建构，现代新儒学在艰苦的环境中

---

① 李大钊:《李大钊文集》上卷，人民出版社 1984 年版，第 575 页。
② 李大钊:《李大钊文集》上卷，人民出版社 1984 年版，第 603 页。
③ 张世保:《西化思潮的源流与评价》，华东师范大学出版社 2004 年版，第 103 页。

展露出新的生机。这些哲学体系反映了那个时代的特点，"这是因为民族危亡的严重局势，刺激了那些主张发扬民族精神、复兴民族文化的思想学说的发展，'全民团结，一致抗日'的舆论环境有利于现代儒学复兴运动打开一个新局面。"①

二、现代新儒家重启儒学现代化

从现代新儒学产生的文化背景上分析，现代新儒学的一批代表人物在儒学的现代转化上同资产阶级维新派代表人物康有为、梁启超等人的思想具有相当的一致性，他们都是在传统儒学的基础上吸收西学，实现儒学与西学的融合促进其现代转化，适应社会转型，弘扬儒学。现代新儒家延续的还是"中体西用"的文化思路，走的是"引西援儒"的老路。如果说康有为对儒学现代化只是尝试的话，那么现代新儒学则正式开启了儒学现代化。现代新儒家在儒学与西方文化融合，推动儒学适应时代变革进行的创造性转化上作出了积极贡献。现代新儒学是近现代社会转型中儒学现代化的思想重镇。

（一）梁漱溟的"新孔学"开启儒学的现代化

梁漱溟（1892—1988），父亲梁济，曾在清王朝内阁任职，1918年投水而死，在社会上引起强烈反响。梁漱溟自幼受传统儒家教育，进过新式学堂，接受新式教育。梁漱溟没有受过正规的大学教育，他主要是通过佛学钻研锻炼了他的自学能力，他的知识主要是通过自学而得来的。

辛亥革命之后儒学解体，军阀混战，引起人们对"礼崩乐坏"，政治失序的混乱局面，社会出现的道德危机，非常不满。梁漱溟曾经这样回忆：对于民国乱象"引起了我对于人生，感到厌倦和憎恶"。②他认为中国

① 方克立：《现代新儒学案·序》，中国社会科学出版社1995年版，第12页。
② 梁漱溟：《梁漱溟全集》第2卷，山东人民出版社1989年版，第686—687页。

的种种社会与政治问题都是文化出了问题，他说："中国的老道理是站得住的"，"无论是政治、经济……什么组织构造，通统以乡村为根，以老道理为根，从此开出新道理，救活老民族。"① 在五四新文化运动对孔子及儒学批判的时候，他敢于挺身而出，逆潮流而动，公开维护和捍卫孔子及其学说而出名。

梁漱溟对儒学现代转化首要的贡献在于他通过研究比较与分析，指出了东西文化的差异来揭示儒学的现代价值。他指出："中国文化将要有一个大的转变，将要转变出一个新的文化来。""所谓创造新文化即从旧文化里转变出一个新文化来。"② 梁漱溟在 1921 年出版的《东西文化及其哲学》一书中，第一次把中国文化纳入到世界文化的架构中加以评价。他以"意欲"为区别标准把中国、印度、西方文化分为三种类型，这三种类型表现为三种不同的生活态度和三条不同的路向。③

最值得注意的是梁漱溟认为没有西方文化对中国文化的改造，单凭中国文化自身是不可能产出现代性的文化，他在《中国文化要义》之中重复了他在《东西文化及其哲学》中的观点："所以我曾说：假若西方文化不同我们接触，中国是完全闭关与外界不通风的；就是再走三百年，五百年，一千年，亦断不会有这样些轮船、火车、飞行艇、科学方法和德谟克拉西产生出来的。"④ 梁漱溟的认识决定了他对西方的科学与民主并不拒绝，中国文化另有价值，并不是要全盘否定传统文化，他是站在中西文化融通的基础上，认识到儒学现代价值并推动儒学的现代转化。"我意不过提倡一种奋往向前的风

---

① 梁漱溟：《梁漱溟全集》第 1 卷，山东人民出版社 1989 年版，第 614 页。

② 梁漱溟：《梁漱溟全集》第 1 卷，山东人民出版社 1989 年版，第 612 页。

③ 梁漱溟认为：西方以意欲向前求根本之精神，中国文化以意欲自为调和为根本精神，印度以意欲反身向后为根本精神。这三种路向都对人类文明的发展作出了贡献。梁漱溟认为现在世界文化的发展只有以孔子为代表的中国文化所表现出来的人生态度最符合世界大势、最为合理，可以拯救西方人在功利竞争中的精神烦恼，因而是最为可取的，西方人也不得不走"中国的路，孔家的路"。(参见梁漱溟：《东西文化及其哲学》，《梁漱溟全集》第 1 卷，山东人民出版社 1989 年版，第 381—383 页。)

④ 梁漱溟：《梁漱溟全集》第 3 卷，山东人民出版社 1989 年版，第 48 页。

气，而同时排斥那向外逐物的颓流。"①梁漱溟认为文化守旧与复古主义者的主张已经跟不上时代的发展，他认为儒学需要吸收西方哲学，特别是柏格森哲学的观念与方法，完成适应社会的转化才能发挥儒学的当代价值。梁漱溟用生命冲动解释儒学的"生生"学说："在我的心目中，代表儒家道理的是生"，他认为孔子儒家的形而上学和人生哲学实际是一种生命哲学，他肯定了孔子儒家学说的生命与智慧，梁漱溟借用柏格森哲学对儒学创新解释与发挥，实现儒学的现代转换，鲜明地表明了梁漱溟"援西入儒，融合中西哲学"的观点。

（二）熊十力的"新唯识论"与儒学的现代转化

熊十力1885年出生于湖北黄冈一个乡村私塾先生的家庭，早年投笔从戎参加革命，他经历了辛亥革命洗礼，反帝救国的意识在他的思想里扎下了根。辛亥革命以及随后革命斗争的屡次失败促使他彷徨、苦闷和反思。革命之后人们热衷于争权夺利而忽视建设，旧思想、旧制度的痕迹并没有得到根除。熊十力因厌恶革命党人争权夺利，又认为自己不适合政治，于是决志转为学术救国，由一位民主主义战士变成一位具有原创力的现代新儒家学者，成为一位卓有成就的国学大师。

熊十力的儒学思想打上了很深的佛学烙印，这与他学术研究从佛学开始有关。那时的人们还意识不到儒学与封建礼教之间的区别与联系，因此儒学被划入旧学营垒，被从整体上否定。近代谭嗣同、章太炎等人纷纷弃儒归佛，在佛学中寻找抗争的精神力量。章太炎在《民报》上发表了大量的佛学方面的文章，谭嗣同认为佛学中的"众生平等"是同现代民主、民权相契合的观念，成为佛学的追随者。熊十力在章太炎等人影响下，转向佛学。1920年，熊十力拜欧阳竟无为师，在南京"支那"学院学习佛学，探寻佛教真谛。佛教唯识宗的研读使熊十力的思辨能力得到很好的训练，但是他内心儒学意

---

① 梁漱溟：《梁漱溟全集》第1卷，山东人民出版社1989年版，第538页。

识与佛家出世观念发生矛盾与冲突导致弃佛入儒，融会佛儒，兼采中西的现代新儒学的治学之路，并且独辟蹊径，开一代之学风。

熊十力曾在北京大学讲授《唯识学概论》，在这期间思想转变，对佛法产生怀疑，认识到单凭佛教义理不能救世度人，中国人安身立命，实现民族复兴还得靠入世的儒学，于是弃佛入儒，建构自己的现代新儒学理论体系。在熊十力看来，近代唯识宗之说随着章太炎等人的提倡而复兴，但唯识宗没有解决好中国化的问题，影响有限，正是基于此，已经出佛入儒的熊十力决定用儒家思想融会唯识宗，扩大其影响，为中国文化做出一点培养根基的工作。他把"中国儒家固有思想、概念和语言，搬进了佛学唯识论，使印度大乘有宗的学说具有了中国思想的风味，从而建立起自己的独具一格的哲学思想体系"。[①]

熊十力由佛入儒，寻求"为己之学"的学术立场的转变，其实也是为了应对汹涌而来的"西化思潮"。熊十力目击了新文化运动的发生，热烈拥护科学与民主，欢迎新思想、新观念，但他比新文化运动的主将们多了几分清醒，对这个运动的缺点看得也比较清楚，比如"全盘西化"的倾向，他对西化不无担心，在西化思潮与西化派的影响下，出现了两种有害的思想倾向：一是科学主义的滥觞。西化思潮的泛滥是科学主义的盛行，熊十力认为科学主义者一味夸大科学方法的作用，企图以科学取代哲学的做法是行不通的，"科学无论如何进步，……不能证会本体，毕竟不能同内外、物我，浑然为一。"[②] 熊十力坚决主张哲学必须坚持本体论，他所建构的"新唯识论"就是以本体论为中心的哲学体系，"实欲以东方玄学思想，对治西洋科学思想"[③]。二是民族虚无主义的倾向。熊十力指出："清末以来，国人恒自卑，视固有学术都不成为学术"[④]，是十分有害的和错误的。熊十力认为中国传统文化中

---

① 宋志明:《熊十力评传》,百花洲文艺出版社 2010 年版,第 43 页。

② 熊十力:《十力语要》,上海书店出版社 2007 年版,第 197 页。

③ 熊十力:《十力语要》,上海书店出版社 2007 年版,第 197 页。

④ 熊十力:《十力语要》,上海书店出版社 2007 年版,第 219 页。

的固有缺点，但也有适应现代性的精华，不能一概否定，他力辟民族文化之虚无主义之谬，建立中国特色的哲学体系，以"誓以身心奉先圣"的孤旨弘扬中华传统文化之精华。

熊十力没有进过正规的学校，留学经历，对西学也没有受过正规的学术训练，他对西方哲学知道不多，但他不是固守传统的顽固主义者，熊十力仍旧积极借鉴当时传入的西方哲学中某些思想和材料，吸收到他的哲学体系之中。"新论不为含摄儒家大义，其于西洋哲学，亦有借鉴。"[1] 这是其难能可贵之处。

经过佛学的浸润和西学的刺激，有了坚实的国学功底以及掌握西学要旨与方法之后，熊十力终于开始了弘扬儒学的志向，开始建构他自己的学术体系，推动儒学的现代转化，熊十力新儒学思想集中在以下几点：一是重新考证儒学演变，认识儒学真义。熊十力把孔子及其创立的儒学视为国学之正脉根传并此立场出发梳理出先秦诸子的学说，提出"诸子皆源于儒"[2] 的论断，在他看来无论是儒学，还是诸子也好都是中国传统文化不可或缺的组成部分，二者之间是相辅相成的关系，要研究儒学就必须研究与儒学关系密切的诸子学，这是熊十力建构他的新儒学体系的基础，并试图论证其自创的新儒学在"中国传统文化方面有充分的依据；试图解决中国传统文化如何同科学、民主等现代意识接榫的问题"。[3] 熊十力以他的标准对先秦以来的儒学进行了梳理。在他看来，尽管几千年来孔子及儒学的地位不断升高，儒学的名气不断扩大，但儒学经义却没有得到发扬。真正的儒家只有孔子一人而已，历代的统治者供奉的孔子其实只是虚假的偶像，与孔子及其儒学要义并不相干，他对儒学史、中国哲学史的认识常有较大的出入。

二是体用不二的原则与现代唯识论的现代哲学体系。熊十力推动儒学现代化主要的工作就是围绕"体用不二"原则重建儒家的本体论系统。"体用

---

[1]　熊十力：《新唯识论》，中华书局 1985 年版，第 402 页。

[2]　熊十力：《原儒》，上海龙门书局 1956 年版，第 558 页。

[3]　宋志明：《熊十力评传》，百花洲文艺出版社 2010 年版，第 68 页。

不二"是熊十力现代新儒学思想的根基。体与用是中国古代哲学的基本范畴，在儒学发展史上，体用曾是儒学与外来佛学之间共同的哲学语汇。二者的含义并不相同但毕竟找到了共同之处，为二者的融合提供了便利。熊十力新儒学的思考也是从这一中国传统的哲学范畴出发，在"体用一源"的传统基础上建构出他的"体用不二"的哲学原则。在熊十力的现代新儒学体系之中，他认为"本心"为体，物质为用，把"本心"放在物质之上，物质处在从属的位置，显然是唯心主义的性质。但其体用关系已经涉及精神与物质的关系这一近代以来的哲学根本性的问题，已经超越了中国古代哲学家对这一问题的认识，实现了升华。熊十力建立"新唯识论"哲学体系是为了解决哲学上的本体论问题。他认为近代西方哲学受实证主义影响，把本体论排斥在哲学之外是一种错误的倾向。他指出："治哲学不能不深究万物之源"，"谈知识论本体论不相关涉，流于琐碎，习于浅薄，此是哲学衰落想象"。[①] 熊十力以体用问题的回答却展现出清新的现代哲学意识：围绕哲学的基本问题树立观点、展开论述、建构体系。熊十力是中国近代哲学转型的代表之一，是第一个自觉建立哲学体系的现代哲学家之一。熊十力体用不二的哲学体系具有积极的现代价值，他的翕辟成变说和认识论是其哲学体系中最具代表性和最具价值的部分。

三是熊十力翕辟成变之说，蕴含辩证法思想。翕辟成变是把握熊十力哲学体系的关键。在熊十力看来，翕是一种摄聚的势用，呈现为万事万物。"物者，只是我所谓收凝的势用而诈现之迹象而已。收聚的势用，命为翕，翕即是物。"[②] 什么是辟呢？熊十力指出，辟也不是实在性的东西，同样也是一种势用。翕与辟起着相反的作用。当翕的势起作用时，令一种势也在与之同时起着作用。这个势用是"能云于翕之中而自为主宰，以为其至健，而使翕随己转的。这种刚健而不是物化的势用，就名之为辟"。[③] 熊十力认为，只有翕而没

---

① 熊十力：《原儒》，上海龙门书局 1956 年版，第 814 页。
② 熊十力：《新唯识论》，中华书局 1985 年版，第 328 页。
③ 熊十力：《新唯识论》，中华书局 1985 年版，第 318 页。

有辟，那便是完全的物化，宇宙也就是顽固坚凝的死物。正是由于辟的势作用于翕之中而运用此翕，从而避免宇宙物化，使其生生不息，大用流行。熊十力的翕辟成变学说是相辅相成辩证思维的具体体现，翕与辟是统一的，二者不是平等并列的，而是以辟为主，翕从属于辟。翕辟成变说解决了阳明心学中心与物之间的对立关系，是现代新儒学在传统儒学基础上的继承与超越。

总之，熊十力致力于儒学现代转化，重点在于揭示儒学在当今世界的独特价值，并给儒学注入了积极、主动的辩证法精神，体现了独特的创造性，在现代新儒学发展史上具有重要的地位。熊十力是一位具有资产阶级民主思想的哲学家，他为改变中国旧中国落后的面貌实现独立、自由、平等、民主而进行著书立说，学术研究，反映了中国民族资产阶级要求进步的一面；但是他不敢面对现实，从现实中寻找改造中国的力量，不是引导人们向后看，反映了中国民族资产阶级的软弱。[1]

（三）贺麟的"新心学"与儒家思想的新开展

贺麟（1902—1992），四川金堂人，是著名的哲学家、哲学史家、黑格尔哲学专家、教育家、翻译家。早年就读于清华大学，后出国留学，回国任北京大学任教，师至教授。1955 年任中国社会科学院哲学研究所研究员。贺麟在 20 世纪 40 年代致力于"儒家思想新开展"，自创"新心学"哲学体系，是五四以后颇具独创精神的思想家。

贺麟现代新儒学建构背景主要有以下两点考虑：其一，对实用自由主义及唯物辩证法的抵制。贺麟新心学推崇陆王学派主观主义唯心论来抵制实用主义和辩证唯物论的这两大流行于当时的哲学，贺麟对实用主义重行轻知，重近功忽远效，重功利轻道义，在理论上缺乏坚实的系统，青年受此影响没有信仰和理想，因而不能解决近代中国的任何问题。贺麟从知主行从、知难行易批判实用主义的倾向，以高扬理想以满足精神需求反驳实用主义的个人

---

[1]　许全兴等著：《中国现代哲学史》，北京大学出版社 1992 年版，第 388 页。

主义需要标标准，"过分地全部地以实际效果为理论真伪的标准，便会流于急功近利好利之见"。"假若人生一切行为皆以实用为准，那么人生还有什么意义？人的尊严何在？"[①] 对于辩证唯物论，贺麟认为在十月革命期间传到中国以后不断发展，随即在九一八事变及随后的抗日战争期间盛行，在当时"有希望的青年几乎都曾受此思潮的影响"。[②] 其二，文化救亡，振奋民族精神的需要。贺麟指出："中国近百年来的危机，根本上是一个文化的危机、文化上的失调整，不能应付新的文化局势。"[③] 贺麟出自他对他所处时代的深刻认识以及严峻的时代使命感，基于应对危机满足民族复兴的需要，努力解答中国面临着的迫切回答的问题。贺麟站在资产阶级民族主义的立场之上，在 1941 年发表了《儒家思想的新开展》一文，指出现代新儒学的未来和方向。这篇文章意义重大，可以看作是前期现代新儒学的宣言。与其他现代新儒家不同，贺麟积极肯定了新文化运动对儒学的批判，他认为："新文化运动的最大贡献在于破坏和扫除儒家的僵化部分的躯壳的形式末节，及束缚个性的传统腐化部分。""使得孔孟程朱的真面目更是显露出来。"[④] 贺麟把"中国哲学"命名为"现代新儒学"，从而使他成为近现代中国文化史上"明确提出'新儒学'概念的第一人"。[⑤]

贺麟的主要学术著作均发表在 20 世纪 40 年代，其思想的学说"新心学"是同时代现代新儒家代表人物所独创哲学学说问世最晚的。贺麟的"新心学"与冯友兰"新理学"，一个是接续程朱理学，而另一个是对陆王心学接着讲。贺麟在清华读书期间曾多次探访梁漱溟，并在梁的建议下读了王阳明的《传习录》，这对贺麟极力推崇陆王心学不无影响。贺麟赞赏梁漱溟的"敏锐的直觉"以发挥孔子的仁和王阳明的良知。他对梁漱溟把直觉看成是一种生活

---

① 贺麟：《五十年来的中国哲学》，辽宁人民出版社 1989 年版，第 66 页。

② 贺麟：《五十年来的中国哲学》，辽宁人民出版社 1989 年版，第 67 页。

③ 贺麟：《文化与人生》，上海人民出版社 2011 年版，第 5 页。

④ 贺麟：《文化与人生》，商务印书馆 2015 年版，第 5—6 页。

⑤ 王思隽、李肃东：《贺麟评传》，百花洲文艺出版社 2010 年版，第 3 页。

态度和内心修养深表赞同并开始注意直觉问题。但是，贺麟也认为梁漱溟的新孔学只关注人生态度，没有涉及本体论和宇宙论。贺麟新心学的哲学体系建立在全新的本体论和宇宙观之上，将直觉和辩证法结合，重新阐发直觉的哲学内涵，完成新儒学哲学基础的建构。贺麟与熊十力在理路上一致，同属于陆王心学。贺麟新儒学思想中的仁的本体论及宇宙观与熊十力的"仁"本心与绝对主体思想具有一致性，二者的观点具有某种契合之处。贺麟虽然是我国翻译介绍西方哲学，尤其是黑格尔哲学的著名学者，但是他的新心学是回应那个时代哲学思潮刺激的产物，也是现代新儒家内在逻辑和思想发展的结果，是贺麟综合融会贯通中西方哲学，并加以创新性发展的结果。

贺麟现代新儒学思想的来源，主要有两个方面。一是对陆王心学的继承与发展。贺麟深受东方儒家文化熏陶。他对中国哲学，尤其是对陆王心学有很深的感情。贺麟在谈到他思想来源时，他首先强调的是对传统文化的继承，"不惟对孔孟程朱陆王有同情的解释。即对老庄杨墨亦有同情的评价，以期发展其优点，吸取其教训"。[①] 但是贺麟对陆王心学情有独钟，"新心学在本质上是开陆王心学之新绪，是'接着讲'陆王心学"。[②] 贺麟在《当代中国哲学》里面把近五十年的中国哲学的发展都看成是陆王哲学的复兴史，甚至把康有为、谭嗣同、梁启超、熊十力等人也看成陆王心学派的思想家；他把孙中山的三民主义、蒋介石的"力行哲学"也解释成为陆王心学派具体体现。由此可见，贺麟"新心学"明显的陆王心学立场。二是对西方哲学的吸收。对于如何摆脱危机，贺麟认为没有正确的对西方文化的认识，就不可能自觉地吸收西方文化，超越就是一句空话。早年出国留学，回国后从事西方哲学的研究、教学、翻译工作，对西方哲学尤其是近代西方哲学的代表人物黑格尔、斯宾诺莎等人的哲学思想有透彻的认识与深刻感情，可以说是近代中国学者之中对西方哲学了解最深、功底最深厚的人物之一。为了与陆王心学相契合，贺麟吸取的不是黑格尔哲学，而是新黑格尔主义。新黑格尔主

---

① 贺麟：《文化与人生》，商务印书馆 2015 年版，第 2 页。

② 王思隽、李肃东：《贺麟评传》，百花洲文艺出版社 2010 年版，第 119 页。

义将黑格尔的客观唯心主义主观化、神秘化，成为主观唯心主义。

贺麟认为建设中国的新物质文明和新精神文明必须由中国人自己去创造。贺麟认为西方文化的输入是儒家思想的一大动力。儒家思想能够把握、吸收、融会、转化西方文化以发展自身，那么儒家思想就会发展，否则就会消歇、沉沦。他指出："儒家思想能否复兴的问题，亦即儒化西洋文化是否可能，以儒家思想为体、以西洋文化为用是否可能的问题。"[①] 在文化上要以儒家思想为体以西洋思想用的思路，贺麟"以儒家思想为体以西洋思想用"不同于洋务派的机械的"中体西用"纲领。贺麟对中体西用的文化观进行了批评，提出体用合一的中国新文化，他认为近代"中体西用"的"体"已是落后的封建专制制度的"体"，将西方的科学技术乃至经济政治制度等具体的"用"嫁接到不健全的甚至是腐朽的"体"上是完全不相容的。中学与西学各有体用，各成一套，不可生搬硬套。贺麟认识到了西方学说如果不与中国传统相结合，就不可能在中国扎根，得到广泛的传播和发展。只有形成对西方文化整体而彻底的认识，才能不"被动地受西化影响，学徒式的模仿"，才能自觉地吸收、采用、融化、批评和创造。贺麟的"新心学"试图将西方哲学与中国孔孟、程朱、陆王之哲学回合融贯，创造出自己的唯心论哲学体系，殚精竭虑地融通中西古今，致力于儒家思想的现代化，开凿了一条艰难的学术隧道，在中西文化之间架起一座桥梁。

第四节　冯友兰的新理学与儒学现代化

冯友兰（1895—1990），字芝生，河南省唐河县人。1912 年入上海中国公学接受现代新式教育，1915 年考入北京大学。1919 年出国留学，到美国哥伦比亚大学研究院学习。1923 年博士毕业，1924 年获得哥伦比亚哲学博

---

① 贺麟：《文化与人生》，商务印书馆 2015 年版，第 6 页。

士学位，回国后先后执教于中州大学、广东大学、燕京大学、清华大学。20世纪 30 年代到 40 年代，冯友兰先后出版了《新理学》《新事论》《新事训》《新原人》《新原道》《新知言》六部著作，即"贞元六书"。在这些著作里，冯友兰以中国传统程朱理学为基础，引入逻辑学与新实在论等西方学说，创立了新理学的形而上、方法论、境界论、人生论、历史观为一体的哲学体系，力图通过中西文化的融合会通，促进儒学现代转化，构建了新理学，对儒学的现代转化作出了重要贡献。冯友兰还是著名的哲学史家，他先后出版了《中国哲学史》《中国哲学简史》《中国哲学史新编》，史称"三史"，为中国哲学史研究作出重要的贡献。

一、新理学的立场与方法

近代中国社会逐渐转型，儒学影响日渐式微，西学传入加快了儒学的衰败。近代中国要完成的不仅是民族独立、国家富强与人民解放的历史任务，还面临着新旧意识形态更替的文化转型。冯友兰自幼受家庭文化的熏陶，接受传统儒学教育，程朱理学对冯友兰有深刻的影响；成年后留学美国接受完整的现代西方教育，西方逻辑学、新实在主义的影响至深。在这种时代背景与文化背景下，冯友兰承接程朱理学，延续儒学命脉，构建新理学思想体系以复兴儒学，恢复儒学在中国文化的地位与影响，以恢复文化自信，重铸民族精神。冯友兰在新儒学领域开辟一片独特的天地，成为早期现代新儒家群体中的代表人物，他的新理学思想对儒学现代转化作出了杰出的贡献。

（一）新理学的文化立场

冯友兰生活的年代，儒学式微，科学主义盛行；杜威实用主义在中国得到胡适及其弟子的吹捧，很有市场；"全盘西化"派势头强劲，西学独享"文化霸权"；实证主义造成社会意识形态缺失哲学形而上的指导，根基不牢。在这种背景下，冯友兰在对科学主义、实证主义对传统文化的割裂和排斥，对形而上学蔑视的反思中逐渐形成他的文化立场。

1. 儒学具有独特的文化价值

冯友兰认为真际（共相）和实际（殊相）分属两个世界，实际世界是科学世界，真际世界是哲学的世界，哲学和科学是两个截然不同的知识领域，他们的区别就是殊相和共相的差别。他所构建的"新理学是最玄虚的哲学"，是对真际世界，就是对"理"探寻的哲学。"理"是冯友兰反复强调的自己哲学核心，"理"共同的、抽象的，是客观存在、不变的。冯友兰认为："有社会，就有社会之理，有各种社会，就有各种社会之理。理是本来就有的，不变的，先于社会存在的，变化的是实际的社会。"①"不变的是社会或某种社会所必须依照之理，变者是实际的社会，理是不变的，但实际的社会除必依照一切社会所必依照之理外，会随时变动，由依照一种社会之理之社会可变为依照另一社会之理之社会。"②在社会伦理上，除具体变化的实际道德之外，存在不变的道德，这就"理"，它不是维系某一具体社会存在之"理"，而是维系所有社会存在的"理"。一定的社会的"理"规定了一定的制度、道德、标准、规则，不同社会的"理"便有不同的制度、道德、标准、规则。冯友兰认为中国传统儒学中的"五常"，即仁、义、礼、智、信是无论什么社会都需要的基本价值，是中国传统美德，在当今社会仍有价值。在现代社会，儒家基本道德价值是不变的，儒家基本道德就是维系当代社会的"理"。"大部分的道德是因为社会之有而有的，只要有社会，就需有这些道德，无论其社会是哪一种的社会。……这是不变的。道德无所谓新旧，无所谓古今，无所谓中外。"③冯友兰认为西方文化重视对实际世界，即科学的探索，因而西方科技相对发达。但是西方文化无法解决人类的精神生活、生命价值和理性生活的问题。第一次世界大战中，西方参战各国表现出来的疯狂，人类在战争机器推动下的丧失理智而导致自相残杀；战后出现的经济萧条、道德堕

① 冯友兰：《三松堂全集》第5卷，《贞元六书》（上），中华书局2014年版，第129页。
② 冯友兰：《三松堂全集》第5卷，《贞元六书》（上），中华书局2014年版，第130页。
③ 冯友兰：《三松堂全集》第5卷，《贞元六书》（上），中华书局2014年版，第394页。

落与精神危机，这都与西方自我标榜的科学有关。因此冯友兰指出，包括儒学在内的中国传统哲学具有西方思想所取代不了的价值，科学与形而上同样不可偏废。儒家基本道德价值就是维系当代社会的"理"，新理学发挥儒学在真际世界独特作用，同时借鉴西方科学在实际世界的价值，实现真际与实际的综合创新。

2. 社会转型促使儒学现代转化

冯友兰认为中西文化的"理"是共相的，各民族与国家的文化都必然会有共相，但具体到每一个民族、国家又表现出不同的个性与特殊。某种社会之理是本然的，至于有无此社会与理无关，而与势有关，势是"一类事物之实际地有说"，亦可说是"实际中某一时之某种状况"。[①] 冯友兰认为，社会制度的存废，皆与维系这种社会制度的势有关；另一方面，一个社会思想是某种势的反映，社会变革的势首先反映在社会思想者之上。近代中国社会处在不断变化与转型之中，"各种制度，各种思想，纷然杂陈，此为一所谓过渡时代所有之情形"。[②] 儒学是中国封建社会的"理"，近代中国社会变化，属于传统儒学的"势"已经发生变化，所以要实事求是，因地制宜地依据社会"势"的变化，创造出属于这个社会的"理"。

冯友兰认为当下中国主要任务就是尽快从生产家庭化的文化转变为生产社会化的文化，要在知识、技术、工业的开新，以完成中国传统文化的现代转换。冯友兰认为文化转换的关键是物质层面的转换，物质层面的转换必须从经济层面入手。冯友兰指出："中国现代最大底需要，还不是经济上行什么主义，而是在经济上赶紧使生产社会化。"[③] 冯友兰赞赏洋务派买机器办实业，而对五四新文化运动太重文化的问题提出批评，认为这样反而耽误和延续了生产的发展，以致中国不能富强。新理学来自儒学传统，而又不是儒学传统的简单继承，而是适应现代社会变化，进行儒学现代化的创造。

---

① 冯友兰：《三松堂全集》第5卷，《贞元六书》（上），中华书局2014年版，第150—151页。
② 冯友兰：《三松堂全集》第5卷，《贞元六书》（上），中华书局2014年版，第155页。
③ 冯友兰：《三松堂全集》第5卷，《贞元六书》（上），中华书局2014年版，第368页。

3.儒学现代化的方向

冯友兰对中西文化问题的回答首先是划分文化类型。冯友兰认为只有以类型区分文化，才能科学辨析中西文化的特点，认清中国文化的前途问题。依据在《新理学》建构起来的历史观，冯友兰在《新事论》中进行了具体运用，他对中国文化与西方文化进行了比较与分析，他认为儒学并不是落后的文化，中西文化问题根本在不同的发展阶段。冯友兰从"别共殊""明层次"出发，指出了中西文化并非各自特殊的类型，而是时代阶段的差异，是古今时代之分而非中西地域之异。冯友兰指出："各类文化本是公共底，任何国家或民族俱可有之，而仍不失其为某国家或某民族。"[1]冯友兰指出："若从类的观点以看西洋文化底，则我们可知所谓西洋文化是优越底，并不是他是西洋底，而是因为他是某种文化底。""我们亦可知我们近百年来所以到处吃亏者，并不是因为我们的文化是中国底，而是因为他是某种文化底。"[2]冯友兰认为只要把中西文化的差异看作是文化类型的差别，从而把中国文化的落后归结为文化类型的落后，那么中国文化建设的方向和道路也就一目了然了，就能做出正确的判断。由此，中国文化的建设就是转变文化类型的问题，这种文化的类型必定是中国的文化。他认为中国的传统文化、是根源与生产家庭化的文化，而西方文化是一种根源于生产社会化的文化。这种生产方法上的差异，必然造成两种不同类型的文化相差的特性，涉及中西文化差异的实质，从而为他关于中国文化建设的问题论证提供了科学是依据。

（二）新理学时代价值——恢复文化自信、重振民族精神

冯友兰新理学建构的时间主要是在 20 世纪 30 年代到 40 年代，当时又正值中日战争期间，中日之间的民族矛盾日益尖锐，中华民族又一次处在空前的民族危机之中。危机激起了全民族的同仇敌忾，作为知识分子的冯友兰所能做的就是在文化上为中华民族复兴寻找精神武器，恢复文化自信，以促

---

[1]　冯友兰：《三松堂全集》第 5 卷，《贞元六书》（上），中华书局 2014 年版，第 252 页。

[2]　冯友兰：《三松堂全集》第 5 卷，《贞元六书》（上），中华书局 2014 年版，第 251 页。

进中国人在精神上的团结。

从 30 年代，冯友兰开始对民族哲学有了思考，抗战是促使他动笔的动力之一。同时在日益觉醒的民族意识和爱国主义精神感召下，冯友兰认为"重思吾先哲人之思想，其感觉当如人疾痛时之见父母也"，开始着手建构新理学哲学体系，并寄予"能为巫阳之下招欤？是所望也"。① 冯友兰对传统文化的复兴寄予厚望，在冯友兰看来："在当时希望对抗战有贡献的人，只能用他所已经掌握的武器。"一个人应该把他自己的特长贡献出来以对国家和民族复兴有所帮助，冯友兰认为他自己所掌握的武器，就是对传统文化的认识，也就是"接近程、朱道学的那套思想，于是就拿起来作为武器，搞了'接着讲'的那一套"。② 冯友兰对战争的胜利以及民族复兴充满信心，在强烈的爱国主义精神驱动下他写下了的六部书，并取名为"贞元六书"，寓有"贞下起元"之意。"贞元六书"建构了冯友兰新理学为主要内容的现代新儒学思想体系。

冯友兰对中国传统儒家文化充满信心，对文化复兴充满自信。他惯于从民族文化的立场思考当时中国面临的问题，他认为中国过去的儒家正统思想在过去可以使中华民族团结并成为世界上伟大的民族，那么儒学也必将能帮助中华民族渡过难关，恢复旧物，实现中兴。正因如此，冯友兰也对抗战胜利充满信心："这次抗战，中国一定胜利，中华民族一定要复兴，……这就叫'贞下起元'。这个时期就叫'贞元之际'。"③ 于是冯友兰发挥他对中国哲学史有较为深入的研究以及他善于逻辑思维与推理论证的特长，在强烈民族忧患意识和历史使命感下，40 年代在接续程朱理学客观唯心主义的基础之上糅合某些西方现代思想，写下"贞元六书"，构建了以"新理学"为思想核心的独具特色的现代新儒学思想体系，"贞元六书"是冯友兰哲学创作的得意之作，而"新理学"则是其哲学思想的集大成者，在现代新儒学的思想

① 冯友兰：《三松堂自序》，上海东方出版中心 2016 年版，第 283 页。
② 冯友兰：《三松堂自序》，上海东方出版中心 2016 年版，第 284 页。
③ 冯友兰：《三松堂自序》，上海东方出版中心 2016 年版，第 283 页。

谱系之中占据重要一席之地，是现代新儒学思潮最完善、最具代表性的哲学思想代表。

（三）新理学的方法论——"接着讲"

冯友兰在《新理学》的开篇就提出了"照着讲"与"接着讲"的问题："我们说的'承接'，因为我们是'接着'宋明以来底理学讲底……我们自号我们的系统为新理学。"[1]冯友兰认为"中国需要近代化，哲学也需要近代化"[2]，近代中国哲学的近代化不是凭空产生的，它是在中国传统哲学的基础之上，经过哲学家的"接着讲"的努力使之具有近代性。冯友兰认为世界有许多国家建立一种哲学，树立一种"道统"，作为一种最抽象的意识形态的文化对社会制度的建立与巩固具有重大的作用，在近代儒学式微，民族精神不振的情况下，需要重振儒学"新道统"，恢复文化自信。冯友兰以真际世界为探寻内容，建立一种纯粹的哲学，自觉地以新理学为现实的社会制度提供理论依据，以新理学为"道统"，在"正人心，息邪说，距诐行，放淫辞"发挥作用。冯友兰认为新理学并不脱离实际生活，他对理、气、道体、大全等概念的推演上运用到具体的历史、社会、人生等领域上，形成新理学的综合历史观。

总之，冯友兰的新理学思想展现出全新的历史文化观，展示出对儒学复兴极大热情，对儒学在恢复文化自信、振奋民族精神上的极大信心。新理学实现了对传统儒学全面的创新与超越，在全民族持久的抗战中起到了凝聚人心、振奋精神的作用。

二、新理学的思想特征

传统儒学文约义丰表现在缺乏严密的逻辑，容易造成理解上的歧义。对

---

① 冯友兰：《三松堂全集》第 5 卷，《贞元六书》（上）（绪论），中华书局 2014 年版。

② 冯友兰：《中国现代哲学史》（第七卷），广东人民出版社 1999 年版，第 200 页。

传统儒学现代转化而言，更多关注于实质的体系，而不是形式上的体系。儒学现代化首先面临的是儒学形而上的逻辑重建问题，冯友兰在这方面作出了积极的探索。新理学思想体系重建儒学形而上的同时，同时引入西方逻辑学内容，区分了儒学实质的体系与形式的体系，为儒学的发展注入新鲜的血液。在思想内容上，冯友兰承接程朱理学，并引入西方逻辑学、新实在论，吸收马克思主义等时代思想精华，创立新理学思想体系；在治学方法上，冯友兰纠正传统文化理性思维的不足，注重逻辑推演与分析论证的运用，正是凭借这些特点，冯友兰在现代新儒学领域开辟一片独特的天地，对儒学现代转化作出了杰出贡献。

（一）新理学思想基础——建构现代新儒学的形而上

冯友兰认为："哲学是可以使人得到最高境界底学问，不是使人增加对于实际底知识及才能底学问。"冯友兰通过建构新理学的形而上，目的就是接续程朱理学，在民族危机的背景下建立现代儒学新的道统，以达到承接传统、统一思想、振奋民族精神的目的。

冯友兰在构建新理学体系的时候，表现出来的是现代哲学的科学性格和理性精神，通过严密的逻辑推理，构造出一个纯形式纯逻辑的理论框架，显得严谨而理智，这得益于冯友兰现代西方哲学的理论功底和逻辑方法的运用。冯友兰指出："在新理学的形上学的系统中，有几个主要的观念，就是理、气、道体及大全……这四个观念史没有积极的内容的。……四个形式的观念，就是从四组形式的命题出来的。"① 在程朱理学之中，关于"理"的形而上，在冯友兰看来是含混不清的，"新理学"的创立，首先就是在逻辑与形式上把理、气、道体及大全概念界定清楚。"宋儒对于理之为非实际底亦有看不清楚，或说不清楚者。……以理为'如物焉'。此错误有时朱子亦不能免。"② 那么，在冯友兰理论里，"理"到底是什么呢？"理是形而上

① 冯友兰：《三松堂全集》第 6 卷，《贞元六书》（下），中华书局 2014 年版，第 914 页。
② 冯友兰：《三松堂全集》第 5 卷，《贞元六书》（上），中华书局 2014 年版，第 47—48 页。

者，是抽象底；实际底例是形下者，是具体底。"①这里的形上与形下，是冯友兰对西方哲学体系中绝对抽象概念的借用，结合中国传统程朱理学对理的定义，赋予"理"以一种绝对抽象的形上概念，"某理即是某种事物之所以为某种事物者，某种事物即是所以实现某理者"。"理，就其本身来说，真而不实，故为微，为未发实际底事物是实现理者，故为显，为已发。"②此理"不是我们能随便改动，因此可见我其不是主观底，然亦不是实际底……它是真际底。它不即是实际底……它不是为我们所想像"。③总之，"理"是超时空的、超动静、超然于万物之上的抽象共相。由于它是脱离了客观事物的特殊本质，所以它既不是客观事物所具有的客观规律，也不是物质或精神的纯存在。在这里，冯友兰的"理"，相当于朱熹的"太极"，亚里士多德的"形式"，黑格尔的"绝对理念"。在中国哲学中，理与气是在一起的一组概念，对于"气"，冯友兰同样也认为，"在中国哲学史中，已往主理气说者，其所说气，皆未能有如此清楚底见解。"④"气"就是事物的存在。这个存在又是不指具体事物的具体存在，而是指具体事物存在的基础，即"在我们的系统中，气完全是一逻辑概观念，其所指既不是理，亦不是一种世纪底事物。一种实际底事物，是我们所谓气依照理而成者。"⑤"气"不等于"理"。"理"是此物质所以成为事物的依据、规律，但此事物能存在却不是"理"所能决定的，是靠"气"的可能性的存在。因而，"气"也只是一种逻辑上的存在，不是具体的物质、事件，所以"气""只是一种可能的存在"。在冯友兰的哲学体系中，"气并不是什么，所以气是无名，亦称为无极。"⑥于是，实际的存在便是"理"与"气"不分，太极在无极中实现，这个实现的过程就是所谓的"流行"，"流行"的总体就是"道体"，"道体

① 冯友兰：《三松堂全集》第5卷，《贞元六书》（上），中华书局2014年版，第44页。
② 冯友兰：《三松堂全集》第5卷，《贞元六书》（上），中华书局2014年版，第45页。
③ 冯友兰：《三松堂全集》第5卷，《贞元六书》（上），中华书局2014年版，第46—47页。
④ 冯友兰：《三松堂全集》第5卷，《贞元六书》（上），中华书局2014年版，第58页。
⑤ 冯友兰：《三松堂全集》第5卷，《贞元六书》（上），中华书局2014年版，第58页。
⑥ 冯友兰：《三松堂全集》第6卷，《贞元六书》（下），中华书局2014年版，第918页。

就是无极而太极的程序"。① 所谓的"大全"就是"一切底有的别名",也就是宇宙。

　　新理学就是提出这四组逻辑的命题、四个形式的概念,赋予其西方哲学的理念,从而继承并纠正中国传统哲学的不足。他通过读理、气、道体及大全四个概念的论证,建构起"新理学"的逻辑体系。这种纯形式的"不着实际"的形上学,在冯友兰看来是不能给予人知识为目的,不能使人能驾驭实际事物的能力。但它能提供一种精神的力量,因而它又是"大用"的。冯友兰认为"新理学"只研究"真际"世界,"哲学的一个重要任务,是得到对于共相的认识"。冯友兰建立了一个以共相与殊相、真际与实际为核心的命题,以理、气、道体、大全为支撑范畴的严整的新哲学体系,一改中国传统哲学芜杂、笼统、直观的不足,这得益于他早年多年留学养成的西方哲学和逻辑学的功力以及对中西文化的长期思考。冯友兰对理、气、道体、大全等概念的推演不是仅仅停留在逻辑层面上,形上学只是新理学的基础,冯友兰"把形上学运用到社会,运用到人生,在形上学的基础上建构起历史观和人生哲学,以明'内圣外王之道',达济世安邦之目的。"②

(二)新理学思想核心——建构现代社会的人生境界说

　　注重人生论,强调人的精神境界、人生境界作为哲学与生活的根本,这是儒家一贯的传统。冯友兰《新原人》一书由人生有无意义这一传统命题切入正题,提出"觉解"之说,并通过不同层次觉解达到不同阶段人生"境界"说,提出新理学的"境界说"。"境界说"是新理学重要的创新之处,是新理学思想体系之中有价值的思想之一。

　　1. 人生不同层次的觉解

　　人生有没有意义是《新原人》提出的首要问题。对人生意义的觉解是人与动物之间的最基本的区别。"觉解"是新理学提出的一个新概念,是理解

---

① 冯友兰:《三松堂全集》第 6 卷,《贞元六书》(下),中华书局 2014 年版,第 919 页。
② 许全兴等:《中国现代哲学史》,北京大学出版社 1992 年版,第 405 页。

新理学境界说的一把钥匙。何为"觉解"？冯友兰由"解"入手，阐释了什么是最低限度与真了解的区，并借用中国古代的"悟"来解释什么是对事物的真"解"。冯友兰认为，对于某事物、某类事物，比较易于引起注意是最特出的显著底性质，对于人生哲学的了解，人生才有意义。人生"最特出显著底性质，此即是其是有觉解底"。解就是了解，觉是自觉，"人做某事，了解某事是怎样一回事，此是了解，此是解；他于做某事时，自觉其是做某事，此是自觉，此是觉"。① 在冯友兰看来，觉解是人与动物最基本的区别，人生是有觉解的生活。② 人的觉解是人生最显著的特征，人所有的活动都是有觉解的活动，人的觉解是因为人是有心的，"知觉灵明"是人心的要素。"觉解"理解是冯友兰"境界说"的钥匙，他赋予人的"觉解"丰富内涵与积极意义，赋予新理学积极的人生观价值。

冯友兰认为人对宇宙人生的觉解程度不同，宇宙人生对于人的意义也就因此而不同，"宇宙人生对于人所有底某种不同底意义，即构成人所有底某种境界。"③ 冯友兰根据宇宙人生对人的不同意义，依次分别为自然境界、功利境界、道德境界以及天地境界。

2. 人生四种不同的境界

自然境界是第一个境界。在这个境界，冯友兰说："无论是顺才而行或顺习而行，他对于其所行底事的性质，并没有清楚底了解。"④ 自然境界是人按照他的本性和习惯在行事。尽管自然境界中的人已经有别于动物，但在比起其他境界的人是属于低层次的境界，凡对自然的赞美以及道家的自然主义、人类的道德行为等都不属于自然境界，在这个境界之中，只是顺才或顺习而行，并不认为他的境界是可欲的。

功利境界是新理学境界说的第二个境界，功利境界比起自然境界有高一

---

① 冯友兰：《三松堂全集》第 6 卷，《贞元六书》（下），中华书局 2014 年版，第 570 页。
② 冯友兰：《三松堂全集》第 6 卷，《贞元六书》（下），中华书局 2014 年版，第 571 页。
③ 冯友兰：《三松堂全集》第 6 卷，《贞元六书》（下），中华书局 2014 年版，第 599 页。
④ 冯友兰：《三松堂全集》第 6 卷，《贞元六书》（下），中华书局 2014 年版，第 601 页。

层的觉解，这个境界的人是求利的，动机是为己的。"在功利境界中底人，对于'自己'及'利'，有清楚底觉解。"①冯友兰认为在此境界之中的人，其行为是有目的的，对自己的行为和目的是有觉解的，所求的利是为自己的因而是自私的；但冯友兰认为虽然行为是"为我"和"自私"的，但不承认是损人利己的，有时还会有损己利人底行为。在冯友兰看来"他所以如此作，是因为这些行为，往远处看，亦是对于它有利底"。冯友兰肯定功利境界高过自然境界，认为社会之中的大多数人都处在此境界之中。这就实际肯定了人作为个体在社会上追求自己利益的行为是一种现实的、合理的表现。同时，冯友兰也认为一个人不能只是单独底一个人，而必须是社会的一分子，因此在追求自己利的过程中不能只顾自己而不顾他人，也就是说人不仅是生物的人、个体的人，还是社会的人，即人的社会性。

道德境界是新理学境界说的第三个阶段。在此境界中的人其行为是行义的，人是具有社会性的人，人已经对人性有了觉醒，人在社会之中做自己应该做和能够做的事，有此行为的人的境界就是道德境界。道德境界的人必须符合"人之理"和"社会之理"的行为，必须是"尽伦尽职"的行为。新理学提出了"尽心知性"和"尽伦尽职"的道德标准来衡量人的境界是否是到达道德的标准。总之，在道德境界中人以贡献为目的，天地境界是新理学境界说的最高阶段。冯友兰认为，"能以大全之观点以观物并自托与大全"。②此种境界的人不仅是为社会，对社会有贡献而且了解宇宙，人应对宇宙有贡献。在天地境界中的人知天、事天、同天，超乎经验，尽天伦尽人职，超乎自己，达到物我一体，内外不分的同天境界。

3.新理学境界说的积极作用

新理学的最终目标是使人对宇宙、人生有所觉解，成为当世的圣人，达到"极高明而道中庸"的天地境界。这一点与儒家传统之中的"内圣外王"的思路是一致的。这种"同天"的"天地境界"，就是天地境界中的圣人，"一

---

① 冯友兰：《三松堂全集》第6卷，《贞元六书》（下），中华书局2014年版，第602页。
② 冯友兰：《三松堂全集》第5卷，《贞元六书》（上），中华书局2014年版，第231—232页。

个人自同于大全，则我与非我的分别，对于他即不存在。……此等境界，我们谓之同天。"①冯友兰认为圣人不是遥不可及、不食人间烟火的怪兽，所谓的圣人也是所行日常之事，觉解的程度高低决定了人生境界的不同，圣人具有"圣人有最高的觉解，而其所行之事，则即是日常底事。此所谓'极高明而道中庸'"。②冯友兰认为哲学的任务在于加强人的修养，提高人的境界，人人成为圣人。"我们是以致知人手而得大全"。③冯友兰借鉴西方哲学的逻辑本体论建构了强调理性和理智的一面，通过"思议""了解""言说"达到"天地境界"，这个境界通过"穷理""尽性""知天"最后达到"同天"。在冯友兰看来，这个过程也就是儒家"万物皆备于我"的体现，因此新理学讲的就是"使人成为圣人之道"的学问。在新理学的指引下，人人皆提高修养，提升境界，向圣人靠拢，每个人的精神境界提高了，便会变得更聪明、勇敢、更有效地处理任何实际的事务，去主动致知。通过这种主动的实践与致知，一步步向前推进，就可以使人知天、事天、乐天以至于同天，最终提升整个国民的精神面貌，重振中国精神。

（三）新理学的思想方法——实现东西方文化的互通融合

冯友兰说："我生在一个文化的矛盾和斗争的时期，怎样处理这个矛盾，怎样处理这个斗争，以及我在这个斗争中何以自处，这一类的问题，是我所正面解决和回答的问题。"④这个矛盾就是东西文化之间的冲突与对抗，冯友兰对这个问题的处理就是把一般和个别、共相和殊相的关系。冯友兰一方面是借用西方新实在主义的观点阐释与重构程朱理学；另一方面，冯友兰将西方哲学中柏拉图的理念论、亚里士多德的"四因说"、斯宾诺

---

① 冯友兰：《三松堂全集》第 6 卷，《贞元六书》（下），中华书局 2014 年版，第 687 页。
② 冯友兰：《三松堂全集》第 6 卷，《贞元六书》（下），中华书局 2014 年版，第 613 页。
③ 冯友兰：《新事论》，《三松堂全集》第 5 卷，《贞元六书》（上），中华书局 2014 年版，第 232 页。
④ 冯友兰：《三松堂自序》，上海东方出版中心 2016 年版，第 373 页。

莎的实体学以及杜威的实用主义结合中国传统哲学中名家、道家、玄学、禅宗的某些思想一起互通融合到"新理学"这个客观唯心主义的庞大体系之中。

在构建新理学的方法上：其一，冯友兰构建新理学哲学体系引入了西方逻辑分析方法。逻辑分析方法的运用改变了中国传统哲学中重理性轻思辨的不足，将逻辑演绎与历史方法结合起来，在探索传统文化向现代化转型的方法上作出了独特的贡献。在"新理学"中冯友兰用的是知性的逻辑方法，他称其为"正的方法"，而把中国传统哲学中的直觉称为"负的方法"。"正的方法"的方法就是逻辑和分析的方法；"负的方法"的方法就是体悟和直觉。这两种方法的结合就是实证主义与形而上学的贯通。冯友兰认为，西方哲学发展到维也纳学派时，"只在一些枝节问题上，钻牛角尖，结果可以使人'安身立命'的大道理，反而不讲"。[①] 包括儒学在内的中国传统哲学，虽说包含深邃的在哲理，但是缺乏清晰的逻辑论证与语言的表达，而是习惯于以警句格言的方式，甚至是某些神秘的形式表达自己的哲学思想。冯友兰一方面强调西方哲学的逻辑分析方法对改造中国哲学的必要性进而价值性；另一方面将"直觉体认"作为中国哲学特征予以保存并将西方逻辑分析方法嫁接此中，他运用逻辑分析方法对直觉的重视，是对中国传统哲学继承与创新，不同于其他现代新儒家对直觉思维的应用。"我们希望不久将会看到，欧洲哲学概念将用中国人的直觉和经验来补充，而中国的哲学概念将因欧洲人的逻辑和清晰思想而得到净化。"[②] 其二，冯友兰新理学思想体系构建中引入了历史分析方法。关于历史分析方法，冯友兰讲道："历史中的逻辑的东西，是历史发展规律的必然性的表现，这个表现是跟历史的偶然性分不开的，它们的统一在于历史的必然性只能在偶然性的堆积中表现出来……没有历史中偶然性的东西，也就没有历史中的必然性的东西。"[③] 要探究哲学史发展的逻

---

① 冯友兰：《三松堂自序》，上海东方出版中心 2016 年版，第 260 页。
② 转引自冯契：《中国近代哲学的革命进程》，华东师范大学出版社 1989 年版，第 499 页。
③ 冯友兰：《中国析学史新编》（上卷），人民出版社 2001 年版，第 42—43 页。

辑，就是要在历史研究中把握关键性问题、重要环节及其发展的规律，而不是追求历史的细节，只要在哲学史研究中把握其中的规律与辩证逻辑就能够说明问题的实质了。冯友兰在中国哲学史的研究中倡导逻辑与历史的统一，不仅拓展了中国哲学史方法论，而且为研究中国传统文化指明方向和提供了路径。

（四）新理学的闪光亮点——对马克思主义的借鉴

马克思主义在中国影响深远，自 20 世纪初传入中国之后一直是中国现代思想的主流。现代新儒学与马克思主义、自由主义西化派是影响力最大的三大思想派别之一。冯友兰生活在整个 20 世纪，对他来讲，他的一生都与马克思主义结下不解之缘。冯友兰早在 30 年代初就认真阅读过马克思主义的著作①。现代中国的三大学术思想潮流，三大哲学传统，冯友兰都与之有密切的关系。②

冯友兰与马克思主义的关系在不同的历史时期呈现出不同的特点。在 20—40 年代，冯友兰一开始是排斥马克思主义的，但随着时间的推移，在冯友兰在构建自己学术体系的时候，改变了对待马克思主义的态度，积极借鉴与吸收马克思主义思想中的精华，从而使新理学具备了自己鲜明的特征，这是新理学的独到之处。新理学与马克思主义的关系，主要表现在冯友兰对唯物史观、辩证法的借鉴与运用。

一是冯友兰对马克思主义的唯物史观的借鉴与吸收。冯友兰对马克思主义的认识有一个明显的转变过程。20 年代出版《人生哲学》时，冯友兰十分坚定地反对陈独秀、李大钊等人所主张的马克思主义的唯物史观，并不认

---

① 冯友兰在 1950 年发表的《〈新理学〉底自我检讨》一文中写道："1933 年，我在英国住了半年，看了一些共产主义书。历史唯物论帮助我解决了中西文化问题。在抗战期间，我所写的《新事论》那本书，就是这时期底思想底结晶。照现在看起来，当时对于历史唯物论的了解，是很不够的。但是自 1933 年起，我一直相信马、恩的历史唯物论是正确的"，《光明日报》1950 年 10 月 8 日。

② 方克立：《现代新儒学与中国现代化》，长春出版社 2008 年版，第 201 页。

同经济基础决定上层建筑的原理上解释历史，解释文化，而是认为应当从人的欲望出发。"人因有欲，所以活动，此活动即是历史，而经济知识则历史各部分之内容。"①

冯友兰早年出版的两卷本《中国哲学史》中，改变了原来对马克思主义唯物史观的抵制态度，受到唯物史观的影响下写成此书。在唯物史观影响下，冯友兰注意到了哲学研究的客观性，为他的思想增添了新内容，这部著作也比胡适的《中国哲学史大纲》更加翔实与客观，给人以耳目一新的感觉。冯友兰在《三松堂自序》中回忆的："唯物史观的一般原则，对于我也发生了一点影响。就是这一点影响，使我在当时讲的中国哲学史，同胡适的《中国哲学史大纲》有显著的不同。"②随着时间的推移，冯友兰对马克思主义认识也在转变之中。科玄论战之后，尤其是从欧洲旅行归来，深受"只有经济的力量才是最后的决定的力量"的历史观所影响，冯友兰逐渐认可并接受马克思主义。在《秦汉历史哲学》写作时，冯友兰肯定马克思主义的唯物史观，以经济制度为基础来解释社会政治制度、精神文明及思想观念体系。冯友兰的"新理学"理论体系中从"别共殊""明层次"出发，指出中西文化并非各自特殊的类型，而是时代阶段的差异，即世界各文化乃古今时代之分而非中西地域之异，表明冯友兰在构建自己哲学体系时已经自觉运用唯物史观及其方法论。

接受马克思唯物史观以后，冯友兰不再注重从精神文化的特性把握中西文化冲突，在《新事论》中以社会生产状态、经济制度解释文化和各种社会现象，以"工业文明""农业文化"一类注重社会经济类型的范畴说明文化转型的问题。冯友兰文化转型学说以社会生产方法解释中西文化的差异，主张把中国的家庭生产方法转化为生产社会化的文化，散发着浓厚的马克思主义唯物主义的气息，这也是冯友兰能在较高层次阐明中西文化差异的实质，为中国文化建设指明的方向和道路的原因。

---

① 冯友兰：《一种人生观·附录》，《三松堂全集》（第2卷），河南人民出版社2000年版，第29页。

② 冯友兰：《三松堂自序》，上海东方出版中心2016年版，第224页。

二是对辩证法的吸收与借鉴。30 年代是唯物辩证法与实用主义风靡全中国的时代，成为时代之学，尤其是唯物辩证法在青年人中影响很大。在这种背景下，"时代潮流对于处在中年时期好胜求进的冯先生'发生一点影响'是极其自然的"。[①] 略早于冯友兰的现代新儒家代表人物熊十力，吸收"对立统一法则"到自己的哲学体系之中，提出宇宙之间的"相反相成"是最普遍根本的法则。冯友兰虽不承认对立统一的规律但却把辩证法质量互变规律吸收到新理学的体系，融入到他新理学的"道体"之中，"辩证法所说事物变化之程序，完全可以用上列之十二辟卦圆图表示之。"[②] 冯友兰还用辩证法来说明社会变革的合理性："否定不可怕，而是可喜底。……辩证法所以为以后革命哲学之基础，其原因在此。"[③] 在这里冯友兰将质量互变的规律与革命联系在一起，承认了革命的必然性与合理性，虽然只是在继承旧的基础之上创新，还不是真正意义上的革命本意，但是我们仍然看到他改造中国传统辩证法的积极努力与贡献。

三、新理学对儒学现代化的积极贡献

冯友兰坚信中华民族生生不息，抗战胜利之时就是民族复兴之日。他在抗战写下的贞元六书，创立新理学思想体系，"贞元"取自"贞下起元"之典，寓意民族复兴之意，寄托着冯友兰依托新儒学振奋中国精神的愿望。冯友兰力图将西方文化、中国传统文化、马克思主义三者打通，适当结合起来并作出了积极有益的尝试。通过冯友兰这面镜子，反映或折射出 20 世纪现代新儒家们对复兴儒学的文化自信，对儒学在振奋民族精神上强烈的愿望。儒学在中国近现代社会转型过程中不断适应社会实现自身现代化的转换，在近代恢复文化自信、重铸民族精神中发挥了重要作用。

---

① 许全兴：《百年中国哲学革命》，人民出版社 2015 年版，第 366 页。
② 冯友兰：《三松堂全集（上卷）》，中华书局 2014 年版，第 95 页。
③ 冯友兰：《三松堂全集》（上卷），中华书局 2014 年版，第 96 页。

（一）新理学在通过主动吸收西方文化重塑儒家文化自信

在冯友兰所处的那个时代，东西文化问题的争论是一个长期引起讨论的问题。冯友兰说："我生在一个文化的矛盾和斗争的时期，怎样处理这个矛盾，怎样处理这个斗争，以及我在这个斗争中何以自处，这一类的问题，是我所正面解决和回答的问题。"[①]冯友兰对这个问题的处理就是把一般和个别、共相和殊相的关系问题看成是一个真正的哲学问题，他把东西文化问题也放在一般和特殊的关系中来解决。他在中西文化上的努力就是完成中西文化的相互阐明、相互补充、相互融合。

中国传统哲学包括儒学在内，虽然包含深邃的哲理，在语言风格上言简意赅，多数是以警句格言的方式阐述，缺乏严密的逻辑论证与清晰语言的表达，以神秘的、谶纬的形式表达哲学思想。这种情况由来已久，到近代仍没有明显的改观。严复虽然看到问题的根源，最早主张以西方的逻辑思维改造中国的传统哲学。但严复主要的贡献是对西方逻辑学说的介绍与著作的翻译，并没有逻辑思维方法的具体运用。冯友兰自幼接受中华优秀传统文化的启蒙教育，受过中国哲学教育的熏陶；成年以后留学西方，受过系统的西方哲学训练。因而在冯友兰"新理学"的理论体系中，他将中国哲学与西方哲学的方法有机融合，重建中国哲学的形而上学。"宋明道学没有直接受过名家的洗礼，所以他们讲的，不免著于迹象……新的形上学，须是对于实际无所肯定的，须是对于实际虽说了些话，而实际是没有积极地说什么底。不过在西洋哲学史里，没有这样一种底形上学的传统……利用现代新逻辑学对于形上学的批判，以成立一个完全'不著实际'的形上学。"[②]冯友兰认为："哲学之观念、命题及其推理，多是形式的、逻辑的，而不是事实的、经验的……例如'凡人皆有死'之命题，在新逻辑中之形式为'对于所有的甲，如果甲是人，甲是有死的'，此对于实际中有否人之甲，并不作肯定；但肯

---

① 　冯友兰：《三松堂自序》，上海东方出版中心 2016 年版，第 373 页。
② 　冯友兰：《三松堂全集》第 6 卷，《贞元六书》（下），中华书局 2014 年版，第 912—913 页。

定，如果有时人之甲，此是人之甲是有死的……哲学对于真际只形式地有所肯定，而不事实地有所肯定。"①冯友兰一方面强调西方哲学的逻辑分析方法对改造中国哲学的必要性进而价值性，另一方面将"直觉体认"作为中国哲学特征予以保存并将西方逻辑分析方法嫁接此中，他运用逻辑分析方法对直觉的重视，是对中国传统哲学继承与创新的典范，与其他现代新儒家重视对直觉思维的旨趣更加接近起来。"冯友兰把逻辑分析方法运用到中国哲学史研究，独辟以'西法'研究'中学'的蹊径，成为用西方逻辑实证主义拯救、续写和阐发宋明理学的第一人。"②冯友兰这种方法上的创新对推动儒学的创新性发展具有重要的意义，这也是"新理学"的"新"重要根源。

（二）反对"全盘西化"，重铸民族精神、恢复传统文化自信

新文化运动对儒学为代表的封建道德伦理、封建专制文化进行了彻底的批判，结束了儒学在意识形态上的独尊地位。五四之后，在"科学"与"民主"资产阶级思想启蒙下，出现西学呈现出对东方文化的压倒性优势。"新文化运动的一个主要方面就是思想文化的西化运动，在这个阶段是整个中国思想史上西化思潮最为流行、影响最大的阶段。"③20 世纪 30 年代之后，西化派在进一步发展。西化派在文化上主张"全盘西化"，在 30 年代在中国思想界曾引起强烈的反响。"西化思潮发展到 20 世纪三四十年代，表现得最为成熟。"④ 现代新儒家反对"全盘西化"的主张，但是他们并不完全排斥西学，而是通过主动与西方文化实现融合，推动儒学的现代转化。以冯友兰为代表的第一代现代新儒家们大都经历了辛亥革命、五四新文化运动、大革命及抗日战争，在他们哲学思想中有一个主脉，那就是始终不渝地思考着中华民族的兴亡和中国文化的命运，围绕着传统与现代的关系不断探索，试图找到一

---

① 冯友兰：《三松堂全集》，（上卷），中华书局 2014 年版，第 16—17 页。

② 张允熠：《中国文化与马克思主义》，人民出版社 2015 年版，第 161 页。

③ 张世保：《西化思潮的源流与评价》，华东师范大学出版社 2004 年版，第 87 页。

④ 张世保：《西化思潮的源流与评价》，华东师范大学出版社 2004 年版，第 103 页。

条切实可行的现代转化之路。冯友兰和他的新理学体系创造是中国传统知识分子身上的士子情怀的体现，是强烈爱国主义情感支配下"阐旧邦以辅新命"的使命感召；是因袭传统的重担，探索儒学向现代转化路径的文化救亡；是西学东渐风头强劲势头下贯通中西推动儒学现代化的尝试。

第五节 现代新儒家在儒学现代化上的特点

现代新儒家继承儒家先哲的学脉，在继承传统儒学的基础上"儒化"外来西方学说，力图复兴儒学，形成了五四以来现代新儒学思潮，出现了一批新儒学的代表人物。现代新儒家们主张以中学为本，反对"全盘西化"，他们力图融合中西实现"返本开新"，以西方思想对儒学现代化改造，试图在传统儒家的"内圣"之学中开出科学与民主的现代"新外王"，反对闭关自守与复古倒退。现代新儒家坚持中国精神弘扬，展现出中国人不屈外侮、独立自重的性格，对于中华民族坚持独立自主、反对外来侵略具有积极的意义。"现代新儒学是传统儒学的更新换代，是一种传统价值的现代转型，它的出现不仅是儒学发展史上的大事，也是中国思想史的大事。"① 现代新儒学在儒学现代化上呈现以下特征：

一、现代新儒家对传统文化的执着

近代社会转型，在西学东渐的背景下，历经太平天国运动、戊戌变法、清末新政、辛亥革命、袁世凯复辟、新文化运动，儒学总是被置于风口浪尖，或被质疑、被批判、被肯定、被利用，出现了诸如"国粹派""国故派""清议派""学衡派""东方文化派""现代新儒家""西化派"等众多文

---

① 张允熠：《中国文化与马克思主义》，上海人民出版社 2015 年版，第 228 页。

化派别。以儒学为焦点，围绕古今与中西，在激进与保守、传统与现代的争论一直没有停息过。始终有人以儒学为正宗，创立门户，儒学复兴思潮时隐时现、时起时伏，延续不断。新文化运动对儒学的批判没有斩断儒学命脉，中断中国传统文化的发展。现代新儒家重启儒学现代化，儒学适应社会转型，在民族危亡之中发挥其应有价值并得到了新的发展。

现代新儒家们大都经历了辛亥革命、五四新文化运动、大革命、抗日战争，在他们哲学思想中有一个主脉，那就是始终不渝地思考着中华民族的兴亡和中国文化的命运，围绕着传统与现代的关系不断探索，试图找到一条切实可行的现代转化之路。现代新儒家群体的这种行为是中国传统知识分子身上的"士子情怀"的体现，是强烈爱国主义情感支配下"阐旧邦以辅新命"的使命感召；是因袭传统的重担，探索儒学向现代转化路径的文化救亡；是西学东渐风头强劲势头下贯通中西推动儒学现代化的尝试。

现代新儒学在民族危亡的时代背景下诞生，一批具有强烈爱国主义的先进知识分子在传统文化之中寻找御敌的思想武器，通过对传统儒学的现代化改造，试图使这个曾经给中华民族带来统一繁荣、自信强大的儒家思想再一次焕发出青春，在沉重的危机面前渡过难关，逃过大劫，实现民族复兴。在现代新儒家们强烈的爱国主义表现在对传统文化的挚爱之上。这与他们推崇中国传统的儒家思想有密切的关系。这种感情的支配之下，现代新儒家对儒学现代化作出了积极的贡献。熊十力认为："近外侮日迫，吾族类益危；吾人必须激发民族思想，念兹在兹。凡吾固有之学术思想、礼俗、信条，苟行而无弊者，必不可弃，凡有利于吾身吾家，而有害于国家民族者，必不可为。"[1]熊十力致力于新唯识论的创造，由佛返儒开创一代儒学新风。冯友兰的贞元六书是在中日民族战争的历史背景下产生的民族哲学，冯友兰给自己规定的任务就是"帮助中华民族，渡过大难，恢复旧物，出现中兴"。对此，冯友兰充满信心："真正的中国已造就过去的伟大的中国。这些'中国人'

---

① 熊十力：《十力语要》，上海书店出版社 2007 年版，第 16 页。

将要造就一个新中国。在任何方面，比世界任何一国，都有过无不及。这是我们所深信，而没有丝毫怀疑底。"[1]强烈的爱国主义以及对中国传统文化的自信跃然纸上，现代新儒家爱国主义情怀和文化立场由此可见一斑。无论是梁漱溟的新孔学、熊十力的新唯识论、冯友兰的新理学还是贺麟的新心学无一不是在民族危机背景下进行文化救亡的文化思考与思想结晶。"他们摆脱了情绪化的对峙，开始了真正意义上的'新的综合'，即在吸收融化、超越扬弃中外文化遗产的基础上，重建民族文化精神。"[2]

现代新儒学是在近现代中国社会转型中传统儒学出现危机的情况下，承接传统又继往开来儒学现代转化的尝试，其主旨是解决中国传统文化与现代化的关系，这是一个时代性的重要课题。现代新儒家们既反对各种形式的文化复古主义主张，也不认同"全盘西化"的自由主义倾向，而是将儒学与现代化接上榫头，使儒学与现代化有机结合起来。总的来说，现代新儒学是站在现代化的立场上梳理与弘扬传统文化，又站在传统的立场上积极地吸收西方文化有价值的成分；他们对传统儒学与西方文化都不抱有全盘否定或全盘肯定的态度，采取了一种理性的批判与创造的处理方式。经过这种创造的新文化不再是坚守传统文化，也不是照搬西方文化，而是在传统儒学原来的基础之上建立起来一种新文化结构，即融合东西文化精华的具有互补性质的新文化结构。

二、现代新儒家引西援儒促进儒学现代转化

在近代中国的社会转型之中，传统儒学失去了原来生存的土壤，在西方文化的冲击下出现近代儒学危机。中国社会不断转型，任何人想恪守传统、拒绝变革的前提下挽救儒学危机或恢复传统儒学地位及影响只能是螳臂当

---

① 冯友兰：《新事论》，《三松堂全集》第 5 卷，载《贞元六书》（上），中华书局 2014 年版，第 400 页。

② 郭齐勇：《熊十力思想研究》，天津人民出版社 1993 年版，第 310 页。

车，注定要失败。

19世纪以来，西学东渐日甚一日，东西文化的碰撞成了中国近现代社会转型之中文化思想界争论的焦点之一。从鸦片战争到五四新文化运动，中西文化的碰撞演变成为一场激烈的文化运动，五四运动的高潮过后，这种论争还在继续。所有这些论争、运动所关注的核心问题只有一个：传统儒学如何回应西方文化的冲击？这是一个现实的、敏感的、棘手的而又严峻的时代课题。如何处理与西方文化的关系是关系到儒学在现代社会存在和发展的重要问题之一，也是儒学现代转化的重要文化背景。20世纪20年代开始出现并在30年代异军突起的现代新儒家带着对这个问题的思考踏入了这一课题的堂奥，试图解答这一时代难题。梁漱溟、熊十力、冯友兰、贺麟等人是其中主要的代表。

现代新儒学代表了这样一种文化思潮："立足于传统文化，力图融会古今，也有选择地吸纳外来文化，以适应时代需要的思想倾向或思想派别。"①它的出现，随着近代儒学危机而来的，是在近代中国"古今中西"的文化争论中，在"全盘西化"思潮日盛情况下出现的思想派别。现代新儒学不同于近代"清议派""国粹派""学衡派""东方文化派"等传统主义思想流派，而是文化保守主义的思想派别。相比"全盘西化"的自由主义，现代新儒家是属于文化保守主义的范畴，但与传统意义上的保守主义有着本质的区别。他们认为，现代化并不是简单的西化，这是他们同自由主义西化派本质的区别。任何一个国家的现代化都不是完全抛弃传统下实现的，"全盘西化"是绝对不可能的。但是，固守传统不加改变，推进传统现代转化也建不成现代化。现代新儒学不同各种文化保守主义以及传统主义思想派别，他们不是固守传统儒学，而是从维护儒学传统、充分肯定儒学的现代价值。现代新儒家以儒学为本有选择地吸收西方文化适应近代社会转型，适应时代发展的要求促进儒学现代化；他们儒学现代化的目的是要革新中国社会政治与文化，使

---

① 张允熠：《中国文化与马克思主义》，人民出版社2015年版，第276页。

中国走上现代化道路。"近几十年来外面有许多力量来摧毁它,因而这棵大树便渐就焦枯。……所以现在趁这老根还没有完全朽烂的时候,必须赶快想法子从根子上救活它",救活的方法就是充分认识到儒学当代的意义与时代价值,引西学入儒,改造传统儒学。这也是他们被称为现代新儒家的原因。"将来中国新文化的创造,也正和这棵新树的发芽生长的情形是一样,这虽是一种比喻的话,课道理却很切当。"[①]

在现代中国的各种思潮之中,除了马克思主义之外,具有继往开来的意义,在理论上有一定的创造性且有顽强的生命力的,唯有现代新儒家,原因就是在于"它比西化派和顽固派都更好地解决了传统和现代的关系问题"。[②]

三、现代新儒学对马克思主义的拒绝与排斥

在 20 世纪的中国思想界,除了马克思主义这个最强大的思想潮流之外,较有影响的还有"全盘西化"派和五四之后出现在中国近现代思想史上的现代新儒学。现代新儒学与马克思主义、自由主义西化派是影响力最大的三大思想派别之一,三大思想派别都主张中国现代化,但主张的道路完全不同。现代新儒学主张解决中国问题必须从文化及思想启蒙做起,从复兴儒家传统文化入手。

现代新儒家反对西化派照抄照搬西方经验,走西方资本主义发展的老路,反对"全盘西化"的自由主义。现代新儒家批判"现代化即西方化"的口号,也抵制马克思主义在中国的传播,反对以苏俄为师,走苏联模式的社会主义道路。

现代新儒家们一般都排斥马克思主义,甚至认为儒学与马克思主义水火不容,拒绝二者的接触与融合。"现代新儒学从其宣布诞生的那天起,就与

① 《梁漱溟全集》第 1 卷,山东人民出版社 1989 年版,第 612 页。

② 方克立:《现代新儒学与中国现代化》,长春出版社 2008 年版,第 25 页。

马克思主义接上火——马克思主义与儒学在理论上的交锋主要是通过中国马克思主义者与现代新儒家这两支文化载体进行的。"[1]

现代新儒家们从总体上讲是排斥马克思主义的，但有少数学者在建构理论体系的时候，又对马克思主义进行了借鉴，表现在对唯物辩证法以及唯物史观的运动上。比如冯友兰、熊十力等人，他们在建构自己哲学体系的时候，或多或少从马克思主义的理论体系之中吸取或借鉴对自己有用的东西，从中可见马克思主义对他们的影响。

四、现代新儒学的唯心主义立场

现代新儒学以"复兴儒学"为己任，对儒学进行现代化的包装与改造之后再现儒学昔日地位及影响，恢复儒学"道统"。现代新儒家们在儒学上融合西学，提出了种种理论，"新理学""新心学""新唯识论""良知坎陷说"等学说，分别承接宋明理学、陆王心学以为儒学正宗。"现代新儒学的出现是现、当代思想史上令人为之目眩的事件。"[2]但是，他们意识不到中国传统社会正在转型，看不到近代中国政治、经济基础已经发生了变革，拒不承认儒学赖以生存的政治、经济基础已经变化，儒学失去在主流意识形态的位置，失去文化核心的地位是历史必然，是近现代中国社会转型的结果。因为没有唯物史观的指导，革除旧政治、旧经济基础上建设和发展适合中国需要的新文化才是中国文化的未来与希望。

现代新儒家的代表人物梁漱溟、熊十力、冯友兰、贺麟等人的新儒学体系各有特色，又彼此联系。梁漱溟新儒学宇宙观偏重主体，显露唯我论的倾向。冯友兰新理学体系偏重客体。熊十力强调本心，主张体用不二。从思维特征上看，梁漱溟重直觉思维，冯友兰注重理性思维，熊十力则强调体验、直觉。梁漱溟、熊十力、贺麟的哲学体系属于主观唯心主义的哲学立场。熊

---

① 张允熠：《中国文化与马克思主义》，人民出版社 2015 年版，第 228 页。
② 张允熠：《中国文化与马克思主义》，人民出版社 2015 年版，第 227 页。

十力早年采撷佛学理论成果，由佛返儒之后，创立新唯识论，主张"体用不二"，心为本源，延续了陆王心学的主观唯心主义。在《新唯识论》之中多次引用王阳明"即体而言，用在体；即用而言，体在用，是谓体用一源"。他的"体用不二"就是对王阳明"心外无物"的化用。熊十力将"心"提到本体的高度，万物是"心"之本的表现形式，即是"用"，因此"体用不二"是彻底的唯心主义本体论。但是熊十力的"体用不二"克服了程朱理学、印度佛教以及西方哲学之中抽象的精神实体的唯心主义本体论缺陷。"体用不二"肯定了本体与现象的一致性，避开了程朱理学空乏化以及西方有神论的倾向，具有历史进步意义的。众所周知，贺麟是近代翻译与研究黑格尔的大师级人物。早在美国留学期间，贺麟就对新黑格尔主义产生了浓厚的兴趣，开始他对黑格尔哲学的翻译和研究工作。受黑格尔的影响，他体会到"很有些相同，黑格尔的学说于解答时代问题，实有足资我们借鉴的地方。"[1]同时，从小在儒家思想熏陶之下成长，灵魂深处仍然受着传统思想的影响，"自己思想的深处来源就是中国传统的文化和儒家熟悉。"[2]贺麟就是在这种思想与学术背景之下融会贯通中西方的正宗哲学加以创造性的发挥，创立新心学的唯心主义思想体系。贺麟认为心与物是不可分的整体，乃是一体两面；心本质上为逻辑之心，这是对梁漱溟"意欲"主观主义的直观论的否定；同时贺麟也认为"理即是本心"，认为新外无物，心即是理。因此贺麟的新心学是"在主客体相统一的较高阶段上回复到理想的主观唯心主义论"。[3]贺麟的新心学是回应那个时代哲学思潮刺激的产物，也是现代新儒家唯心主义思想体系内在逻辑发展的结果。

冯友兰的新理学体系属于客观唯心主义范畴。冯友兰在新理学的构建过程中受马克思主义唯物史观的影响，在《新事论》开始用生产方法以及生产工具的不同解释某种社会形态的道德文化的不同，认为东西文化根源于不同

---

[1] 贺麟：《五十年来的中国哲学》，辽宁人民出版社 1989 年版，第 118 页。
[2] 贺麟：《会通集》，生活·读书·新知三联书店 1993 年版，第 20 页。
[3] 王思隽、李肃东：《贺麟评传》，百花洲文艺出版社 2010 年版，第 117 页。

的生产方式，但是在得出结论的时候，又回到新理学的唯心论立场上，指出道德无所谓新旧，无谓古今中外，现在的任务是"在道德方面是继往；在知识，技术，工业方面是开来。"[1]冯友兰总体上并不认同马克思主义，但在构建新理学的哲学体系时，冯友兰又吸收了马克思主义的若干观点融合到他的知识体系之中，但这是两种截然对立哲学立场之间若干观点的借用存在明显的矛盾，这种矛盾是"中国民族资产阶级妥协性与革命性的两重性在哲学上的表现"。[2]在新中国成立以前，冯友兰学术观点与学术立场没有脱离资产阶级唯心主义立场。

总之，传统儒学要适应社会发展就必须转型，向现代转化。现代新儒学是在近现代中国社会转型中传统儒学出现危机的情况下，承接传统又继往开来儒学现代转化的尝试，其主旨是解决中国传统文化与现代化的关系，这是一个时代性的重要课题。现代新儒家们既反对各种形式的文化复古主义主张，也不认同"全盘西化"的自由主义倾向，而是将儒学与现代化接上榫头，使儒学与现代化有机结合起来。总的来说，现代新儒学既站在现代化的立场上梳理与弘扬传统文化，又站在传统的立场上积极地吸收西方文化有价值的成分；他们对传统儒学与西方文化都不抱有全盘否定或全盘肯定的态度，采取了一种理性的批判与创造的处理方式。经过这种创造的新文化不再是坚守传统文化，也不是照搬西方文化，而是在传统儒学原来的基础之上建立起来一种新文化结构，即融合东西文化精华的具有互补性质的新文化结构。但是，不能过高估计现代新儒学在中国近现代思想史上的地位及作用。在三大思潮之中，马克思主义是这三大思潮的主潮。马克思主义在中国的传播和发展深刻地改变了古老中国的落后面貌，使 20 世纪成为中华民族获得新生的伟大世纪。马克思主义不仅总结和发展了西方文明发展成果，而且在中国化的进程中善于同中国革命和建设的实际及中华优秀传统文化之精华相结合，具有了改天换地的巨大威力，理所应当地成为三大思潮之主潮。同时，另一

---

[1] 冯友兰：《新事论》，《三松堂全集》，中华书局 2014 年版，第 400 页。

[2] 许全兴：《百年中国哲学革命》，人民出版社 2015 年版，第 371 页。

种西化思潮也比现代新儒学思潮强大得多，因为在中国近现代社会转型的进程中，实现现代化是近现代社会转型的任务之一，而现代化又往往与"西化"联系在一起的，因此无论是影响的范围，还是对社会发展的影响力上，"西化"思潮显然要比"复兴儒学"的现代新儒学要大得多。

本章小结

新文化运动对孔子及其儒学进行了彻底的批判。陈独秀等人批孔，是批判旧文化、旧思想、旧道德，是对封建专制主义"三纲"的批判，是对传统儒学与现代社会不相容之处的批判，是为了反对复辟，解放思想，提高觉悟，但是新文化运动批孔犯了形式主义的错误，他们只看到了新旧文化之间的对立，没看到相通与互补的一面，没有看到儒学为代表的传统文化具有民族性的一面，在新文化建设中忽视对传统文化的继承。但是，不能因为新文化批孔存在缺点就否定新文化运动的伟大功绩。新文化运动批孔是20世纪中华民族第一次思想解放运动，为包括马克思主义在内的西方文化在中国的进一步传播奠定了思想基础。五四新文化运动以来，西方各种社会政治理论和学识思想相继介绍到中国来，除马克思主义外，康德、柏格森、黑格尔、马赫等人都被介绍和翻译过。新文化运动并未斩断传统文化的命脉，中断儒学的发展。经过新文化运动的批孔，儒学褪去不合时宜的外衣，与政治脱离，儒学的思想精华与内在的人文精神依然是中国现代化不可或缺的思想资源。五四之后，现代新儒学产生标志着儒学现代化的重启。现代新儒家继承儒家传统同时又融合西方思想资产阶级哲学，以梁漱溟、熊十力、冯友兰、贺麟为主要代表，他们各自创立了自己的思想体系，呈现出丰富的观念形态，使得传统儒学具备了糅合现代西方哲学思想的观念体系，在儒学现代化上作出了积极贡献。儒学真正的生命还有赖于人民群众支持与拥护，儒学要真正实现现代化就要发力与中国现代化进程，回应时代的问题，现代新儒家们的形而上的哲学理论体系对普通中国人显得过于深奥和冷偏，真正改变中国革命的面貌，指导中国革命取得胜利的不是靠孔夫子，还是靠马克思主义。实现这一切的是以马克思主义为指导的中国共产党。这一点是现代新儒家不愿看到，也是不想看到的。在领导新民主主义革命进程中，中国共产党人将马克思主义中国化与儒学现代化结合起来，马克思主义对儒学吸收、借鉴实现中国化，儒学也因为马克思主义先进思想的引入获得先进思想资源，实现转化。

第四章

马克思主义中国化与儒学现代化

　　1919 年爆发的五四爱国主义运动是 1915 年开始的新文化运动发展的必然结果，同时又是从旧式资产阶级民主革命向无产阶级领导的新民主主义革命转变的开端。十月革命给中国送来马克思主义。在俄国十月革命的影响下，马克思主义开始在中国广泛传播。马克思主义的传播促进了先进知识分子的觉醒，开始用马克思主义的立场、观点与方法分析问题，逐渐转变阶级立场，转向工农寻找可以依靠的阶级力量。中国工人阶级开始觉醒，五四运动促进马克思主义与工人运动的结合，为中国共产党建立奠定阶级基础。中国共产党成立以后，在领导新民主革命的进程中逐渐认识到马克思主义必须中国化才能解决中国的实际问题，也就是将马克思主义基本原理与中国革命实践、中国的历史与文化相结合，形成中国化马克思主义，用于指导中国革命。马克思主义中国化是马克思主义与中国时代特征与实践相结合，与中国文化相融合的过程与产物。以儒学为主体的中国传统文化是马克思主义中国化的土壤，马克思主义为中国传统文化的发展指明了方向；马克思主义批判继承、借鉴吸收儒学为主体中国传统文化中的优秀成分，顺利实现中国化；中国传统文化在马克思主义的指导下，在马克思主义中国化的进程中实现了现代转化，成为党领导人民在革命、建设、改革中创造的革命文化和社会主义先进文化的重要组成部分。马克思主义中国化推动中国传统文化现代转化。毛泽东思想的产生、发展与成熟的过程代表了中国化的马克思主义的发展历程。毛泽东思想不仅是中国革命经验的总结，亦是对儒学为代表的中国传统文化的积极借鉴与合理吸收的结果。毛泽东思想对儒学中的优秀成分在新的条件下进行了弘扬和发展，既推动了中国化马克思主义的产生，同时又促进了儒学的现代转化。

第一节　马克思主义与中国近代社会

在西方入侵之前的清朝中叶以后，中国封建社会内部已经是危机重重。近代遭受西方列强侵略，陷入日益严重的政治危机与民族危机之中，中国人首先是在传统儒学之中寻找可以应对危机与抵御外侮的思想武器，今文经学的兴起与经世致用之学的提倡就是这种寻求自强之道在文化上的表现。以西学经世的洋务运动以及康有为援西入儒托孔改制相继失败，证实了传统文化之中已经没有资源以应对千年变局，抵御西方侵略，思想上逐渐陷于迷茫与被动。第一次世界大战以及中国外交的失败宣告向西方寻求真理的破产。俄国十月革命给正处在迷茫与困惑的中国人送来马克思列宁主义，给救亡图存的中国指明了方向。从近代以来中西文化碰撞以及资产阶级思想在中国发展脉络上分析，马克思主义的传入与传播是中国近代社会文化冲突与文化变革的必然结果。马克思主义的传入，中国人在精神上变为主动，它与中国实际的结合实现中国化并成功指导中国革命、建设和改革，深刻改变了中国。

一、马克思主义的传入是近代以来文化冲突与文化变革的结果

正如前面第二章分析的那样，中国封建社会发展至清中叶以后内部危机重重，近代遭受西方列强的入侵，近代中国社会面临着政治与民族的双重危机，被迫进行社会变革以应对几千年之未有大变局。对于中国这样一个历史

文化悠久的东方大国，面对近代以来汹涌而来西方文化的冲击，在中国传统知识分子思想上激起最大的回应就是文化，从传统文化之中寻找自强与抵御外侮的思想资源与思想武器。在传统儒学之中寻找可以应对危机与抵御外侮的思想武器，今文经学的兴起与经世致用之学的提倡就是这种寻求自强之道在文化上的表现。

鸦片战争之后，中国社会开始发生剧烈变化与历史性的转折，中国封建社会向半殖民地半封建社会过渡的进程中，民族危机日益严重，战争惊醒了中国人民，也开阔了一部分知识分子的眼界，如何救国救民成为人们面临的亟待解决的问题。先进的中国人开始睁眼看世界，中西之间的巨大差距，他们开始在儒学之中寻找应对危机的思想武器。龚自珍与魏源对晚清"经世致用"思潮起到了重要的推动作用，他们变法改制思想对推动晚清社会变革起到了重要的推动作用。在龚、魏开创的晚清"经世致用"思想影响下，面对"三千年之未有的变局"，洋务派经过激烈的斗争，突破了清朝统治者内部顽固守旧势力"以夷变夏""祖宗之法不可变""礼失而求诸野"的文化围剿，在中西文化问题上形成了突破。自强求富的洋务运动与近代经世致用思想之间有直接的联系，"洋务思潮是经世思潮的延续和发展"。[①] 龚、魏倡导变法改制的思想影响了开明地主阶级出身的官员，促进了洋务运动的开展。在当时的背景下，洋务派在仅在器物层面认可西方的先进性，但儒家纲常伦理上仍然根深蒂固，具有不可触及与动摇的地位，还在坚持"夷夏之防"的文化立场。中国开明地主阶级与少数的洋务派政治精英，从沉睡中醒来，开始追求西方科技的现代化，以达到自立自强的目的。洋务自强运动是在开明士大夫们在国家与民族危机面前一种本能的自卫反应。洋务派在经世思想指导下采纳西学是近代社会危机之中儒学的一种本能应对，以维护四面危机的封建统治为根本目的。通过对西方科学技术的学习，在"御夷图强"的洋务实践中不自觉地顺应近代社会的发展，以实现富国强兵的目的，这是近代先进中

---

① 郑大华：《晚清思想史》，湖南师范大学出版社 2005 年版，第 107 页。

国人向西方寻求真理的开端。甲午战争的失败宣告了洋务运动的失败。洋务运动派以西学经世，通过学习西方技术应对危局，实现自富求强的目的落空了。甲午战争的失败也证明"中体西用"的破产，即传统儒学嬗变的失败。在企图通过在不改变封建专制体制，维护儒家纲常伦理的基本价值下，仅仅在器物层面依靠洋务实现富国强兵抵御外侮是行不通的。传统儒学在"千年之变局"面前无能为力，这是儒学从来没有遇到过的危机。

但是随着西方列强不断入侵，中国陷入日益严重的民族危机、政治危机之中，中西文化冲突背景下为应对"三千年未有之大变局"的变革不断遭到失败，中国人逐渐丢失制度与文化上的自信。面对更为严重的危机，但是遍寻中国传统体制的内外政治、文化资源已经无法应对西方文化的冲击与挑战，古老的中国已经没有资源以应对千年变局，逐渐陷于迷茫与被动，亦步亦趋地向西方寻求真理，尝试文化变革以应对危机。于是，有识之士开始将目光扩展到西学，企图在传统儒学之内汲取西学精华促进传统儒学近代转化来挽救日益严重的时局，康有为就是从这个文化立场解决社会危机的。康有为是中国早期资产阶级的代表人物，在维新变法期间为达到他托古改制的政治目的，以他所接触和理解的西方学说对处于危机中的传统儒学糅进了进化论、科学主义、空想社会主义等资产阶级学说，为西方学说披上了传统的外衣；为达到资产阶级思想启蒙的目的，康有为又在传统儒学之中挖掘现代思想资源，为儒学穿上现代时装。康有为在儒学与西学之间的贯通上作出了大胆探索，使改造过的儒学具备某些近代思想的特征，对儒学现代化进行了初步的尝试，开创了近代援西入儒文化思路。但是，维新派还不能完全突破传统儒学思想的束缚，进行彻底的资产阶级思想革命，他们的变法维新思想以"旧瓶装新酒"方式借用了传统儒学的形式与影响力，这些特点是资产阶级软弱性与妥协性的体现。康有为对儒学的现代改造是外在的，只能是简单的包装而已，为政治改良服务的，他们赋予儒学的种种"新义"是为了现实斗争需要硬贴上去的，并没有在儒学要义中真正找到多少内在根据，这样就不会对儒学现代转化有什么实际意义，因此康有为对儒学的变革并没有起到积极的作用，反而引起人们对儒学的反感，起到了相反的效果，因而他所推动的儒学现代化是失败的。

近代以来经世致用思潮的兴起，以西学经世的洋务运动以及康有为援西入儒托孔改制相继失败，证实了无论是儒学的嬗变还是有限的变革都不能使中国摆脱危机，应对千年变局，实现求富自强。戊戌事变失败之后，顽固派重新掌控中国政坛，在政治以更为顽固与保守的形式实现对戊戌思潮带来新思想的反动，不可避免地导致一场亡国灭种灾难的到来。庚子事变之后，排满革命成为众口一致的呼声，中国封建社会的寿终正寝已经为时不远了。

辛亥革命推翻了晚清的统治，结束了两千多年中国封建专制主义制度，中国社会实现了由封建专制向民主共和体制的转变。然而，辛亥革命并没有完成中国近代社会转型，完成反封建的历史任务，为中国资本主义发展开辟道路。经历辛亥革命短暂的新奇之后，中国社会性质并没有根本性的变化，黑暗、落后依旧，封建专制主义阴魂不散，政治复辟势力与文化复古一干人系结合在一起，尊孔与复辟合流，政治独裁与文化专制严重阻碍中国的进步。辛亥革命之后，儒学赖以生存的经济基础和依附的封建专制解体，制度儒学逐渐失去制度的依托也不断处在瓦解之中。儒学不再具有伦理价值的评判标准，也不再是"是非善恶，赏罚褒贬"的准则，但是儒家"三纲"等道德伦理在国人意识形态上还继续它的影响，封建儒家文化还没有在人们脑袋里彻底根除。中国新旧社会还处在交替之中，新社会缺乏相应的新的文化价值支撑，社会不能有效运作，旧思想、旧文化、旧伦理的影响仍然存在。这就是民国初年，思想文化领域出现的尊孔复古思潮的政治背景与思想基础。新文化运动高擎科学与民主的旗帜，一场资产阶级文化的启蒙如同惊天轰雷一般震撼了思想界，为陷于迷茫与黑暗的文化界吹来了一缕清风，促进了人们思想解放。新文化运动中对孔子及其学说的批判，即"批孔"，直接的诱因是当时社会上出现尊孔复辟的逆流，他们认识到只有从文化上开展一次彻底的革命，才能解决中国根本问题。新文化运动参与者对以儒学为代表的中国传统文化的批判，集中在封建的旧伦理、旧道德的批判，目的是解脱人们的思想束缚、进行资产阶级思想启蒙，具有值得肯定的积极意义与历史进步作用。新文化运动"批孔"结束了意识形态上儒学独尊的地位，剥离了儒学政治外衣，解除了儒学与封建专制主义的瓜葛，为马克思主义在中国的传播创造了条件。五四新文化运动对儒学为主体中国传统文化的批判，破除了各种文化保守势力阻挠中国进步的思想局面，先进中国人以马克思主义为思想武器批判继承、借鉴吸收儒学为主体的中国传统文化，开启了马克思主义中国化以及儒家文化的现代转化的历史进程。

第一次世界大战以及中国外交的失败宣告向西方寻求真理的破产，俄国十月革命给正处在迷茫与困惑中的国人送来马克思列宁主义，让救亡图存的中国人看到了希望，给灾难沉重的中华民族指明了方向。从这一刻起，马克思主义正式传入到中国，开启深刻改变中国的历史进程。五四运动时期，中国先进知识分子心悦诚服地接受了马克思主义，马克思主义在20年的时间内在中国取得辉煌的胜利，撇开它在中国社会发展的实践效果暂且不论，单从文化传播的角度来看，这种"罕见的文化现象在世界历史上是绝无仅有的"。[1] 马克思主义的传入是近代中西文化冲突与文化变革的必然结果。马克思主义的传入，中国人在精神上变为主动，它与中国实际的结合实现中国化并成功指导中国革命、建设和改革，深刻改变了中国。

二、马克思主义挽救了近代日益沉沦的民族命运

中国自19世纪中叶以后进入近代社会，一直到20世纪中叶，这一百年国运多舛，民族衰落，民生凋敝，这是一个炎黄子孙血泪浸泡无以加复的苦难的一个世纪；这一百年同时也是探索救国救民真理，寻找马克思主义思想武器，实现翻天覆地、无与伦比、波澜壮阔革命的世纪。马克思主义挽救了中华民族日益沉沦的民族命运，是中国近现代社会伟大变革的思想武器。马

---

[1]　张允熠：《中国文化与马克思主义》，人民出版社2015年版，第79页。

克思主义传到中国以后，深刻地改变了中国。

中国自明清以来就逐渐落后于同时代的欧洲，中国在近代的遭际，是两千多年封建专制社会的弊端逐渐积累的结果，它在近代的遭遇是历史发展的必然，它受到的冲击是中国历史上任何一次的改朝换代不可比拟的。面对西方资本主义列强的入侵，处在风雨飘摇之中的中华民族，儒学正心诚意、修齐治平的道德修养与治国理念在西方列强的坚船利炮面前显得无能为力；遍寻藏书楼中经典宝鉴以及传统文化中受用无穷的智慧，但中华民族被瓜分豆剖的命运也是不可能避免。要改变近代以来悲惨的民族命运，实现中华民族的复兴，是不可能再重复历史上改朝换代的老路进行下去，儒学被定于"独尊"的地位也是不可能延续下去。

近代的中国是西方帝国主义竞相进入中国，同时也是各种"主义"学说先后涌进中国并对中国产生影响的一个时期。但大多数的西学，大都停留在少数学者、知识分子的学术研究与争论中，并没有为广大人民群众所接受。自五四新文化运动之后，儒学在社会意识形态领域的主导地位的思想格局被打破，中国近现代政治思想经过整合，出现了马克思主义、现代新儒学、西化自由主义等多元化格局，其中影响力最大还是马克思主义派。五四新文化运动的主要代表人物如陈独秀、李大钊、鲁迅等人，都先后在不同程度上接受马克思主义。早期马克思主义者出版刊物、书籍，发起结社，组织政党，将马克思主义推向全社会，在中国的思想文化界、社会心理深层起到不可估量的影响。"批判的武器不能代表武器的批判，物质的力量只能用物质的力量来摧毁；但是理论一经掌握群众，也会变成物质力量。理论只要说服人，就能掌握群众；而理论只要彻底，就能说服人也。"[①] 马克思主义先是被广大的知识分子，接着是工人和农民也逐步接受来了马克思主义，这是因为马克思主义符合人民的需要，人民才逐步赞成马克思主义。"自从中国人学就会了马克思列宁主义以后，中国人在精神上就由被动转入主动。从这时起，近

---

① 《马克思恩格斯选集》第 1 卷，人民出版社 2012 年版，第 9 页。

代世界历史上那种看不起中国人，看不起中国文化的时代应当完结了。"①胡适是西化自由主义的代表人物，鼓吹"全盘西化"，主张社会改良，代表的是一些接受欧美西式教育、崇尚西方自由主义和科学民主思想的高级知识分子的主张，而当时的社会背景下，更多的中下层知识分子心仪马克思主义与科学社会主义思想，不断加入到中国共产党的队伍中来，成为推动中国革命事业的中坚力量。中国知识精英选择马克思主义，是为了寻找能够改变中国并使之摆脱贫困、落后、屈辱和羸弱而走向独立、自主、繁荣和昌盛的指明灯，在众多的思想库中，除了马克思主义，别无选择。自从马克思主义传到中国以后，对中国近现代社会的思想、文化、政治、经济生活和民族心理产生到了不可估量的震撼与冲击。

中国共产党成立之初，首要的任务就是用革命的手段推翻三座大山，实现民族独立。要实现这个任务，思想指导上不能再是儒学，而是马克思主义，儒学在意识形态之中被马克思主义取代是历史的必然。中国共产党成立之初就致力于马克思主义与中国具体情况相结合，开创中国化的马克思主义。马克思主义中国化，离不开中国儒家文化土壤。马克思主义与儒学在历史唯物论、无神论、辩证法、民主主义、人道主义、大同理想等方面有相同与相似之处，这是马克思主义成功实现中国化的文化因素。马克思主义的价值取向同偏重人生责任的炎黄子孙有着不可抗拒的感召力。中国共产党的理论旗帜上昭示着"代表最广大人民的根本利益"的"大义"，汇集着广大人民群众对历史无以抗拒的推动力，这正是基于对儒家传统文化的继承与发展，也是马克思主义者"无产阶级为人类的解放而奋斗"誓言的坚定承诺。"天下为公"是儒家对未来社会的想象，一直以来是中国人的精神向往。"公"是儒学思想资源中旷日持久的天理与人欲争论中产生出来的制度设计。中国人对建立一个公平、有条理、秩序井然的社会一直向往，在一个人口众多、资源有限的条件下，怎样平等地分享自然和劳动资源？如何在一个四分五裂

---

① 《毛泽东选集》第四卷，人民出版社 1991 年版，第 1516 页。

的废墟上构建人人平等、共同富裕的新社会？如何在一个历史与文化因袭沉重的古老国家建设一个现代社会？历史的重任只能落在中国共产党的肩上，它不仅从根本上改变了中国历史的发展方向和进程，而是在更深的层面继续和发扬了中华民族源远流长的优秀文化传统。中国共产党对儒家传统文化的吸收与改造，反映了中华民族源远流长的文化传统。中国共产党正是将马克思主义中国化的实践扎根于以儒学为代表的中国传统文化之中，产生了全新的新民主主义文化及社会主义新文化，产生新的革命与社会主义道德和价值观，在精神层面唤起了民众。毛泽东思想的诞生标志着中国共产党在马克思主义运用与发展达到新的境界，产生了理论飞跃。毛泽东思想的诞生，使得近代中国的命运得以改写，实现民族独立，突出近代的重围，在近代半殖民半封建的废墟上开启中国现代化建设征程。毛泽东对"天下为公"的大同构想同马克思主义共产主义理想有机融合，产生了革命的价值观和道德观，继承与弘扬了"天下为公""大同理想""民本主义""辩证法""知行认识论"等儒家文化最核心、最有价值的部分，在马克思主义的指导下，将马克思主义与儒学成功融合，产生了新文化、新精神、新道德、新思想。毛泽东思想代表了中国先进文化前进的方向。具有鲜明民族特点与中国气象的新民主主义文化，成功解决了在新民主主义革命阶段的文化革命指导纲领问题，结束了自近代以来民心涣散、精神萎靡、思想庞杂国民思想上的沉疴。在中国共产党人身上体现的是一种中国传统里久违的"士"的内在精神，展现出"士不可以不弘毅"豪气。中国共产党人在腥风血雨中为追求真理，保存气节，不惜抛头颅洒热血的大无畏精神，吸收了儒家传统精华，经过综合创新在中国革命与建设中显现出来。毛泽东思想是 20 世纪中国道路的象征。毛泽东是中国共产党的骄傲，也是中华民族的骄傲。

中华民族的优秀儿女聚集在毛泽东思想的旗帜下，在汹涌澎湃的中国革命大潮中，荡涤了世代逆来顺受的奴性，凝聚了全民族曾经一盘散沙的人心，挺起了一百多年的被几百个不平等条约压弯的腰杆，取得了中国革命的伟大胜利，开辟中国社会主义现代化建设的广阔前景。在新中国建立以后，选择了一条以增加个人能力，保障公共福利，增进社会公平和团结为目标的社会主义制度，力图探索一条劳动者当家做主的新型人民民主道路，在此基础上，展现"大同"的社会未来。在毛泽东思想的指导下，中国新民主主义革命一扫近代中国革命的颓势，完成近代民族独立的历史任务，将中国推进现代社会。

第二节　马克思主义传入的思想基础与文化内因

马克思主义传到中国以后，早期资产阶级民主主义者通过对比、选择、比附，最终接受马克思主义，这是一个复杂的思想意识更替过程。考察这一过程，离不开近代中国社会转型与传统儒学危机以及西学东渐的文化背景。近代资产阶级思想启蒙开阔了视野，促进了思想解放，为近代先进中国人突破传统思想束缚，接受西方各种学说奠定了基础。没有西方资产阶级思想的启蒙，浸淫儒家传统之中的中国人不会接受马克思主义在另一层面，没有儒家优秀传统文化的中间过渡，中国人不会如此迅速地接受马克思主义。近代先进中国人以一种根深蒂固的儒学情结解读、阐释马克思主义，儒家"大同"理想、民本思想等影响深远，在理想追求、价值目标、思想方法上对中国人接受马克思主义起到了过渡和桥梁作用，是理解、接受并传播马克思主义的文化内因。马克思主义传到中国以后，逐渐扭转了中国人在精神上有被动的局面。

一、近代思想启蒙为马克思主义传入奠定基础

西方资产阶级学说传到中国以后，对中国人起到了思想启蒙的作用。近代中国人接受能够迅速接受马克思主义，与资产阶级思想和学说在中国的传播与宣传有直接的联系。原因有以下两点：其一，儒学与马克思主义是两种

不同经济基础之上的文化形态，二者是不同文化类型的文化。中国长期处在封建与半封建的社会，社会政治经济结构和文化心理结构都没有经过资本主义的洗礼。没有资产阶级思想启蒙，要接受诞生在近代资本主义民主主义和个人主义高度发展、吸取了近代自由、平等、民主、人道等先进思想的马克思主义，是不现实的，也是不可能的。其二，近代中国人是民族救亡的背景下，以向西方寻求真理的心态匆忙接受西方资产阶级思想启蒙，进化论、无政府主义等西方学说在中国都曾经产生重要影响。"对马克思列宁主义的接受、传播和发展，主要是当时中国现实斗争的需要，而不是在书斋中透彻分析研究西方自由主义理论学术所得的结果。"① 这一点同马克思主义在俄国的发展有很大的不同。在俄国，经过普列汉诺夫等人多年对马克思主义学说的介绍、翻译、研究、宣传，马克思主义由浅入深，俄国先进分子接受马克思主义经过了进充分的思想及理论准备。近代中国先进知识分子在成为共产主义者之前，几乎没有接触到马克思主义，因此近代资产阶级思想启蒙为中国人接受马克思主义起到了非常重要的过渡与推动作用，先进中国人是出于现实斗争的需要，在资产阶级各种学说的基础之上，接触并最终接受马克思主义的。中国人一度对进化论、无政府主义等西方学说深信不疑，被先进中国人奉为圭臬，但接触马克思主义之后，他们先后抛弃了原来所信奉的西方学说，选择并接受马克思主义作为救国救民的真理，实现了有资产阶级民主主义向马克思主义者的转变。"中国早期的共产主义者皆始以资产阶级社会学说为阶梯进而接受马克思主义和科学社会主义的。"②

（一）从进化论到唯物史观

马克思指出："理论在一个国家的实现程度，决定于理论满足这个国家的需要的程度。"③ 当时中国先进的知识分子受时代和理论水平的限制，对各

① 李泽厚：《中国现代政治思想史论》，天津社会科学院出版社2003年版，第26页。

② 张允熠：《中国文化与马克思主义》，人民出版社2015年版，第164—165页。

③ 《马克思恩格斯文集》第1卷，人民出版社2009年版，第12页。

种西方学说还没有什么鉴别力，几乎是传来什么主义、学说就接受什么主义、学说，但在中国影响最大的还是达尔文的生物进化论。要改变近代中国落后挨打的被动局面，就必须引入新思想。严复翻译出版了赫胥黎的著作《天演论》，随即引起轰动，"进化论"成为影响中国社会的重要思潮。进化论在中国的广泛传播，就在于它恰好满足了近代中国现实的社会需要。"变"是中国近代社会的基本特征，也是中国近代思想史和哲学史的主题之一。①用进化论审视中国传统文化就会得出不同以往的新结论，儒家那一套已经失灵了，中国社会必须"进化"，必须引入新思想新文化。

进化论为中国知识分子提供了一个新的价值坐标。中国共产党早期的领导者无一不受到进化论的影响，当唯物史观传入中国以后，进化论是他们接受马克思主义的思想基础。新文化运动发动者之一陈独秀在接受马克思主义以前是一个虔诚的进化论者，他说："近代文明之特征最足以变古之道，而使人心社会划然一新者，厥有三事：一曰人权说，一曰生物进化论，一曰社会主义。"②在五四时期，陈独秀仍认为"人类文明进化，新陈代谢，如水之逝，如矢之行，时时相续，时时变易"。③陈独秀以进化论作为反儒批孔的武器，鼓吹思想解放，认为"孔子生长在封建社会，所提倡之道德，封建时代之道德也"，这种道德与今天的社会已经格格不入，"宇宙间精神物质无时不在变迁即进化之途，道德彝伦，又焉能外？"④李大钊在1919年发表《我的马克思主义观》代表五四前后激进的民主主义者开始向马克思主义转化。在此文中，李大钊以"阶级竞争"代替以后"阶级斗争"的翻译可以看到进化论中"生物竞争"的痕迹。在文章中，李大钊认为马克思的唯物史观是一种社会学上的理想运动，是与19世纪达尔文进化论所揭示的生物学的运

---

① 宋志明、刘成有：《批孔与释孔——儒学的现代走向》，华东师范大学出版社2004年版，第4页。

② 《陈独秀文集》（第一卷），人民出版社2013年版，第97页。

③ 《陈独秀文集》（第一卷），人民出版社2013年版，第131页。

④ 《陈独秀文集》（第一卷），人民出版社2013年版，第185页。

动相类似，这说明早期的具有共产主义觉悟的知识分子是以近代进化论为踏板去接受马克思主义唯物史观的。在当时由于刚刚接触到马克思主义唯物史观，还没有摆脱进化论的影响，还习惯于用进化论的眼光去审视唯物史观。随着马克思主义在中国得到广泛、迅速的传播，人民对唯物史观的认识也更加全面和准确。李大钊在 1920 年发表《唯物史观在现代史学上的价值》一文，对包括进化论在内的唯心主义历史观进行了清算，表明了中国早期的马克思主义者与进化论的彻底决裂，显示出中国早期马克思主义者在理论上的成熟。

进化论在中国"不是作为一种实证的科学学说来对待和研究，而是更作为一种意识形态一种信仰、一种生活动力、人生观点和生命意义而被接受和理解"。[①] 不仅是激进派的陈独秀、李大钊、鲁迅、郭沫若等人，还是自由派的张东荪、胡适、丁文江等都接受了"进化论"思想，甚至连保守派的梁漱溟、杜亚泉等人也不反对"进化论"。"物竞天择，适者生存"的进化论成为时新之谈，而且影响了从资产阶级改良派到革命派再到五四青年整整三代中国知识分子，成为他们接受新思想，推进改革或革命的指导理论。当马克思主义传到中国以后，唯物史观更为具体地解释了人类历史，它以经济发展为基础解释社会的存在及发展变迁，先进中国人迅速抛弃了进化论而选择了唯物史观分析处理问题，显示了先进中国人在探索真理的过程中的不懈努力。

（二）从无政府主义到马克思阶级专政学说

中国早期的马克思主义者在接触马克思主义之前，如毛泽东、恽代英、周恩来、蔡和森、刘少奇、何孟熊等人，都不同程度受无政府主义的影响。毛泽东后来回忆说，"我读了一些关于无政府主义的小册子，很受影响。……在哪个时候，我赞同许多无政府主义的主张。"[②] 在接触马克思主义之后，他

---

① 李泽厚：《中国现代政治思想史》，天津社会科学院出版社 2003 年版，第 144 页。

② 《五四运动回忆录》（下册），中国社会科学出版社 1979 年版，第 9 页。

们都依然同无政府主义进行了决裂，转向马克思主义的无产阶级专政理论，接受无产阶级专政学说。毛泽东在1921年完成由无政府主义到马克思主义的转变，他说："（无政府主义）理论上说得好听，事实上是做不到的。""无政府主义否认权力，这种主义恐怕永世都做不到。""激烈方法的共产主义，即所谓劳农主义，用阶级专政的方法，是可以预计效果的，故最宜采用。"①周恩来在同无政府主义决裂时指出："只会高谈那些空想的艺术，高谈几个'真、善、美'的名词，……一遇到当时的政治经济情况就会手忙脚乱。"②对于无政府主义到无产阶级专政的转变，刘少奇在后来回忆说："在起初各派社会主义的思想中，无政府主义是占着优势的。马克思主义拥护者到处都与无政府主义者争论着，斗争着。马克思主义直至在各方面克服无政府主义以后，并与中国的工人运动、人民反帝运动结合以后，才成为中国政治生活中的一个雄伟力量。"③

无政府主义是一种极端民主化的思潮，它在揭露和批判封建专制，帮助人们了解十月革命和新思潮的过程中，起到了积极的作用。无政府主义的兴起，正是那个时代现实的真实表现：西方的民主文明的大举入侵，中国封建专政制度破落，中国政治文明发展的不确定性，产生了一大批思想学说和政治主张。"历史已经证明，当时的许多青年正是以这股社会主义思潮为阶梯，通过反复的比较实践后，才逐渐转向了马克思主义。"④无政府主义主张不通过任何暴力的方式过渡到共产主义，在近代中国及其严峻的阶级压迫和阶级斗争的形式下，实际上是一种有害的社会思潮。"在儒家'大同'理想流行的中国知识界，从无政府主义走向马克思主义，对一些人来说似乎是一种不可避免的曲折道路。"⑤

---

① 《毛泽东同志的青年时代》，湖南人民出版社1979年版，第175、178页。

② 王永春：《建党时期陈独秀对无政府主义的批判》，《求索》1982年第2期。

③ 《"五四"运动的二十年纪念文辑》，《中国青年》1939年，第2期。

④ 刘健清、李振亚：《中国近现代政治思想史》，南开大学出版社2002年版，第150页。

⑤ 张允熠：《中国文化与马克思主义》，人民出版社2015年版，第165页。

（三）从近代各种社会主义思潮到科学社会主义

近代西方出现了各种社会主义思潮，这种社会主义思潮"表现为18世纪法国伟大的启蒙学者们所提出的各种原则的进一步的、据称是更彻底的发展"。"就其内容来说，首先是对现代社会普遍存在的有产者和无财产者之间、资产者和雇佣工人之间的阶级对立以及生产中普遍存在的无政府状态这两方面进行考察的结果。"[①] 近代各种社会主义思潮旨在追求平等、自由，反对剥削与压迫，它们传到中国以后，极大地促进了中国人的思想解放。受其影响，孙中山提出"三民主义"革命纲领，是近代先进中国人对国家与民族出路的社会主义探索。近代西方社会主义思想以及在它们影响下的社会主义探索，为进步的知识分子最终接受马克思主义科学社会主义奠定思想基础，与提供了现实参照。

洪秀全领导的太平天国运动的最终目标是建立一个"有田同耕，有饭同食，有衣同穿，有钱同使，无处不均匀，无人不饱暖"、没有私有、没有压迫、没有剥削的绝对平均的新社会。马克思对此给予很高的评价，把它称为"中国的社会主义"，指出：太平天国"造反的平民当中有人提出了一部分贫穷和另一部分富有的现象，要求重新分配财产，过去和现在一直要求完全消灭私有制"。这种，"中国的社会主义跟欧洲的社会主义像中国的哲学家跟黑格尔哲学一样具有共同之点"。[②] 洪秀全本人并没有直接接触西方空想社会主义的思想，但他的确实代表了当时的农民阶级要求，具备了某些近代社会主义的因素。康有为是近代中国第一个全面、系统地阐述中国儒家传统中的"大同"思想并积极发挥这一思想的人。康有为接受了西方进化论思想，看到了西方社会的一些矛盾，以他所接触的西方空想社会主义思想结合中国儒家大同思想进行了改造，在《大同书》的著作中提出了"无阶级，一切平等"的思想。提出构建"去九界"的新世界，即"人人皆公、人人皆平"的理想

---

① 《马克思恩格斯文集》第 9 卷，人民出版社 2009 年版，第 19 页。

② 《马克思恩格斯全集》第 7 卷，人民出版社 1959 年版，第 265 页。

社会。梁启超在《中国之社会主义》一文中指出:"社会主义者,近百年来世界之特产物也。概括其最要之义,不过曰土地归公,资本归公,专以劳力为百物价值之源泉……此等言论,颇耸听闻。虽然,吾中国固夙有之。"[①]康有为、梁启超等人是新兴资产阶级改良派的代表,他的大同构想多少与近代文明相联系的,显现出历史的进步性。马克思主义传入中国以后,对于科学社会主义国内资产阶级革命派的代表人物并没有感到陌生,孙中山曾这样认为:"考诸历史,我国固素主张社会主义者。井田之制,即均田主义之滥觞,而累世同居,又共产主义之嚆矢,足见我国人民之脑际,久蕴蓄社会主义之精神,宜其进行之速,有一日千里之势也。"[②]孙中山看到了中国人民与帝国主义、封建主义的矛盾,又看到了西方资本主义国家无产阶级与资产阶级的尖锐对立。孙中山三民主义纲领具有社会主义的因素,他说:"鄙人对于社会主义,视为迎其为利国富福民之神圣,本社会之真理,集种种生产之物产,归为公有,而收其利。实行社会主义之日,即为我民幼有所教,老有所养,分业操作,各得其所。我中华民国之国家,一变而为社会主义国家矣。"[③]孙中山接触马克思主义并受其影响,表现在孙中山的社会主义思想中含有马克思主义的积极成分,客观上对马克思主义的社会主义理论起到了宣传作用。[④]三民主义是资产阶级革命纲领,它所追求的平等、均富、民主的理想是近代社会主义思潮熏陶的结果。早期的中国共产党人都是孙中山资产阶级革命派的坚决追随者,都曾经受到三民主义的思想洗礼,近代社会主义思想影响深刻。

早期民主主义者在五四新文化运动后期完成向马克思主义者的转变,马克思主义取代了民主主义思想。中国近代空想社会主义的三次由浅入深的社会主义思想及实践对进步知识分子理解与接受马克思科学社会主义起到了推

---

① 《梁启超文集》,北京燕山出版社 1997 年版,第 536 页。
② 《孙中山全集》第 2 卷,中华书局 1982 年版,第 507 页。
③ 《孙中山全集》第 2 卷,中华书局 1982 年版,第 523 页。
④ 吕明灼:《近现代中国思想史论》,青岛出版社 2003 年版,第 183 页。

动作用。中国人对社会主义的认识，经历近代空想社会主义的三个阶段之后，在五四运动时期随着马克思主义传到中国，科学社会主义思想迅速取代空想社会主义思潮，成为中国先进知识分子的思想指南。

二、中国人接受马克思主义的儒学内因

"五四新文化运动迎来了马克思列宁主义，这标志着先进的中国人向西方寻求真理的一次历史性的飞跃，也预示着中国近代意识形态的转型进入了关键阶段。"[①] 马克思主义传到中国以后，取代中国两千多年的儒家意识形态成为中国社会的指导思想，主要的原因还是它是救国救民的真理，成功解决了中国革命的首要问题。正如李泽厚指出的那样：新文化运动中的先进知识分子接触马克思主义并迅速接受它，首先是现代救亡主题的急迫现实要求所造成的，同时也是中国传统实用理性的展现，即要求有一种理性的信仰作为行动的指南。[②]

早期的马克思主义者都是自幼接受儒家传统教育、饱读诗书，在儒家思想浸淫多年的传统知识分子，儒学是他们的文化底色。一个外来的思想在中国产生这么大的影响力，浸淫在儒家思想多年的中国人迅速接受马克思主义，不容忽视还在于马克思主义与儒学为代表的中国传统文化之间包含许多共同之点，如表现在无神论的特征，在反对宗教神学相通之处，在实践认识论的相通之处，在辩证思维方式上的相通之处，在历史观上相通之处，在道德观上具有相通之处，在精神信仰和社会理想的相通之处等。中国读书人是带着一种根深蒂固的儒学情结去解读、理解与接收马克思主义的，这种儒学的情结就是马克思主义与儒学之间相似或想通的地方。正是这些相通或相似之处，马克思主义传到中国以后，中国人感觉到了一种天然的亲和力，更容易接受马克思主义。这些相通或相似之处成为马克思主义中国化的天然的文

---

① 张允熠：《中国文化与马克思主义》，人民出版社 2015 年版，第 163 页。

② 李泽厚：《中国现代思想史论》，天津社会科学院出版社 2003 年版，第 141 页。

化土壤。在马克思主义传到中国之后不久，郭沫若就发表了一篇《马克思进文庙》的小品文，其中这样诙谐写道："马克思（对孔子）说：'我想不到两千年前，在远远的东方，已经有了你这样一位老同志，你我的见解完全是一致的。'"①郭沫若的看法并不孤立，马克思主义与儒学的相似或相同之处，正是马克思主义中国化得以顺利开展的先决条件。张岱年也指出："儒学中有一部分与马克思主义是矛盾的、不相合的，但也有一部分内容与马克思主义并不矛盾，可以相合和互相补充。"②"中国人是站在自己传统文化的基础上，接受、吸收马克思主义的，如果两者没有任何相似、想通之处，便很难在思想上消化，更难在实践中发挥作用。"③马克思主义与儒学，两种不同社会的文化形态，具有相互契合的属性。马克思主义与儒学之间相通与契合的内在依据，是马克思主义在中国广泛传播、中国的知识分了接受马克思主义的一个重要的文化依据，是马克思主义中国化能够得以推进的文化原因，马克思主义中国化与儒学的现代转化之间因为内在的契合性，使得二者得以实施，并相互促进。

（一）儒家丰富的民本思想是中国人接受马克思主义的文化因素之一

民本思想在中国有深厚的传统，最早可见于《尚书》。在春秋战国时期，这一思想理论得到了进一步的深化。如孟子"民贵君轻"的思想就是一种典型的民本主义思想。荀子把民与君比作水与舟的关系，也可以说是民本思想的真谛。汉代贾谊的民本思想是先秦儒家的继承与发展，他提出"民者，万世之本""民者，至贱而不可简也，至愚而不可欺也。故自古至于今，与民为仇者，有迟有速，而民必胜之"。他警告统治者"戒之哉！戒之哉！民为

---

① 《郭沫若全集（文学编）》第 10 卷，人民文学出版社 1985 年版，第 161 页。
② 《张岱年全集》第 7 卷，河北人民出版社 1996 年版，第 159 页。
③ 刘文英：《别有见识的比较研究——读窦宗仪先生的〈儒学与马克思主义〉》，载窦宗仪：《儒学与马克思主义》，刘成有译，兰州大学出版社 1993 年版。

政本。"① 我们应该看到，在一个封建君主专制的国度里，建立在封建专制体制之上的君王本位，反映在儒家思想中朴素的民本思想最终的目的是维护阶级统治，归根结底是为了社稷与君王，这就使得儒家的民本思想陷入两难境地，显现出二重性。两千多年以来，儒学的民本思想就在这种二维思想的结构之中，一方面是封建君主专制，一方面是民本主义思想连绵不绝，一直连接到近代民主思潮。

在明末清初思想启蒙思想家对封建君主专制进行深刻的批判，就是看到了在君主专制体制下，儒家民本思想的局限，将批判的矛头对准了封建君王，揭露了儒家封建官学的外衣，展现出儒家民本思想本来面貌，展现出近代民主思想的端倪。如黄宗羲将矛头对准封建君王，指出其"屠毒天下之肝脑，离散天下之女子，以博我一人之产业"，"敲剥天下之骨髓，离散得天下之子女，以奉我一人之淫乐"。② 黄宗羲还提出了"君民共治""是非决于学校"的思想主张，这已是近代民主思想的萌芽了。近代以来，龚自珍、魏源等开明地主阶级代表继续用儒学民本主义作为启蒙的思想武器，开启近代思想解放的先河，对当时中国接受西方学说奠定思想基础。严复、谭嗣同、康有为、梁启超等资产阶级改良派正是在他们的影响下接受西方资产阶级民主政治思想，援西入儒，尝试儒学现代化。

当近代西方民主学说传到中国时，国人并没有感到陌生。有人认为，民主在中国"古来有之"，所谓的尧舜禅让、民贵君轻、民为邦本就是近世的"民主"，儒家之中的民本主义使得近代中国人在接受西方民主观念时有着某种亲近感。虽然民本主义与西方的民主思想有着本质的区别，陈独秀等人已经指出了两者之间的区别，但是这并妨碍中国人欣然接受资产阶级民主思想的启蒙。马克思主义传到中国以后，马克思主义之中民本主义立场在近知识分子中强烈的思想共鸣。由此，先进的中国人从传统的民本主义出发，走向现代民主主义，最终选择并接受马克思主义。当马克思主义在中国传播中国

① 贾谊:《新书·大政上》。
② 黄宗羲:《明夷待访录·原君》。

人在俄国十月革命的实践中看到了马克思主义给苏联带来的变化，在这个同中国情况类似的国家里，劳动人民得到解放，消灭了剥削阶级，人人平等实现。马克思主义旨在消灭剥削，追求人人平等，实现社会公平，这种理念与悠久的儒家文化中追求人人平共享，反对专制独裁的思想是一致的。马克思主义能在西方众多主义之中脱颖而出，深受中国人的青睐，与之有着直接的联系。马克思主义的传入给苦苦寻找出路的中国人以极大的震撼与启示，加之对西方文明的失望，先进的中国人很快从资产阶级民主转移到无产阶级民主，马克思主义在中国的影响不断扩大。

（二）儒家"大同"理想是中国人接受马克思主义的文化内因之二

儒家"大同"思想是近代中国人接受西方社会主义思想基础之一。近代康有为对儒学"大同"理想进行重新的释义与阐发，写出《大同书》，寄托了中国资产阶级对未来社会的想象。"大同"理想一直是中国人民梦寐以求的理想社会，对中国人的影响深远，是近代中国人走向马克思科学社会主义的文化因素之一。"天下为公"的"大同"理想是百年中国革命的逻辑与方向，是激发近代中国革命的动力。

"大同"理想代表是儒家所向往的理想社会，是孔子思想的重要组成部分①。在中国儒家思想传统里，有丰富的中国古代的理想社会观，大同理想就是中国人对美好理想社会的一种向往。中国人自古就有以"大同"为理想，以"均平"为目标，孜孜以求没有压迫、没有剥削，平等平均的美好社会，甚至在中国历史上的历代农民起义也是以"大同"为目标，中国这种自

---

① 现代新儒家熊十力认为：孔子思想以 50 岁为界，50 岁以后为晚期思想。孔子在晚年创立六经之学，开创"大道学派"，其核心就是"大同"。熊指出："孔子晚年其思想确突变。始作六经，发明首出庶物，贬天子、退诸侯、讨大夫，乃至天下之人有士君子之行。群龙无首，天下一家，可谓大道之行，天下为公。"（参见熊十力：《原儒》，山东友谊书社 1989 年版，第 546 页。）

古热爱和平与平等，向往自由，对美好的理想的社会制度的想象，为了实现人人平等的理想社会不断揭竿而起，不断抗争。儒学思想里的"大同"理想，其实就是一种由来已久的乌托邦思想。乌托邦在中国比欧洲有着更长的文化底蕴和历史渊源，从古至今，延绵不绝。数千年以来，中国文化之所以源远流长，中华民族之所以坚不可摧，乌托邦起了巨大的作用。乌托邦是中国文化的一部分，是潜在每个中国人内心之中的深层次的文化心理。"这种不绝如缕、绵延两千多年的'大同'空想，直接孕育出近代三大社会主义思潮，并在中国的现实国情下与西方近代社会主义学说接轨。"[1] 梁启超曾把社会主义与孟子提倡的"井田制"比较，认为欧洲新兴起的社会主义思潮为"吾中国固夙有之"。他甚至把历史上的王莽改制也视为社会主义。孙中山也认为："考诸历史，我国固素主张社会主义者。'井田'之制，即均产主义之滥觞；而累世同居，又共产主义之嚆矢。足见我国人民之脑际，久蕴社会主义之精神，宜其进行之速，有一日千里之势也。"[2]

任何民族及其个人都要通过自己的母体文化、自己的民族思维及语言概念去理解、接受以至传播外来文化。在近代中国知识分子由民主主义者转变为马克思主义者的历程中，这一点表现得也相当明显。19世纪末到20世纪初，中国人在刚刚接触马克思主义的时候，把马克思主义、社会主义、共产主义译为"大同学"，认为马克思主义与中国古代的大同社会是一回事。正如瞿秋白所说：当时一般青年知识分子都向往科学社会主义，但他们对马克思的科学社会主义的认识是很模糊的，好像"隔着纱窗看晓雾，社会主义流派，社会主义意义都是纷乱，不十分清晰的"。[3] 当时许多人把无政府主义、基尔特社会主义、新村主义等当成社会主义信奉。五四运动时期，在俄国十月革命胜利的影响下，中国的先进的知识分子已对资本主义失去信心而在寻

---

[1]　张允熠：《中国文化与马克思主义》，人民出版社2015年版，第156页。

[2]　《孙中山全集》第2卷，中华书局1986年版，第507页。

[3]　瞿秋白：《五四前后中国社会思想的变动》，《五四运动回忆录》（上册），中国社会科学出版社1979年版，第80页。

求新的救国救民的真理之时，在中国大地兴起了蓬勃发展的社会主义思潮。很多人自然地把传统的"大同""均平"思想与现代的社会主义思潮联通在一起，认为"大同""均平"就是社会主义。李达说："社会主义有两面最鲜明的旗帜，一面是救济经济上不平均，一面是恢复人类真正平等的状态。"①蔡元培也说，《礼记·礼运》中对"大同"的描绘证明，"我们中国本有一种社会主义的学说"。②

大同理想是中国人接受马克思主义的传统文化基因。从中国历史上的大同主义、太平主义、民生主义的传统来看，是顺理成章的事情，是合乎中国国情和中国人文化的心理特征，是社会发展与历史演变的必然结果。这种文化基因的存在，决定了中国选择什么样的外来思想，也决定了中国人的共产主义实践和宣传的模式。"陈独秀、李大钊等人如此迅速地接受马克思列宁主义，其具体原因便正是由于马克思列宁主义有一个一切问题根本解决的共产党主义理想社会，而革命后的俄罗斯似乎已经在开始实现它。"③在那个共产主义世界，"没有剥削者、压迫者，没有地主、资本家，没有帝国主义和法西斯蒂等，也没有受压迫、受剥削的人民，及黑暗、愚昧落后等。……那时，人类都成为有高等文化程度与技术水平的、大公无私的、聪明的共产主义者，人类中彼此充满了互相帮助、互相亲爱，没有'尔虞我诈'、互相危害、互相残杀及战争等不合理的事情。那种社会，当然是人类史上最好的、最美丽的、最进步的社会。"④

总之，儒学与马克思主义之间内在契合是近代中国知识分子接受马克思主义上的文化内因。儒家思想之中的民本思想与大同理想在近代中国人接受马克思主义起到了非常重要的推动作用，是中国人接受马克思主义两个最重

① 李达：《社会主义的目的》，《民国日报》副刊《觉悟》，1919年6月19日。
② 蔡元培：《社会主义史序》，《新青年》第8卷第1号，1920年7月23日。
③ 李泽厚：《中国现代政治思想史论》，天津社会科学院出版社2003年版，第20页。
④ 刘少奇：《论共产党员的修养》，载《刘少奇选集》（上册），人民出版社1981年版，第122页。

要的文化内因。此外，儒学与马克思主义之间关于暴力革命、积极入世、精神支柱、集体主义、经世致用等思想理念，存在某些文化上的相似或亲和之处，马克思主义为当时先进的中国人所普遍接受，促进马克思主义在五四运动之后更大范围地传播。

第三节　五四新文化运动与马克思主义在中国的传播

新文化运动一开始是一场资产阶级民主主义性质的思想解放运动。"科学"与"民主"是新文化运动的两面旗帜。"科学"是指追求西方16世纪以来的自然科学革命的新知识，以反对封建旧思想；"民主"是以西方平等、自由为理念资产阶级民权学说，以反对封建的旧制度。在五四运动前后，马克思主义传到中国以前，新文化运动没有摆脱资产阶级民主革命的范畴。陈独秀、李大钊等是一批激进的资产阶级民主主义者，他们革命的目标是参照西方模式，在中国建立资产阶级共和国。十月革命的胜利，空前显示了人民群众伟大革命威力，证明了只有人民群众才是历史的真正创造者的真理。俄国翻天覆地的变化和人民群众显示伟大的革命力量，震惊了正在寻找出路的中国先进知识分子，使他们看到了历史发展的方向。马克思列宁主义主义是与十月革命被中国的当时进步的知识分子所欢迎、所接受、所传播、所信仰。新文化运动受到十月革命的影响，逐渐突破了旧式资产阶级民主主义的范围，在思想上具有了社会主义的因素。新文化运动的领导者们宣传俄国十月革命社会主义道路，主张走无产阶级政党领导的人民大众的反帝反封建的阶级斗争，完成民主革命，建立无产阶级专政的社会主义国家。在十月革命和五四爱国运动推动下，马克思主义在中国传播，新文化运动的领导人告别空想社会主义、无政府主义，转到马克思主义的立场上来，在运动后由激进民族主义者转变为马克思主义者。李大钊、陈独秀等人是中国最早的共产主义者。早期的马克思主义者开始用阶级斗争理论分析中国国情，并具体运用指导中国革命，正如毛泽东指出的那样："十月革命帮助了全世界也帮助了中国的先进知识分子，用无产阶级的宇宙观作为观察国家命运的工具，重新思考自己的问题。走俄国人的路——这就是结论。"[1] 马克思主义在新文化后期与中国工人运动结合，诞生了伟大的中国共产党。中国共产党诞生，使中国革命面目焕然一新。

一、五四新文化运动"批孔"为马克思主义的传播创造了条件

新文化运动"批孔"剥离了儒学政治外衣，解除了儒学与封建专制主义的瓜葛，结束了儒学在意识形态上的独尊地位，突破了各种文化保守势力对新事物的阻挠，它所造成的思想解放局面为马克思主义的传入及在中国广泛传播创造了条件，开启马克思主义中国化的历史进程。

（一）新文化"批孔"打破了儒家文化一统天下的专制局面，为马克思主义的传入奠定基础

儒学与封建君主专制主义的思想与制度之间存在必然联系。儒学在经历二千多年的发展，自汉代取得独尊的地位以后，被历代的帝王奉为神圣，经过两千多年的积淀，在中国的伦理道德、政治思想、民族性格、行为方式可谓影响至深、至广、至远。新文化运动参与者从对儒学的批判，从根本上是对儒学维护的封建专制主义的批判，以动摇儒学在中国封建专制主义社会中统治的政治基础。易白沙在《孔子评议》说："孔子尊君权，漫无限制，易演成独夫专制之弊"，"孔子讲学不许问难，易演成思想专制之弊"。这些弊害的存在，使孔子成为历代封建专制统治者乐于利用的"百世之魂"。[2] 陈

---

[1] 《毛泽东选集》第四卷，人民出版社1991年版，第1471页。
[2] 易白沙：《孔子评议》，《青年杂志》第1卷第6号。

独秀将民初的乱象归结为专制主义的流毒，的确是看到了本质。李大钊也说："余之掊击孔子，非掊击孔子本身，乃掊击孔子为历代君主所雕塑之偶像的权威也；非掊击孔子，乃掊击专制政治之灵魂也。"[1]

新文化运动参与者对封建专制主义的批判集中在儒家"三纲"之上，把儒家"三纲"同封建宗法制度与政治君主专制联系在一起加以批判，进行资产阶级思想宣传。陈独秀指出，"儒者三纲之说，为一切道德政治之大原：君为臣纲，则臣于君为附属品，而无独立之人格矣；父为子纲，则子于父为附属品，而无独立自立之人格矣；夫为妻纲，则妻于夫为附属品，而无独立自主之人格矣"。[2]"三纲之根本义，阶级制度是也。所谓名教，所谓礼教，皆以拥护此别尊卑、明贵贱制度者也。"[3]孔子之教，其根本在于礼教；而"三纲"是礼教的核心，是与民主共和自由平等的现代精神的背离。[4]新文化运动倡导者要"多数国民"产生与"儒者三纲之说"的传统观念相决裂，转而接受西方的"自由、平等、独立之说"的"最后觉悟之觉悟"，才有可能。

作为反封建的一部分，陈独秀把批判儒家"三纲"与宣传资产阶级自由平等独立的思想联系在一起。"伦理思想，影响于政治，各国皆然，吾华尤甚。""近世西洋之道德政治，乃以自由平等独立之说为大原，与阶级制度极端相反。"[5]"与纲常阶级制为绝对不可相容之物，存其一必废其一。"被胡适誉为"四川只手打倒孔家店的老英雄"。吴虞认为，儒家之孝悌二字遂成为"两千年来专制政治与家族制度连接之根干，而不可动摇"。[6]新为宣传资产阶级个人主义，新文化运动对"三纲"的批判就是把人从儒家的旧道德中，

---

[1] 《李大钊文集》第2卷，人民出版社1999年版，第80页。

[2] 《陈独秀文集》，人民出版社2013年版，第113页。

[3] 《陈独秀文集》，人民出版社2013年版，第177页。

[4] 《陈独秀文集》，人民出版社2013年版，第177页。

[5] 《陈独秀文集》，人民出版社2013年版，第140页。

[6] 吴虞：《家族制度为专制主义之根据论》，载《吴虞集》，四川人民出版社1985年版，第62—63页。

把从外部强加于人的旧伦理、旧思想、旧纲常的束缚中解救出来，实现人的个性解放。新文化运动之后，儒学不再是"政治法律"的唯一准则，也不再是"是非善恶，赏罚褒贬"的唯一准则，它已经退回到中国人日常的风俗伦理以至思想言论、观念之中，也就是说儒学意识形态独尊地位的终结。新文化"批孔"宣传了近代资本主义民主与科学的新思想，为马克思主义的传入奠定了思想基础。五四新文化运动对封建专制主义儒家文化的批判，打破了儒学一统天下的文化专制局面，加快了西方文化在中国的传播，促进了中西文化交流与融合，揭开了近现代中国文化发展的新的一页。

（二）五四新文化"批孔"促进了人们思想解放，为马克思主义在中国的传播奠定了思想基础

清朝专制政体和儒家传统观念、旧价值的崩溃和动摇，使五四新文化运动时期知识分子群体的注意力由前代的船坚炮利和"革新去故"的改良、革命转移到思想文化上来。新文化运动是以文化解决中国问题的一种探索，是资产阶级民主主义的新文化反对封建主义旧文化的斗争。儒学是封建伦理道德的基础，是自由平等西方资产阶级思想在中国传播的最大障碍，不推翻儒家封建道德伦理，资产阶级思想的启蒙就不结束，儒学作为自由平等的对立面必须进行坚决的批判。

新文化运动对中国现代思想的启蒙和对传统变革的彻底性和全面性，是戊戌变法改良派对封建纲常伦理的抨击所不能比拟的。文化运动的参与者们以勇往直前的大无畏精神和与传统决裂的激烈姿态，对以儒学为代表的封建主义旧文化、旧道德、就伦理和封建迷信愚昧进行了无情批判，它在反对旧文化，促进人们的思想解放上立下了极大的功劳，承担了维新运动和辛亥革命在这方面都没有完成的使命。新文化运动极大地促进了人们的思想解放，广大的知识分子尤其是青年知识分子受到了科学与民主思想的洗礼。它在社会上掀起的生气勃勃的思想解放的潮流，冲决了禁锢人们思想解放的闸门，为各种西方思想流派传到中国敞开了大门，激励着人们继续去寻求救国救民

的真理。"五四批孔，破除了对孔子的迷信，是我国历史上最伟大、最深刻的思想解放运动，也是我国历史上最伟大、最深刻的民主主义蒙启运动。"[1]新文化运动从根本上动摇了封建主义旧思想的统治地位，宣传了近代资本主义民主与科学的新思想，从而为马克思主义传入与广泛传播创造了条件。正如毛泽东所说：如果不反对这些老八股和老教条主义，中国人的思想就不会解放，"中国就不会有自由独立的希望"。[2]这是在这是思想基础与时代背景下，俄国十月革命的影响下，马克思主义在中国的传播。先进知识分子接受十月革命影响，选择并接受马克思主义。

（三）新文化"批孔"破除儒学在意识形态上的独尊地位，开启马克思主义中国化的历史进程

从鸦片战争到新文化运动，近代中国人接受西方现代新事物，促进自身的觉醒，经历了器物、制度、价值与文化一个完整的过程。从戊戌变法到辛亥革命，主要时候政治革命而很少顾及思想启蒙和文化的批判。新文化运动给维护封建专制主义的儒家思想以前所未有的打击，在思想界特别是青年知识分子中掀起了要求进步、追求真理、追求思想与个性解放的热情，为在思想上准备大规模西方思想的启蒙准备条件。"新文化运动在一些最基本的方面，为中国的现代发展开辟了道路。"[3]"打倒孔家店"的思想革命和反对旧文学的"文学革命"是前期的新文化运动两个基本的方面。新文化运动在这两个方面向统治中国两千多年的儒学为代表的封建主义思想和传统观念进行了猛烈的冲击，使这个曾经享有绝对权威的思想开始崩溃。这是中国有史以来，还没有过的彻底的文化革命。这个文化革命在反对旧道德提倡新道德，反对旧文学提倡新文化的旗帜下，立下了极大的功劳，承担了维新运动和辛亥革命在这方面都没有完成的使命，正如毛泽东所说：

---

① 许全兴：《纪念"五四"新文化运动百周年四题》，《毛泽东邓小平研究》2015 年第 7 期。
② 《毛泽东选集》第三卷，人民出版社 1991 年版，第 831—832 页。
③ 耿云志：《近代中国文化转型研究导论》，社会科学文献出版社 2015 年版，第 391 页。

"五四运动时期，一班新人物反对文言文，提倡白话文，反对旧教条，提倡科学和民主，这都是很对的。在那时，这个运动是生动活泼的，前进的，革命的。"[1]

"五四批孔，破除了对孔子的迷信，是我国历史上最伟大、最深刻的思想解放运动，也是我国历史上最伟大、最深刻的民主主义蒙启运动。"[2] 五四新文化运动对统治中国两千多年的儒学为代表的封建主义思想和传统观念进行了猛烈的冲击，是这个曾经享有绝对权威的思想开始解体，从意识形态独尊的位置跌落。经过新文化运动"批孔"，儒学失去在意识形态的独尊地位。儒学不再是中国社会意识形态的主流，不再是中国社会秩序的制定所依据的准则，不再是中国当政者心目中治理国家必须遵循的大经与大法。儒学作为一整套的纲常、准则、宗旨在中国社会价值取向以及人的思想行为方面不再具有普遍的价值与规范作用，人们不再被强制自幼读经，一生崇信孔子及儒学，按照儒家伦理约束自己。在大多数人的心目中"四书五经"已经属于过去的时代，不再是真理的化身，甚至还被人认为是迂腐之论。概言之，"经过五四新文化运动'批孔'之后，尊孔读经、以圣人之道治国的时代业已过去"。[3]

俄国十月革命给中国人送来马克思主义，给探索救亡图存道路的中国人指明了方向，提供了全新的选择。新文化运动高扬科学与民主的旗帜，呼唤革新解放，拒斥封建专制主义，推翻旧式儒学在思想界的权威，结束了儒学在意识形态上独尊的地位，马克思主义中国化准备了条件。马克思主义传到中国以后，经过不断与儒学碰撞、交流与融合，逐渐取代儒学成为中国社会主流意识形态。马克思主义与中国实际相结合实现中国化的进程，就是中国人在精神上由被动变为主动的过程。马克思主义为中国革命、建设和改革提供了强大思想武器，使中国这个古老的东方大国创造了人类历史上前所未有

---

① 《毛泽东选集》第三卷，人民出版社 1991 年版，第 831—832 页。

② 许全兴：《纪念"五四"新文化运动百周年四题》，《毛泽东邓小平研究》2015 年第 7 期。

③ 张锡勤：《儒学在中国近代的命运》，人民出版社 2004 年版，第 244 页。

的发展奇迹。

二、俄国十月革命与五四新文化运动

（一）俄国十月革命对五四新文化运动的影响

五四新文化运动在没有接受十月革命的影响之前，存在着一些严重的缺点：在阶级觉悟上，五四新文化运动的倡导者们当时还不懂得，要彻底改变中国的现状，挽救中国的民族危局，就必须推翻帝国主义和封建主义的反动统治，从根本上改造中国的社会制度。虽然他们在资产阶级思想启蒙，启发人们反封建的觉悟做了不少工作，但是他们没有把对封建礼教的批判同对反动统治者的不满和反抗结合起来。在势力范围上，五四新文化运动的参与者和影响范围只是主要集中在城市小资产阶级和资产阶级知识，还没有发动广大劳动人民群众的参与。在指导思想上，在当时新文化运动批判中，还没有马克思主义先进思想的指引，实行的是资产阶级形式主义的方法，正如毛泽东指出的那样："他们反对旧八股、旧教条，主张科学和民主，是很对的。但是他们对于现状，对于历史，对于外国事物，没有历史唯物主义的批判精神，所谓坏就是绝对的坏，一切皆坏；所谓好就绝对的好，一切皆好。"[1] 毛泽东说："中国有许多事情和十月革命以前的俄国相同，或者近似。封建主义的压迫，这是相同的。经济和文化落后这是近似的。两个国家都落后，中国则更落后。"[2] 近代以来中国向西方学习不断失败的历史，使得中国先进的人物按照西方资产阶级国家的榜样来改造中国的企图变成一种不可能实现的梦想。多年失败的教训，加上第一次世界大战爆发后西方资本主义社会矛盾和危机，使得中国激进的民主主义者开始对中国走资本主义道路产生怀疑和失望。他们在号召人们向封建文化思想进行彻底斗争的同时，努力寻找新的

---

① 《毛泽东选集》第三卷，人民出版社 1991 年版，第 788—789 页。
② 《毛泽东选集》第四卷，人民出版社 1991 年版，第 1469 页。

出路。正如鲁迅回忆的那样："先前，旧社会的腐败，我是觉到了的，我希望着新的社会的起来，但不知道'新的'该是什么；而结也不知道'新的'起来以后，是否一定就好。"① 俄国十月社会主义革命回答了中国先进知识分子的问题，消除了他们内心的怀疑和困惑。俄国在十月社会主义革命之后的明显变化，对中国的知识分子来说，显得是如此亲切和易于理解，使得他们看到了中国未来的希望，他们便根据这种新的觉悟和认识重新考虑中国的问题。五四新文化运动受到十月革命的影响，逐渐突破了旧式资产阶级民主主义的范畴，在思想上、行动上具有了社会主义的因素。欧战的结束和世界革命运动的高涨影响下，中国人民革命热情高涨，迫切地要求改变国内政治局势，辛亥革命之后沉寂一时的政治斗争又活跃起来。总之，这个时期的新文化运动无论在思想上和政治上都向前迈进了一大步。

（二）五四新文化运动从思想革命到政治革命的转变

在十月革命的影响下，最初的共产主义知识分子出现，并开始传播马克思主义，从而为中国的民主革命注入了全新的思想因素，新文化运动开始展现出思想斗争与政治斗争结合的倾向，这就大大加强了中国人民反帝反封建的革命斗争的坚决性和彻底性。毛泽东指出："十月革命帮助了全世界也帮助了中国的先进知识分子，用无产阶级的宇宙观作为观察国家命运的工具，重新思考自己的问题。走俄国人的路——这就是结论。"②

李大钊在 1918 年到 1919 年年初发表的几篇论文，如《法俄革命之比较观》《庶民的胜利》《布尔什维克的胜利》《青年与农村》等代表了中国的知识分子的这种新的觉悟和根据俄国十月革命的经验来重新思考中国问题的倾向。李大钊的文章表明中国先进的知识分子在十月革命影响下的新觉悟，同时也是对帝国主义和国内反动统治者的直接攻击，因此马克思主义宣传的最

---

① 《答国际文学社问》，《且界亭杂文》，载《鲁迅全集》第 6 卷，人民文学出版社 1981 年版，第 18 页。

② 《毛泽东选集》第四卷，人民出版社 1991 年版，第 1471 页。

初的效果，就直接表现为在新文化运动和当前政治斗争的结合上。[①] 陈独秀通过"最后觉悟之觉悟"所要达到的目标，仍然是指向国家、社会和群体的改造与进步。也就是说，启蒙的目的、文化的改造、传统的扔弃，仍是为了国家、民族，仍是为例改变中国的政局和社会面貌。对传统儒学的批判，对孔子的抨击，西方思想的启蒙，都是为了使中国摆脱落后挨打的境遇，实现国家的富强，中国不再遭受外国列强的欺凌。这与单纯的西方个体主义的自由、独立、平等思想的启蒙，还不完全一样。正是从这个时候起，新文化运动无论在思想上和政治上都向前迈进了一大步。思想上，突破了资产阶级民主主义的范围，开始具有了社会主义的因素；政治上，欧战的结束和世界革命运动的高涨促使中国人民迫切地希望政治局势有所改变，因而沉寂了一时的政治斗争又活跃起来。为了配合当时政治斗争进行实际宣传的需要，1918年 12 月 22 日，李大钊和陈独秀创办了报纸型的周刊——《每周评论》，以便及时反映当时迫切的政治问题。

新文化运动的深入和反军阀宣传的逐渐开展，广泛地引起了青年知识分子追求真理进和追求解放的热潮，唤起他们对国家和民族命运的关心。因而在各地青年学生中陆续出现了一些爱国团体和进步组织以及介绍新思想和新知识的刊物。在进步的社团中，以毛泽东、蔡和森组织的新民学会，李大钊和王光祈在北京发起成立的少年中国学会为代表。介绍新思想、新知识的刊物中，影响比较大而且有代表性的是 1919 年 1 月出版的《国民》和《新潮》。随着新刊物的增多，这时候的新文化运动突破了原来以《新青年》的统一战线，范围和影响扩大了。

新文化运动由反封建的思想斗争发展到反军阀的政治斗争而达到高潮，对帝国主义的认识也随着巴黎和会的教训而逐渐清楚。中国人民从辛亥革命失败以后便在怀疑和找出路，但是直到十月革命之后，才找到了马克思主义

---

① 丁守和：《从五四启蒙运动到马克思主义的传播》，生活·读书·新知三联书店 1979 年版，第 65 页。

这个放之四海而皆准的真理。① 列宁在 1919 年写道:"现代革命进入了一个新的时期,东方各族人民开始干预世界命运而不再仅仅充当别人发财的对象了。东方各民族人民纷纷觉醒了,他们要求实际行动起来,要求每一民族人民都能干预全人类的命运问题。"② 由于十月革命和世界革命形势的影响,中国人民空前地提高了政治觉悟和革命的积极性,以新的方式、新的规模向封建势力和帝国主义展开新的斗争。

(三)马克思主义中国在广泛传播

近代以来围绕"中国向何处去"不断地思考国家与民族的出路,在向西方学习不断失败的历史,使得中国激进的民主主义者开始对中国未来前途失去信心。俄国十月革命使正在苦苦寻找出路的中华民族看到了新的希望,给以极大的震动与影响,为灾难深重的近代中国指明了斗争的方向。毛泽东说:"中国有许多事情和十月革命以前的俄国相同,或者近似。封建主义的压迫,这是相同的。经济和文化落后这是近似的。两个国家都落后,中国则更落后。"③ 在十月革命以及由它所引起的世界革命高潮的带动下,马克思列宁主义给处在黑暗与迷茫的中国人带来的光明与希望。

十月革命和五四爱国运动推动下,新文化运动的主要领导人在运动后由激进民族主义者转变为马克思主义者的过程就是马克思主义在中国广泛传播的过程。对马克思主义传播作出突出贡献的是李大钊同志,他是中国马克思主义宣传的旗手,是中国马克思主义宣传的第一人。1916 年 5 月自日本回国以后,即参加了陈独秀领导的新文化运动,积极宣传马克思主义。

---

① 丁守和:《从五四启蒙运动到马克思主义的传播》,生活·读书·新知三联书店 1979 年版,第 107 页。

② 《在东方各民族人民共产主义组织第二次全俄代表大会上的报告》,《列宁全集》第 30 卷,第 137—138 页。

③ 《毛泽东选集》第四卷,人民出版社 1991 年版,第 1469 页。

1918 年先后发表《法俄革命之比较观》《庶民的胜利》《布尔什维克的胜利》。1919 年 9 月，发表《我的马克思主义观》系统介绍了马克思主义的三个组成部分，是第一次比较系统地介绍马克思主义的经典著作，《我的马克思主义观》是推进中国马克思主义传播的最重要文献。五四运动之后，李大钊继续介绍十月革命和国际共产主义运动的历史以及社会主义苏联国内情况，继续进行马克思主义的宣传。李大钊在《俄罗斯革命之过去和将来》《十月革命与中国人民》等文中，比较详细介绍了俄国十月革命的历史和革命以后的情况，着重介绍了列宁的生平事略，指明了中国人民要取得彻底的解放，就必须走苏俄的道路。在李大钊的周围聚集了一大批追求进步，向往真理志同道合的同事、学生，形成以北京大学为中心的马克思主义传播中心，推动马克思主义在中国不断扩大影响，更多的积极分子投身到马克思主义传播之中。

三、五四反帝爱国主义运动的爆发

（一）向西方寻求真理的破产

20 世纪初，西方资本主义国家遭遇百年不遇的经济危机。帝国主义国家在划分势力范围和争夺殖民地问题上矛盾激化，1914 年第一次世界大战的爆发，国际局势发生重大的变化。战争空前残酷，欧洲参战各国在战后的衰败和混乱，人民生活的极端痛苦，精神的极度空虚和颓废，西方资本主义文明完美的神话破产。通过这场战争，中国先进知识分子强烈感受西方帝国主义国家的霸权主义与强权政治，对资本主义制度代表的西方文明已经失去信心。欧洲大战使得"欧人自己亦对于其文明之真价不得不加以反省"，"使欧洲文明之权威大生疑念"①。中国民主主义者开始对中国走资本主义道路产

---

① 《李大钊文集》上卷，人民出版社 1984 年版，第 565 页。

生怀疑和失望。近代以来中国向西方学习不断失败的历史，使得中国先进的人物按照西方资产阶级国家的榜样来改造中国的企图变成一种不可能实现的梦想。毛泽东指出："帝国主义的侵略打破了中国人学西方的迷梦。很奇怪，为什么先生老是侵略学生呢？中国人向西方学的很不少，但是行不通，理想总是不能实现。"这种反思为中国先进知识分子放弃西方资本主义的现代化模式与方案，继续寻找救国救民的真理和接受马克思主义，创造了有利的条件。

（二）巴黎和会的外交失败是五四运动爆发的导火索

在第一次世界大战以后，日本帝国主义利用西方列强无暇顾及中国的机会，大肆对中国进行侵略，企图实现独霸中国的野心。1914年假借参战为名，从德国手中夺走了青岛和胶济铁路；1915年"二十一条"与1918年签订《中日共同防敌军事协定》，日本帝国主义正在逐步控制中国的政治、经济、军事的大权。日本帝国主义的侵略行径激起全国人民强烈愤慨和激烈反对，面对铁一般的事实，不但中国先进的知识分子，就是一般的资产阶级知识分子也看清了日本帝国主义是中国的大敌。但是，多数人对于英、美、法等帝国主义去认识不清，抱有许多幻想，存在不切实际的想法。美国威尔逊总统的"十四条和平宣言"，提出的"民主自由""民族自决""保护弱小民族"的口号迷惑了许多中国人；一战结束以后，协约国大肆宣称"公理战胜强权""和平""正义""人道主义"等，让人对战后的世界秩序充满幻想。但是1918年4月的巴黎和会一开始就暴露了帝国主义的本来面目。它的议事程序规定只有英、美、法、意、日五国有讨论世界各大问题的资格，属于战胜国的中国被排除在外。中国作为战胜国，要求收回被俄国侵占山东的合理要求遭到拒绝。冷酷的事实击碎了人们对战后国际秩序的美好愿望，对帝国主义国家标榜"民主""自由"的失望，《每周评论》发出了"公理何在？"的质问。陈独秀愤然指出："巴黎的和会，各国都重在本国的权利，什么公理，什么永久和平，什么威尔逊总统十四条宣言，都成了一文不值的空话。"

分赃会议与"世界永久和平，人类真正幸福，隔着不止十万八千里，非全世界的人民都站起来直接解决不可。"①"现在还是强盗世界！现在还是公理不敌强权时代！"②第一次世界大战以及巴黎和会的召开，人们认识到国际不平等国际秩序，帝国主义国家霸权主义行径，人们对帝国主义所抱有的幻想破灭了，认识到帝国主义国家标榜的"公理""正义""人道""民族自决"等完全是骗人的假招牌，帝国主义，无论是东方的，还是西方的，都是一样不讲理的强盗。"资产阶级的文明，资产阶级的民主主义，资产阶级共和国的方案，在中国人民的心目中，一齐破了产。"③巴黎和会的外交失败是"五四"运动爆发的导火索，对西方文明的失望情绪以及西方列强的野蛮行径强烈地刺激国人，在强烈的爱国主义激发下，中国人民积极投身五四反帝反封建的革命洪流之中。

（三）五四反帝爱国主义运动的爆发

在十月革命以及日益高涨世界革命形势的影响下，爆发了五四反帝反封建爱国主义运动。毛泽东同志在《新民主主义论》中指出："五四运动是在当时世界革命号召之下，是在俄国革命号召之下，是在列宁号召之下发生的。"④

1919年5月4日，由以一场外交失败为直接导火索引燃了五四爱国主义运动，三千多名愤怒的学生在北京天安门举行了大规模的集会与示威游行，高呼爱国口号，声讨巴黎和会，痛斥卖国行为。北京的怒火很快以燎原之势迅速燃遍全国，全地学生带着对帝国主义和反动政府的愤怒，走出课堂，涌向街头，控诉和揭露帝国主义的侵略和军阀政府卖国的罪行。各地群众起来声援，抗议政府迫害，谴责政府。五四运动的中心由北京转移

---

① 《陈独秀文章选编》第1卷，上海人民出版社2014年版，第90—91页。
② 《陈独秀文章选编》第1卷，上海人民出版社2014年版，第98页。
③ 《毛泽东选集》第四卷，人民出版社1991年版，第1471页。
④ 《毛泽东选集》第二卷，人民出版社1991年版，第699页。

到上海之后，工人阶级成为运动的主力军，由少数青年学生和知识分子参与的运动迅速转变为全行业人员参与的彻底的反帝反封建爱国主义运动，显示出当时中国社会的觉醒程度。毛泽东同志在《新民主主义论》中指出："五四运动是在当时世界革命号召之下，是在俄国革命号召之下，是在列宁号召之下发生的。"[①]五四运动是一次彻底的反帝反封建的政治斗争，它带着旧式资产阶级民主革命不曾有的姿态登上历史舞台，成为中国新民主主义革命的开端。五四运动标志着新文化运动由旧式的资产阶级民主主义文化运动转变为无产阶级领导的新式的民主主义文化运动。五四运动后期马克思主义与中国工人运动结合为中国共产党的诞生奠定了阶级基础，中国共产党的诞生，中国革命面貌焕然一新，由此，中国革命进入了新民主主义革命。

四、马克思主义继续传播与中国共产党成立

（一）中国的马克思主义思想运动

五四新文化运动是中国马克思主义思想运动的开端。五四运动是彻底的反帝反封建的民主革命运动，运动本身不具备社会主义性质，它成为中国马克思主义思想运动的开端，是由以下两个因素造成的。一是中国工人阶级的发展壮大，在国际无产阶级革命高潮的影响下迅速地提高了政治觉悟。五四运动中，工人阶级以政治罢工的形式第一次登上历史舞台，并在运动中表现出了坚决的革命性，显示出工人阶级的伟大力量，扩大了运动影响力，为马克思主义在中国的广泛传播奠定了坚实的阶级基础，促进了马克思主义与中国工人运动结合。二是五四运动坚决的反帝立场揭露了帝国主义的侵略本质，使人们抛弃了对帝国主义的幻想，走上坚决反对帝国

---

① 《毛泽东选集》第二卷，人民出版社 1991 年版，第 699 页。

主义的道路。在当时，同情和支持中国革命的只有列宁领导的社会主义苏联，因此"彻底的反帝思想很自然地就同社会主义联系起来，促进了中国进步知识分子和广大青年对资产阶级民主的厌弃，而努力学习和研究社会主义。"①

在五四运动时期，李大钊已经成为一个具有初步共产主义思想的马克思主义者了。另一位新文化运动的领导人陈独秀也在五四运动前后完成马克思主义思想的启蒙，实现由民主主义向马克思主义者的转变。在五四运动中，具有初步共产主义思想的先进知识分子李大钊、陈独秀等投身于运动之中，散发传单，营救学生，走向与青年学生及工农大众结合的道路，将马克思主义与工人运动结合起来，扩大了马克思主义在群众中的影响，推动了马克思主义的传播。在五四以后，随着李大钊、陈独秀等新文化运动的领导人从民主主义者转变为马克思主义者转变，"他们自身的马克思主义思想启蒙是中国社会马克思主义启蒙的开端和发展前提。"②

五四运动之后，社会改造讨论的高潮涌过之后，中国人民迫切需要一个理想社会的模型，表现出对未来社会的急切关注。这个时候，西方资本主义制度已经褪色和没落，不再是中国人学习的榜样，社会主义的苏联就成为最新的社会模型而成为广泛的研究对象。有关十月革命基本经验和新生的苏维埃政权各项政治经济措施都介绍到中国来。特别是苏维埃政权在列宁的领导下粉碎外国帝国主义的武装干涉和国内的叛乱，克服国内严重的经济困难，从而日益巩固发展的时候，引来全世界愈来愈多的关心与注意，许多刊物都发表了大量的介绍有关苏俄革命的文章。李大钊继续介绍十月革命和国际共产主义运动的历史以及社会主义苏联国内情况，继续进行马克思主义的宣传。李大钊在《俄罗斯革命之过去和将来》《十月革命与中国人民》等文章中，比较详细介绍了俄国十月革命的历史和革命以后的

① 丁守和：《从五四启蒙运动到马克思主义的传播》，生活·读书·新知三联书店 1979 年版，第 163 页。

② 赵士发：《现代化进程中的马克思主义中国化》，人民出版社 2016 年版，第 22 页。

情况，着重介绍了列宁的生平事略。1919 年 5 月在李大钊的主持下《晨报副刊》创辟《马克思主义研究》专栏，连续介绍马克思的相关著作。与此同时，在《新青年》编辑了《马克思主义专号》，《共产党宣言》等马克思主义经典著作开始翻译与出版；各地共产主义积极分子，如毛泽东在湖南，周恩来在天津，李达、李汉俊在上海，在思想上完成马克思主义的转变，并立即投身于马克思主义的思想宣传，有力地推动了全国各地马克思主义的传播与启蒙。

在马克思主义传播过程中，列宁领导的苏维埃政府发表的两次对华宣言也起到了推动作用。第一次对华宣言是 1919 年 7 月发出的，但是由于反动的北洋政府的扣压，当时不为人们所知晓，直到 1920 年 3、4 月间才有外国媒体透露出来。接着苏俄政府在 1920 年 9 月又发表第二次对华宣言。两次宣言都宣称废除沙皇帝国时代同中国签订的不平等条约，放弃在中国的帝国主义特权，提出和中国建立友好的关系，支持中国人民争取独立自由的斗争。宣言一经披露，在中国引起强烈的反响。近百年来，中国一直处在被动挨打、任人欺凌，受尽帝国主义国家欺辱，从来没有真正的朋友，只有社会主义苏联，只有列宁领导的工农政府，对中国表现出真正的友谊，受到中国人民热烈的欢迎，各阶层纷纷发表评论表示感谢并称赞这是"自有人类以来空前的美举"，欢呼列宁政府是"正义人道之骄子"，"全俄的工人农民和红卫军是世界上最可爱的人类"，中国工人表示愿意与"全俄的工人、农民、红卫兵提携，立在那正义人道的旗帜下面，一齐努力，铲除那特殊的阶级，实现那世界的大同。"[①] 在这种热烈的氛围下形成谈论和学习苏俄的高潮，进步的青年已经认识到苏俄的义举是因为列宁领导的政府是代表被压迫阶级，反对世界的剥削阶级的，中国要取得彻底的解放，就必须和苏俄人民及世界上被压迫阶级和被压迫的民族联合起来，共同反对国际帝国主义。这种有利的局面对传播列宁关于民族殖民地思想，扩大马克思主义影响起到了极好的

---

① 转引自丁守和：《从五四启蒙运动到马克思主义的传播》，生活·读书·新知三联书店 1979 年版，第 205 页。

推动作用。

（二）先进知识分子对国家和民族出路的新思考

十月革命的胜利，空前显示了人民群众伟大革命威力，证明了只有人民群众才是历史的真正创造者的真理。俄国翻天覆地的变化和人民群众显示的伟大革命力量，震惊了正在寻找出路的中国先进知识分子，使他们看到了历史发展的方向，认识到劳动阶级，中国工人阶级承载了未来中国的希望。李大钊在《青年与农村》一文中号召知识青年要以俄罗斯青年为榜样，和工人农民打成一片，在他们中间进行宣传和组织工作，以培植革命力量。李大钊认识到了劳动群众特别是工人阶级的力量和对于革命的作用，"劳工阶级有了自卫的方法，那些少数掠夺劳工剩余的强盗，都该匿迹销声了"。他认为今后社会发展的前景必是"劳工的世界"，"劳工阶级要联合他们全世界的同胞，作一个合理的生产者的结合，去打破国界，打到全世界资本阶级"。这是"人类生活中的新纪元"，"是世界革命的新纪元，是人类觉醒的新纪元"。[①] 受十月革命的影响，1918 年 3 月在中国出现了第一个以《劳动》命名的杂志，提出要"尊重劳动，提倡劳动主义，培植劳动者之道德，灌输劳动者以世界知识，纪述世界劳动者之行动，以明社会问题的真相，促进我国劳动者与世界劳动者一致解决社会问题"。[②] 资产阶级教育家，著名人士蔡元培在 1918 年 11 月举行庆祝欧战胜利的集会上发表演说，喊出："劳工神圣"的口号，很快流行起来，成为当时那个时代的"时髦"用语，"这个口号实际上反映了中国知识分子在当时世界革命高潮影响下对劳动人民的一种新认识"。[③]1919 年年初，由邓中夏发起成立的北京大学平民教育讲演团，

---

① 《李大钊文集》上卷，人民出版社 1984 年版，第 607—608 页。
② 丁守和：《从五四启蒙运动到马克思主义的传播》，生活·读书·新知三联书店 1979 年版，第 113—114 页。
③ 丁守和：《从五四启蒙运动到马克思主义的传播》，生活·读书·新知三联书店 1979 年版，第 114 页。

是进步知识分子开始接近劳动群众，走工农结合道路的尝试。

（三）马克思主义与工人运动尝试结合

先进知识分子不但改变着对劳动人民的看法，不断探讨着劳动的意义和劳动创造世界的道理。在五四运动之中，广大的青年学生和工人群众联合起来同反动的政府进行了英勇的斗争，虽然他们在当时还没有认清工人阶级在革命中的地位，但是通过实际斗争的教育，他们已经感觉到工人阶级力量的重要，对改造中国的依靠力量有了新的认识。毛泽东在《民众的大联合》一文中对中国人民的觉醒表示了极大的喜悦，认识到以工农为基础的民众大联合是战胜帝国主义和反动军阀统治的最重要、最可靠的武器和力量，指出了知识分子和劳动人民结合的正确道路，代表了那个时代先进知识分子的工农群众与革命关系正确的认识。

五四运动是中国工人阶级运动的重要转折点。在六三大罢工中第一次显示阶级觉悟和政治觉悟的中国工人阶级，通过运动教育了自己，认识到帝国主义和反动军阀是中国人民和中华民族最凶恶的敌人，认识到自己和资本家的矛盾，也初步显示出作为一个阶级组织起来的力量。随着马克思主义的传播，工人阶级在实际的斗争中接受马克思主义之后才逐渐认识到自己身上的历史使命，对国家命运和社会政治生活更加关心。五四运动之后到党成立这个时期，规模最大、次数最多的罢工主要集中在帝国主义在华开设的企业中，表明在五四反帝斗争的形势下，中国的工人阶级没有忘记对帝国主义的仇恨，把六三罢工的斗争精神在随后的斗争中坚持下来。如上海的日本纱厂的中国工人在1919年10月和1920年1月、2月、3月、6月、9月曾连续举行罢工。据不完全统计，1919年的下半年上海纱厂的罢工13次；1920年增加到56次，近因米价暴涨而增加工资的罢工就达33次之多。[1] 随着工人阶级政治觉悟不断提高，政治罢工和政治斗争不断增多。1919年11月，福

---

[1] 以上数据转引自丁守和：《从五四启蒙运动到马克思主义的传播》，生活·读书·新知三联书店1979年版，第345—346页。

建日本驻军开枪打死中国学生的事件发生以后，上海工人和各阶人民举行大会，声讨帝国主义屠杀学生的罪行，提出"日本政府谢罪""惩办驻闽日领署警察长""限日本军舰军队离闽"等。① 随后北京长辛店铁路工人召开"国民大会"，抗议日本暴行。在天津，周恩来和觉悟社的成员主持了包括众多工人参加的大会，声讨帝国主义暴行，支援福建学生运动的爱国斗争。中国工人阶级政治觉悟的提高和工人运动的发展，对革命知识分子的思想转变发生重要严重，为马克思主义与中国工人运动的结合准备了条件。

"劳工神圣"的提出，标志着社会各阶层逐渐把目光都集中在中国工人阶级身上，工人阶级在开始登上历史舞台，成为未来中国社会的主导力量和希望。北京五四运动爆发之后 6 月 3 日，上海工人进行大规模的罢工，运动的主力由学生转到工人阶级，发展成为有广大工人阶级、小资产阶级和资产阶级参加的全国范围的群众运动，显示了中国人正在日益觉醒，显现了群众的爱国主义精神与伟大力量。在斗争中显现了中国工人阶级的斗争热情和勇气，成为运动的主导力量。"中国工人经济生活那样极人间少有的痛苦，迎受世界革命的潮流，不用说是很自然的；特别是俄国十月革命无产阶级大革命的胜利，更使得中国工人受到深刻的影响和强烈的鼓舞。"②

共产主义知识分子开始到工人中间进行宣传和组织工作，到工人劳动场所进行调查研究，知识分子和劳动群众的进一步深入了。这种情况在 1920 年的庆祝五一劳动节的活动中明显反映出来，1920 年的劳动节，工人群众、广大的青年学生和知识分子已经有了强烈的反应，许多城市都举办了集会、讲演和游行示威活动。北京的活动在李大钊、邓中夏等人的领导下继续打出"劳工神圣"的宣传口号，沿途散发《五月一日劳工宣言》；平民教育讲演团在街头发表演说，北京学生联合会学生散发《五一历史》等传单。上海的活动在陈独秀等人组织下召开庆祝大会，喊出"劳工万岁"的口号，提出"八小时工作制"等要求。长沙、唐山、哈尔滨等地均有相关纪念活动。在各种

① 《民国日报》1919 年 11 月 24 日。

② 邓中夏：《中国职工运动简史》，人民出版社 1953 年版，第 13 页。

报刊上，对五一劳动节的纪念更加空前。

1920年的五一劳动节虽然是由知识分子主持的，但是各地有许多工人参加，反映了中国工人运动的进步和革命知识分子与劳动人民群众结合的开始。"五四运动以后，新文化的潮流滚滚而来，'劳工神圣'的声浪也就一天高似一天，到了今年，北京人士虽然感想不尽相同，但几乎没有一个人不晓得有劳动节的。单看这一点，中国这一年中的进步不能不算不快。"[①] 从五一劳动节的宣传口号中可以看出，中国工人已不是仅限于争取"八小时工作制"，提高工资待遇等经济上的要求，而是带有强烈的反帝反封建的革命要求。

（四）中国共产党的成立

随着马克思主义在中国的传播，为进一步扩大本阶级的团结与组织，特别是迫切要求成立本阶级利益的、能组织和领导工人斗争的政党组织，接受马克思主义的先进知识分子也越来越感觉到建立自己的革命组织的必要了。

李大钊和陈独秀在共产国际的帮助下，积极筹备成立中国共产党。最早酝酿建立工人阶级政党的是李大钊、陈独秀。1920年年初，在陈独秀离京赴沪之际，李大钊和陈独秀即交换建立共产党的意见。初步约定在北京和上海进行筹备活动。1920年4月，共产国际代表来北京会见李大钊，讨论了建立共产党的问题。经过一段时间的筹备，1920年8月陈独秀等人在上海成立共产党的发起组织，并函约各地共产主义者成立党的支部。同年10月北京共产主义小组成立。1920年秋到1921年春，毛泽东在长沙、董必武在武汉、王尽美在济南、谭平山在广州先后成立共产主义小组；这同时，周恩来在巴黎、周佛海在日本也成立相似的组织。各地共产主义小组的成立，把各地马克思主义者和具有共产主义思想的进步知识分子组织起来，为建立全国性的统一的党做了组织上的准备。各地共产主义小组开展了多方面的工作。首先是进一步扩大马克思主义的宣传。1920年9月，上海小组把《新

---

① 《劳动节的北京》，《民国日报》1920年5月1日。

青年》改为党的公开理论刊物，进行马克思主义基本原理的宣传，宣称："承认用革命的手段建设劳动阶级的国家，创造那禁止对内对外一切掠夺的政治法律，为现代社会第一需要。"① 随后创办的《共产党》月刊，主要介绍马克思主义建党学说和共产国际与俄共组织情况。为了团结和教育广大进步青年参加革命斗争和学习马克思主义，上海共产主义小组在 1920 年 8 月组织社会主义青年团，并在此基础上于 11 月正式建立了中国社会主义青年团，出版刊物《先驱》，向青年宣传社会主义思想。各地共产主义小组积极出版报刊或利用已成立的马克思主义研究会和学校讲坛，扩大马克思主义宣传，为建党作准备。经过各地共产主义小组的酝酿、准备，成立全国性的统一的中国共产党的条件已经成熟。1921 年 7 月 23 日，中国共产党第一次全国代表大会在上海召开。出席大会各地代表 12 人（包惠僧代表陈独秀列席会议），代表各地党员 50 余人，共产国际代表两人。中国共产党的成立是中国近代历史上开天辟地的大事件，具有伟大意义。近代以来中国革命的基本任务就是推翻帝国主义和封建主义的统治，实现民族独立，为中国现代化建设铺平道路。为了完成这样的任务，中国先进知识分子历经千辛万苦寻找救国救民的真理，中国人民进行了可歌可泣的英勇斗争，但都失败了。历史的事实和经验表明，只有以马克思主义为指导思想的中国无产阶级及其先锋队——中国共产党才能担负起领导中国革命的重大责任，才能领导人民取得最后的胜利。

第四节　马克思主义中国化提出的实践基础与文化背景

从理论层面上讲，马克思主义传到中国以后，就与中国现实相结合开启

---

① 《陈独秀文集》第二卷，人民出版社 2013 年版，第 39—40 页。

中国化的进程。但是，我们这里所指的马克思主义中国化是中国共产党在领导新民主主义革命进程中对马克思主义基本与中国实际相结合的有正确认识与态度，并在理论与实践中推动马克思主义与中国实际相结合，这是一个漫长而且曲折的过程。中国共产党在领导中国新民主主义革命的过程中必然会遇到极大的困难，其中有胜利，也有曲折。中国共产党在运用马克思主义指导中国革命的实际中遇到一个重要的难题就是如何将马克思主义普遍原理与中国实际相结合，即马克思主义中国化，解决中国革命遇到的问题。幼稚的教条主义者对中国社会、中国革命没有好好研究，对马克思主义中国化更无认识。在经历了两次成功与两次失败之后，直到 1938 年六届六中全会上，中国共产党才正式提出马克思主义中国化的命题。马克思主义中国化命题的提出，经过了长期的理论准备，与当时的革命实践与文化背景紧密联系。

一、马克思主义中国化提出的实践基础

以马克思主义为指导思想的中国共产党在领导新民主主义革命的进程中，是付出巨大的牺牲、经过曲折的奋斗才探索到中国革命道路的过程，是不断同各种错误思想作斗争并最终实现马克思主义中国化的过程。在新民主主义革命进程中，对革命造成最大的危害的就是党内教条主义，其问题的核心就是教条化对待马克思主义，偏离马克思主义唯物主义立场，跌入唯心主义的泥潭。新民主主义革命的进程就是一个认识、掌握并灵活运用马克思主义指导中国革命，产生中国化马克思主义过程。

（一）新民主主义革命的曲折进程

五四运动划分了中国新旧民主革命的界限，扩大了马克思主义在中国的广泛传播，推动了马克思主义和工人运动的结合，是中国新民主主义革命的伟大开端。中国共产党成立以后，立即投入到中国新民主主义革命的组织与领导之中，掀起了轰轰烈烈的人民大众的革命洪流，向着帝国主义、封建主

义展开了激烈的斗争。中国共产党诞生于中国社会矛盾极其尖锐、人民革命斗争极其英勇的半殖民半封建的中国。

中国共产党是以列宁建党原则和建党经验为榜样，继承了国际共产主义运动最优良的传统。中国共产党诞生于十月革命以后，世界无产阶级革命的时代。这个时候的马克思列宁主义已经排除了第二国际机会主义、修正主义的干扰，而且世界上已经建立起列宁领导的第一个无产阶级专政的社会主义国家，并已经巩固了政权，逐渐担负起国际共产主义运动的领导责任。在这种背景下建立起来的中国共产党没有也不可能进行"和平"的议会斗争，不会沾染社会民主主义的不良影响，完全是以列宁建党原则建立起来的党，具有高度的组织性与严密的纪律性，受益于国家共产主义运动宝贵经验。而且，中国共产党诞生于中国社会矛盾极其尖锐、人民革命斗争极其英勇的半殖民地半封建的中国。近代以来，中国是东方众多矛盾的焦点，世界上几乎所有的帝国主义国家都侵略过中国，中国的封建主义势力与帝国主义勾结起来压迫中国人民，革命势力与反革命势力之间进行着激烈的斗争。在这种环境中成长起来的中国工人阶级，是最具革命性的，中国共产党就是集中了中国工人阶级最革命的性格与中国人民不屈不挠的顽强品质，成为中国革命的领导核心。毛泽东指出："没有一个按照马克思列宁主义的革命理论和革命风格建立起来的革命党，就不可能领导工人阶级和广大人民群众战胜帝国主义及其走狗。……中国共产党就是依照苏联共产党的榜样建立起来和发展起来的一个党。自从有了中国共产党，中国革命的面目就焕然一新了。"[1]

中国共产党成立之后，立即投身于中国革命的洪流之中。党的第一次代表大会规定了党的总任务和党的最终奋斗目标，但还没来得及根据中国的实际情况制定出党的现阶段民主革命的纲领，在列宁《民族殖民地问题提纲》精神的指引下，1922 年 7 月党的第二次代表大会上提出了中国革命的方针和任务，制定了彻底的反帝反封建的民主革命的纲领，响亮喊出"打到军

---

[1]　《毛泽东选集》第四卷，人民出版社 1991 年版，第 1357 页。

阀""打倒帝国主义"的口号。中国共产党在这个阶段主要任务是领导中国工人运动。中国共产党清楚知道，提高工人阶级的革命觉悟和战斗力是党的首要职责，成立了中国劳动组合书记和各地分部来指导中国工人运动，在工人群众中做了大量的宣传和组织工作，工人运动迅速地发展起来。1922 年 1 月到 1923 年 2 月，各大城市共计发生了一百多次罢工，参加人数达三十万人以上。毛泽东领导的安源路矿工人罢工成为全国工人运动高潮中的"红星"。在发展工人运动的同时，中国共产党又在共产国际的帮助下开始争取和团结以孙中山为首的资产阶级民主派的工作。中国共产党指出了国民党脱离人民群众，幻想依靠军阀和帝国主义帮助来进行革命的错误主张，肯定了以孙中山为首国民党的革命民主主张，提出帮助孙中山改造国民党。"孙中山在绝望里，遇到了十月革命和中国共产党。孙中山欢迎十月革命，欢迎俄国人对中国人的帮助，欢迎中国共产党同他合作。"[①]国共统一战线建立以后，在中国共产党的领导下，各地开展了发对帝国主义的废除不平等条约运动和反对军阀政府的国民会议运动，工人运动也蓬勃发展起来，打倒军阀的北伐战争掀起了大革命的高潮。在这期间，毛泽东对湖南农民运动作了深入的考察，写下《湖南农民运动考察报告》一文，驳斥了反动派对农民运动的污蔑，批评了陈独秀为代表的党内右倾机会主义对农民运动的错误看法，是当时中国共产党党内将马克思主义理论和中国客观实际情况相结合，解决中国革命问题的健康力量与正确方向。1924 年到 1927 年的大革命，由于国民党蒋介石集团的叛变和共产党内部的右倾机会主义路线的错误指导而遭受了失败。但是，以毛泽东为代表的中国共产党的正确总结了这次革命的经验，在广大的农村点燃了革命烈火，坚持无产阶级对革命的领导权，建立农村革命根据地，实行人民政权，建立人民武装，实行土地革命，开始摸索出"农村包围城市"、武装夺取政权的新民主主义革命道路。在这条革命道路的指引下，中国共产党在农村根据地蓬勃发展。蒋介石反动政权对革命根据地进

---

① 《毛泽东选集》第四卷，人民出版社 1991 年版，第 1471 页。

行疯狂的"围剿"，中国共产党及其领导的根据地军民进行了英勇顽强的斗争，遭遇到许多困难和挫折。在中国共产党党内发生过三次"左"倾错误，尤其是王明"左"倾教条主义路线，使中国革命遭受极为严重的损失，"第三次'左'倾路线在党内的统治长达四年之久，造成的损失最大，革命力量损失百分之九十以上。"①"左"错误的思想根源在于如何运用马克思主义的基本原理，以马克思主义的观点、立场与方法解决中国的实际问题。中国革命两次成功、两次失败得出经验教训就是必须将马克思主义基本原理与中国实际相结合，马克思主义形成适合中国革命的马克思主义，即形成中国化的马克思主义。由于毛泽东等始终坚持正确路线，坚持将马克思主义和中国革命实践相结合的原则，坚决依靠和发动最广大的人民群众，从而扭转了革命的危机，推动革命的发展。1931 年的遵义会议，确立了毛泽东在全党的领导地位，中国革命在毛泽东的指引下，逐步走向胜利。中国人民在中国共产党的领导下，经过二十八年不屈不挠、艰苦卓绝的英勇斗争，终于在 1949 年推翻了帝国主义、封建主义和官僚资本主义的反动统治，取得了新民主主义革命的彻底胜利，建立了中华人民共和国。中国共产党为新民主主义革命的胜利付出了惨痛的代价和巨大的牺牲，最终指导中国人民在争取民族独立的斗争中赢得了历史性的伟大胜利。

（二）新民主主义革命的基本经验

中国自近代一步步滑向半殖民半封建的历史深渊，先进的中国人民进行了可歌可泣的斗争但都以失败告终。中国革命只有在中国工人阶级及其先锋队组织——中国共产党的领导下，才能完成近代历史任务，实现民族独立并开辟中国现代化建设的道路，最终实现现代化，实现民族复兴伟业。

在实现民族独立的历史进程中，中国共产党使中华民族摆脱了被殖民、国家四分五裂的悲惨命运，战胜了世界上最强大、最凶残的敌人，建立了独

---

① 《毛泽东文集》第七卷，人民出版社 1999 年版，第 51 页。

立、自主、统一的新中国，为中国现代化转型开辟了通道，中国革命是当之无愧的"伟大革命"。毛泽东指出："灾难深重的中华民族，一百年来，其优秀人物奋斗牺牲，前仆后继，摸索救国救民的真理，是可歌可泣的。但是直到第一次世界大战和俄国十月革命之后，才找到马克思列宁主义这个最好的真理，作为解放我们民族最好的武器，而中国共产党则是拿起这个武器的倡导者、宣传者和组织者。"①

马克思主义是在欧洲工人运动高涨多的时期诞生的，是总结了工人运动的经验并批判、改造近代西方的思想文化和意识形态，是吸收了西方文明一切有价值元素的集大成者。实践证明，中国这样一个半殖民地半封建的东方大国进行革命，靠儒学解决不了近代中国面临着的历史任务，中国革命需要先进思想的指导。在马克思主义没有传到中国以前，中国多次革命斗争都失败了。只有中国人民接受了马克思主义，有了中国共产党的领导，中国革命才走向胜利的道路。马克思主义传到中国以后改变了中国。中国革命因为马克思主义思想指导而找到正确的道路，从而改变近代中国历史的走向，取得最终的胜利。但是，任何国家都应其特殊的国情与复杂实际，一般地照搬马克思主义的教条也不可能解决中国革命的具体问题，必须将马克思主义基本原理与中国实际结合起来才能发挥其效用。

总结中国新民主主义革命规律，坚持中国共产党对革命的领导，不断推进马克思主义与中国实际相结合是中国革命取得成功的根本经验。如何有效地将马克思主义应用到新民主主义革命的实践中，中国共产党为此进行了长期的探索并付出了惨痛的代价。事实证明，将马克思主义确立为指导思想并不能自动解决中国革命的实际问题，掌握马克思主义的这个理论武器还必须同中国革命具体实践相结合，也就是必须实现马克思主义中国化才能救中国，指引中国革命走向胜利。

马克思主义中国化是经过长期的、痛苦的一个过程才被全党认识并接受

---

① 《毛泽东选集》第三卷，人民出版社1991年版，第796页。

的。在中国共产党自成立之初，就存在一股将苏联经验神圣化、将马克思主义及共产国际指示教条化的思想倾向。马克思主义必须中国化的经验得出是经过一连串残酷的失败，是对共产党早期意识形态权威和共产国际代言人进行淘汰的过程。只有像毛泽东这样既有马克思主义的理论素养，又深谙中国历史与文化，同时身体力行调查研究中国社会现实状况的领导人才能使得中国革命在残酷的斗争环境下生存下来，获得党的领导权，将中国革命引入正确的方向与道路。在中国共产党的历史上，毛泽东在认真总结历史经验的基础上，第一个明确提出了"马克思主义中国化"的命题，深刻论证了马克思主义中国化的必要性与极端重要性，系统阐述了马克思主义中国化的科学内涵和实现马克思主义中国化的正确途径，开辟了马克思主义在中国的发展道路，为党沿着正确的方向发展奠定了坚实的基础。在新民主主义革命史上，有两个关键的历史事件：一个是1935年遵义会议，毛泽东成为中国共产党实际的最高领导人。另一个是1942年延安整风运动。经过延安整风，马克思主义中国化成为全党普遍的认识，毛泽东思想是中国化的马克思主义，[①]并逐渐成为全党指导思想。

（三）马克思主义中国化的探索实践

中国先进的知识分子完成马克思主义的转变以后，即开始了运用马克思主义解决中国实际问题的探索过程。"近代中国在欧美工业文明的冲击下和帝国主义的侵凌中，能起死回生，无疑是中国共产党以马克思主义为指导思想，以极大的牺牲和艰苦的奋斗而取得的。"[②]"十月革命的一声炮响，给我们送来了马克思列宁主义。俄国十月革命的胜利令寻找出路的中国先进分子眼前一亮，其具体的原因正是'马克思列宁主义有一个一切问题根本解决的

① 1943年7月，王稼祥在《中国共产党与中国民族解放的道路》一文中把中国化的马列主义称为毛泽东思想。（参见陈君聪：《刘少奇的思想理论研究》，华夏出版社1988年版，第65页。）

② 窦宗仪：《儒学与马克思主义》，刘成有译，兰州大学出版社1993年版，中译本序。

共产主义理想社会，而革命后的俄罗斯似乎已经在开始实现它'。① 十月革命帮助了全世界也帮助了中国的先进知识分子，用无产阶级的宇宙观作为观察国家命运的工具，重新思考自己的问题。"儒学已经不能解决中国的问题，"康有为写了《大同书》，他也没有也不可能找到一条到达大同的路"；西方的道路也走不通，"帝国主义的侵略打破了中国人学习西方的迷梦。很奇怪，为什么先生老是侵略学生呢?"② 只有在接受马克思主义思想的启蒙以后，人们对中国社会问题的看法才大彻大悟，逐渐认识到西方帝国主义的侵略是导致中国落伍的主要原因，反对帝国主义是当前斗争的主要任务。"资产阶级的文明，资产阶级的民主主义，资产阶级共和国的方案，在中国人民的心目中，一齐破了产。"③ 接受马克思主义思想的指导，走俄国人的道路是当时先进的中国人共同的认识。

中国共产党自成立之日起，就明确把马克思主义确定为指导思想。然而，找到了马克思主义这个崭新的思想武器，并不意味着就能够自然而然地解决中国革命所面临的问题。在这里，还有一个如何把马克思主义基本原理同中国具体实践相结合的问题，还就是如何实现马克思主义中国化的问题。中国共产党对这个问题的认识，经过了长期的思考和探索的过程。中国共产党在领导中国革命的实践中还没有达到对马克思主义灵活运用的程度，受各种主客观因素的制约，对马克思主义的理解还存在教条主义的偏颇。党内的教条主义者机械对待马克思主义，对中国社会、中国历史文化没有好好研究，缺乏基本的认识，因此他们在马克思主义与中国实际结合上犯了严重的错误。中国共产党长期的探索并付出了惨痛的代价之后，才意识到必须实现马克思主义中国化才能解决中国革命问题，才能救中国，指引中国革命走向胜利。全党对马克思主义中国化自觉运用和进行理论上的总结则要等到延安整风运动以及党的七大。

---

① 李泽厚：《中国现代思想史论》，天津社会科学院出版社 2003 年版，第 21 页。
② 《毛泽东选集》第四卷，人民出版社 1991 年版，第 1470 页。
③ 《毛泽东选集》第四卷，人民出版社 1991 年版，第 1471 页。

马克思主义中国化的实践过程可以划分为以下三个阶段：

第一个阶段，从1918年马克思主义在中国开始传播到1927年大革命的失败。这个阶段马克思主义在传入中国，激进的民族主义者转变为马克思主义者，推动马克思主义在中国广泛传播并形成影响力。

李大钊可以说是最早认识马克思主义中国化的早期中国共产党人之一，他为马克思主义者确立了问题与主义结合的原则。李大钊在1918年《再论问题主义》一文中就已经讨论到了理论与实践相结合的思想，他指出"必须研究怎么可以把他的理想尽量应用与环绕着他的实境"，并号召大家"一方面宣传我们的主义，一面就种种问题研究实用的方法，好去本着主义作实际的运动"。[①]李大钊宣传马克思主义，领导学生运动的时候，已经意识到空谈理论的不足。他带领广大师生走进工农，贴近群众，进行实地调查研究。比如，李大钊曾经组织人员到长辛店进行宣传，组织工人建立劳动补习学校，成立工人俱乐部等。李大钊指出：社会主义的理想"因各地、各时之情形不同，务求其适合者行之，遂发生共性与特殊性结合的一种新制度（共性是普遍者，特性是随时随地不同者），故中国将来发生时，必与英、德、俄……有异"。[②]陈独秀也认为，马克思有两大精神：实际研究的精神和实际运动的精神。"不要把马克思学说当作老先生、大少爷、太太、小姐的消遣品"，"还须将其学说实际去活动，干社会的革命。"[③]

在党的创立初期，中国共产党人对中国社会状况和革命特点，还未能进行深入的分析和独立的判断，基本上是照搬马克思主义的一般原理和俄国十月革命的模式，提出中国革命直接以进行社会主义革命和无产阶级专政为目标的一步走的方案。当时党内很多的人认为，十月革命胜利以后，全世界无产阶级革命连成一个整体，在这种背景下的中国革命，自然是以无产阶级为主体反对本国资产阶级的社会主义革命。如李大钊在1921年发表的《中国的

---

①　《李大钊文集》（下卷），人民出版社1984年版，第34—35页。

②　《李大钊文集》（下卷），人民出版社1984年版，第376页。

③　《陈独秀著作选编》第2卷，上海人民出版社2014年版，第453—454页。

社会主义与世界的资本主义》一文中，认为："今日在中国想发展实业，非由纯粹生产者组织政府，以铲除国内的掠夺阶级，抵抗此世界的资本主义，依社会主义的组织经营实业不可。"[①] 陈独秀也认为"此时中国不但有讲社会主义底可能，而且有急于讲社会主义底必要"。[②] 中共二大，中国共产党把完成反帝反封建的任务作为社会主义革命的"第一步奋斗"，是在正确认识中国基本国情问题的基础上制定的。打倒帝国主义，打倒军阀，是中国人民的迫切愿望也是解决中国问题的根本出路，这表明马克思主义在中国的传播进入一个新的阶段，已经开始"真正成为中国无产阶级及其张领导中国革命运动的指南"。[③]1925 年 1 月，中国共产党第四次代表大会提出了"中国民族革命运动，必须最革命的无产阶级有力地参加，并且取得领导地位，才能够得到胜利"。[④]从党的一大到四大先后提出了党的最高奋斗目标、民主革命时期的纲领、建立统一战线、无产阶级领导权以及农民同盟等思想。但是，在建党初期对进行社会主义革命和实现共产主义的总的目标是清楚和明确的，具体到党对中国革命的性质、对象、动力等方面的认识则是模糊不清的，尤其是在 1924 年到 1927 年大革命时期，党内右倾机会主义者混淆资产阶级革命与社会主义革命之间的联系，放弃无产阶级对革命的领导权，此时的中国共产党对马克思主义的运用还是教条式的，对马克思主义中国化还处在摸索阶段。

第二个阶段从 1927 年大革命的失败到 1937 年"两论"完成。这个时期是对马克思主义中国化艰辛探索的阶段。党独立领导中国革命之初，受大革命失败的影响，自身损失较大，党处在恢复时期，对中国革命规律的认识还处在探索阶段。对如何开展与领导中国革命还处在摸索时期，对马克思主义的理解与运用还处在不自觉的阶段。

大革命失败以后，中国共产党在农村开辟革命根据地。马克思主义的传

① 《李大钊文集》下卷，人民出版社 1984 年版，第 455 页。

② 《陈独秀著作选编》第 2 卷，上海人民出版社 2014 年版，第 344 页。

③ 俞祖华、王国洪编：《中国现代政治思想史》，山东大学出版社 1999 年版，第 312 页。

④ 中央档案馆编：《中共中央文件选集》第 1 册，中共中央党校出版社 1991 年版，第 274 页。

播与俄国十月革命的实践都证实它是适合在城市知识分子和贫困无产阶级传播的意识形态，无论是它的建党理论，还是夺取政权建立理想社会的模式，都不重视农民和农村。以马克思主义研究农村具体情况，坚决同各种非无产阶级阶级思想做斗争，反对本本主义，保证党的政策与策略不犯错误是党在当时各种工作的重心。针对当时红军队伍中出现的主观主义和教条主义错误，毛泽东提出了加强调查研究，加强马克思主义的理论社会实际结合的倡议。"教育党员用马克思列宁主义的方法去作政治形势的分析和阶级势力的估量"，"使党员注意社会经济的调查和研究，由此决定斗争的策略和工作的方法"。①"我们的斗争需要马克思主义。我们欢迎这个理论，……马克思主义的'本本'是要学习的，但是必须同我国的实际情况相结合。"②

虽然毛泽东指出中国革命斗争的胜利要靠中国同志了解中国情况，并呼吁要到群众之中作实际调查。毛泽东在实践斗争，逐步形成了指导中国革命的正确的思想路线、政治路线和军事路线，形成了以"农村包围城市"的中国革命道路。党内先后出现的三次"左"倾机会主义错误。尤其是王明"左"倾教条主义错误，排斥毛泽东正确领导给中国革命带来不可估量的损失。王明"左"倾教条主义错误突出的特征就是对苏联经验和共产国际的指示神圣化，对马克思主义教条化的理解与执行，造成党的政策与策略严重脱离中国革命的实际。为回答党内教条主义者长期拒绝认真研究中国革命的实践，拒绝研究中国国情以及历史文化，否认"马克思主义不是教条而是行动指南"真理，生吞活剥马克思主义的只言片语；经验主义者长期拘守于自身的片面经验，不了解理论对于革命实践的重要性。毛泽东以马克思主义的认识论观点和辩证唯物主义的观点揭露党内教条主义和经验主义——特别是教条主义者的错误而写下《实践论》与《矛盾论》，丰富和发展了马克思主义认识论和辩证法，为党的实事求是的思想路线确立奠定了理论基础。对而后的中国革命和建设产生了深远的影响。

---

① 《毛泽东选集》第一卷，人民出版社 1991 年版，第 92 页。
② 《毛泽东选集》第一卷，人民出版社 1991 年版，第 111—112 页。

第三个时期是从 1938 年党的六届六中全会到 1945 年党的七大召开。毛泽东在 1938 年六届六中全会上，毛泽东指出："对于马克思主义的理论，要能够精通它、应有它，精通的目的全在于应用。"[1] 如何应用？毛泽东认为就是以马克思主义的立场、观点与方法研究中国的历史实际和革命实际，并产生中国化的马克思主义的新理论，并从这个理论上思考中国革命实践。在这次会议上，毛泽东正式提出了"马克思主义中国化"的历史命题："使马克思主义在中国具体化，使之在其每一步表现中带着必须有的中国的特性，即是说，按照中国的特点去应用它，成为全党亟待了解并亟须解决的问题。"[2] 中国共产党在吸取中国革命两次成功、两次失败正反两方面的经验教训，六届六中全会上第一次明确提出"马克思主义中国化"的命题。

在随后进行的延安整风运动，是全党普遍的一次马克思主义思想教育。在《改造我们的学习》一文中，毛泽东将马克思主义理论和中国革命现实、中国文化历史的结合称为"有的放矢"的态度，也就是"实事求是"的态度，并优良的作风概括为理论和实际相联系。经过整风运动，全党上下，特别是党的高级干部在马克思主义中国化上统一了认识。1945 年党的七大召开，标志着延安整风运动的胜利结束，党在思想上、政治上、组织上达到了成熟。毛泽东总结："在抗日战争时期，我们才制定了合乎情况的党的总路线和一整套具体政策。这时候中国民主革命这个必然王国才被我们认识，我们才有了自由。"[3] 党的七大对中国化的马克思主义——毛泽东思想做了系统的论证，将其并写入了党章，成为全党的指导思想。

二、马克思主义中国化提出的文化背景

马克思主义中国化命题的提出具有复杂的文化背景。马克思主义中国化

---

[1] 《毛泽东选集》第三卷，人民出版社 1991 年版，第 815 页。

[2] 《毛泽东选集》第二卷，人民出版社 1991 年版，第 534 页。

[3] 《毛泽东文集》第八册，人民出版社 1999 年版，第 300 页。

是马克思主义基本原理与中国具体实际结合是一个内在逻辑发展与外在规律摸索过程，是中国共产党对马克思主义认识不断深化与的必然结果。在中国共产党党内，中国共产党领导中国新民主主义革命的进程中，在对待马克思主义的态度上，党内出现两种不同的思想倾向：教条主义和经验主义。教条主义显著特点就是将共产国际和苏联经验神圣化，将马克思主义教条化；尤其是在对待马克思主义的立场上，生吞活剥经典，对马克思主义基本原理进行教条式理解与运用，不能与中国实际结合，对中国革命造成了严重的损失。经验主义轻视或排除马克思主义理论的指导作用，满足于自己狭隘的"一己之见"，拒不接受先进思想的改造。以毛泽东为主要代表的中国共产党在长期的革命斗争之中，深刻认识到马克思主义的理论指导作用，同时又远见卓识地认识到要在中国这样一个历史文化悠久，但政治、经济比较落后的东方大国里领导中国革命，必须将马克思主义的基本原理与中国实际相结合。中国实际包括两个方面内容：一是中国现实的政治、经济、文化和革命运动的实际；二是中国历史文化的实际。"马克思主义中国化"的命题虽然是在 1938 年六届六中全会上才正式被提出来，但是对马克思主义中国化的认识其实在这之前就已经形成认识，只是还没有正式提出。在思想文化领域，五四新文化运动之后关于中国文化的讨论已经涉及中国文化的现代化问题，这一讨论在 20 世纪 30 年代形成高潮。在国内政治领域，国民党也在利用孔子儒学进行文化专制与文化"围剿"，掀起一股文化复古的逆流。中国共产党在领导中国新民主主义革命的进程中，时刻关注来自文化领域的争论与斗争。中国共产党是中国优秀文化的继承者与弘扬者，文化领域斗争对中国共产党提出马克思主义中国化有直接的影响。

（一）马克思主义与儒学结合是马克思主义中国化的需要

在中国传统文化之中，儒学是主脉，因此毛泽东指出，从孔夫子到孙中山给予科学的总结，处理好马克思主义与儒学的关系。马克思主义中国化必须与儒学为主体的中国传统文化相结合，也就是说中国优秀传统文化是马克思主义中国化重要的思想资源。马克思主义中国化对儒学批判继承、借鉴吸收是马克思主义中国化的题中应有之义，把儒学之中优秀的东西吸收到马克思主义之中，是马克思主义顺利实现中国化，更好地指导中国革命的需要。

马克思主义与儒学相融合既实现了马克思主义的中国化，又把以儒学为代表的中国思想文化推进到一个崭新的阶段。马克思主义与儒学关系，从两个方面来分析：一方面，马克思主义要在中国扎根，实现中国化，就必须对儒家文化批判继承，吸收借鉴，这是马克思主义中国化的需要。从马克思主义的角度来说，马克思主义要在中国产生效用，必须与中国实践和民族文化结合，这是由马克思主义自身的特点决定的。马克思主义作为一种产生于欧洲的思想文化传入中国，它要为广大的中国人民所接受，并在实践中发挥指导作用，必须找到一种为中国人民所能理解和接受的民族形式。马克思主义与中国传文化结合，吸收中国传统文化的优秀部分，与中国民族形式相结合，不断丰富和发展自己，促进中国马克思主义的发展。马克思主义是以一种科学的方法论指导各国实践的，提供的是观点、立场与方法，而不是亘古不变的理论。同时，马克思主义在本质上是开放的、发展的学说，它不是宗派主义。"任何真正的哲学不仅从内部即就其内容来说，而且从外部即就其表现来说，都要和自己时代的现实世界接触并相互作用。"[①]列宁也认为，"马克思主义同'宗派主义'毫无相似之处，它绝不是离开世界文明发展大道而产生的一种故步自封、僵化不变的学说。"[②]因为马克思主义是一种外来的西方的文化。一种外来的文化要在一个价值、风格、思维等方面十分迥异的国度里被广泛接受并发挥效用，就必须与本国的文化作进一步的融合，促进二者的结合，催生出一种新的文化。另一方面，从儒学角度说，是儒学对其他民族先进思想和文化因素加以吸收和选择。以儒学为代表的中国传统文化，是根植于传统封建社会上一种旧文化，在中国自近代以来向现代化转型以

---

① 《马克思恩格斯全集》第 1 卷，人民出版社 1956 年版，第 121 页。
② 《列宁选集》第 2 卷，人民出版社 1995 年版，第 309 页。

来，这种文化越来越不适应中国社会的发展，必为一种新的文化所替代。儒学具有接纳和吸收外来先进文化因素来发展自己的内在机能，历史上曾经多次吸收外来的文化因素来丰富和发展自己。儒学代表中国传统文化，随着封建社会的解体，以及新文化运动"批孔"，儒学已经失去了昔日在意识形态上的"独尊"地位。近代中国各种思想、意识流派纷繁复杂，儒学作为非意识形态上的影响仍在，仍然在潜移默化发挥功效。在中国现代化社会转型进程中，完全去传统文化是不可能的。在近代中国革命进程中，必须有一种先进文化起引领作用。传统儒学不能救中国，这已经被事实所证明，儒学必须现代转化才能适应社会转型。在这种背景下，一种新文化的产生就成为时代的需要，成为迫切的革命需要了。马克思主义中国化的过程，既是中国共产党人运用马克思主义为思想武器，改造旧中国的经济制度、政治制度的历史过程，也是运用马克思主义这一来自西方的先进文化改造儒学为代表中国传统文化的历史过程。"马克思主义与中国传统文化结合的过程，实际上也是二者相得益彰的过程。"① 在马克思主义中国化的开始，毛泽东就指出要讲学习马克思主义的理论与当前的现实及民族的历史结合起来。共产党党员都要"研究马克思、恩格斯、列宁、斯大林的理论，都要研究我们民族的历史，都要研究当前运动的情况和趋势"。领导中国革命的中国共产党如果没有"革命的理论，没有历史知识，没有对于运动的深刻的了解，要取得胜利是不可能的"。② 中国共产党在领导中国革命的历史进程中，以马克思主义辩证法与历史唯物主义改造传统儒学，注意借鉴儒学的民族形式，吸收其中积极与合理处分，成功建设了马克思主义与儒学融合的新文化——新民主主义革命文化。在这一过程中，由于有马克思主义的理论、方法的指导，中国传统文化不但可以抛弃原来封建、落后的内容，取而代之以新的现代社会的内容，使得传统文化适应现代社会的转型，转换成为现代新文化的构成部分。中华民族优秀的传统文化，积淀着中华民族主深沉的精神追求，代表中华民族的

---

① 崔龙水、马振铎主编：《马克思主义与儒学》，当代中国出版社1996年版，第24—25页。
② 《毛泽东选集》第二卷，人民出版社1991年版，第532—533页。

精神标识，为中华民族提供文化的滋养，成为中华民族的基因，根植于中国人的内心，潜移默化地影响着中国人的思想方式和行为方式。中国传统文化的出路，就是适应社会转型，不断完成创新型发展和创造性转变。在新民主主义革命时期，毛泽东在以马克思主义为指导探索中国文化发展道路上，坚持马克思主义与儒学的有机融合，产生新民主主义的新文化，这就是"民族的科学的大众的文化，就是人民大众反帝反封建的文化，就是新民主主义的文化，就是中华民族的新文化"。[①] 新民主主义文化的诞生，为中国传统文化指明了未来发展的道路。

（二）马克思主义中国化是中国文化发展的必然结果

马克思主义中国化的提出不仅是中国革命实践发展的必然要求，也是五四以来中国整个新文化运动内在规律发展的必然结果。

马克思主义要与中国历史文化相结合，在中国共产党党内除了毛泽东等少数人之外是不明确。中国共产党对待儒学等传统文化的态度上还受新文化运动对儒学否定的影响，对以儒学为代表的传统文化批判有余而肯定不足。陈独秀虽然已完成马克思主义的转变，仍然把儒家为代表的中国传统文化视为"粪秽"，把"东方文化圣人之徒"的国故研究比作是"在粪秽中寻找毒药"。[②]

20 世纪 30 年代民族危机空前严重，中国面临着亡国灭种的危机，文化救亡运动高涨，文化民族性凸显。在上海、北京等地的文化工作者发起了新启蒙运动。新启蒙运动要发挥传统文化在凝聚民族精神，提高民族志气的作用。张申府提出："新文化运动所要造的文化，不应该只是毁弃中国传统文化，而接受外国文化。"[③] 他还提出"打倒孔家店，救出孔夫子"。陈伯达也

---

① 《毛泽东选集》第二卷，人民出版社 1991 年版，第 708—709 页。

② 《陈独秀文章选编》第 3 卷，上海人民出版社 2014 年版，第 198 页。

③ 张申府：《什么是新启蒙运动》，载《张申府文集》第 1 集，河北人民出版社 2005 年版，第 192 页。

认为："对过去中国最好的文化传统，应该接受光大之。同时我们还要接受世界一切最好的文化传统和文化成果。我们还要在中国多方面地创造新文化。我们要为'现代文化的中国'而奋斗。"①

抗日战争全面爆发以后，革命文化人纷纷奔赴圣地——延安。原来在敌占区"左"翼文化战线斗争的运动骨干、作家、文化人——陈伯达、周扬、艾思奇、丁玲、萧军等人到达延安，这些人的加入推动了延安的革命文化运动。延安的《解放》周刊发表文章，讨论文化的大众化、大众文化的中国化等问题。李初梨在《十年以来新文化运动的检讨》一文中指出："提高文化水准，使马列主义更具体化中国化，同时更广泛地深入地进行通俗化大众化的工作。"② 在马克思主义哲学中国化上，艾思奇等人提出了"马克思主义哲学中国化"的口号，推动马克思主义哲学大众化、普及化。

总之，延安文化运动对矫正新文化运动对待传统文化的片面性，总结新文化运动以来的文化方针具有重要的意义，马克思主义中国化不仅在革命实践上，还在同中国的历史、文化相结合有了正确的认识。③ 在1938年党的六届六中全会上，毛泽东正是在吸收了文化领域具有关于此类马克思主义中国化成果，针对党内教条主义者，提出了马克思主义中国化的重大理论命题，并进行了阐释。

（三）马克思主义与儒学相结合是文化斗争的需要

中国共产党在政治上、经济上、军事上进行反帝反封建斗争的同时，还要在文化上同各种反动势力进行坚决的斗争。近代中国，除了帝国主义和资产阶级买办文化之外，"又有半封建文化，这是反映半封建政治和半封建经济的东西，凡属于主张尊孔读经、提倡旧礼教旧思想、反对新文化新思想的

---

① 陈伯达：《思想无罪》（1937年7月15日），《读书》，1937年7月，第3号。
② 李初梨：《十年来新文化运动的检讨》，《解放》，1937年11月20日，第24期。
③ 许全兴《"马克思主义中国化"的提出与新文化运动》，《毛泽东邓小平理论研究》2008年第3期。

人们，都是这类文化的代表"。它们结成文化上的反动同盟，反对中国的新文化，"不把这种东西打倒，什么新文化都建立不起来"。这种斗争是"生死斗争"。①

1927 年以后，国民党右翼势力背叛了革命，他们在"政治上、文化上，腰斩了孙中山三大政策，腰斩了他的新三民主义"，②中国共产党不得不独立领导中国革命。随着中国革命不断深入发展，中国共产党面临着反革命势力军事与文化上的双重"围剿"。反对国民党反动的文化"围剿"体现在对待儒学的立场上。孙中山基于革命的目的对儒学批判吸收，反映在其思想之中是对儒学有目的的借鉴与吸收。为了反对帝国主义、封建专制主义，孙中山一方面批判以儒学为代表的封建专制主义文化对中国人思想的束缚；另一方面他对于儒学之中的传统道德不能完全否定，吸取传统儒学之中的忠孝、仁爱、信义、和平，以及智、仁、勇等中华传统伦理道德，认为它们是可以改造与继承的，对提高民族自信心，增强民族凝聚力具有不可替代的作用，"有了固有的道德，然后固有的民族地位才可以图恢复"③。国民党右派背叛了孙中山的革命事业，在儒学立场上完全违背了孙中山的精神。国民党右派戴季陶认为孙中山的思想是儒家思想的延续，是继往开来的"大圣"等。"戴季陶极力用他的'仁爱'哲学反对马克思主义的唯物史观，反对阶级斗争学说，反对反帝反封建的国民革命。"④蒋介石建立了大地主、大资产阶级的法西斯独裁统治以后，与所有专制独裁的统治者一样，蒋介石也大肆尊孔，如加封孔子为"千秋仁义之师""万世人伦之表"，封孔子后裔孔德成为"大成至圣先师奉祀官"，成为中华民国唯一世袭的特任官。蒋介石对孔子及儒学大加赞赏，称孔子及其学说可以"正人心""辟邪说"，认为中国文化之道就是儒学之道，是孔子之道。1934 年国民党政府将四

---

① 《毛泽东选集》第二卷，人民出版社 1991 年版，第 695 页。

② 《毛泽东选集》第二卷，人民出版社 1991 年版，第 703 页。

③ 《孙中山选集》第 9 卷，人民出版社 1981 年版，第 680 页。

④ 许全兴：《毛泽东与孔夫子》，人民出版社 2003 年版，第 46 页。

书五经编入教材，强迫学生读经。蒋介石公开为自己的行为辩护："仁者人也……我们现在剿匪，就是行'仁'，用'仁'字为中心的三民主义打倒共匪不仁的邪说异端。"①

以毛泽东为代表的中国共产党人激烈批判了蒋介石反动政府的尊孔读经运动，对以孔子与儒学为招牌的文化"围剿"进行了坚决的反击。毛泽东指出：作为观念形态的文化是一定的经济与政治的反映，在半殖民半封建的近代中国有帝国主义文化、封建文化、殖民主义文化。凡属于尊孔读经、提倡旧礼教的，反对新文化应该被打倒的东西。但毛泽东并不是全盘否定孔子，他认为两千多年诞生的孔子，是中国历史上一位伟大的历史人物，他的思想有积极的东西也有消极的东西，对待儒学只能当作历史遗产，批判地加以继承和发扬。他指出，对于当前的中国革命来说，指导中国革命靠的是马克思主义，而孔子及儒学是属于第二位的东西。对于蒋介石"尊孔读经"的文化复辟，毛泽东指出："他们靠孔夫子，我们靠马克思主义，要划清界限，旗帜鲜明。"②1940年，范文澜在延安新哲学年会上作了关于中国经学简史的演讲，毛泽东看来十分赞同，他读后写信给范文澜说："提纲读了，十分高兴，倘能写出来，必有大益，因为用马克思主义清算经学这是头一次，因为目前大地主大资产阶级的复古运动十分猖獗，目前思想地主的第一个任务就是反对这种反动。"③

中国共产党人也认识到孔子是中国古代圣人，儒学已经不再是中国文化的代表和主流，孔子之道不适合中国社会，儒学救不了中国，儒学更不能指导中国革命，但孔子思想之中有许多合理的、宝贵的珍品需要继承与弘扬，批判继承儒学为代表的传统文化服从于中国革命需要是题中应有之义。

---

① 蒋介石：《军人精神教育之精义（一）》，1933 年 9 月 10 日。转引自许全兴：《毛泽东与孔夫子》，人民出版社 2003 年版，第 46 页。

② 匡亚明：《孔子评传》，齐鲁书社 1985 年版，第 474 页。

③ 毛泽东：《毛泽东书信选集》，人民出版社 1983 年版，第 163 页。

第五节　马克思主义中国化推动儒学现代化

中国共产党在推进马克思主义中国化的进程中屡屡遭受挫折，全党在马克思主义与中国实际相结合，实现中国化认识上经历了曲折的过程。以毛泽东为代表的共产党人在马克思主义中国化上代表了正确方向，在斗争之中认识到马克思主义不仅要与中国国情、中国实践相结合，还要与中国历史文化相结合，实现中国化，马克思主义与儒学为主体的中国文化相结合是顺利实现中国化的重要条件。毛泽东在《新民主主义论》中指出："清理古代文化的发展过程，剔除其封建性的糟粕，吸收其民主性的精华，是发展民族新文化提高民族自信心的必要条件；但是决不能无批判地兼收并蓄。"① 中国共产党是中华优秀传统文化的继承者与弘扬者，批判继承传统文化是以毛泽东为代表的中国共产党人在儒学上的基本立场。对儒学为主体的中国传统文化批判继承与吸收是马克思主义中国化一个不可或缺的方面。从儒学现代化的角度看待马克思主义中国化的过程，马克思主义的引入为儒学带来先进的文化资源，中国化的马克思主义对儒学的借鉴吸收使传统儒学获得了新的形式，实现了现代化转化。因此，马克思主义与儒学的结合，在逻辑上包含以下两个相互联系、相互促进的双向过程：一是马克思主义中国化。马克思主义借鉴与吸收儒学中优秀成分实现中国化；二是儒学的现代转化。马克思主义中国化与儒学现代化是相互促进、相互统一，是马克思主义与儒学相结合具体过程的两个方面，马克思主义中国化推动了儒学的现代转化。

一、马克思主义中国化的实质与内涵

马克思主义中国化是一场艰苦卓绝的理论和实践的奋争。在这场奋争

---

① 《毛泽东选集》第二卷，人民出版社 1991 年版，第 707 页。

中，中国的马克思主义者既要同各种思想展开论争，又要在斗争中不断探索马克思主义与中国现实、中国历史以及中国文化融合的规律，不断提高马克思主义中国化的程度与水平。概括地讲，马克思主义中国化的实质就是马克思主义的基本原理与中国实际相结合。所谓中国实际就是中国基本国情、中国历史文化以及中国的革命实践。马克思主义与中国国情、与中国历史文化、与中国革命实践相结合，是马克思主义民族化的过程，是批判吸收传统文化推动传统文化现代转化的过程，产生中国化的马克思主义的过程。在中国这样一个经济文化落后的东方大国，不仅革命的条件与其他国家不一样，而且社会历史发展的具体道路也与其他国家不同。要运用马克思主义指导中国革命，就必须结合中国的实际，提出适合中国国情的理论，实现马克思主义的中国化。联系中国近代以来的革命实际，真正领会马克思主义的精神实质，坚持马克思主义基本原理的立场、观点与方法，以中国化的马克思主义解决中国革命、建设和改革的问题，把握马克思主义中国化的深刻内涵。

（一）实现马克思主义中国化，是解决中国实际问题的客观需要

马克思主义作为科学真理是具体的，因而它的运用，要根据各国的具体情况。"马克思的整个世界观不是教义，而是方法。它提供的不是现成的教条，而是进一步研究的出发点和供这种研究使用的方法。"①掌握了马克思主义基本原理，对中国国情、中国历史文化、中国现实有清醒的、正确的认识，才能顺利实现马克思主义中国化。在中国这样一个半殖民半封建的东方大国里，政治、经济和文化都十分落后，近代以来帝国主义及封建势力以及官僚资本的三座大山压迫下，人民迫切希望通过革命改变自己苦难的命运。在这种条件下进行革命，必然遇到许多特殊的复杂的问题，简单靠套用马克思主义的一般原理和照搬国外的经验，是不可能解决中国的问题的。

---

① 《马克思恩格斯选集》第 4 卷，人民出版社 2012 年版，第 664 页。

马克思主义在近代中国人向西方寻找真理失败之时，正处徘徊犹豫之时传到中国，给处在迷茫的先进中国人极大的鼓舞，重新捡起失去的自信心。马克思主义在中国传播的历史进程，我们可以看到马克思主义正式来到中国以前，中国没有合法的马克思，在救亡大于启蒙的时代背景下，西方资产阶级民主思想的启蒙也是短暂和匆忙的，并没有充分进行，包括马克思主义在内各种西方的主义及学说在短短二十年内纷纷传到中国，从进化论、科学主义、无政府主义直至唯物史观，都是很短的时间内被介绍到中国并形成很大的影响，但很快被新的思想取代直到马克思主义出现。受俄国十月革命及五四运动的影响，马克思主义一开始便是作为指导当前行动的直接指南而被接受、理解和运用的。李大钊、陈独秀、毛泽东……这些中国最早的马克思主义者当时并没有读过多少马、列的书，他们所知道的，大都是从日本人写作和翻译的小册子中所介绍、解说的马克思主义和列宁主义。"直到现在，马恩列斯的著作，大部分还未译成中国文字，而中国党员能读到的马列原著的并不多。"[1] 刘少奇指出，在革命年代，"中国革命者立即从事、而且以全部力量去从事实际的革命活动，无暇来长期从事理论研究与斗争经验的总结。"[2] 极端的革命条件下，中国共产党在马克思主义理论上表现为"思想上的准备、理论上的修养是不够的，是比较幼稚"，这是"极大的弱点"。[3] 这既是弱点，但同时也给予了党内以毛泽东为代表的党内实践派把马克思主义活学活用的机会。马克思主义在中国，由于与现实的政治斗争的具体实践密不可分，这里既有在实践中不断学习马克思主义的过程，同时也是在实践中检验马克思主义的过程。马克思主义在中国是紧密地和实践结合在一起的，这是中国革命严峻现实所决定马克思主义必须要中国化，马克思主义中国化是在血与火的考验中不断推进。马克思主义中国化在革命年代的所展现的便是这种实践性格。

---

[1] 《刘少奇选集》上卷，人民出版社 1981 年版，第 222 页。
[2] 《刘少奇选集》上卷，人民出版社 1981 年版，第 221 页。
[3] 《刘少奇选集》上卷，人民出版社 1981 年版，第 220 页。

毛泽东同志是活学活用马克思主义解决中国革命的实际问题，成功将马克思主义与中国实际结合，实现马克思主义中国化的第一人。懂得马克思主义只是第一步，而最为关键的是怎么去运用，时代赋予以毛泽东为代表的中国共产党人将马克思主义不断中国化的光荣历史使命，成功领导中国革命与建设。《矛盾论》《实践论》是毛泽东在哲学上完成马克思主义中国化的代表性著作。实践是认识活动中的主体地位，"能动的革命的反映论"就是基于实践的主体意识论，即马克思主义哲学本体论和世界观的主体论转化。毛泽东认为，理论不从实际出发，不与实际相结合，就不可能形成对社会的有效变革。在中国共产党内部，"左"和右倾机会主义者都在实践面前碰得头破血流，怎样实践、知与行如何统一等问题，马克思主义经典作家都没有给出现成的答案，这是毛泽东对马克思主义的贡献。

（二）马克思主义中国化要正确处理与儒学的关系

在中国传统文化之中，儒学是主脉，是主体。毛泽东指出，从孔夫子到孙中山给予科学的总结，这是中国的马克思主义者应该处理好的关系之一。马克思主义中国化必须与中国传统文化相结合，也就是说中国传统文化是马克思主义中国化的思想资源之一。马克思主义中国化过程中对中国传统文化的吸收与借鉴产生新的文化是马克思主义中国化的题中应有之义。

儒学代表中国传统文化，随着封建社会的解体，以及新文化运动"批孔"，儒学已经失去了昔日在意识形态上的"独尊"地位。近代中国各种思想、意识流派纷繁复杂，儒学作为非意识形态上的影响仍在，仍然在潜移默化发挥功效。要完成中国近现代社会转型的两大历史性任务，完全去传统文化是不可能的。在中国革命进程中，必须有一种先进文化起到引领作用。传统儒学不能救中国，这已经被事实所证明，儒学必须现代转化才能适应社会转型。在这种背景下，一种新文化的产生就成为时代的需要，成为迫切的革命需要了。马克思主义中国化的过程，既是中国共产党人运用马克思主义为思想武器，改造旧中国的经济制度、政治制度的历史过程，也是运用马克思主义这一来自西方的先进文化改造儒学为代表中国传统文化的历史过程。"马克思主义与中国传统文化结合的过程，实际上也是二者相得益彰的过程。"[①]

中国共产党在领导中国革命的历史进程中，以马克思辩证法唯物主义与历史唯物主义改造传统儒学，注意借鉴儒学的民族形式，吸收其中积极与合理处分，成功建设了马克思主义与儒学融合的新文化——新民主主义革命文化。在这一过程中，由于有马克思主义的理论、方法的指导，中国传统文化不但可以抛弃原来封建、落后的内容，而取而代之以新的现代社会的内容，使得传统文化适应现代社会的转型，转换成为现代新文化的构成部分。中华民族的优秀的传统文化，积淀着中华民族主深沉的精神追求，代表中华民族的精神标识，为中华民族提供文化的滋养，成为中华民族的基因，根植于中国人的内心，潜移默化地影响着中国人的思想方式和行为方式。中国传统文化的出路，就是适应社会转型，不断完成创新型发展和创造性转变。在新民主主义革命时期，毛泽东在以马克思主义为指导探索中国文化发展道路上，坚持马克思主义与儒学的有机融合，产生新民主主义的新文化，这就是"民族的科学的大众的文化，就是人民大众反帝反封建的文化，就是新民主主义的文化，就是中华民族的新文化"。[②]新民主主义文化的诞生，为中国传统文化指明了未来发展的道路。

马克思主义与中国儒家文化结合的光辉典范是毛泽东同志。毛泽东成功实现马克思主义中国化，毛泽东思想是马克思主义中国化产生的第一次理论飞跃，是中国化的马克思主义理论成果，只有像毛泽东这样既有马克思主义的理论素养，又深谙中国历史与文化，同时身体力行调查研究中国社会现实状况的领导人才能使得中国革命在残酷的斗争环境下生存下来，将中国革命引入正确的方向与道路；才能使中国化的马克思主义具有鲜活的民族特色、传统特征与中国气派。"毛泽东是在中国的土壤中生长出来的巨大人物。""是从人民当中生长出来的，是跟中国人民血肉相连的，是跟中国的大地、中国

---

① 崔龙水、马振铎主编：《马克思主义与儒学》，当代中国出版社1996年版，第24—25页。
② 《毛泽东选集》第二卷，人民出版社1991年版，第708—709页。

的社会密切相关，是从中国近百年和五四以来的革命运动、多少年革命历史的经验教训中产生的人民领袖。"① 其中的关键之处是"毛主席坚持把马克思列宁主义的普遍真理具体化在中国的土壤上，生长出来成为群众的力量，所以中国革命得到如此伟大的胜利。"② 刘少奇指出："毛泽东思想，就是马克思列宁主义的理论与中国革命的实践之统一的思想，就是中国的共产主义，中国的马克思主义。"毛泽东思想是"马克思主义民族化的优秀典型"。③"这些理论与政策，完全是马克思主义的，又完全是中国的。这是中国民族智慧的最高表现和理论上的最高概括。"④

（三）马克思主义中国化内含"化中国"与"中国化"两个具体过程

从逻辑上分析马克思主义中国化具体过程，马克思主义中国化内含马克思主义基本原理与中国实际结合实现马克思主义"化中国"以及将马克思主义与中国实际结合的产物经过实践检验的成功经验系统化、理论化"中国化"马克思主义两个相互联系的具体过程。

首先，中国共产党在对待马克思主义的态度上，既反对空洞地、教条式地、片面理解与运用马克思主义，也反对满足于自己的一知半解，轻视理论的指导主义的倾向。要实现马克思主义基本原理与中国实际相结合，首先是加强马克思主义基本理论的学习。毛泽东认为不能排斥马克思主义的理论指导作用，不断提高中国共产党党员的理论素养。"普遍地深入地研究马克思列宁主义的理论的任务，对于我们是一个亟待解决并须着重地致力于才能解决的大问题。"将马克思主义当作革命的科学学习，不仅学习他们关于一般规律的结论，而且学习和掌握他们观察问题和解决问题的立场与方法。"如

① 《周恩来选集》上卷，人民出版社 1980 年版，第 331—321 页。
② 《周恩来选集》上卷，人民出版社 1980 年版，第 338 页。
③ 《刘少奇选集》上卷，人民出版社 1981 年版，第 333 页。
④ 《刘少奇选集》上卷，人民出版社 1981 年版，第 335 页。

果我们大概有一百个至二百个系统地而不是零碎地、实际地而不是空洞地学会了马克思列宁主义的同志，就会大大地提高我们党的战斗力量。"①

其次，掌握了马克思主义基本原理之后，还要进一步加强对中国基本国情的认识，加强中国历史与文化学习，实现马克思主义与中国国情、中国历史文化的结合，推动马克思主义的民族化，这个过程就是马克思主义"化中国"。毛泽东要求全党尤其是党的高级干部，要认真而系统学习理论，学习历史，研究现实，着重强调对历史学习，在学习中掌握马克思主义的方法，总结经验。掌握马克思主义的基本理论与马克思等经典作家分析、解决问题的基本方法，带着对中国历史文化的深刻认识，回到中国的具体实际中，以马克思主义解决中国的实际问题，实现马克思主义的具有化。毛泽东指出：对于每一个共产党人来说，"要学会把马克思主义的理论应运于中国具体的环境"。"使马克思主义在中国具体化，使之在其每一表现中带着必须有的中国特性"，坚决反对洋教条和洋八股，"按照中国的特点去应用它，成为全党亟待了解并亟须解决的问题"。②

最后，在用马克思主义解决中国具体问题中，产生中国化的马克思主义指导的中国实践。通过这种结合，就是"中国化"马克思主义产生的具体过程。"从中引入固有的而不是臆造的规律性，即找出周围事变的内部联系，作为我们行动的向导。"③对马克思主义与中国实际结合进行系统的理论总结，以中国化的马克思主义指导中国的实践。只有这样，才是真正实现了马克思主义中国化。毛泽东同志就是站在上述三个维度推进马克思主义中国化的，他指出："中国共产党人只有在他们善于应用马克思列宁主义的立场、观点和方法……进一步地从中国的历史实际和革命实际的认真研究中，在各方面作出合乎中国需要的理论性的创造，才叫做理论和实际相联系。"④"善于应用

---

① 《毛泽东选集》第二卷，人民出版社 1991 年版，第 533 页。
② 《毛泽东选集》第二卷，人民出版社 1991 年版，第 534 页。
③ 《毛泽东选集》第三卷，人民出版社 1991 年版，第 801 页。
④ 《毛泽东选集》第三卷，人民出版社 1991 年版，第 820 页。

马克思列宁主义的立场、观点和方法"是理论和实际相结合的前提，"从中国的历史实际和革命实际的认真研究"理论和实际相结合的前提要求，"在各方面作出合乎中国需要的理论性的创造"才是理论和实际相结合的本质，毛泽东同志深刻把握了马克思主义中国化的实质与内涵。

二、马克思主义批判继承儒学实现中国化

马克思主义作为一种产生于欧洲的思想文化传入中国，要在一个经济基础、文化价值、思维方式迥异的国度里被广泛接受并发挥效用，就必须与中国的实践、中国历史与文化相结合，实现民族化。这是由马克思主义的本质决定的。马克思主义是不断发展的开放的理论，它毫不封闭与保守，与宗派主义截然不同。列宁指出："马克思主义同'宗派主义'毫无相似之处，它绝不是离开世界文明发大道而产生的一种故步自封、僵化不变的学说。"① 马克思一再告诫人们，他的理论不是教条，而是行动指南，是随着实践的发展而不断丰富和完善的。"一部马克思主义发展史就是马克思、恩格斯以及他们的后继者们不断根据时代、实践、认识发展而发展的历史，是不断吸收人类历史上一切优秀思想文化成果丰富自己的历史。"② 马克思主义传到中国，就必然对中国传统文化的代表儒学产生巨大的冲击，二者之间的碰撞与融合是马克思主义中国化题中应有之义。马克思主义是时代精华，更是人类思想精华，它是近代起来人类文明的集大成者。儒学与马克思主义一样，都是对人类文明进步产生重大影响的学说。明清以后，中国封建社会由盛转衰，中国逐渐落伍于世界。反映在儒学上，表现为儒学逐渐僵化，失去发展的活力。近代中国更是遭受西方列强的殖民与侵略，作为曾经对中国文明与世界文明作出过重要贡献的儒学出现近代危机，逐渐失去在中国社会独尊位置。传统儒学在中国近现代社会转型中逐渐失去主流位置的过程，也是马克思主

① 《列宁选集》第 2 卷，人民出版社 1995 年版，第 309 页。
② 习近平：《在纪念马克思诞辰 200 周年纪念大会上的讲话》，《人民日报》2018 年 5 月 5 日。

义逐渐取代儒学，深刻改变中国的过程。

马克思主义与儒学的结合是马克思主义中国化一个重要的方面。"马克思主义与中国传统文化结合的过程，实际上也是二者相得益彰的过程。"① 正确认识和处理马克思主义与中国传统文化的关系，对中国马克思主义的发展，中国传统文化的现代转换，具有重要的理论和现实意义。马克思主义对儒学的批判吸收蕴含着马克思主义对儒学的批判改造与选择吸收的过程。马克思主义对儒学的批判改造是先进文化改造吸取传统文化的过程，在这个过程中马克思主义吸收儒学中优秀成分而实现中国化，中国化的马克思主义具有鲜明的民族特色与中国风格。

马克思主义与儒学的关系，从本世纪初，马克思主义传入中国的时候就已经存在了。但长期以来，人们对马克思主义中国化中蕴含的"马克思主义与中国革命的具体实践相结合"基本上没有什么异议。但对"马克思主义与中国传统文化相结合"却存在不同的意见。对这一问题的回答，中国人经历了长期的曲折的过程。在党内，毛泽东同志是对此问题保持清醒认识并身体力行推动马克思主义与儒学结合的第一人。在毛泽东认为对于领导中国革命的中国共产党来说，学习中国历史文化，继承丰富的文化遗产不仅是为了当前斗争的需要，而且还是为了推进马克思主义中国化的需要，他指出："研究马克思、恩格斯、列宁、斯大林的理论，都要研究我们民族的历史，都要研究当前运动的情况和趋势。""指导一个伟大的革命运动的政党，如果没有革命理论，没有历史文化知识，没有对于实际运动的深刻了解，要取得胜利是不可能的。"② 深入学习中国历史与文化，是推进马克思主义中国化的关键。"学习我们的历史遗产，用马克思主义的方法给以批判的总结，是我们学习的另一任务。"③ 中国是一个有着几千年历史的国家，中国古代文明创造了灿烂的文化，有很多珍品。马克思主义者不能割断历史，"从孔人子到孙

---

① 崔龙水、马振铎主编：《马克思主义与儒学》，当代中国出版社 1996 年版，第 24—25 页。
② 《毛泽东选集》第二卷，人民出版社 1991 年版，第 532—533 页。
③ 《毛泽东选集》第二卷，人民出版社 1991 年版，第 533 页。

中山，我们应当给以总结，承继这一份珍贵的遗产，这对于指导当前的伟大运动，是有重要的帮助的"。① 毛泽东在《改造我们的学习》中批评了当时许多共产党员对中国的历史与文化不了解或者一知半解，只会机械背诵马列主义教条："许多马克思列宁主义的学者也是言必称希腊，对于自己的祖宗，则对不住，忘记了。"②"中国的马克思主义者除了马克思、列宁'老祖宗'外，还有中国自己的'老祖宗'。"③ 中国马克思主义者不仅要学习马克思主义的理论，也要学习中国历史与文化，把握中国国情，推进马克思主义的民族化。中国共产党应是中华优秀传统文化的继承者和弘扬者。

马克思主义必须和中国具体实际相结合，通过一定的民族形式才能实现。毛泽东所指的"中国具体实际"，包括当前中国社会当前的政治、经济与文化现实、中国革命的实践，以及中国几千年的历史文化。马克思主义与优秀中国传统文化的结合是马克思主义中国化题中应有之义。"对于中国共产党说来，就是要学会把马克思列宁主义的理论应用于中国的具体的环境。"只有具体的马克思主义，没有抽象的马克思主义。"离开中国的特点来谈马克思主义，只是抽象的空洞的马克思主义。"④ 将马克思主义在中国具体化，按照中国的实际特点应用它是摆在中国共产党面前突出的任务，中国共产党员应该成为马克思主义民族化的典范。

三、马克思主义中国化促进儒学现代化

儒家文化，积淀中华民族深沉的精神追求，代表中华民族的精神标识，为中华民族提供文化的滋养，成为中华民族的基因。儒学是属于中国封建社

---

① 《毛泽东选集》第二卷，人民出版社 1991 年版，第 534 页。
② 《毛泽东选集》第三卷，人民出版社 1991 年版，第 797 页。
③ 许全兴：《两个"老祖宗"不能丢》，《北京大学学报》（哲学社会科学版）2010 年第 4 期，第 20 页。
④ 《毛泽东选集》第二卷，人民出版社 1991 年版，第 534 页。

会的旧文化，在中国自近代以来向现代化转型以来，这种文化越来越不适应中国社会的发展，儒学统治地位被马克思主义取代，是历史的必然，这种必然是由以下两个因素造成的：一是儒学是中国传统文化的代表。随着封建经济瓦解以及封建专制制度的解体，儒学失去制度的依托，儒学逐渐没落。经过五四新文化运动对孔子及儒学的批判，儒学结束意识形态上的"独尊"地位，失去了文化主流的位置。但是，儒学作为非意识形态上的影响仍在，仍然在潜移默化发挥功效。儒学的出路就是适应社会转型，不断吸收其他先进思想实现创新性的发展和创造性的转化。二是传统儒学中的消极因素是造成中国人惰性、个性泯灭的文化原因。儒家文化之中的封建迷信与宿命论，落后的封建宗法意识、"劳心者治人，劳力者治于人"剥削思想、形而上学的"天不变，道亦不变"保守观念等，这种思想长期束缚人的思想，并为腐朽的封建统治阶级所利用和服务，是阻碍中国现代化思想障碍。这些消极因素必须引入先进的、现代思想予以彻底的根除，加以改造，产生新的文化，否则中国就无法进步。因此，中国要自立自强，就必须对传统文化进行彻底改造，必须用现代化思想改造中国古代思想、文化。

在这种背景下，一种新文化的产生就成为时代的需要，成为迫切的革命需要了。中国共产党在领导中国革命的历史进程中，以辩证法唯物主义与历史唯物主义改造传统儒学，马克思主义中国化过程中注意借鉴传统儒学的形式，吸收其中积极与合理处分，马克思主义与儒学为主体传统文化实现融合，产生新的文化形式——新民主主义革命文化。正如毛泽东指出的那样："对于中国古代文化，同样，既不是一概排斥，也不是盲目搬用，而是批判地接受它，以利于推进中国的新文化。"[1]对于中国古代历史文化，以马克思主义为思想武器进行批判改造，去其糟粕，取其精华，推陈出新，反对无批判地兼收并蓄。"必须将古代封建统治阶级的一切腐朽的东西和古代优秀的人民文化即多少带有民主性和革命性的东西区别开来。"[2]"必须把马克思主

① 《毛泽东选集》第三卷，人民出版社1991年版，第1083页。
② 《毛泽东选集》第二卷，人民出版社1991年版，第708页。

义的普遍真理和中国革命的具体实践，完全恰当地统一起来，就是说，和民族的特点相结合。经过一定的民族形式，才有用处，决不能主观地公式化地运用它。……中国文化应有自己的形式，这就是民族形式。"①

"民族的科学的大众的文化，就是人民大众反帝反封建的文化，就是新民主主义的文化，就是中华民族的新文化。"② 新民主主义文化标志着中国新文化的诞生，它既吸收了近代民主与科学先进思想资源，也是中国传统文化形式与内容的继承与发展，具有鲜明的民族性。新民主主义文化是中国传统文化的现代转化的典范，它的诞生为以儒学为代表的中国传统文化的发展指明了道路。马克思主义与儒学为代表的中国传统文化，两种不同经济形态上的文化形态，二者之间的结合不仅是相互融合与相互借鉴的一个过程，而且还是一个先进文化改造落后文化，产生新文化的过程。儒学具有接纳和吸收外来先进文化因素来发展自己的内在机能，历史上曾经多次吸收外来的文化因素来丰富和发展自己。在这个过程中，儒学因为马克思主义先进思想的引入而获得实现现代转化，产生新的形式，传统儒学获得新生，马克思主义中国化推动儒学现代化。

第六节　马克思主义中国化推动儒学现代化的典范

毛泽东思想是马克思列宁主义在中国的运用和发展，是中国化的马克思主义。在 20 世纪 20 年后期到 30 年代前期，在国际共产主义运动中和中国共产党内盛行的把马克思主义教条化、把共产国际决议和苏联经验神圣化的错误，曾使中国革命遭受灭顶之灾。以毛泽东为代表的共产党人，创造性地运用马克思主义的基本原理，认真地考察中国的历史和社会状况，把中国长期革命实践中的一系列独创性经验作了理论概括，形成了适合中国情况的科

---

① 《毛泽东选集》第二卷，人民出版社 1991 年版，第 533 页。
② 《毛泽东选集》第二卷，人民出版社 1991 年版，第 708—709 页。

学的指导思想——毛泽东思想。1942 年 7 月 8 日，王稼祥发表《中国共产党与中国民族解放的道路》一文，提出："毛泽东思想就是中国的马克思列宁主义，中国的布尔维克主义，中国的共产主义。"[①]党的七大把毛泽东思想确立为党的指导思想并写入党章，七大的党章这样概括毛泽东思想："毛泽东思想，就是马克思列宁主义的理论与中国革命的实践之统一的思想，就是中国的共产主义，中国的马克思主义。"[②]

一、毛泽东思想是马克思主义中国化第一个理论成果

毛泽东思想是中国化的马克思主义，是马克思主义的基本原理与中国革命的具体实践相结合产物。毛泽东思想是马克思列宁主义在中国的运用与发展，既总结了一百多年来中国革命的丰富经验，又密切联系中国革命与建设的实际，科学解决了中国向何处去的问题，是中国革命与建设实践经验的理论总结。毛泽东思想以其鲜明的中国特色和民族形式，丰富和发展了马克思主义，开创了中国的马克思主义发展历程，是马克思主义中国化的第一次理论飞跃。毛泽东思想的诞生标志着马克思主义中国化的成功，中国化的马克思主义发展取得里程碑式的成果。毛泽东思想挽救了近代日益失落的民族精神，改变了中华民族的精神面貌，极大激发了民族自信心，迸发出改天换地的激情，为最终夺取新民主主义革命的胜利奠定了思想基础。

毛泽东思想是马克思主义的中国化理论成果，具有鲜明的中华民族特点。毛泽东思想不仅是马克思主义与中国革命和建设的具体实践相结合的产物，同时也是马克思主义与中华优秀传统文化相结合的产物。毛泽东对中华优秀传统文化的继承与吸取是多元的，但从流派上讲，儒家仍是主流，所以马克思主义与中国传统文化结合主要就是马克思主义与儒家文化的融合，毛泽东的著作和讲话之中引证古今中外的话中，孔子的数量远远超过其他人，

[①] 《解放日报》1943 年 7 月 8 日。

[②] 《刘少奇选集》上卷，人民出版社 1981 年版，第 333 页。

他提到的继承"从孔夫子到孙中山"的珍贵历史遗产也表明了这一点。毛泽东认为马克思主义具有人类创造的一切智慧，是放之四海而皆准的普遍真理；另一方面，儒学代表的中国传统文化具有二重性，既有精华也有糟粕，除去其中时代性与阶级性局限外，里面蕴含着普遍的价值与现实的意义。毛泽东认为中国传统文化只有积极吸收先进思想并且在社会实践中获得新的时代精神，才能补充其不完全性，纠正其不合时宜的因素，才能获得新生，达到"推陈出新"的目的。在 1938 年 10 月六届六中全会上毛泽东作了《论新阶段》的讲话，提出："马克思主义必须通过民族形式才能实现。没有抽象的马克思主义，只有具体的马克思主义。所谓具体的马克思主义，就是通过民族形式的马克思主义，就是把马克思主义应用于中国具体环境具体斗争中去，而不是抽象地应用它。成为伟大中华民族之一部分而与这个民族血肉相连的共产党员，离开中国的特点来谈马克思主义，只是抽象的空洞的马克思主义。"① 毛泽东这里"民族形式的马克思主义"，就是指马克思主义与中国传统文化的结合而产生的中国化的马克思主义。毛泽东思想的产生过程就是马克思主义取代儒学成为主流意识形态的过程，马克思主义对儒学的批判继承、借鉴吸收，实现中国化；儒学在因为马克思主义先进思想的引入成为革命文化与社会主义文化的重要组成部分，这个过程也是自近代以来溃不成军的儒家文化被中国共产党领导和建设的新文化所取代的过程。马克思主义与儒学的结合从五四新文化运动开始，经过二十多年的努力，中国新文化应运而生，而且使中国人的精神面貌焕然一新，支撑中华民族完成救亡、解放、建国以及随后中国社会主义建设等一系列重大的历史使命，为中华民族的伟大复兴奠定坚实的思想基础。毛泽东思想是中国新文化灵魂，贯穿于毛泽东的一系列著作之中。正是以毛泽东为代表的中国的马克思主义者，正确处理了马克思主义和以儒学为代表传统文化的关系，才能够领导中国革命取得辉煌的胜利。

---

① 　中央档案馆编：《中共中央文件选集》第 11 册，中共中央党校出版社 1991 年版，第 658 页。

毛泽东是毛泽东思想的主要创立者，但毛泽东的战友如刘少奇、周恩来、张闻天、朱德、邓小平等人也对毛泽东的形成与发展作出了贡献，他们的思想也包含在毛泽东思想体系之中。

二、批判继承是马克思主义中国化推动儒学现代化的总方针

中国共产党是在"批孔"中诞生。"批孔"促进了人们思想解放，为十月革命的炮声中接触与传播马克思主义做好了思想铺垫，为马克思主义中国化开辟道路。马克思主义的传播为先进中国人观察与分析世界提供了全新的世界观与方法论，逐渐改变了新文化运动的性质与方向。五四运动促进马克思主义与工人运动的结合，为中国共产党诞生做好了组织和思想上的准备，中国共产党诞生使中国革命面貌焕然一新。以马克思主义为思想指导的中国共产党致力于民族独立与人民解放的奋斗，在政治、经济、文化与社会等各个方面改造旧中国。在思想文化领域，马克思逐渐取代儒学成为主流意识形态，正确马克思主义与儒学的关系，是马克思主义中国化进程中的重要的方面，是近现代社会转型中的儒学现代化中重要的一环。

在五四新文化运动"批孔"拉开了中国共产党人对传统文化批判的序幕。批判继承和发展中国传统文化是随后以毛泽东为代表的中国共产党人对待传统文化的基本立场。如果说少年毛泽东是在乡土文化和民族文化的双重熏陶从小自觉地吸收了传统文化，并内化于人格中，那么几年以后的毛泽东在五四运动中自觉地接受了外国文化（主要是马克思主义），进而运用马克思主义批判地吸收传统文化的精髓，构建起中国的马克思主义。中国传统文化是毛泽东思想的一个重要渊源，它对毛泽东思想的形成发展产生过极大的影响。毛泽东重视学习中国传统文化，批判地吸取了中国传统文化的精华。把马克思列宁主义与中国实际相结合，形成了伟大的毛泽东思想，他在《新民主主义论》中指出："中国的长期封建社会中，创造了灿烂的古代文化。清

理古代文化的发展过程，剔除其封建性的糟粕，吸收其民主性的精华，是发展民族新文化提高民族自信心的必要条件；但是决不能无批判地兼收并蓄。必须将古代封建统治阶级的一切腐朽的东西和古代优秀的人民文化即多少带有民主性和革命性的东西区别开来。"① 毛泽东强调在对传统文化的继承中的批判态度，他在《论联合政府》中指出："对于中国古代文化，同样，既不是一概排斥，也不是盲目搬用，而是批判地接受它，以利于推进中国的新文化。"② 对于传统文化中的文学艺术遗产，毛泽东也强调了继承与批判相统一的原则，《在延安文艺座谈会上的讲话》中，他说："我们必须继承一切优秀的文学艺术遗产，批判地吸收其中一切有益的东西，作为我们从此时此地的人民生活中的文学艺术原料创造作品时候的借鉴。有这个借鉴和没有这个借鉴是不同的，这里有文野之分，粗细之分，高低之分，快慢之分。所以我们决不可拒绝继承和借鉴古人和外国人，哪怕是封建阶级和资产阶级的东西，但是继承和借鉴决不可以变成替代自己的创造，这是决不可能替代的。文学艺术中对于古人和外国人的毫无批判的硬搬和模仿，乃是最没有出息的最害人的文学教条主义和艺术教条主义。"③ 继承借鉴与批判相统一的原则，乃是建立在创造新文化的目的与基础之上的。毛泽东在文化的立场与观点集中体现在以下两个方面：

一是批判继承传统文化是马克思主义中国化的需要。正确地对待传统文化是事关中国革命与建设成败的重要问题，洋务运动的"中体西用"以及王明的教条主义鄙视本国经验和传统文化，都以失败告终，毛泽东在文化选择上既反对古代的传统的保守主义，也反对西方文化的教条主义，认为重在把握基本理论和方法，不应分中西。同时讲究立足于民族文化的特点来吸收外来文化，"必须把马克思主义的普遍真理和中国革命的具体实践，完全恰当地统一起来，就是说，和民族的特点相结合。经过一定的民族形式，才有用

---

① 《毛泽东选集》第二卷，人民出版社 1991 年版，第 707 页。
② 《毛泽东选集》第二卷，人民出版社 1991 年版，第 1083 页。
③ 《毛泽东选集》第二卷，人民出版社 1991 年版，第 860 页。

处，决不能主观地公式化地运用它。……中国文化应有自己的形式，这就是民族形式。"① 因此，毛泽东认为应该把"马克思主义和具有中国传统文化特点的民族形式结合起来"，构成今天的"新文化"。1938 年，毛泽东在《中国共产党在民族战争中的地位》一文中就指出："马克思主义必须和我国的具体特点相结合并通过一定的民族形式才能实现。"②1940 年 1 月，在《新民主主义论》中，毛泽东进一步阐述说，"必须将马克思主义的普遍真理和中国革命的具体实践完全地恰当地统一起来，就是说，和民族的特点相结合，经过一定的民族形式，才有用处"。"中国文化应用自己的形式，这就是民族形式。民族形式，新民主主义的内容——这就是我们今天的新文化。"③1942 年 2 月，毛泽东在《反对党八股》一文说："把国际主义的内容和民族形式分离起来，是一点也不懂国际主义的人们做法，我们则要把二者紧密地结合起来。"④

正是因为毛泽东巧妙地将马克思主义和中国传统文化相融合，中国革命才焕然一新。对中国传统文化应去其糟粕，取其精华，推陈出新。"从孔夫子到孙中山，我们应当给以总结，承继这一份珍贵的遗产，这对于指导当前的伟大运动，是有重要的帮助的。"⑤ 其一，要批判地继承，"学习我们的历史遗产，用马克思主义的方法给以批判的总结，是我们学习的另一任务"。⑥ 马克思主义对待传统文化的方法就是一分为二，区分封建主义文化与封建时期的人民文化，分清精华与糟粕；其二，要古为今用，通过直接拿来，为我所用，引用发挥，克服局限，取其精华，弃其糟粕的方式，推陈出新，着力于建设民族的大众的科学的新文化。

二是批判继承传统文化是改造中国文化的需要。中国自强自立的要求，

① 《毛泽东选集》第二卷，人民出版社 1991 年版，第 533 页。
② 《毛泽东选集》第二卷，人民出版社 1991 年版，第 534 页。
③ 《毛泽东选集》第二卷，人民出版社 1991 年版，第 707 页。
④ 《毛泽东选集》第三卷，人民出版社 1991 年版，第 844—845 页。
⑤ 《毛泽东选集》第二卷，人民出版社 1991 年版，第 534 页。
⑥ 《毛泽东选集》第二卷，人民出版社 1991 年版，第 560 页。

思想观念首先必须现代化。中国现代化的要求，必须用现代化思想改造中国传统思想。中国传统儒家文化的奴隶主义特征，是中国人惰性、奴性和宿命论思想严重的原因。在中国的封建文化中不可能有个性和个人权利的概念。传统儒家文化中落后的封建宗法意识、"劳心者治人，劳力者治于人"剥削思想、形而上学的"天不变，道亦不变"保守观念等，这种思想长期束缚人的思想，并为腐朽的封建统治阶级所利用和服务，这些都是中国现代化进程中的障碍，必须予以彻底的否定与根除，否则中国就无法进步。毛泽东对传统文化的批判与国民性的改造结合在一起的，成为毛泽东文化思想之中一个重要的组成部分。毛泽东意识到：中国自强自立的要求，思想观念首先必须现代化；必须用现代化思想改造中国古代思想，文化批判的最终的目的就是确立人民在文化的领导权，树立科学的、民主的、大众的文化，最终实现人民群众的真正的解放。这种思想一直延续到毛泽东晚年，成为他一生的思考和发动历次文化运动的思想根源。

三、中国化的马克思主义推动儒学现代化

毛泽东在少年启蒙时期曾经受过良好的传统儒学教育，受到来自儒家文化的浸染。从学生时代起，就博览群书，对中国历史、文化有着精深研究，是一个精通中国旧学的学者。在毛泽东对中国传统文化的继承与吸取是多元的，最主要的还是批判继承、积极扬弃的基础上实现儒学的借鉴与吸收。毛泽东的著作和讲话之中引证古今中外的话中，孔子的数量远远超过其他人。继承"从孔夫子到孙中山"珍贵历史遗产也体现了这一点。毛泽东思想之所以成为当代中国最高水平的马克思主义，得益于中国革命和建设的实践经验，同时也与吸收以儒学为主体的中国传统文化有密切的关系。毛泽东思想继承和发展了中国传统儒家文化的精华，如孔子、荀况、王夫之、柳宗元等人关于民本、大同、天人、知行关系问题上的唯物论、辩证法以及辩证逻辑等。有人专门统计，《毛泽东选集》第一至四卷中的成

语典故，来自《左传》有 40 多处，来自《论语》《孟子》《史记》《汉书》《朱子语录》各有 20 到 30 次，来自《大学》《中庸》等著作有 10 处左右。[①] 毛泽东思想很多方面，如实事求是、独立自主、群众路线等都是从上述的文化典籍中直接化用而来的。

毛泽东认为马克思主义具有人类创造的一切智慧，是放之四海而皆准的普遍原则，另一方面，儒学代表的中国传统文化具有二重性，既有精华也有糟粕，除去其中时代性与阶级性局限外，里面蕴含着普遍的价值与现实的意义。毛泽东认为中国传统文化只有积极吸收先进思想并且在社会实践中获得新的时代精神，才能补充其不完全性，纠正其不合时宜的因素，才能获得新生，达到"推陈出新"的目的。毛泽东思想"是批判地继承和弘扬了以儒学为代表的中国传统文化的积极精神而显示出其作为马克思主义的中国风格和中国气派。"[②]

（一）儒家经世致用、实事求是学风的现代转化

从孔子开始，儒学就非常重视经世致用，倡导"每事细""不耻下问""实事求是"的学风。孔子说："由，诲女知之乎？知之为知之，不知为不知，是知也。"[③] 孔子倡导的就是说老实话、做老实人的诚实态度。《论语》中"子绝四：毋意，毋必，毋固，毋我"。"四毋"是孔子反对臆断，反对主观主义，务本求实的体现。在儒学的发展过程中，求实的学风被历代儒家继承，经世致用成为儒学的优良精神品质。经王充、范缜、刘禹锡、柳宗元等儒学大师的倡导，儒家"实学"学风以及儒家经世致用思想不断得到弘扬与强化。明末清初顾炎武、黄宗羲、王夫之、颜元等人对程朱理学的反思与批判，儒家"经世"之学重新得到重视，经世致用思想得以弘扬。近代以来，随着国内政治、经济与文化危机的加深，儒学经世致用的功能随着今文经学的复兴而

---

① 崔龙水、马振铎主编：《马克思主义与儒学》，当代中国出版社 1996 年版，第 15 页。

② 崔龙水、马振铎主编：《马克思主义与儒学》，当代中国出版社 1996 年版，第 98 页。

③ 《论语·为政》。

得到强化，儒学经世是应付近代危机重要的思想资源。龚自珍、魏源是近代今文学派代表人物，在他们提倡与推动下，儒学"经世致用"又有了新的进展，西学首次进入儒学经世的范围。近代"经世致用"的兴起是传统儒学为适应时代要求进行自我变革的结果，无论是"中体西用"洋务运动，还是康、梁的托古改制，都是在儒学经世致用的具体表现。毛泽东早年思想受颜元、魏源、龚自珍思想影响很深，推崇社会的变革，主张经世致用；对戊戌变法充满同情，尤其崇拜康、梁二人①。

　　湘学开创者王夫之倡导的经世致用之学，排斥形而上的玄虚之学，对近代湖南学术有直接的影响。"概括地说，湘学士风最主要的特征是务实，其经世之风，……这种学风或社会价值标准，早可追溯及王夫之，……自魏源、曾国藩、胡林翼、左宗棠至郭嵩焘、谭嗣同、杨度、黄兴、蔡锷，以及毛泽东、章世钊、刘少奇等，此种学风经经远远，长延不息。"青年毛泽东出生在近代思想活跃的湖湘文化的发源地，王夫之等人开辟的近代湖南的实学思潮对毛泽东有重要的影响。传统儒家学者注重实地考察、儒家经世致用的学风，在毛泽东思想的发展中，可以看到中国实学精神的传承。毛泽东在《讲堂录》指出：古者为学，重在行事，从青年时代起，毛泽东就格外重视社会实践于社会调查研究，他认为"闭门求学，其学无用。欲从天下国家万事万物学之，则汗漫九垓，遍游四宇尚已"②。青年毛泽东不仅苦读有字之书，也效仿古人进行游学，进行社会调查，读无字之书，向社会学习。毛泽东的启蒙老师杨昌济也是一位今文经学的倡导者，对青年毛泽东的影响深远。杨昌济"而且他强调动、运动、立志、修身、学以致用、实事实功以及'自我实现'等，都对他的学生产生了很大影响。"③ 在听杨昌济的课时写下的《讲堂

① 康梁对毛泽东的影响可以从以下看出：1910 年秋天，毛泽东到湘乡县东山高小去读书是对梁启超"笔端常带感情"的文章记忆深刻，对青年毛泽东产生了极大的影响，成了康有为和梁启超的崇拜者，甚至提出"由康有为任国务总理，梁启超任外交部长"。参见埃德加·斯诺：《西行漫记》，生活·读书·新知三联书店 1979 年版。

② 《毛泽东早期文稿》，湖南人民出版社 1990 年版，第 587 页。

③ 李泽厚：《中国现代政治思想史》，天津社会科学院出版社 2003 年版，第 137 页。

录》讲到为学之道不可"闭门求学",里面收录了不少毛泽东学习儒家哲学思想的课堂记录和学习心得,毛泽东在其中曾经这样写道:"言士要转移两义,曰厚,曰实","实则不说大话,不好虚名,不行架空之事,不谈过高之理。"[1]青年毛泽东效法古人,注重调查研究与实事求是的学风为他以后把马克思主义的普遍真理与中国具体实践相结合奠定了思想基础,也为毛泽东群众路线以及群众观点的确立奠定了理论基础。

"实事求是"作为一个命题的出现,有文献可查的是在班固的《汉书》中,他称赞汉景帝的儿子刘德是"修学好古,实事求是"。"实事求是"成为一个成语,成了一种优良的学风,广为提倡。毛泽东对"实事求是"一词作出了全新的解释[2],这是在马克思主义辩证唯物主义对传统文化的改造与释义,这样的改造,完全具备了中国风格和中国气派,"实事求是"是马克思主义中国化的核心命题,是中国共产党思想路线与工作作风最生动的体现,是毛泽东思想的精髓,不仅是"对以儒学为代表的传统中国哲学优秀成果的一种继承和包含,也是对马克思主义的深刻体悟和创造性运用,是对马克思主义的重大发展"。[3]

(二)儒家知行学说的现代转化

在中国传统儒家哲学中关于知与行是联系在一起的,知行关系问题在中国哲学史上很早就引起人们的重视,并从不同角度予以讨论这个问题,一直延续到近代。知与行就是认识与实践的问题。人们之所以很早就注意这个问题是因为它与人们生活有密切的关系。《尚书》一书中就出现了"知之匪艰,行之惟艰"的命题,强调了"行"的重要性。春秋战国时期,知

---

① 《毛泽东早期文稿》,湖南人民出版社 1990 年版,第 581 页。

② 毛泽东对"实事求是"作了新的现代化的解释:"'实事'就是客观存在着的一切事物,'是'就是客观事物的内部联系,即规律性,'求'就是我们去研究。"(参见《毛泽东选集》第三卷,人民出版社 1991 年版,第 801 页。)

③ 崔龙水、马振铎主编:《马克思主义与儒学》,当代中国出版社 1996 年版,第 102 页。

与行引发了积极的讨论。孔子主张根据不同情况具体对待知行的关系,《论语》第一句就是:"学而时习之,不亦说乎?""学"是学知,"习"是习行,就是知道后然后按时去行。孔子还主张"行有余力,则以学文",把践行放在知之前的首要地位。在孔子那个时代,就已经认识到人不是消极地适应环境的生物,而是积极地改造环境的实践着的人。当时的儒家经典中已经实际蕴含着知先行后,知以行为目的,重视行的思想。到了宋明理学时期知与行的问题引起广泛讨论。王夫之则主张"知行相资以为用""知行始终不相离""行可以兼知,知不可兼行"①。近代孙中山不同意"知易行难"和"知行合一",认为"行之匪艰,知之惟艰","知难行易"。中国哲学关于知行的关系讨论往往是从不同的角度出发,站在不同的立场上,得出不同的结论,各有道理。

总的来看,中国哲学对知行关系的探讨都是停留在现象层面,缺乏辩证的观点看待二者的关系。近代中国哲学发展的理论要求中国共产党要对知与行的问题进行辩证唯物主义的总结,这一历史任务落到了中国共产党领导人——毛泽东的身上。

1. 对"实践"的马克思主义诠释

毛泽东实践观点是建立在唯物论基础之上的,包含着以下含义:其一,认为"实践是客观的物质性活动,是决定其他一切的活动的东西"②。其二,实践是能动的活动。"通过实践发现真理,又通过实践而证实真理。从感性认识能动地发展到理行认识,又从理性认识能动地指导革命实践,改造主观世界和客观世界。"③其三,实践具有社会历史性。"人的社会实践,不限于生产活动一种形式,还有多种其他的形式,阶级斗争,政治生活,科学和艺术的活动,总之社会生活的一切领域都是社会人所参加的。……人们的认识不论对于自然界方面,对于社会方面,也都是一步又一步地由低级向高级发

---

① 《读四书大全说》卷三。
② 《毛泽东选集》第一卷,人民出版社 1991 年版,第 282 页。
③ 《毛泽东选集》第一卷,人民出版社 1991 年版,第 296 页。

展。"① 在这里，实践的类型已经不仅限于儒家所说的个体道德实践及其他个体行为，而是包括生产活动、阶级斗争和科学艺术活动"三大实践"。实践的个体也从个人扩展到人类的全体成员，人民群众是主体。这种实践主体是物质性的存在，"在各种阶级社会中，各阶级的社会成员，则以各种不同的方式，结成一定的生产关系，从事生产活动，以解决人类物质生活问题。"②

2. 以辩证唯物主义改造"知行统一"论

在中国古代哲学史上，因为古人没有辩证看待"知"与"行"的问题，以形而上学理解二者的关系，在"知行"问题上有先后、难易、轻重不同看法。王阳明针对知行分离的观点，提出了"知行合一"论，他的"知行合一"论蕴含着辩证法的思想，但"知"的作用无限夸大跌入主观唯心的泥潭。如王夫之批评的那样，王阳明的"一念发动处即是行"是"以知为行"，"消行以归知"。③ 毛泽东吸收了王守仁"知行合一"的形式，扬弃其唯心主义的内核，扬弃了对中国古代哲学在知行关系上形而上学的理解。在《实践论》中，毛泽东指出："通过实践发现真理，又通过实践而证实真理和发展真理。从感性认识而能动地发展到理性认识，又从理性认识而能动地指导革命实践改造主观世界和客观世界。实践、认识、再实践、再认识，这种形式，循环往复以至无穷，而实践和认识每一循环的内容，都比较地进到了高一级的程度。"④ 实践与认识的统一性，按照"实践—认识—再实践—再认识……"的过程，不断循环，在实践中认识不断得到深化。"根据于一定的思想、理论、计划、方案以从事于变革客观现实的实践，一次又一次地向前，人们对于客观现实的认识也就一次又一次地深化。客观现实世界的变化运动永远没有完结，人们在实践中对于真理的认识也就永远没有完结。"⑤ 实践与认识的关系

① 《毛泽东选集》第一卷，人民出版社 1991 年版，第 283 页。
② 《毛泽东选集》第一卷，人民出版社 1991 年版，第 283 页。
③ 《船山全书》第 2 册，岳麓书社 2011 年版，第 312 页。
④ 《毛泽东选集》第一卷，人民出版社 1991 年版，第 297 页。
⑤ 《毛泽东选集》第一卷，人民出版社 1991 年版，第 296 页。

问题不是时间先后问题。实践决定认识是逻辑上先后的问题，实践与认识在实践上是不能截然分开的，这是一个问题的两个方面。

3. 发挥认识主体的主观能动性

近代中国遭受西方列强的侵略，打乱了中国历史正常的发展进程。社会环境的变化以及时代主题的转变，发挥主观能动性，迫切希望改变落后现实的愿望，以及个性解放与自由等原因，近代中国人普遍倾心于陆王心学。青年时代的毛泽东也曾受陆王心性学派的主观唯心论的影响，其思想上带有明显的个人英雄主义、唯意志论等唯心主义的烙印，非常重视个人主观能动性。如他认为："我即宇宙"[①]，"我即实在，实在即我。我有意识者也，即实在有意识者也，我有生活者也，即实在有生活者也。"[②]青年时代的毛泽东重视精神意志力对人生修养和建功立业的重要意义，表现出强烈的主观唯心主义的色彩。在接受马克思主义之后，对儒家的主观唯心主义做了唯物主义的扬弃，充分肯定了主观能动性在认识实践活动中的作用。"要完全地反映整个的事物，反映事物的本质，反映事物的内部规律性，就必须经过思考作用，将丰富的感性材料加以去粗取精、去伪存真、由此及彼、由表及里的改造制作功夫，造成概念和理论的系统，就必须从感性认识跃进到理性认识。"[③]他尤其强调实践的能动作用，强调发扬符合客观规律的主观能动性。他认为当客观条件具备了变化的可能性时，人的主观努力则起着决定性的作用。[④]毛泽东扬弃儒家在知行关系上强调个体道德修养的唯心主义倾向，汲取合理和因素，改造成为马克思主义的实践论。

（三）儒家辩证思想的现代转化

毛泽东指出："辩证法的宇宙观，不论在中国，在欧洲，在古代就产生

---

① 《毛泽东早期文稿》，湖南出版社 1990 年版，第 269 页。
② 《毛泽东早期文稿》，湖南出版社 1990 年版，第 267 页。
③ 《毛泽东选集》第一卷，人民出版社 1991 年版，第 291 页。
④ 《毛泽东选集》第二卷，人民出版社 1991 年版，第 487 页。

了。"①《周易》是儒家首要经典，包含朴素辩证法思想，是中国古代辩证法的源头之一。《周易》的辩证法思想渗透到中国古代的政治、军事、经济、文化、学术及社会生活的各个方面，成为中华民族的思维方式。毛泽东在成为马克思主义者之前受过系统的传统儒学教育，以《周易》为代表的儒家经典之中丰富的辩证思维已经深深浸透进他的思维之中了，成为他接受马克思主义唯物辩证法的思想基础。

毛泽东深受儒家辩证思想的影响，表现在：

其一，对立面相互依存的思想。中国古人在辩证法上一个突出的特点，不是独立地、僵化地看待事物间的关系，很早就形成了事物之间相互联系、相互依存的思想。比如"物物相依""天人""一万""相因相成"，强调的就是事物之间的联系。儒家在人与自然关系的处理上深刻体现了对立面之间相互依存的辩证思想，"天人合一"的生态思想就是这种辩证思想的深刻反映。毛泽东深得中国古代对立面相互转化的辩证思想精髓，他在《论持久战》一文中不仅矫正了国民党片面抗战路线，而且提出了"兵民是胜利之本"的人民战争思想。在历朝历代，都存在兵扰民，兵与民之间的矛盾与对立，只有毛泽东领导的人民战争理论解决了兵与民之间的对抗，转化为军与民之间鱼水之情。这在人类战争史上的独一无二的创举。

其二，对立面之间相互转化思想。中国传统儒家哲学认为处在对立之间的双方不是僵死的、不变动的，而是充满变动的。《周易》认为"有天地，然后有万物生焉。盈天地之间者唯万物"。中国古人从天地之间复杂的自然现象和社会现象得出阴阳的概念，阴阳的交互作用产生了万物，推动事物运动并决定了事物的存在。阴阳之间的相互对立并相互依存，相互转化，"一阴一阳之谓道"，认为阴阳之间相互作用、相互转化是世界上最基本的规律。青年毛泽东在《〈伦理学原理〉批注》中认为："生即死，死即是生，现在即过去及未来，过去及未来即现在，小即大，阳即阴，上即下，秽即清，男即

---

① 《毛泽东选集》第一卷，人民出版社 1991 年版，第 230 页。

女，厚即薄，质而言之，万即一，变即常。"① 很明显，青年时代的毛泽东受《周易》之中对立面之间相互转化的辩证思维的影响，表现出中国古代哲学的朴素性、直观性的特征，忽视了对立双方相互转化的条件。

其三，对中国古代儒家具有辩证哲理名言与警句的引用。苏轼是北宋时期著名的儒者，以诗文著称于世，苏轼也是中国古代著名的哲学家，它的诗文之中蕴含着深刻的哲理。毛泽东多次引用他的话来说明矛盾转化、矛盾的特殊性、相对性以及矛盾的普遍性、绝对性的关系。在谈到内因是促成事物变化的依据之时，毛泽东在《矛盾论》初稿之中，曾经以苏轼在《范增论》的一段话：物必先腐，而后虫生之，人先必疑，而后谗入之，作为例证说明内因是变化的根据。苏轼在《前赤壁赋》中提到"自其变者而观之。则天地曾不能一瞬"，"自其不变者而观之，则物与我皆无尽"等蕴含哲理的话被毛泽东拿来运用，指出这是中国古代儒家思想之中关于矛盾的特殊性、相对性与绝对性的认识。关于共性与个性关系是矛盾学说的精髓，毛泽东以《论语》里孔子说过这样一段话："朝闻道，夕死可矣"为例，指出孔子所谓这个道，就是儒家思想之中对"矛盾"的认识，孔子闻的就是这个道，这是贯穿一切的根本道理与根本规律，是"关于事物矛盾的问题的精髓，不懂得它，就等于抛弃了辩证法"。② 对矛盾的分析判断以及处理，毛泽东引用唐代魏徵的"兼听则明，偏信则暗"的名言，并用《水浒传》之中宋江三打祝家庄的故事来说明解决矛盾之时切忌主观、片面，客观、公正、全面地分析、判断、处理问题，解决矛盾，学习与继承古人在这方面的辩证思维。对于矛盾的同一性，毛泽东举了大量的例子来说明中国古代辩证法思想之中关于对处在矛盾中的事物之间对立统一、相互依存及相互转化的关系，如"相反相成"。此外毛泽东还引用了"祸兮福所倚，福兮祸所伏""良药苦口利于病、忠言逆耳利于行"等传统警句格言阐释中国古代丰富的关于辩证法的思想，尤其对矛盾的同一性是中国古代辩证法思想精华，毛泽东传统思想中对立同一规

① 《毛泽东早期文稿》，湖南出版社 1990 年版，第 269—270 页。
② 《毛泽东选集》第一卷，人民出版社 1991 年版，第 320 页。

律的总结、继承与发展，在《矛盾论》中进行了精辟阐述，成为毛泽东矛盾思想的一大特色。

其四，毛泽东对中国古代儒家辩证思想的吸收不仅表现为他在《矛盾论》之中多处引用中国古代典籍和富有哲理的格言上，还表现在"它与中国传统的辩证法思维方式的内在联系上"。[①] 在《矛盾论》的写作过程中，毛泽东关于矛盾是事物发展的动力、对立面之间的相互依存与转化、矛盾主要方面和次要方面的区分与转化的思想均与中国传统的辩证法思想有着内在的联系，毛泽东完成了中国传统哲学的现代转化，实现了三者的融合创新，将中国古代辩证法推向一个崭新的阶段。

（四）儒家民本思想的现代转化

儒家民本思想丰富，其中"仁政"是儒家政治思想的中心概念。实现"仁政"就必须"与民同乐""制民之产"；还必须顺从民意，因为民意是天意的表现，是关系到天下得失的决定性因素；实现"仁政"还必须反对"严刑峻法"，要"以德服人"。儒家提倡的"仁政"学说，含有人道主义的内容。毛泽东全心全意为人民服务的人生观既是对儒家传统文化的继承，又深刻体现了无产阶级政党的阶级本性，毛泽东群众路线的核心内容是以下几个方面：

第一，一切为了人民，体现了中国共产党全心全意为人民服务的根本宗旨。儒家传统思想里的"民为邦本"中的"民"是建立维护封建君主专制制度之上，是维护统治者治国安邦的最终目的，"民"是被统治、被利用的对象，是封建统治者维护长期统治而不得不采用的手段。"我们共产党人区别于其他任何政党的又一个显著的标志，就是和最广大的人民群众取得最紧密的联系。全心全意地为人民服务，一刻也不脱离群众；一切从人民的利益出发，而不是从个人或小集团的利益出发；对人民负责和对党的领导机关负责

[①] 许全兴：《〈实践论〉〈矛盾论〉研究综论》，中共中央党校出版社 2013 年版，第 40 页。

的一致性；这些就是我们的出发点。"① 毛泽东指出，"我们共产党，是帮助人民的。如果不帮助人民，就是背叛马克思主义。——没有人民就会垮台。"②

第二，一切依靠人民。人民是历史创造者，创造历史的动力。毛泽东指出："革命是什么人去干的呢？革命的主体是什么呢？就是中国的老百姓。……但是这许多人中间，什么是根本的力量，是革命的骨干呢？就是占人口百分之九十的工人农民。"③ 在战争年代，毛泽东指出，"兵民是胜利之本"，战争的胜负决定于人民支持与否，战争的伟力在人民大众之中，形成毛泽东"人民战争"的思想。

第三，从群众中来，到群众中去。在中国封建等级社会中，儒家学说是维护君主专制的意识形态工具，儒家民本思想的权力主体是封建君主，儒家"民本"思想是君主专制下的以民为本，最终目的维护封建专制主义的统治，"民本"服从于"君权"，体现的是为民做主。中国共产党是以马克思主义为指导思想的无产阶级政党，它以解放全人类为己任，无产阶级没有个人利益，因此马克思主义群众观点包括以下四个方面：一是从现实的人出发，这是马克思历史唯物主义区别于唯心主义历史观的首要之点；二是人民解放自己；三是人民当家作主；四是促进人的全面而自由发展。毛泽东以马克思主义的立场、观点、方法对儒家民本思想进行批判改造，吸收了其中民本思想的精华，扬弃了其中封建专制主义的糟粕，最终形成了中国共产党关于群众工作的立场、观点与方法，成为中国共产党自始至终都保持不变的一大优良作风。人民是主人，共产党人要成为人民的公仆。毛泽东一生痛恨腐败，坚决反对官僚主义，为了防止权力的异化和官员的腐化，维护政权的人民性，毛泽东毕生为之奋斗。

毛泽东强调："共产党人的一切言论，必须以合乎最广大人民群众的最

① 《毛泽东选集》第三卷，人民出版社 1991 年版，第 1094—1095 页。
② 中共中央文献研究室编：《建国以来毛泽东文稿》第 13 册，中央文献出版社 1998 年版，第 381 页。
③ 《毛泽东选集》第二卷，人民出版社 1991 年版，第 562 页。

大利益，为罪广大人民群众所拥护为最高标准。"①"全心全意为人民服务"体现了中国共产党的性质与宗旨，群众路线不简单是一种工作的态度与方法，而是中国共产党人一切工作最终的归宿，是党的根本路线。

（五）儒家自强不息思想的现代转化

独立自主、自力更生是毛泽东思想活的灵魂。毛泽东独立自主、自强不息、刚健有为的精神特质是对中华民族自强不息民族精神的继承，是在儒家积极价值观影响和熏陶下养成的。

中华民族在几千年的文明发展史上，历经磨难，创造出了灿烂的中华文明，也磨砺出勤劳勇敢、自强不息、爱好和平的伟大民族精神，"中华民族有同自己的敌人血战到底的气概，有在自力更生的基础上光复旧物的决心有自立于世界民族之林的能力。"②儒家积极向上的人生观对自强不息的民族精神培育起着重要的推动作用。儒家在人生观上坚持自主论，认为世界上万物的发展最终根据在于事物的自身，那么人的发展最终也是依靠自己。在儒家思想里，社会的发展是社会成员的努力，人的发展也要靠每个人自己的努力，这一点在《周易》之中被表述为："天行健，君子以自强不息。"这表明，作为世界本源的天是健行不息的，人世间的君子也应该效法天道自强不息。孔子在《易传》之中将道德因素注入《周易》的思想体系之中，矫正了其中卜筮的迷信内容，形成儒家自强不息、积极入世的人生价值观。注重道德修养，在积极主动争取人生价值与意义的儒学人生观对毛泽东有着深远的影响。

毛泽东独立自主、自力更生的精神是在中国革命长期的革命斗争之中摸索出来并逐渐成熟的实践经验，这种也是以深厚的儒家传统为底蕴，对儒家刚健有为、积极入世，自立、自强精神的继承。青年时代的毛泽东显现出展现出独立自主、不从俗流、特行独立的思想与性格，表现出强烈的主观唯心

---

① 《毛泽东选集》第三卷，人民出版社 1991 年版，第 1096 页。
② 《毛泽东选集》第一卷，人民出版社 1991 年版，第 161 页。

主义的倾向，这虽然与毛泽东个人禀赋与成长经历有关，但也是深受儒家思想熏陶下有志青年在当时社会现实与时代背景下作出的必然选择。儒家对心力、精神的重视对毛泽东影响很大。五四时期，毛泽东受到西方"适者生存，优胜劣汰"进化论的影响，对人的主观能动性予以高度重视，主张："与天奋斗，其乐无穷！与地奋斗，其乐无穷！与人奋斗，其乐无穷！"这些思想充分展现了青年时代的毛泽东的精神风貌和性格特征，在当时救亡图存的时代背景之下内化于毛泽东的性格之中，形成毛泽东独立自主的思想。

独立自主、自力更生是依照实事求是、群众路线进行革命和建设的必然结论，在实际形成和发展过程来看，是中国共产党在争取国家独立与民族解放的过程之中"对中华民族自强不息精神的继承和发扬"。① 在中国革命长期的、艰苦的、曲折的实践中，在马克思主义中国化的历史进程中，形成了毛泽东独立自主、自强不息、刚健有为的精神特质，这既是对中华民族民族精神的继承，也是对儒家思想的吸收。这种精神特质反映在中国革命、建设与改革之中，就是中国共产党一贯坚持"独立自主"为根本精神的革命、建设与改革的具体路线。这是贯穿于各个历史时期的毛泽东思想活的灵魂，这是一笔宝贵的精神财富，是中国共产党长期坚持的根本指导方针。

（六）儒家修身观与道德观的现代转化

儒家注重个人的修养，其理想的目标是达到"内圣外王"的境界。"内圣"是注重个体的自我道德修养，"外王"就是把个体的自我修养，推及整个社会，使社会实现一种理想的社会，即"大同"社会。在儒家"内圣外王"的修身目标指引下，儒家极为重视个体的道德修养，在道德修养方面形成一套完备的理论体系，历代仁人志士在此目标下追求个人理想与抱负，力求修身、齐家、治国、平天下的人生境界。中国共产党在长期的革命斗争之中，为克服党内非无产阶级思想，建立共产主义新德就是借助了儒家传统修身之道加强

① 金春明等主编：《毛泽东思想基本问题》，中共中央党校出版社 2001 年版，第 321 页。

共产党员思想上改造，借鉴了儒家道德修养模式，建立共产主义新道德。

1.共产党人的修养对儒家修身思想的借鉴

中国共产党在农村长期坚持斗争，党内大量的非无产阶级思想给党的建设提出了更高的要求，如何克服党内各种非无产阶级思想，建设一支坚强的布尔什维克的队伍，毛泽东和他的战友们以马克思主义为指导，借鉴与吸收了中国儒家"修身"优良传统，加强思想改造，从思想上建党，探索到了一条中国特色的建党路线，开创党的建设新的伟大局面。毛泽东在《关于纠正党内的错误思想》一文中，指出了如何克服各种非无产阶级思想，从思想上、组织上建设无产阶级政党奠定了理论基础。毛泽东借鉴儒家修身观加强共产党人思想建设的理论对党的思想建设提供了最好的教材，产生了深远的影响。刘少奇的《论共产党人的修养》则对党为什么要加强修养、修养的标准以及具体途径等问题做了系统的阐述。

注重伦理道德与人生修养这是中国儒家思想的重要传统，在儒学典籍里有大量的关于修身的言论，表现在心性层面上的自我反省与反思："毋意、毋必、毋固、毋我"①；曾子的"三省"——"为人谋而不忠乎？与朋友交而不信乎？传不习乎？"②在《论共产党人的修养》一文中，刘少奇认为加强道德修养是无产阶级为完成自己历史使命所必需的，不可缺失的。为完成这一崇高的历史使命，必须有坚韧的毅力与为革命奋斗的精神和高尚的共产主义道德品质。刘少奇认为进行道德修养是"社会发展的客观规律的要求。如果不这样做，我们就不能进步，就不能实现改造社会的历史任务。"③

儒家的修身是一种自我反省、内心自我检讨和提升的过程，"君子求诸己，小人求诸人"，"躬自厚而薄责于人"，不迁怒，不贰过，不要怨天尤人，不断地反省自己的不足之处，以期达到至善至美。"过则勿惮改"，"过而不改，是谓过矣"，强调正视自己的过失，有知错即改、闻过则喜的勇气。刘

---

① 《论语·子罕》。

② 《论语·学而》。

③ 《刘少奇选集》上卷，人民出版社1981年版，第98页。

少奇认为在道德修养之中，要充分发挥主观能动性，"才能真正深刻地认识敌人和自己，才能发现自己原来不正确的思想、习惯、成见，加以改正，从而提高自己的觉悟"①，刘少奇借鉴中国儒家传统的德行修养的原则与经验，指出道德修养是内心的一种自觉的认知活动，缺乏道德修养的自觉，无产阶级的新道德就不可能成为人们共同的遵守和普遍认可的道德品质。

儒家注重"诚"与"慎独"道德自觉德行修养。刘少奇指出："古代许多人的所谓修养，大都还是唯心的、形式的、抽象的、脱离社会实践的东西。他们片面夸大主观的作用"②，因而是"虚妄"的。共产党员的修养方法是结合革命斗争来讲修养，在"革命的实践中修养和锻炼"，使"马克思列宁主义的普遍真理和具体的革命实践相结合"。③刘少奇对儒家传统修养批判的同时，抛弃儒家唯心主义的杂质对"慎独"积极的因素给予肯定，认为在共产主义道德培养之中要学会在独自一人的时候也要严守本义、自觉坚守共产主义道德原则，在没有监督的情况下保持革命的自觉，言行一致，表里如一，"在他个人独立工作、无人监督、有做各种坏事的可能的时候，他能够'慎独'，不做任何坏事"④。这是对儒家修身之道的批判继承。

2.儒家道德修身对共产主义新道德建设的启示

在中国革命进行的同时，不断进行个人思想改造，树立基本"全心全意为人民服务""大公无私""集体主义""人类解放"等共产主义新道德。这些新道德要求个人服从集体，坚持集体主义，反对个人主义，积极献身于民族解放事业和阶级解放事业，做一个的忠诚的共产主义战士。这与传统中国的道德有着不同。

新的革命道德观与人生观在内容已经完全不同与传统儒家道德，但是新道德的培育与养成方式是传统儒式的，表现在：其一，继承了儒家以圣贤

---

① 《刘少奇选集》上卷，人民出版社1981年版，第99页。
② 《刘少奇选集》上卷，人民出版社1981年版，第109页。
③ 《刘少奇选集》上卷，人民出版社1981年版，第110页。
④ 《刘少奇选集》上卷，人民出版社1981年版，第133页。

为道德楷模的模式，学习革命导师优良品质，提高道德修养，做马克思、恩格斯、列宁的好学生。刘少奇认为加强个人的修养，以革命导师的言行、品质为榜样，以儒家方式实行道德修身，通过个人的反思与反省，达到个人境界的提升，只有这样才能具备无产阶级立场，才能理解马克思主义的经典，成为真正的马克思主义者。刘少奇这种共产主义新道德培育方式完全是中国传统儒家方式的。在西方，个人的思想的先进、优劣与否不直接同个人道德品质挂钩，不联系在一起的，只有中国儒家传统思想中默认这种关联。在传统中国人眼里，孔子首先是一个道德圣人，然后才是其创立的儒家思想具有不可替代的先进性，孔子才有资格被历代颂扬、继承、膜拜。随着儒家思想逐渐被历代统治者尊崇，成为封建社会的主流意识形态，孔圣人的地位与形象也就被越抬越高，直至被尊称为"大成至圣先师文宣王"，成为中国古代道德的最高楷模，其中的道理就在这里。其二，借鉴儒家道德修身之道，完成新道德的培育。慎独这一优良的传统一直是儒家道德养成的主要方式，即当政要通过自我省察、自我克制来提高道德修养，即便在无人知晓、无人监督而又有机会谋私利的条件下，也能严于律己。

刘少奇批判吸收了儒家的道德原则和行为标准，纳入到共产主义道德修养之中，完成了儒家道德与共产主义新道德有机结合。如刘少奇指出"一个人只有党的共产主义的利益和目的，真正的大公无私，没有离开党而独立的个人目的和私人打算"，那么他就能将孟子的"富贵不能淫、贫贱不能移、威武不能屈"以及范仲淹的"先天下之忧而忧，后天下之乐而乐"等儒家传统道德吸纳到他的思想道德体系之中，对于那些"建筑在最后解放全人类、拯救世界脱离资本主义灾难、建设幸福美丽的共产主义世界的利益的基础上，建筑在马克思列宁主义的科学共产主义的理论基础上"的共产主义新道德，①"杀身成仁""舍生取义"等传统儒家道义才可能真正达到，才是最值得和最应该的。因为这种道德观是"建立在历史唯物论的科学基础上，公开

---

① 《刘少奇选集》上卷，人民出版社 1981 年版，第 133 页。

地宣称我们的道德是为着保障无产阶级解放和人类解放的战斗利益"之上的，因而在"必要的时候，对于多数共产党人来说，是视为当然的事情"，成为"最伟大、最崇高的道德"。除此之外，在阶级社会"保障少数剥削者利益的'道德'"只是"骗人的鬼话"①。共产主义理想社会的实现虽然是在中国革命胜利以后的未来，但现在的每一步努力都是为了共产主义的实现，为实现这一目标共产主义者注重个体的道德修养，加强革命队伍中共产主义道德的建设，这是中国革命取得胜利的保证。

（七）儒家内在超越思想的现代转化

近代以来儒学式微，儒家倡导积极的人生观对国人的影响日益减小，半殖民地半封建的近代中国国家四分五裂，民众如同散沙，整个民族呈现士气低落、精神萎靡之态，近代的中国不仅面临着严重的社会危机，还面对着整个民族严重的精神危机。因此，近代中国革命必须从唤起民众、激发民族士气、提高民族精神开始。五四之后，中国逐渐就形成了一支马克思主义为指导思想的"文化新军"，形成了"共产主义的宇宙观和社会革命论"。②共产主义的世界观决定了无产阶级的人生观与价值观。无产阶级的人生观不可能自发、凭空建立，它必须是确立马克思主义的世界观与方法论，在继承儒家传统的基础之上，通过每个党员的自觉的学习、锻炼与修养而建立起来。青年时代的毛泽东所说"故愚以为当今之世，宜有大气量人，从哲学、伦理入手，改造哲学，改造伦理学，根本上变换全国之思想"。③在1928年，毛泽东就把"确立无产阶级的革命人生观"作为党的建设一项"基本训练工作"，在《实践论》中，毛泽东指出：无产阶级和革命人民，在改造客观世界的同时，要自觉地改造自己的主观世界，毛泽东在领导中国革命的进程中确立了

---

① 《刘少奇选集》上卷，人民出版社1981年版，第134页。
② 《毛泽东选集》第二卷，人民出版社1991年版，第697页。
③ 毛泽东：《致黎锦熙信》，1917年8月23日，《毛泽东早期文稿》，湖南出版社1990年版，第86页。

共产党人全心全意为人民服务的革命人生观。

孔子说:"道之将行也,命也;道之将废也与,命也"①,"死生有命,富贵在天"②;孟子说:"莫之为而为者,天也,莫之致而致者,命也"③,在孔孟看来"天"或者"命"都是具有超越时空的、超验的存在,"天命"显现一种外在的客观必然性。但随着儒学的发展,孔子的"天命"观外在的、异己的特性逐渐消失,可以通过生活经验、思想经历的积累来认识和体验到,"天命"的外在的客观必然性逐渐被"偶然相值,非有安排等待"④的理性自觉所取代,并转化为"命日新,性日富"⑤的积极创造。"儒家对天、命的诠释所显示出的更为重要特出之处,在于天、命没有作为万事万物根源而进一步在宇宙论或本体论理论层面上被赋予宗教色彩的实体化、人格化,而是富有人文精神地在人之存在的理论层面上将其主体化、内在化,认为天或命就内在于人的心性之中。"⑥也就是说在儒家思想里,虽然生命属于人的只有一次,是不可逆的,但不同于宿命论的是儒家认为人生的内容可以充实的,人生的意义因人而异。

儒家"知天命"是一种主动的道德修养,所以孟子说:"存其心,养其性,所以事天也;夭寿不贰,修身以俟之,所以立命也。"⑦宋明儒学认为:"唯义无命""人事尽处便是命",超越存在、进行富有的精神生活才是儒家倡导真正的"命"。儒家"天命"理论之中一方面承认人的短暂生命,存在不可避免的最终结局;另一方面有对人生充满信心,只要以遵循道德去创造性地生活,"命"就掌握在自己手中。儒家这种精神被称为"内在超越"。内在超越是儒学最重要的理论特质、特性之一,这里的"超越"是指超时空、超验的

---

① 《论语·宪问》。

② 《论语·颜渊》。

③ 《孟子·万章》。

④ 《朱子语类》卷五十五。

⑤ 《思问录·内篇》。

⑥ 崔大华:《儒学的现代命运——儒家传统的现代诠释》,人民出版社 2012 年版,第 501 页。

⑦ 《孟子·尽心》上。

性质。具体的、能够被人感知到的事物是不会被"超越"的，只有被宗教或者某些预设的最高的、终极的，包括人类在内的世界万物具有根源性的"实在"才是被"超越"，是超时空与超感觉而存在的。西方基督教之中的"上帝"就是这种"超越"，是一种预设的外在的"超越"。在儒家思想之中具备这种超越特性的是"天"或者"命"（或"天道""天道"）。这样，在儒学之中，超越的天、命与人之心、性是不可分的，正如朱熹所言："在天为命，在义为理，在人为性，主于身者为心，其实一也。"① 人对生活目的、生命意义的自觉，是一个人实现自我提升、自我超越的精神基础。儒学把对天、命的超越限定在人的自身之中，表现为现世人道德的实践过程，这是中国传统道德理性的具体体现，这种"内在超越"的理性表现在现实生活之中可以依靠人的自身精神境界提升实现自我超越、自我提升，完善人性、人生。儒学的内在超越不似西方宗教的外在超越一样存在一个现代科学技术的"祛魅"的危机，因而不会带来人生意义的失落。

毛泽东改造主观世界，通过内在修养提升个人的人生境界的思想来自儒家，是儒家内在超越思想的继承与发展。毛泽东借助儒家内在修养提升人生价值的传统形式，但在其中灌注的马克思共产主义的人生价值观，这些思想集中体现在毛泽东的《纪念白求恩》《为人民服务》《愚公移山》三篇代表著作中，毛泽东揭示共产主义价值观的核心内容——为人民服务，回答了生的意义、死的超越及生活的价值等问题。

这三篇文章之中《纪念白求恩》与《为人民服务》两篇文章是祭文，都提到了死的问题。死亡对任何人来说都是无法避免的，有人因此充满恐惧，有人因此虚无。在现实生活之中，人们不见得每日都在思考这个问题，但对随时可能到来的死亡威胁却隐藏在人们内心的深处，让人感到人生的荒诞。如果人们摆脱不了对死亡的恐惧，就会堕入绝对虚无的放纵之中，及时行乐就是唯一合理的人生选择，在古今中外，这种现象比比皆是，成为时刻困扰

---

① 《河南程氏遗书》卷十八。

人类的难题之一。如果全人类都按照上述生存逻辑而生活的话，那么穷奢极欲、放荡放纵就有了充足的理由和借口，那么人类的文明就变成了镜花水月。也就根本谈不上人类文明的发展与进步。为此，文化成为人类缓解这种焦虑的有效武器，通过更高价值追求激发人对人生价值的认识，通过对人类生存与生活价值的认识，也就是通过建构"彼岸"来解决现世人生，通过"彼岸"来赋予今世人生的意义。西方通过宗教来解决，而中国儒家则通过立人、立言、立德的方式达到人的"内在超越"，实现人生的意义，完成对死亡的超越。毛泽东在解决革命队伍之中如何面对牺牲的问题上，继承与吸收了儒家的"天命"超越思想，他在《为人民服务》之中指出："死人的事是经常发生的。但是我们想到人民的利益，想到大多数人民的痛苦，我们为人民而死，就死得其所。"这种超越的具体方式是儒家的，但内容却是马克思主义指导下全心全意为人民服务的新理念。毛泽东认为中国共产党是以马克思主义为思想指导的队伍，是中华民族的最优秀分子，是"为着解放人民的，是彻底地为人民的利益工作的"，只要解决了人生的意义，死亡就不是一件可怕的事情，人生就不在虚无，"人总是要死的，但死的意义有不同。……为人民的利益而死，比泰山还重"。在《为人民服务》一文中，毛泽东还对儒家之中"青史留名"传统予以继承，并建构出在后人的记忆的"彼岸"，使牺牲者得到人们传颂与纪念，永远活在人们心中，"只要他做过一些有益的工作的，我们都要给他送葬，开追悼会。""用这样的办法寄托我们的哀思，使整个人民团结起来。"毛泽东在《纪念白求恩》与《为人民服务》之中摆脱了西方宗教的虚伪，克服了中国传统儒家的迂腐，解决了"此岸"与"彼岸"，"有限"与"无限"之间的矛盾，对生与死做出新的思考，指出了人生的终极意义，为人类文明指明了方向。

在《纪念白求恩》与《愚公移山》毛泽东不仅解决了死的问题，更是在解决了另外两个具体问题：

其一，解决了人该怎样生活的问题。人该怎样实现有价值的生活？一是要胸怀天下，具有世界革命的视野与胸怀。在《纪念白求恩》之中，毛泽东指出要克服狭隘的民族主义和狭隘爱国主义，学习白求恩毫不利己的国际主义精神与共产主义精神。毛泽东指出白求恩"毫不利己的动机，把中国人民的解放事业当作他自己的事业"的精神，概括为"国际主义精神，这是共产主义精神，每一个中国共产党员都要学习这种精神"。[1] 这正是需要改造的近代中国民族精神。其次要把白求恩毫不利己、专门利人的精神转化为对日常工作之中，表现在对工作的极端负责之上，对同志对人民的极端热情之上。毛泽东指出了现实工作之中四种不良的倾向，并要以白求恩为榜样，解决存在的问题。还有就是对工作的精益求精的精神，白求恩精神对那些"见异思迁的人，对于一班鄙薄技术工作以为不足道、以为无出路的人，也是一个极好的教训"。毛泽东认为，只有这样才能成为："一个高尚的人，一个纯粹的人，一个有道德的人，一个脱离了低级趣味的人，一个有益于人民的人。"

其二，是人以什么样的精神状态去生活与战斗。在《愚公移山》之中，毛泽东指出了我们该以什么样的精神状态去工作、去战斗的核心问题，"下定决心，不怕牺牲，排除万难，去争取胜利"是毛泽东留给我们的，至今仍然激励着全国人民的宝贵精神财富。毛泽东在文中还指出了为了人民的利益不断努力就一定会感到人民这个"上帝"，也就是中国传统之中的"天"，感到了人民就会得到人民的支持，就能够掌握自己的"命"，革命队伍每一个如果都能到上升到这种境界完成这种超越，那么就没有任何困难和牺牲可以使我们退却与屈服，就会无往而不胜。

以上这三篇文章虽然写于不同的年代、不同背景，但在理论上构成一个完整的整体，《为人民服务》提出了核心价值，《纪念白求恩》和《愚公移山》则围绕这一核心价值告诉人们如何实现这一核心价值。在毛泽东思想的教育下，中国革命进程之中涌现出无数的张思德、白求恩与当代愚公，在中国共产党的率领下取得中国革命的胜利，成立新中国，使中华民族摆脱近代陷阱，改造了日益沉沦的儒家文化，完成中华民族精神的自我救赎，重新跻

---

[1] 《毛泽东选集》第二卷，人民出版社 1991 年版，第 659 页。

身于世界先进民族之林。

本章小结

中国共产党成立以后，中国革命面貌焕然一新，以马克思主义为指导思想的中国共产党在中国革命不断推进的进程中逐渐认识到马克思主义中国化。在马克思主义中国化的进程中，中国共产党人不断将马克思主义中国化，虽然历经曲折，但是马克思主义中国化事业不断推进，全党经过延安整风到中共七大，全党上下对马克思主义中国化的命题形成普遍的统一认识。马克思主义中国化产生了第一次理论飞跃，诞生了中国化的马克思主义——毛泽东思想，中国革命历史进程加快。

中国革命的胜利，是马克思主义的胜利，是马克思主义在中国落地生根的结果。中国革命靠的是马克思主义，而不是靠孔夫子，但是，中国革命不能完全抛弃孔夫子，中国革命有两个"老祖宗"：马克思主义与孔夫子。马克思主义是近代中国经历失败与挫折之后探寻到指导中国革命的真理，孔夫子是中国传统文化的代表，是中国两千多年封建社会主流意识，在社会意识领域占据统治的位置。中国革命离不开马克思主义，一是意义上也离不开孔夫子，我们不能割断历史，忘记了自己的老祖宗。中国共产党是儒家传统文化的继承者、阐释者与弘扬者，在推进马克思主义中国化的进程中，促进了马克思主义与儒学的结合，这种结合也不是引证儒家文化之中的某些思想资料去证明马克思主义的真理性，也不是用马克思主义的理论框架去整理与裁剪儒学思想，分割儒学，是马克思主义需要吸收儒学优秀文化成分自我完善，儒学实现现代转化。马克思主义中国化促进了儒学的现代转化，这是近代以来儒学现代化的一种特殊的形式。马克思主义中国化与儒学的现代转化是辩证统一的，二者相互促进的，毛泽东同志在马克思主义中国化与儒学的现代转化作出了杰出的贡献，毛泽东思想是二者结合的典范。

第五章

社会主义现代化建设与儒学现代化新开展

　　新中国的成立以及社会主义制度的确立为当代中国一切发展进步奠定了根本政治前提和制度基础。"中国的历史，从此开辟了一个新时代。"[①] 新中国成立之后，对旧文化、旧意识清理和批判，既是为巩固新政权的需要，也是在社会主义新政治、新经济基础上建设新文化的需要。根除包括传统儒学在内的封建文化在政治上、思想上的影响成为新中国文化建设的任务之一。新中国成立之后，儒学研究在"双百"方针的指引下取得良好的开端，但因"左"倾思想蔓延，对儒学的否定多于肯定，在文化继承上将传统与现代化对立起来，儒学研究受政治干预过多，直至完全中断儒学现代化研究。"真理标准"大讨论打破了固定僵化的思想禁锢，我国进入改革开放新的历史发展期，中国特色社会主义建设为新时期儒学复兴提供物质基础。从20世纪50年代起，流亡海外的一部分现代新儒家继续推动新儒学的发展，在儒学的现代转化上取得新的进展。从80年代起，海外现代新儒学的学术成果被陆续介绍到大陆，助推了大陆的"儒学"热。经济发展带动了文化的繁荣，学术界开始重新正视传统文化的价值，在传统文化寻找现代化的思想资源。在改革开放时期，中国文化领域先后出现了文化热、国学热、儒学热以及儒学复兴思潮。新世纪，中国现代化建设为民族复兴奠定坚实基础，民族复兴

[①] 《毛泽东文集》第五卷，人民出版社1996年版，第348页。

必然带来文化的复兴。同时，站起来的中国需要重新确立自己的国际地位和国际形象，需要标识中国的文化身份，确定文化认同，当代的儒学现代化必然随着党和国家对传统文化的重视而获得新的发展机遇。

第一节　新中国成立与中国近现代社会的变革

新民主主义革命的胜利标志着中国共产党在民主革命阶段历史任务的完结。新民主主义革命缔造了新中国，结束自近代中华民族受人欺凌，国家四分五裂，人民处于水深火热的近代社会，开启中国社会发展的新纪元。新中国实现了民族独立与国家解放，人民当家作主民主政权的建立以及团结、稳定、发展政治局面确立为中国共产党领导全国人民进行社会革命开创良好局面。新中国的成立标志着中国近代社会的终结和现代社会的开端，并由此正式开始了民族复兴、国家繁荣富强、人民共同富裕的现代化基本任务而奋斗的新征程。新中国成立是中国近现代社会转型中最深刻、最典型、具代表性的社会变革，它不仅为中国赢得了政治上的团结统一、民族独立与人民当家作主，而且实现了政治上、经济上的独立，中国共产党领导全国人民致力于社会革命与技术革命，建成并巩固社会主义制度，社会主义为中国现代化建设提供根本的政治保障和制度保障。

一、新民主主义革命胜利与民族独立历史任务的完结

在近代，随着列强对中国的瓜分，中国变成半殖民地半封建的社会，因此，实现族独立和国家解放是近代中国特殊的国情所决定的，是中国迈向现代化的根本的前提。梁启超在给徐勤的信中说："中国舍革命外无别法。"[①]激

---

① 转引自陈旭麓：《中国近代史十五讲》第三讲《中国近代史上的革命与改良》，中华书局2008年版，第43页。

进式的革命方式是实现民族独立，是中国近现代社会转型第一步，为全面现代化社会转型开辟条件，奠定基础。革命是中国近现代社会转型的一种策略和路径选择，以革命的方式，以暴力的方式摧毁其赖以生存的经济基础和依附的政治制度，才能推动中国近代社会转型。以革命方式实现从中国从旧封建体制下向近现代社会转型是中国的一大特点。

在革命的领导权上，中国自近代遭受西方列强的侵略，一步步滑向半殖民地半封建社会的历史深渊，先进的中国人民进行了可歌可泣的斗争但都以失败告终。灾难深重的中华民族陷入严重的民族危机之中。中国的资产阶级由于自身的软弱性和妥协性，无力独立领导资产阶级民主革命，革命的领导权只有中国共产党来掌握。在西方资本主义的侵略以及中国封建残余势力的压迫下，资本主义在中国先天营养不足，而且发展极为缓慢，造成中国的资产阶级的软弱性与妥协性，无力独立领导中国的资产阶级民主革命，完成中国社会的近现代转型。辛亥革命虽然结束了两千多年的封建帝制，但中国近代的社会性质并没有发生根本性的变化。争取民族独立和现代化的历史责任历史落在中国共产党的身上。

在实现民族独立的历史进程中，中国共产党使中华民族摆脱了被殖民、国家四分五裂的悲惨命运，战胜了世界上最强大、最凶残的敌人，建立了独立、自主、统一的新中国，为中国现代化转型开辟了通道。毛泽东指出："灾难深重的中华民族，一百年来，其优秀人物奋斗牺牲，前仆后继，摸索救国救民的真理，是可歌可泣的。但是直到第一次世界大战和俄国十月革命之后，才找到马克思列宁主义这个最好的真理，作为解放我们民族最好的武器，而中国共产党则是拿起这个武器的倡导者、宣传者和组织者。"[1] 中国共产党领导中国革命，如何能够获得成功，根本的经验，一是，马克思主义的指导思想。只有毛泽东领导的中国共产党在马克思主义的指导下，以人民革命战争的方式完成反帝反封建的历史任务，推翻国内封建势力与官僚资本主

---

[1] 《毛泽东选集》第三卷，人民出版社 1991 年版，第 796 页。

义的反动统治，摆脱西方帝国主义列强的军事侵略、金融垄断和文化霸权，实现中华民族的真正的独立和复兴，才是唯一走得通的道路。二是，仅仅依靠广大人民群众。在外敌欺凌、民族处于生死存亡之际，必须号召动员最广泛人民参与方可成就，因为在近代中国，国家积贫积弱，一穷二白，唯有民心可以利用。想要革命成功，绝非移植西方理念与照搬马克思主义的教条就可以达成，必须借助根植于中国传统与现实的自有资源，在一个强有力的核心领导之下，方可实现。"建立具有高度组织性、代表性和行动力的新团体"，"完成对于一切社会资源的有效整合"，"提供一种传统中国所匮乏的集体生活"，"惟有毛泽东思想指导下的中国共产党，在领导中国人民革命建国的过程中，现实地承担起了这样的历史使命"。①

中国共产党集中了中华民族最优良的品质，是中华最优秀儿女的代表，是中国传统文化的继承者；是以马克思主义为指导，代表中国最先进生产力，是工人阶级的先锋队，以全心全意为人民服务为宗旨，在长期的革命进程中，形成了理论联系实际、密切联系群众、批评与自我批评的三大优良作风。在领导中国革命不断胜利的历史进程中，中国共产党成为中国革命的中流砥柱，成为中国革命与建设事业的领导核心。中国共产党成功领导了新民主主义革命，实现了近代以来争取民族独立的奋斗目标，建立了新中国，为中国的现代化社会转型开辟了道路。中国革命在中国共产党的领导下完成新民主主义革命和社会主义革命，实现民族独立与解放，并为中国的现代化建设开辟广阔的前景。

二、中国近代社会的终结与现代社会的开始

新中国的成立开启中国历史发展的新纪元，标志着中国近代社会的终结：它从根本上结束了一百多年来中华民族受帝国主义国家侵略压迫的历

---

① 鄢一龙等：《大道之行——中国共产党与中国社会主义》，中国人民大学出版社 2015 年版，第 30 页。

史，改变了中国半殖民半封建的性质，中国成为独立主权的国家，是中国由近代衰落转向强盛的历史转折点；新中国的成立与新政权的建立，结束了少数人剥削广大劳动人民的历史，建立起工人阶级领导的、以工农联盟为基础的人民民主专政的国家政权，建立起人民当家作主的新型政权，结束了少数人剥削广大劳动人民的历史，中国人民社会政治地位根本性变化。新中国的成立标志着近代以来争取民族独立的历史任务胜利完成，并由此正式开始了民族复兴、国家繁荣富强、人民富裕现代化基本任务而奋斗的新征程。

新中国的成立，是中国社会由近代衰落转向现代强盛的历史转折点。新中国成立之后社会生产力得到空前的解放和发展，为中国建设社会主义现代化奠定了必要的物质基础。新中国成立是中国现代社会的开端，中国正式进入现代社会的新征程，社会主义制度的确立为中国全面的现代化建设开辟了新的道路，提供了制度的保障。新中国的成立是中国近现代社会转型进程中最深刻、最典型、具代表性的社会变革，它不仅为中国赢得了政治上的团结统一、民族独立与人民当家作主，而且逐步实现了经济上的独立，为中国现代化建设提供根本的政治保障和制度保障。

近代中国革命的历程证明，只有中国共产党才能完成近代中国革命的历史任务，带领中国人民走出近代社会，并最终完成中国现代化的社会转型。中国自近代遭受西方列强的侵略，一步步滑向半殖民地半封建的历史深渊，先进的中国人民进行了可歌可泣的斗争但都以失败告终。灾难深重的中华民族陷入严重的民族危机之中。中国的资产阶级由于自身的软弱和妥协，无力独立领导资产阶级民主革命，革命的领导权只有中国共产党来掌握。实现传统中国向现代中国的转变，在近代的中国，只有革命一条道路可以选择。在外敌欺凌民族处于生死存亡之际，必须号召动员最广泛人民参与方可成就，因为在近代中国，国家积贫积弱，一穷二白，唯有民心可以利用。想要革命成功，绝非移植西方理念与照搬马克思主义的教条就可以达成，必须借助根植于中国传统与现实的自有资源，在一个强有力的核心领导之下，方可实现。"建立具有高度组织性、代表性和行动力的新团体"，"完成对于一切社会资源的有效整合","提供一种传统中国所匮乏的集体生活","惟有毛泽东思想指导下的中国共产党，在领导中国人民革命建国的过程中，现实地承担起了这样的历史使命。"①中国共产党集中了中华民族最优良的品质，是中华最优秀儿女的代表，是中国传统文化的继承者；是以马克思主义先进思想为指导，代表中国最先进生产力，是工人阶级的先锋队，以全心全意为人民服务为宗旨，在长期的革命进程中，形成了理论联系实际、密切联系群众、批评与自我批评的三大优良作风。在领导中国革命不断胜利的历史进程中，中国共产党成为中国革命的中流砥柱，成为中国革命与建设事业的领导核心。中国共产党成功领导了中国革命，建立了新中国，大大推进了近现代中国社会转型，为中国现代化建设开拓广阔前景。

三、开创中国特色的现代化道路

中国共产党经过二十八年的浴血奋斗终于建立了中华人民共和国，中国人民成为国家的主人，中华民族进入发展进步的新纪元。中国共产党成功领导了新民主主义革命，实现了近代以来争取民族独立的革命，完成了资本主义的民主革命，为中国的现代化社会转型开辟了道路。从中国共产党成立的那一刻起，中国现代化的方向与目标就发生了变化，从近代资本主义工业化的目标转向无产阶级领导的社会主义现代化方向，从而在根本上改变了中国近现代社会转型。中国革命在中国共产党的领带下完成新民主主义革命和社会主义革命，实现民族独立与解放，并为中国的现代化建设开辟广阔的前景。新中国成立之初，如何改造旧社会，建设新社会，尽快实现国家由落后的农业国向先进工业国的转变，这是一个全新的命题。党和国家除继续完成民主革命时期遗留的历史任务之外，更多的精力是投入到生产关系的变革和生产力的发展上。过渡时期总路线的酝酿与实施，中国最终确立了社会主义制度，

---

① 鄢一龙等:《大道之行——中国共产党与中国社会主义》，中国人民大学出版社 2015 年版，第 30 页。

开始全面建设社会主义的新征程。在中国共产党的领导下，新中国建立了组织严密的基层组织、上下联动的社会动员机制与社会组织结构，在此基础上建立了国家财政预算体系、税收及转移支付体系，通过上下动员，集中全社会的财富，集中精力办大事，逐步建成中国工业体系与国民经济体系，初步完成中国的工业化。1956 年的社会主义改造完成之后，中国进入社会主义，开始社会主义的现代化建设。中国共产党在社会主义改造及随后的大规模社会主义建设中，致力于发展社会生产力的技术革命，努力实现中国由落后农业国向先进工业国的转变。在进行技术革命的同时，不断推进社会革命，实现社会生产关系的变革，尽快由私有制向社会主义公有制的转变，并不断调整生产关系，使生产关系与生产力相适应。毛泽东说："我们现在不但正在进行关于社会制度由私有制到公有制的革命，而且正在进行技术方面由手工业生产到大规模现代化机器生产的革命，而这两种革命是结合在一起的。"[1]

　　沿着中国共产党人几代开辟的中国特色社会主义道路，经过新中国成立以来七十年的建设，中国现代化取得了巨大的成就。巨大的成就开创民族复兴与现代化的光辉未来，为实现自从近代以来中华民族梦寐以求的复兴之梦奠定坚实的物质基础。社会主义现代化是在民族复兴大业上迈开的关键的一步，这是近代以来中国革命的延续，是几代中国共产党人领导全国人民为之奋斗的最终目标。到本世纪中叶建成现代化的强国，实现百年民族复兴大业，中国近现代社会转型才最终完结。

　　经历一百多年中国革命和改革的历程已经昭示：以人民战争的方式击溃帝国主义的军事霸权是可能的，而以勤劳革命的方式完成工业化发展是可能的，同样，按照劳动者的愿望和斗争变革生产方式，造就一个不断改革和革命的正义运动——也是可能的。[2] 中国在现代化中释放的巨大能量震惊了世界。中国共产党在九十多年的探索中找到了一条改造中国与世界的社会主

---

[1]　《毛泽东文集》第六卷，人民出版社 1999 年版，第 432 页。

[2]　韩毓海：《五百年来谁著史——1500 年以来的中国与世界》，九州出版社 2009 年版，第 283 页。

义道路：这条道路就是将中国"最好"的东西与西方"最强"的东西结合起来，走"王道富强"道路[①]。在这条道路上实现中国崛起与中华民族的伟大复兴将对世界造成深刻的影响，拓宽人类的发展道路，开辟出全新的现代化道路，为人类文明的发展模式探索新的道路。英国谢菲尔德大学的教授克里斯·布拉莫尔（Chris Bramall）在《走出黑暗——中国的转型之路》中指出："另外一种可选择的现代性是可能的，中国果断迈向小康社会主义的实际现在已经成熟，中国转型之路，标志着中国领导世界时代的真正开始。"[②]

第二节　新中国成立后的文化建设与儒学研究

新中国成立以后，开始了由新民主主义社会向社会主义社会的过渡。中国相对落后，需要在一个相当长的历史时期来创造社会主义社会赖以确立的经济、政治和文化前提。在对旧的经济成分进行改造，恢复国民经济，推动与促进生产力发展与壮大的同时，还要使新政权和新的政治生活逐步得到健全和完善，使人们的文化观念和社会文化生活有一个巨大的转变和发展，创造出与社会主义社会相适应的政治体制与文化形态，这是摆在中国共产党以及中国人民面前的任务。早在民主革命时期，毛泽东就在《论联合政府》一文中指出："没有一个新民主主义的联合统一的国家，没有新民主主义的国家经济的发展，没有私人资本主义经济合作社经济的发展，没有民族的科学的大众的文化即新民主主义文化的发展……要想在半殖民半封建的废墟上建立起社会主义社会来，那只是完全的空想。"[③] 新中国成立之初，百废待兴，党集中主要精力进行国民经济恢复与探索社会主义现代化建设规律，思想文化的主要任务是清除旧社会遗留的各种剥削阶级思想，对包括儒学在内的传

---

① 韩毓海：《一篇读罢头飞雪，重读马克思》，中信出版社 2014 年版，第 7 页。

② ［英］克里斯·布拉莫尔：《走出黑暗——中国转型之路》，《国外理论动态》2010 年第 5 期。

③ 《毛泽东选集》第三卷，人民出版社 1991 年版，第 1060 页。

统文化开始进行学术上的研究。

一、新中国成立之初的文化建设方针

新社会要求新文化、新意识形态与之相适应。新中国成立前夕，毛泽东乐观地估计："随着经济建设的高潮的到来，不可避免地将出现一个文化建设的高潮。中国人被人认为不文明的时代已经过去了，我们将以一个具有高度文化的民族出现于世界。"① 在文化建设上，《共同纲领》中规定："中华人民共和国的文化教育为新民主主义的，即民族的、科学的、大众的文化教育。人民政府的文化教育工作，应以提高人民文化水平，培养国家建设人才，肃清封建的、买办的、法西斯主义的思想，发展为人民服务的思想为主要任务。……提倡用科学的历史观点，研究和解释历史、经济、政治、文化及国际事务。"② 在《共同纲领》的指引下，新中国成立之初以后，国民经济逐渐恢复以及社会主义制度的确立，社会主义中国在政治上、经济、文化上展现崭新的形态，同于中国历史上任何一个政权的完全不同的新气象、新面貌。儒家文化的伦理、纲常观念、仁义道德与社会主义的政治、经济不相适应的。建立社会主义政治、经济相适应的新文化，必然伴随着思想文化观念的更新和发展。中国经过长期的封建专制统治，反映在政治、文化上是严重的封建专制思想的残余。自由、民主等在中国严重发育不良，民主政治始终排斥在中国政治发展之外。对于没有经历资本主义发展阶段的中国来说，如何迅速落实人民当家作主的政治制度，克服与消除封建专制主义的遗毒和文化专制的影响，从制度上、思想与文化上推进新中国政治民主化是新中国成立之后首要的政治任务。根除包括儒学在内各种旧文化、旧伦理、旧道德、旧思想的影响任务之一。

① 《毛泽东文集》第五卷，人民出版社 1996 年版，第 345 页。
② 中共中央党校党史教研室编：《中共党史参考资料》（七），人民出版社 1979 年版，第 25 页。

文化建设的任务也随着社会主义建设全面展开而发生改变，在 1956 年以后党在思想工作中的根本任务就是宣传唯物主义，反对唯心主义思想，使广大干部和群众脱离资产阶级思想的影响，提高社会主义觉悟，而这一过程是长期的。八大通过的《中国共产党第八次代表大会关于政治报告的决议》中指出："为了保证科学和艺术的繁荣，必须坚持'百花齐放、百家争鸣'的方针。……对于封建主义和资本主义的思想，必须继续进行批判。但是，对于我国过去的和外国的一切有益的文化知识必须加以继承和吸收，并且必须利用现代的科学文化来整理我国优秀的文化遗产，努力创造社会主义的民族的新文化。"[1]

在新中国的意识形态领域，马克思主义当之无愧地成为新的社会意识形态和国家政治生活、社会生活和文化学术领域中的指导思想，是观察与分析问题的世界观和方法论。"双百"方针提出之后，马克思主义中国化的过程中如何继续同中国传统文化相融合，构建出适应社会主义社会要求的崭新思想文化体系，用以改造人们的精神面貌，更新人们的思想观念，这就是八大之后面临着的文化建设任务。"彻底清除儒家在思想文化领域的统治地位，代之以马克思主义、社会主义的思想体系，这是历史的进步，是中华民族文化史上的新选择，也是中国走向现代化道路上的新的历史转折。"[2] 随着社会主义建设的全面展开，社会主义社会儒学的研究也随即展开。

二、儒学在学术上的研究与探讨

新中国成立以后，大多数知识分子都在不同程度上进行了自我的思想改造，马克思主义逐步被广大的社会科学工作者所接受，学术研究和学术著作开始注意运用马克思主义的观点和方法研究儒家思想，以期对孔子及儒学作

---

[1] 中共中央党校党史教研室编：《中国党史参考资料》（七），人民出版社 1979 年版，第 529 页。

[2] 杨明：《现代儒学重构研究》，南京大学出版社 2002 年版，第 236 页。

出合理的评价。新中国成立以后，在意识形态上居于指导地位是马克思主义，儒学作为统治阶级思想的地位已经丧失，政治儒学没有市场，儒学的历史本来面目开始逐渐得到显露。学术界开始贯彻党在新中国成立前后确立的文化方针，按照毛泽东"二分法"把儒学作为中华民族的历史文化遗产而加以批判性的研究，既肯定儒学在历史上的积极作用及现代价值，也指出儒学中不合现代生活的糟粕，区别对待，批判继承。

在这一时期，专家学者们基本上是根据自己的独立研究，提出了儒学及其历史地位的评价，研究的范围涉及孔子所处的时代和阶级立场、政治思想、哲学思想、教育思想等多个方面，多方面论证儒学与现代社会的关系。这个时期儒学的学术研究刚刚起步，对儒学现代化的认识还只是粗浅的。在当时儒学研究群体中全，从事者多为学术功底深厚的老专家与老学者。

1951年嵇文甫在《新史学通讯》发表《孔子的思想及其限度》一文。作者运用唯物史观研究孔子思想，既看到了孔子思想的历史作用，同时也指出来了孔子思想学说的时代和阶级的局限性，对孔子做了科学的评价。同年11月，宋文彬在《光明日报》发表《孔子在中国历史上的地位》一文，孔子作为地主阶级的利益，与代表奴隶主利益的思想家相比，孔子是进步的，孔子及其学说在现代社会有一部分是可以批判地接受和继续发扬。作者认为孔子与儒家不能等同，更不能与后期的儒家相提并论。这两篇文章发表以后，引起学术界的注意，学者们开始围绕孔子思想与现代化展开研究和讨论，引发思考，提出不同的见解。

郭沫若在1950年再版了写于抗战时期的《十批判书》，其中用了很大的篇幅对儒学的起源、经典、流派进行了考辨、钩稽和探讨，对孔子及其立场的评价引起学术界的注意。郭沫若认为孔子的思想基本立场是顺应当时的社会变革的潮流，大体上是站在人民利益，积极利用文化的力量增进人民的幸福。郭沫若对孔子的"仁"给予极高的评价，认为"仁是一种克己利他的行为……要人们除掉一切自私自利的心机，而养成为大众献身的精神"。孔子的哲学是一种人文主义的实学，"孔子是一位注重实际的主张人文主义的人"。① 郭的著作充分肯定了儒学之中某些方面是可以在现代社会继承和发扬的。冯友兰在 1954 年发表《孔子思想研究》，认为孔子生在由封建领主经济转向封建地主经济、由封建割据转向专制主义的中央集权的时代的，孔子的立场是站在地主阶级立场之上的。赵光贤在 1956 年发表的《论孔子不代表地主阶级》，杨向奎在 1957 年发表的《孔子的思想及其学派》等文章中，提出与冯友兰等不同的意见，认为孔子固化保守、主张倒退，代表的是封建领主的阶级立场。吕振羽在 1937 年的著作《中国政治思想史》在 1953 年修订再版，该书较高地评价了孔子。吕振羽认为孔子的"仁"是一种唯心主义，但也包含积极的因素，如忠恕、操守、反省、不固守成见、坚强、智、勇等。孔子的伦理思想能够贯彻到人民的现实生活之中产生积极的作用，具有现代价值。孔子学说在中国封建社会数千年居于支配的地位，这一方面是孔子所处的时代，是中国封建社会的上升时期，适应社会发展的需要；另一方面，孔子学说是适合封建主义的要求，包含着积极的因素或较伟大的观念。"孔丘的思想，对于东方以至世界的文化思想，也都产生过巨大的影响。因此，孔丘是中国封建时代最早出的一个大思想家。"② 儒家思想随着封建制度瓦解失去了依附，但孔子学说对中国的影响是长期的。50 年代，杨荣国出版了《中国古代思想史》一书，他认为孔子处于贵族日益没落的时期，孔子为了挽回贵族没落的命运和稳定政局，便宣扬殷周以来亲于统治者氏族的"仁"。孔子的"仁"只是涵盖当时王公大臣和士大夫。"克己复礼"是为了复归奴隶制的国家规范。杨国荣以对孔子思想和哲学的与众不同的分析而在学术界独树一帜，总体上是反对儒学的。冯友兰在建国以后尝试以重写中国哲学史，20 世纪 60 年代出版的两卷《中国哲学史新编》（后改名为《中国哲学史新编试稿》），基本反映出冯友兰在 50 年代至 60 年代的学术观点与立场，冯友兰认为："孔子就是从奴隶主贵族转化过来的地主阶级的代言人。

---

① 郭沫若：《孔墨的批判》，载《十批判书》，科学出版社 1956 年版，第 71、122 页。
② 吕振羽：《中国政治思想史》，生活·读书·新知三联书店 1955 年版，第 65、92 页。

他的学说就是这个阶层的要求和愿望在当时思想战线上的反映。"①

孔子哲学思想再认识及再评价。现代新儒家熊十力在 20 世纪 50 年代完成《原儒》上、下两卷的写作，熊十力以"内圣外王"概括儒学主旨，他认为儒家"内圣外王"之义囊括大宇，体现孔子与儒学的核心理念，具有持久的价值。范文澜写于解放前的《中国通史简编》在 50 年代再版，修订版中对孔子及儒学范文澜认为："孔子学说适应统治阶级的需要随时变化，总是处于显学的地位。范文澜认为孔子学说的某些部分，表现出汉民族的文化特点上的某些精神形态也影响到了非汉族的各族，是各民族之间的精神纽带。"范文澜主张毛泽东所说的"二分法"对待孔子学说。"对于我们是有益的，他给中国人民留下一份珍贵的文化遗产，中国人民必须珍重这一份遗产。"②

关于孔子教育思想的现代价值，学者们也提出了积极有建设性的观点。许梦瀛在 1954 年 6 月 14 日在《光明日报》发表了《孔子教育思想》的文章，高度评价了孔子教育思想与教育实践的意义，指出孔子教育思想在世界教育史上的地位及当代价值，同时也指出孔子教育思想的保守性与落后性。晁松亭在 1957 年 1 月发表《孔子的教育学说》的文章，认为孔子是中国历史上第一个伟大的教育家，他"诲人不倦""有教无类""因材施教"的教育理念在今天都有积极的启示意义。杨向奎也认为孔子扩大了知识传播对象，教学之中注重启发式教学，提出"有教无类"，这在他的时代，是破天荒的人。③

关于孔子及儒学的研究方法。冯友兰在 1957 年在中国哲学史方法座谈会上，针对传统文化重批判轻继承的倾向，提出"抽象继承法"。冯友兰认为，在对待某些哲学命题时，不仅要注意到命题的具体意义，更要重视命题的抽象意义，否则的话，是不够全面的。冯友兰提出划分孔子政治思想进步或反动的标准，区分孔子哲学思想属性的标准，以及在孔子研究中如何具体

---

① 冯友兰：《中国哲学史新编试稿》上册，中华书局 2017 年版，第 143 页。
② 范文澜：《孔子及其所创儒家学说》，载《中国通史简编》（修订本）第一编，人民出版社 1965 年版，第 200—207 页。
③ 杨向奎：《孔子的思想及其学派》，《文史哲》1957 年第 5 期。

贯彻批判继承的原则问题，在当时的学术界有相当的影响。冯友兰在《文汇报》于 1962 年 11 月、1963 年 10 月先后发表《关于孔子讨论中的一些方法论的问题》《再论孔子讨论中的一些方法论上的问题》的文章，对"抽象继承法"思想进行进一步阐释，这是"抽象继承法"在孔子及儒学研究的具体应用。庞朴在 1962 年也提出了有关孔子研究的史料考据、训诂、校勘等问题发表自己的意见，提出了类似冯友兰的观点与看法。

在中国共产党"百花齐放，百家争鸣"的文艺方针的指引下，1957 年 1 月，在北京大学举办了"中国哲学史方法座谈会"，会议涉及了对孔子及其儒学唯心主义的认识与评判等问题，关于儒学研究及儒学继承问题成为会议讨论的热点。20 世纪 50 年代围绕孔子及其儒学一度出现了学术争鸣的局面。在这次会议上冯友兰提出了著名的"抽象继承法"，贺麟提出了"唯物主义与唯心主义具有统一性"主张。虽然他们的观点立即遭到了批判，但"他们的观点对孔子和儒学的再评价提供了契机。"[1]

现代新儒家一批重要的人物如熊十力、冯友兰、贺麟等人留在了大陆，从他们的境遇上可以看出党和国家对现代新儒学立场与态度。这其中，熊十力有代表性：熊十力在惶恐不安中迎来全国的解放，人民政府没有抛弃他，在董必武等人的极力邀请并推荐下，熊十力离开广州去北京，共商国是。到北京之后，党和国家给予熊十力最高规格的待遇，妥善安排他的食宿，并充分尊重熊十力的个人意见，安排他回北京大学当教授，不安排教学工作，只是专门从事研究。良好的环境和宽松的心态，熊十力迅速展开了新的研究，在这期间，熊十力完成了《与友人论六经》和《新唯识论》（删订本）等著作。熊十力积极向中央建议要正确对待传统文化，提出建立佛学院、哲学研究院等主张，对新中国文化建设方针提出了自己的建议，如"熊十力提出'马列主义毕竟宜中国化'、反对妄自菲薄，挖掘传统文化中的有价值的层面"[2]等。1954 年之后，熊十力定居上海从事创作，先后完成了《原儒》《体用论》

---

① 张允熠：《中国文化与马克思主义》，人民出版社 2015 年版，第 258 页。

② 李振霞主编：《当代中国十哲》，华夏出版社 1991 年版，第 264 页。

《明心篇》《乾坤衍》等著作，130万字的写作，可见熊的积极性、热情之高。熊十力书不断追求进步的，虽然在不断修正观点，但没有放弃他的基本学术立场和思想。党和国家领导人依然尊重他的学术思想，在生活上给予他无微不至的关怀。冯友兰、贺麟等人进行自我批判，认识到他们自己学术思想的不足，转变学术立场，修正自己学术观点，努力使自己跟上时代发展的步伐，使自己的理论能够在社会主义社会发挥应有的作用。

总之，这个时期孔子及儒学的研究才刚刚开始，还仅限于学术领域，还没有充分认识到社会主义建设与儒学的现代性转化之间的关系，参加人物也只是少数从旧社会转变过来的旧式知识分子。在研究方法上，学者们都力图用马列主义为指导，但他们对理论学习与体会不深，理解不透，在研究中难免会出现教条主义、概念化的倾向，或者用一些抽象的概念套用古人思想，或者用今天的思想去改造古人观点，显得僵化与生硬。

三、儒学研究的暂时中断

从1957年开始，受"反右"斗争的影响，"左"的思想发展，反映在对孔子及儒学的研究上否定大于肯定，影响到正常的学术研究与交流，使得这一时期孔子及儒学的研究与争论逐渐带上了浓厚的政治色彩。学术问题一定程度上变成政治问题，对孔子的研究评价被看作是意识形态领域的阶级斗争的表现，使得正常的学术研究和讨论受到严重的干扰和扭曲，直至爆发"文化大革命"，全盘否定孔子及其儒学，儒学现代化进程在学术上被迫中断。

（一）大陆儒学研究受到"左"的思想干扰

社会主义建设没有现成的模式和经验可供参考，一切只能靠党和全国人民在实践中摸索，难免出现这样或者那样的失误。

1956年9月召开的中共八大对社会主义改造完成之后的国内的主要矛盾做了正确的分析与总结。毛泽东强调用民主办法处理人民内部矛盾，在科学文艺上坚持"百花齐放，百家争鸣"的方针。同时1957年毛泽东也认为来自"无产阶级和资产阶级之间的阶级斗争，还是长期的，曲折的，有时甚至是很激烈的"。①

在随后的1958年，八大路线及毛泽东关于正确处理人民内部矛盾的讲话精神未能在随后的时间里坚持和贯彻下去。"左"的思想倾向开展滋生和发展，导致了在经济上追求高速度和"大跃进"，在生产关系上搞"穷过渡"；在国家政治生活和党内斗争中混淆了两类不同性质的矛盾，导致了阶级斗争和党内斗争扩大化的错误。表现在思想文化领域就是认识不到传统文化的价值，对传统文化片面否定，政治化处理文艺界的争论，严重阻碍了正常的学术研究与交流。

到了20世纪60年代，党的主要领导人对国内国外阶级斗争的形势估计越来越严重。在1962年9月的八届十中全会上，提出"以阶级斗争为纲"。1964年12月的中央工作会议，形成了"整党内走资本主义道路的当权派"的错误判断，在政治、经济与文化上给国家造成了严重的后果。

从1957年到1965年，儒学的研究进入一个新的时期。在这个时期，学者们对孔子及儒家思想进行了深入系统的研究，召开了一些学术研讨会，发表了一些较高水平的学术论文，出版了一些研究儒学的专著。20世纪60年代以后，"以阶级斗争为纲"成为国家政治生活的主题，意识形态领域是阶级斗争的重要阵地，也是阶级斗争的重灾区。这种局面和形势对儒学研究产生了深刻的影响。

1962年11月在山东济南召开了"孔子学术讨论会"，来自全国专家、学者共计160人参加。会议集中讨论了孔子的中心思想问题、孔子代表的阶级以及思想的阶级性、孔子的世界观和方法论以及孔子的地位及作用等。吕振羽、冯友兰、赵纪彬、杨荣国、蔡尚思等人在大会发言，关于孔子研究的方法论是会议的主题。但是，原本轻松的会议气氛随着个别与会学者的批判

---

① 《毛泽东文集》第七卷，人民出版社1999年版，第230页。

紧张起来，原本正常的学术探讨变成一场政治批判，与会者噤若寒蝉，严重破坏了学术民主和百家争鸣的局面。济南会议之后，孔子思想被片面阶级定性，儒家思想被贴上了旧思想、旧意识的标签，用阶级斗争的理论结构孔子思想的倾向越来越突出。在 60 年代这些关于孔子及儒学的讨论都是具体的学术问题，都可以在学术的范围内进行正常的争论。但是，60 年代中期以后，关于孔子及儒学就很少能听到不同的声音了，儒学正常的学术研究已被政治上批判严重干扰。同时，孔子研究被披上了厚重的政治外衣，并与政治斗争形势紧密挂钩，孔子及儒学的研究偏离了正确的学术轨道。

（二）大陆儒学研究在政治批判中完全中断

社会主义如果没有思想上、文化上革命，社会主义革命不可能最终取得成功，人民也不可能真正获得解放。新中国成立以后，毛泽东对孔子及儒学也作出了一些积极的评价，但总的来说他对孔子和儒学批判多于肯定，随着时间的推移越来越趋于负面和严厉。毛泽东说："康德和黑格尔的书，孔子和蒋介石的书，这些反对的东西，需要读一读。""禁止人们跟谬误、丑恶、敌对的东西见面，跟唯心主义、形而上学的东西见面，跟孔子、老子、蒋介石的东西见面，这样的政策是危险的政策。"[1] 在毛泽东看来，孔子及其学说与唯物主义、辩证法在马克思主义者眼中，就是真理与谬误，香花和毒草的区别，致使孔子及儒学只具有反面的价值，而正面的价值则体现不出来。在"文化大革命"爆发的前夕，毛泽东对孔子及其学说的评价越来越负面。1964 年在"春节谈话"中，毛泽东在看到孔子在教育上的贡献外，又指出："孔夫子出身与没落奴隶主贵族，……后来在鲁国当了大官，群众的事就听不到了。他后来办私塾反对学生参加劳动。"[2] 1964 年 6 月，毛泽东在与外宾谈话时指出："孔夫子有些好处，但也不是很好的。我们认为应该讲公道话，

① 《毛泽东文集》第七卷，人民出版社 1999 年版，第 192—193 页。
② 《建国以来毛泽东文稿》第 11 册，中央文献出版社 1996 年版，第 23 页。

秦始皇比孔夫子伟大得多，孔夫子是讲空话的"。[①] 1965 年毛泽东在与胡志明谈到孔子的时候，认为孔子是唯心主义，荀子是唯物主义，是儒家的左派。孔子代表奴隶主贵族，荀子代表新兴地主阶级。秦始皇比孔子伟大，几千年来，形式上是孔夫子，实际上是按秦始皇办事。[②]

以上仅是摘抄毛泽东晚年关于孔子及其学说的几段谈话。毛泽东晚年对孔子的否定主要集中以下几点：一是从政治认定孔子是落后的奴隶主阶级利益的代表，不是当时先进生产力的代表，因而在政治上是落伍的、保守的，甚至是"反动"的。二是孔子在长期的封建社会是被统治者刻意不断抬高神化，并将其思想封为御用的统治思想，是剥削者调和矛盾，消除抗争，麻痹人们精神武器。批判孔子及其思想是反封建主义的一部分。三是孔子的思想及学说听起来很有道理，但是事实上做不到的。历代统治者真正奉行的是法家思想，儒家思想只是一个招牌而已。毛泽东认为孔子主要贡献在于普及文化教育，整理典籍。

1966 年"文化大革命"爆发，中国开始了一场史无前例的集政治、思想与文化于一体的批判运动。孔子及其学说被认为是封建旧思想、旧文化的主要代表，在"破四旧"运动中受到冲击。毛泽东认为："无产阶级文化大革命主要任务之一，是消除孔夫子在各个方面的影响。要抓住整个阶级斗争和还未完成的反封建主义的斗争。孔夫子的影响存在于大学文科，如哲学、历史、美术、法律等。他们灌输帝王将相思想，资产阶级法权思想，这都同孔夫子体现联系着。"[③]

在"文化大革命"初期，孔子及儒学作为"四旧"被否定与批判。孔子及儒学在十年"文化大革命"期间被政治化，孔子及儒学的研究完全与政治路线和政治斗争联系在一起，被意识形态化。以政治运动代替学术研究，把

---

① 许全兴：《毛泽东与孔夫子》，人民出版社 2003 年版，第 336 页。

② 陈晋：《毛泽东之魂》，吉林人民出版社 1993 年版，第 271 页。

③ 转引自许全兴：《毛泽东晚年的理论与实践》，中国大百科全书出版社 1993 年版，第 448 页。

政治运动的形式开展的批孔、批儒，看成事实严重的路线斗争和阶级斗争。学术问题和政治问题严重混淆，在"文化大革命"中达到了极端的程度。这种大规模的政治运动的方式来开展对孔子的批判，不仅破坏了孔子研究的学术环境，无助于学术问题的解决，而且造成的恶果就是将正常的学术活动转化为政治问题。研究孔子的专家和学者，或者遭到迫害，被下放劳动；或者噤若寒蝉，或瞻前顾后，或谨小慎微，不敢进行正常的学术研究与交流。也有的专家学者受不了政治重压与政治权力的诱惑，丧失应有的学术人格和学术态度，见风使舵，趋炎附势。冯友兰事后这样反省自己当年的思想："我们说话、写文章都要表达自己真实的见解，这叫'立其诚'。如果是附和一时流行的意见，以求得到吹捧，这就是伪，就是哗众取宠。……没有把所有的观点放在平等地位来考察。而在被改造的同时得到吹捧，也确有欣幸之心，于是更加努力'进步'。这一部分思想就不是立其诚，而是哗众取宠了。"[1]像冯友兰这种经历的学者为数不少，但能像冯友兰这样作内心的自我反省和自我的解剖就很少了。总的看，在新中国成立以后虽然学术界对儒学进行了一些研究，但儒学作为一个学术流派已经中断了。

第三节　海外现代新儒学的发展和儒学现代化的再认识

1949 年中华人民共和国的成立，它雄辩地证明，民族解放与复兴的大业不能靠复兴儒学来完成，只能靠马克思主义指导下的人民革命来完成。留在大陆现代新儒家的代表人物，多数在新中国翻天覆地的变化中看到民族复兴的希望，从中国共产党领导的波澜壮阔中国革命和热火朝天的社会主义建设中认识到中国共产党与中国人民的伟大力量，感受到马克思主义真理的光

---

① 冯友兰:《三松堂自序》，东方出版中心 2016 年版，第 191 页。

芒。他们从爱国主义的民族立场、尊重历史客观规律基础上，超越了原来的立场，接受或信仰马克思主义，放弃或修正了原来思想。

新中国成立以后，旅居在海外的现代新儒家们在特殊的政治境遇和文化氛围中继续推进儒学现代化。他们继续在港台地区传播和发展儒学，延续现代新儒学的发展。海外的现代新儒家们在儒学"花果飘零"的遭遇下，不气馁，继续寻求儒学与现代社会融合之道，试图通过儒学"内圣"之学开出现代科学与民主的新"外王"，实现儒学的现代转化。在台湾、香港逐渐形成了以牟宗三、唐君毅、徐复观、张君劢等为代表现代新儒家新一代学研究群体。

20 世纪 60 年代以后，东亚儒家文化圈的日本、韩国、新加坡等国以及中国的台湾和香港地区的资本主义经济获得快速发展，展现出儒学与现代化结合某些契合之处，为世界现代化的发展模式提供了新的参考，引起全世界人们的注目。对这种东亚出现新的工业文明，被现代新儒家称为"第三种工业文明"，表现出一种"新型资本主义"的发展模式。现代新儒家认为上述地区经济的快速发展，这种新型的模式同儒家伦理有直接的关系。儒家也有类似于资本主义新教伦理的功能，它是东亚经济奇迹的一个重要的原因。杜维明认为，儒学在东亚经济地区发挥了"导引和调节的作用"。杜维明指出"这种新的儒家伦理已经把一些已经被想当然地认为是西方之价值糅合到它的伦理结构中去"[1]。"儒家资本主义"的问题的提出，代表了一些现代新儒家试图用东亚经济发展的奇迹来论证儒家思想在指导发展资本主义上的功劳。用这些实例作为儒学可以促进经济起飞的证明，显然过分夸大了儒学在现代经济社会的功效，有过分"拔高"之嫌。因为儒家学说已有几千年历史，资本主义在西方已经数百年，而东亚的经济起飞只是近几十年的事。显然不能将东亚经济成就全部归于儒家学说。

儒学在东亚经济发展中的经济作用为重新认识儒学在现代社会的价值提

---

[1]　杜维明：《儒家传统的现代转化》，中国广播电视出版社 1992 年版，第 373 页。

供了一个国际化的视角，证实了儒学在现代化建设中是可以发挥其应有价值的，从而为我国现代化建设进程中弘扬儒学价值提供有益的借鉴，引起人们对儒学在现代社会积极作用的再认识。20世纪70年代末，中国实行改革开放政策，国门打开。海外的现代新儒学的成果被逐渐介绍到中国大陆。80年代以后，杜维明、刘述先、成中英等现代新儒家群体中第三代的代表人物开始出现在内陆，为大陆所熟知，影响并带动了大陆的传统文化热与"儒学热"。

一、海外现代新儒学的发展

流亡在海外的现代新儒家们失去大陆的依托，他们面对着"花果飘零"的凄凉局面。在他们居住的港台地区以及欧美诸国，是西方文化一统天下的局面，西方人士不了解东方的中国，更对中国的儒家文化不了解和陌生，当然也看不到儒学的现代价值。在海外的现代新儒家们担心儒学在他们这一代人身上失传，中国儒学命脉在他们身上中断，他们有责任、有义务接续他们的前辈，继续推进现代新儒学的事业。儒学在日本、韩国、新加坡等资本主义国家实现与现代化的融合，使现代新儒家们看到了儒学复兴的希望，他们认为儒学与民主、自由等现代理念并不矛盾，这也增添了他们对未来现代新儒学发展的信心。

（一）"花果飘零"的儒学在港台地区的发展

1949年的国民党政权已是日薄西山，气息奄奄，现代新儒家一部分人移居海外；有的追随国民党，随残余政权逃到台湾；有人暂避香港，暂时落脚，观察时局。国民党政权在台湾虽然延续"尊孔反共"的政策，但依然影响甚微。离开故土，出走海外的新儒家们，面对的是儒学"花果飘零""魂不附体"的惨淡境遇。

随着时局的稳定，在20世纪50年代，移居海外的现代新儒家的主要代表人物如牟宗三、徐复观、唐君毅、张君劢等人受文化寻根意识的驱使，并痛感西方现代化的发展带来的弊端，发表了大量的著作与文章，继续新儒学体系的建构，致力于儒家思想的现代转化。他们以光大儒家"道统"为己任，以挽救民族文化危机为目的，使得他们常常能把自身的"存在之焦虑"转化为一种"时代悲情"。现代新儒家崇尚陆王"心学"，"内圣"开出"新外王"，这个"新外王"是指西方近代意义上的民主与科学。现代新儒家将这一过程概括为"返本开新"。

在儒门淡薄、儒学惨淡的背景下，1958年元旦，唐君毅、张君劢、牟宗三、徐复观等一改现代新儒家"儒家文化中心主义"的立场，站在中西文化交流的立场上，联名发表《为中国文化敬告世界人士宣言》。"从儒家之肯定：天下非一人之天下，并一贯相信在道德上人皆可为尧舜为贤圣，及民之所好好之，民之所恶恶之等来看，此中天下为公，人格平等之思想，即为民主政治思想根源之所在，至少亦为民主政治思想之种子所在。"① 这些人提出东西文化对视，共同担负起人类文明的发展，多少显现出弘扬儒学的眼光与胸怀。《宣言》提出了"东方智慧"，"'当下即是'之精神与'一切放下'之襟抱""天下一家之情怀"等儒家的生活态度、人生智慧，是处于强势的、支配地位的西方文化应该向东方文化学习借鉴之处。②《宣言》指出："到了现在，东方与西方到了应当真正以眼光平等互视对方的时候了。"现代，"人类同应一通古今之变，相信人性之心统理同的精神，来共同担负人类的艰难，苦难，缺点，同过失，然后才能开出人类的新路"。③ 此文的发表是第二代现代新儒家的集体亮相，在东西方文化界引起较大影响。《宣言》展现出某些"文化自觉"意识，对中国文化未来的发展方向和中国文化对世界的贡献预测和分析。《宣

---

① 牟宗三等：《为中国文化敬告世界人士宣言》，转引自封祖盛编：《当代新儒家》，生活・读书・新知三联书店1989年版，第32—33页。

② 牟宗三等：《为中国文化敬告世界人士宣言》，转引自封祖盛编：《当代新儒家》，生活・读书・新知三联书店1989年版，第37—49页。

③ 牟宗三等：《为中国文化敬告世界人士宣言》，转引自封祖盛编：《当代新儒家》，生活・读书・新知三联书店1989年版，第52页。

言》指出，西方文化在扩张的过程之中试图将其普世化，忽视各国文化的民族性，受困于进一步的发展。未来世界文化发展不是一家文化之所长，而是中西文化的融合与汇通，中国文化能为世界文化的发展提供思想资源。这一点，牟宗三等人具有世界眼光，看到了世界文化发展的大趋势。但是，《宣言》抬高和夸大了儒家心性之学在中国文化的影响及地位，指出未来中国文化应由心性之学在自然科学以及人文领域发挥主体作用，弥补中国文化缺乏西方科学的劣势，从而发展科学和实用技术。在政治上，由心性之学开出新政统，形成政治上自觉，建设现代民主政治，这无异于痴人说梦了。

海外现代新儒家们在揭露传统儒学缺陷的同时，致力于高扬儒学的永恒价值，引发了现代新儒学发展的第二个高潮。20 世纪 80 年代以来，现代新儒学出现，他们致力于儒学现代化的事业，因为师承关系常被划入熊十力、方东美、牟宗三、徐复观之后的"第三代新儒家"。[①] 他们长期旅居海外，他们在美国或中国港台地区的知名大学或学术机构执教，视野宽阔，思想更加开放，对现代化与全球化比起他们的前辈有更深的体会和认识；他们一直从事中国传统文化或儒学的研究，能熟知和准确理解、把握现代西方思想，具有较为宽阔的理论视野和新颖的思维，在各自儒学研究的学术基础之上，吸纳现代西方哲学思想对传统儒学实现现代化进行继续思考。他们宣称，"文化中国人文精神的勃兴，当然可以从对西方启蒙心态（包括自由、人权、科学和民主的价值），乃至批判启蒙心态的后现代论说（如环保主义、女权主义、宗教多元主义和以全球社群为对象的伦理思潮）中获得丰富的资源"[②]。

中国要实现现代化，就必须走儒家"内圣"开拓民主与科学的"儒家现代化"的道路。这当然是他们一厢情愿的臆想，但他们积极思考传统与现代、东方与西方、全球化与本土之间的问题，对全球文明对话及全球伦理的

① 方克立：《第三代新儒家掠影》，《现代新儒家与中国现代化》，天津人民出版社 1997 年版，第 54—63 页。
② 杜维明：《开发中国传统文化的人文精神》，载自《杜维明文集》第 5 卷，武汉出版社 2002 年版，第 583 页。

建构有积极的意义。第三代现代新儒家的理论创新，是 20 世纪儒学的新发展，开创的、确立的诸多具有现代、当代理论特质和内容的论域、论题、话语，在很大程度上塑造儒学理论的未来发展。[①]

（二）海外现代新儒家代表性的观点

1. 唐君毅代表性的儒学观点

唐君毅（1909—1978），四川宜宾人。曾在北京大学求学，并先后在国内多所大学任教。1949 年后，移居香港，与牟宗三等人创办新亚学院。唐君毅是港台地区著名的学者，也是现代新儒家第二代的主要代表之一。他对中国哲学和文化都有很深的研究。他在《中国文化与当今世界》一书中，从一种极为悲怆的"花果飘零"的文化心态出发，努力使"中华民族之人文精神，能真正存在于当今之世界，而成就其自身之发展，并求有贡献与世界文化问题之解"，致力于中西哲学的结合，提出了要解决中国人文如何存在于发展的问题，对世界文化如何贡献的问题。在文化路径上，唐君毅主张继承发扬与"返本开新"。一方面他充分肯定中国文化的精神价值，认为"其价值自有光芒万丈，举世非之而不减，举世誉之而不增之处"，主张以儒家之精神为基础重建中国文化大厦。他认为中国文化有一本性，也就所谓"绪统"与"道统"的一脉相承。建立传统的"以大一统为常道"的文化心态，确立自信自守、自尊之重的"独立的顶天立地的人格"。

2. 牟宗三代表性的儒学观点

牟宗三（1909—1995），山东栖霞人。早年毕业于北京大学哲学系，先在张申府门下治西方哲学，后师承熊十力，继承儒学陆王心学一系。牟宗三先后在内地多所大学任教。1949 年后长期在港台多所大学任教。牟宗三与唐君毅被海外学人尊为继熊十力之后现代新儒家的两位最具代表性的人物。牟宗三笔耕不辍，有数百万作品留世，是当代新儒家最富原创力的学者。代

---

① 崔大华：《儒学的现代命运——儒家文化的现代阐释》，人民出版社 2012 年版，第 375 页。

表著作有：《心体与性本》《才性与玄理》《生命的学问》《智的直觉与中国哲学》等。牟宗三从康德的实践哲学的思路分析道德所以可能的先天条件讲起，提出"心体即性体"；这里的"体"是天地之本性。牟宗三认为孔孟确立的仁学、心性论以及《中庸》《周易》的宇宙本体论在陆王那里融为一体，标志儒学道德形上学的完成。因此，民主与科学并非是儒学的异质因素，而是内圣应用之义。牟宗三认为儒学内圣之学代表人类精神发展的最高阶段，内圣之学开不出现代民主政治，这归结不到儒家思想的本身，也不等于儒家思想与现代民主政治、现代科学存在矛盾与冲突。中国现代社会在吸收西方的民主与科学时，必须通过民族文化的自我调整而实现。

3. 徐复观代表性的儒学观点

徐复观（1903—1982），湖北浠水人。早年在家乡读书，接受现代教育，1926 年参加革命活动，加入军旅生涯。抗战胜利以后退出军旅，从事文化教育工作，创办《学原》杂志。1949 年离开大陆，在港台从事文化教育。徐复观一生将学术与政治结合，"关注的重心始终在于阐发以儒家精神为主体的中国文化，在于结合中国传统文化思考中国现实政治问题，结合西方民主政治来阐发儒家政治思想。"[1]徐复观后半生才开始从事学术研究，宣言现代新儒家思想。徐复观比较系统地研究了中国思想文化史，写下《两汉思想史》《中国人性史》等著作。

徐复观肯定儒家思想是中国文化的命脉之所在，儒家思想在长期的封建专制下，不可避免地会发生某些扭曲，这只能说封建专制政治压制了儒家思想的正常发展，如何能倒过来说明儒家思想是专制的护符呢？因此，徐复观坚决反对儒家思想对封建帝王专制负有责任，对那些不遗余力的批判、贬低甚至是诋毁中国文化的学者尤为不满，批判胡适等人是"中国人的耻辱，东方人的耻辱"[2]。徐复观认为，儒家思想的基本精神与民主、自

---

① 汤一介、李中华主编：《中国儒学史》（现代卷），北京大学出版社 2011 年版，第 571 页。

② 徐复观：《中国人的耻辱，东方人的耻辱》，转引自陈正夫、何植靖：《孔子儒学与中国现代化》，福建教育出版社 1992 年版，第 231 页。

由、人权、法治的理念并不矛盾，中国思想里已经具备西方现代民主政治和科学精神内涵。他把中国文化里的民主精神重新梳理，以求为往圣继绝学，并以此精神支持中国现代的民主政治，为万世开太平。"把儒家的政治思想。重新倒转过来，站在被治者的立场上再作一番体认。……总之，要将儒家的政治思想由以统治者为起点，并补进中国历史中所略去的个体自觉的阶段。这样，民主政治则可以因儒家思想的复活而得其更高的依据；而儒家思想也可以因民主政治的建立而得完成其真正客观的构造。"①徐复观形而上学的心学观。徐复观对其师熊十力以及诸位现代新儒家提出了诘难，他认为现代新儒家们在儒学现代本体论的构建过程中遭遇了与现实生活世界分离的问题。现代新儒家的哲学体系与中国人的现实生活隔离。虽然他们对"20世纪中国哲学发展作出了很大贡献，但对于社会生活与广大民众来说却没有多少实际影响。"②徐复观以熊十力开启的心学路向创建了自己的"心的文化"，认为人生价值的根源是"心"，人生价值的实现与人的具体的生命存在、生命活动而呈现出来。这与熊十力形而上心路的不同，显示了徐复观的心学观。

总之，唐君毅、牟宗三等人为重建儒学道统、返本开新，穷尽半毕生心血，凭借深厚的西方哲学和儒学功底，对儒家的解析更加精致与细密，但是他们对传统儒学抱有一种宗教崇拜式的心理与态度，缺乏对传统儒学的批判精神，使他们不能抛弃儒学中的糟粕，因而他们在儒学现代化上的努力仍有很大的局限。

4.杜维明代表性的儒学观点

杜维明（1940—   ），祖籍广东南海，生于云南昆明。当代著名学者，现代新儒家代表人物，哈佛大学亚洲中心研究员，北京大学高等人文研究院

---

① 徐复观：《学术与政治之间》，转引自姜林祥：《儒学与社会现代化》下卷，广东教育出版社2004年版，第413页。

② 李维武：《20世纪心学开展的三种形态》，载景海峰主编：《儒学的当代发展与未来前瞻》，人民出版社2014年版，第393页。

院长，国家儒学联合会副会长。从 20 世纪 80 年代以来，杜维明一直在从事儒学的宣传与推广，是儒学现代化的最积极的推动者。杜维明提出的"儒学第三期发展"问题是针对美国加州大学教授列文森（J.R.Levenson）在其著作《儒家中国及其现代命运》中认为："儒家承认业已死亡"的结论而发出的。杜维明认为，列文森所说死亡"儒教中国"是指，"以政治化的儒家伦理为主导思想的中国传统封建社会的意识形态，及其在现代文化中各种曲折的表现"。杜维明认为儒学的价值在于人文理想，"有着相当深厚的批判精神，即力图通过道德理想来转化现实政治，这就是'圣王'的思想，从圣到王是儒学的真精神"。①

杜维明比较正面地评价了五四新文化运动的"批孔"："我们进一步继承五四精神，不但对封建遗毒要狠批，而且要在这一基础上，对塑造中华民族文化认同的源头活水，如儒家对知识分子风骨的塑造，……都有一个比较全面深入的把根。"②在杜维明关于儒学现代转化的多次论说中可会看出，这种转化是进入现代语境、具有现代观念和回应现代问题等不同的理论层次或理论内容。杜维明说："任何一种哲学思想，只要是活的、有生命力的，就一定要用现代的语言来陈述。这种陈述本身，就是一种哲学思考。"③杜维明多次论述，他说："儒家传统的现代化，就是儒家传统能不能接受启蒙心态所体现的一些基本价值如自由、平等、人权、法治等，能不能吸收到儒家传统之中。这是一个进行创造性转化的前提。"④

杜维明理解的中国传统文化，特别是儒家文化"就是中华民族的文化认同，即代表着中华民族优良传统文化精神"。⑤杜维明将儒学放在世界文化发展的大背景下，思考儒学在文化认同上的意义。在更为深远意义上，儒学

---

① 杜维明：《儒家传统的现代转化》，中国广播电视出版社 1992 年版，第 296 页。
② 杜维明：《杜维明文集》第 1 卷，武汉出版社 2002 年版，第 554 页。
③ 杜维明：《杜维明文集》第 1 卷，武汉出版社 2002 年版，第 560 页。
④ 杜维明：《杜维明文集》第 5 卷，武汉出版社 2002 年版，第 469 页。
⑤ 杜维明：《杜维明文集》第 1 卷，武汉出版社 2002 年版，第 550 页。

现代化体现了以全人类命运为关怀的"忧患意识",以更为广泛的文化视野来加以考察儒学的现代价值及转化。

对儒学现代化,杜维明持一个既乐观又谨慎的态度。儒学现代化在于能否回应现代社会发展提出了理论的和实践的问题,或者说能否回应西方的挑战。"就我自己的感受而言,如果儒家这个传统,面对西方的挑战没有创建性的回应,它就没有发展的可能。"① 作为创建性回应的"儒学第三期"发展,既是对西方文化的挑战做出的回应,也是儒学对现代社会问题的回应,必须经过长期的曲折的道路,它的生命力"主要取决于它是否经过纽约、巴黎、东京,最后回到中国"。② 但是儒学现代化在客观现实面前,还只是处于"一阳来复"的阶段。杜维明对儒学第三期的发展在理论上持一个比较乐观态度,而在现实生活中的实现时间持一个比较谨慎的态度,"大约至少也得一百年才能看出比较明显的迹象"。

二、海外现代新儒家与儒学现代化

海外的现代新儒家面对着一个对中国传统文化完全陌生的西方人士,思考着儒学在现代社会价值与意义,并将儒学与现代社会对接,促使传统儒学的现代化,在儒学现代化上做出开创性的思考与探索,这位我们继承与弘扬儒学,推进中国特色社会主义的儒学现代化提供了宝贵的经验与参考。

一是继续将西方民主与科学同儒学对接。港台新儒家在儒学现代化方面的显著特点,就是肯定西方科学与民主对中华民族生存的积极意义,积极将科学与民主与儒学积极融合。第二代现代新儒家相对于比梁漱溟、熊十力、冯友兰、贺麟等第一代现代新儒家多了一分零落异乡的"漂泊"感。流落在海外感受到儒学"花果飘零"的状态,使他们在弘扬中国传统文化、推动中国文化走向世界更加自觉,从而也在更为广泛地汲取现代西方思想促进

① 杜维明:《杜维明文集》第 3 卷,武汉出版社 2002 年版,第 492 页。

② 杜维明:《杜维明文集》第 1 卷,武汉出版社 2002 年版,第 563 页。

儒学现代化。杜维明为代表的当代新儒家以更为开放的心灵，从人类未来文化的发展大视野下看待传统儒学思想的现代价值与现代转化。他们看来，中西文化的融合不仅是复兴传统的过程，还是一个"建立统一的世界哲学所必经的本体与方法、价值与知识的主动过程"，他们在儒家心性哲学的基础上"开拓出现代人类社会的实践模式"。① 如果说，冯友兰的新理学是对宋明理学的"接着讲"，那么可以这样说，牟宗三的道德的形上学则是对陆王心学的"接着讲"。"中国思想不是由知识上的定义入手的，所以它没有知识论与逻辑；它的着重点是生命与德性，它的出发点或进路是敬天爱民的道德实践，是践仁成圣的道德实践，是由这种实践注意到'性命天道相贯通'而开出的。"② 牟宗三就是从关注中国文化的人文精神核心及根源的儒家道德理念和实践，做出具有现代哲学观念内涵的新诠释，形成他的"道德的形上学"。徐复观将注意力从儒学研究中的本体论转移到儒学"外王"的建立上，讨论科学与民主的现代理念如何在传统儒学之中开出。这也是他"转仁成智"的思考。

二是充分肯定儒学的现代价值，回应现代化带来的人文危机。唐君毅、牟宗三等现代新儒家认为中国文化有其世界的重要意义，致力于儒学现代转化，使儒家学说重新流行于现代社会。近代西方学者却用考证古董的心态看待中国文化，其动机和方法都是不正确，结果也就可想而知。现代新儒家认为：中国文化为一活的生命存在，是人类客观精神生命的表现，研究中国历史和文化必须有自己生命心灵的"同情"和"敬意"，这是现代新儒家对待传统的基本态度。

现代新儒家们最先注意到了后发现代化国家在处理文化民族性与世界性问题上的弊端，寻找治疗西方现代社会普遍存在的"现代化弊端"根源。现代新儒家思考的主要方向和重要特点就是回应现代化带给人类的人文危机，挖掘儒学丰富的内在资源以应对现代化带来的危机。20 世纪 80 年代以来的

① 姜林祥主编：《儒学与社会现代化》，广东教育出版社 2004 年版，第 420 页。

② 牟宗三：《中国哲学的特质》，（台湾）学生书局 1968 年版，第 10 页。

海外华人儒学者挖掘传统儒学的思想资源，参与回应现代性的社会危机，既是现代儒学者的社会责任，同样也是儒学理论创新与发展的契机。对此杜维明等现代新儒家们抱有乐观的态度，认为儒学的人文关怀在现代世界人类面前生存和环境危机的情况下有着普遍的意义，儒学完全可以大有作为。"我们相信儒家面对人类现代所碰到的生态环境和在各方面的危机而必须实现全球化伦理这样大的课题，儒家传统有非常丰富的资源……我们儒家对世界各种不同的重大问题，包括现代西方文明所碰到的困境当作是我们自己的困境。"① 但是，正如杨国荣认为的那样，儒家价值原则对构建现代文明所要求的理性化机制很难提供文化心理上的保证。如何有单向的价值关怀转换到兼容效率原则是儒学应对现代化挑战时无法回避的问题。"新儒家要求从儒学固有的内圣声中开出现代化的新外王，在某种意义上即变现了对如上挑战的回应，但它试图通过良知的自我坎陷以转出科学的外王，本质上乃是从儒家的内生之学中引出现代化所要求的科技及逻辑方法，这种推绎显然只能给人提供思辨的满足。"②

三是探索儒学现代化的现实路径。以杜维明为代表的现代新儒家对儒学现代化的路径进行了探索，指出在现代社会儒学现代化的途径有三种：转化、重构与对话。所谓现代转化就是儒家思想如果在现代社会继续存在、有所发展，就必须要求儒学的现代化；所谓理论重构就是先确定核心观念、基本原则，或先设计理论框架，再加以审视、诠释儒家传统，使之以一种以这个框架、原则一致的且有现代观念内容的新的理论面貌出现。20世纪80年代以来，海外华人现代新儒家提出的重构、重建儒家传统的方法论模式。这主要有余英时的"价值系统的中心观念"、刘述先的"理一分殊"和成中英的"本体诠释"等。所谓对话，就是在当代由经济、科技的快速发展而形成的"全球化"和伴随而来的民族文化自我认同的普遍觉醒的多元化背景下，

① 杜维明：《儒家人文关怀与大学教育理念》，《杜维明文集》第5卷，武汉出版社2002年版，第596页。
② 杨国荣：《善的历程》，上海人民出版社1994年版，第371页。

作为一种文明形态或宽泛意义上的一种宗教的儒学与其他文明间的对话。这是一种不同文化、宗教间实现相互理解和谐共存的努力。杜维明说："真正的对话是要学到未知的东西，倾听不同的声音，向不同的视野开放，反省原始的预设，分享真知灼见，发现彼此心领神会的领域，并为人类繁荣开辟出最佳路线。"① 成中英认为："以相互理解为目标的对话……不是求谁是谁非，而是求如何自身理解对方，又如何使对方理解自身……对话的不断进行就在不断建立及完善自身理解对方的过程。"② 两位现代新儒家关于"对话"的论说，展示了现代儒学对文明对话的基本立场，在不同文明或宗教间的对话，在实现相互肯定与接受的多元化群体共存的目标中，存在着各自反思、共同分享、发展与重建等不同理论环节。

四是在儒学现代化上复杂的意识形态之争。现代新儒家们都有鲜明的意识形态自觉，"其前辈代表人物和后辈新进、包括其大陆弟子中，哪一个不对中国现实政治和中国现代化的道路、前景表现出密切的关注和积极的参与，哪一个对现代新儒学作为资产阶级意识形态的功能没有高度的自觉性？"③ 虽然现代新儒家有不少人排斥马克思主义，但中国革命的胜利已经用生动的事实证明了只有马克思主义才能救中国，这是任何人也改变不了的现实。

杜维明是当代新儒家的代表。杜维明等人在意识形态上淡化新儒学与马克思主义之间的对立。他们在对待包括马克思主义在内的各种主要思潮之间的关系时，主张现代新儒学能够平等与之对话。"儒学是否能够和马克思主义进行深入的对话，并在其中找到结合点，这也是一个很重要的问题。"④ 杜维明认为应该认真研究马克思主义如何在中国取得成功及它在中国未来的命

① 杜维明：《全球化条件下文明对话》，《哲学研究》2003 年第 8 期。
② 成中英：《本体诠释学的本体结构与诠释结构》，《成中英文集》第 4 卷，湖北人民出版社 2006 年版，第 85 页。
③ 张世宝编：《大陆新儒学评论》，线装书局 2007 年版，第 236—237 页。
④ 杜维明：《儒学第三期发展的前景问题》，台湾联经出版事业公司 1989 年版，第 28 页。

运问题。在儒学现代化方向与路径上，在学术与政治上逐渐分离，淡化与马克思主义在意识形态的争论，认为儒学经过"创造性的转化"能够重新焕发生机，在世界多元文化之中占有一席之地。现代新儒学在 20 世纪 80 年代中后期以后渐次为大陆学者所接受和重视，杜维明成为 80 年代以来推动现代新儒学运动最有力的学者之一。

第四节　社会主义现代化建设与儒学现代化的重启

在"文化大革命"之中，儒学经受了"破四旧"大规模群众运动的冲击，遭到了"批林批孔"的政治批判。在政治高压以及无产阶级继续革命理论指引下，人们丧失了理性思考，盲目追随潮流，对孔子及儒学统统打倒，一概否定，既否定了儒学的现代价值，也忽视了现代化建设离不开对传统继承的规律。一个成熟理性的民族既不会妄自菲薄，主张"全盘西化"；也不会自轻自贱，通过对传统的否定来证明自己的现代化。在近现代社会转型之中的儒学从来就没有归于沉寂，其命运可谓是一波三折，跌宕起伏。每每总是在社会转折关头被推到风口浪尖，或被高扬，或被批判，这也表明，仍然处在转型的中国，距离现代化的目标尚有一段不小的距离。

儒学研究在"文化大革命"之后重新开启。1976 年 10 月，十年"文化大革命"结束，我国进入新的历史发展时期。人们开始抛弃"文化大革命"时期教条主义及极左思维等形而上学的思考方法，对儒学及儒学为主体的中国传统文化进行了重新的思考和定位。国内政治稳定以及经济的快速增长带来综合国力的提升为儒学的学术研究提供了良好的环境和条件。在改革开放的时代背景下，孔子以及儒学的研究出现空前活跃的局面，取得一系列成果。社会的发展与人类文明的进步离不开传统的继承，越是现代化，越是离不开传统的继承，儒学在现代社会具有不可替代的价值，现代化建设为儒学现代化开辟了广阔的前景。

一、中国特色主义道路的开辟与儒学研究的恢复

在国内，随着"真理标准"问题大讨论的深入开展，破除"左"倾思想的束缚，促进了人们思想解放。在实事求是思想路线指引下，政治上重新确立了"以经济建设为中心"的路线，为中国特色社会主义为现代化提供政治上与制度上的保障。

中国在现代化建设道路上阔步前进，创造出举世瞩目的"中国奇迹"。中国已是世界上第二大经济体，综合国力明显提高，正在实现中国梦和中华民族伟大复兴而奋斗，这一切都验证了中国共产党在中国现代化道路上的非凡业绩，中国现代化建设取得了显著的成效，古老的中国发生了翻天覆地的巨变。站在近代以来中国社会转型的大背景下看，总结中国现代化的历史经验，中国取得的这一系列的了不起的成就，就是选择了马克思主义为指导思想，在中国共产党的领导下，"取得了新民主主义革命、社会主义改造、社会主义建设和改革开放的伟大胜利"，"中国人民创造了一个又一个的奇迹，令世界人民惊叹不已"。①

实事求是思想路线的确立打破了思想禁锢，独立的学术研究开始脱离政治束缚独立展开起来，关于儒学研究又一次活跃起来。改革开放年代思想解放的氛围，为文化热、儒学复兴奠定了思想基础。20 世纪 80 年代以来儒学研究的复苏与传统文化热。从 1978 年到 1980 年初，在一年多的时间里，全国 30 多家报纸杂志共计发表有关孔子的文章 50 多篇，对孔子的政治、伦理、教育、人道主义思想进行了全面的探讨。研究者以尊重历史的态度，按照历史的本来面目研究孔子及儒学，清理掉加在孔子身上不实之词和莫须有的罪名，重新评价孔子及儒学。新时期的孔子研究，首先是

① 许全兴：《创造中国奇迹的哲学奥秘》，《光明日报》2018 年 2 月 12 日。

在孔子研究领域的拨乱反正。著名的学者庞朴在1978年8月发表《孔子思想的再评价》一文，以历史唯物主义的观点来研究孔子及儒学。该文指出，孔子学说对后世的影响，有消极的一面也有积极的一面，我们不能以一个方面否定另一个方面，不能拿一种作用抹杀另一种作用，必须全面地评价孔子，批判清理孔子的思想及其影响。这篇文章发表后，在国内的学术界、史学界引起较大的反响，众多学者纷纷撰文对儒学进行再评价。庞朴在1980年1月29日的《人民日报》又发表《评三年来的孔子评价》一文，对近三年的孔子评价作了总结与分析，庞朴认为，在孔子研究上的分歧主要集中在观点上，在孔子的评价上要克服一些简单化的理论和方法，如简单使用阶级分析法，忽视其代表的民族利益与个人利益；在人物思想评价上，只突出思想与阶级斗争的关系，不注意其在人类文明进步上的作用；对人物的评价只限于一个方面的意义，不能综合辩证分析；在继承的问题上，只注意其民本性的精华，忽视其真理性的价值。李泽厚关于《孔子再评价》的文章是改革开放新的历史时期对孔子及其思想再研究一篇力作。文章认为科学把握和描述孔子思想所包含的文化—心理结构，是正确解释孔子及其思想的一个途径。文章着重对"礼"与"仁"的结构进行了探讨。孔子的仁学思想是一个具有中国特色的思想模式和文化心理结构，在塑造中国民族性格上留下了重要痕迹。血缘基础、心理原则、人道主义、个体人格是构成这种思想模式和仁学结构的四个因素，整体性特征表现为实践理性，这种实践理性是中国民族文化——心理状态的主要标志。李泽厚认为这种文化——心理结构在历史上曾经起到过重要的进步作用，但是这种文化——心理结构却始终是中国走向工业化、现代化的严重障碍。1981年8月3日严北溟在《文汇报》发表《谈孔子的人道主义》一文，对孔子学说中人道主义精神进行再评价，指出这是一个孔子现代价值的关键问题。孔子在当时的历史背景下，承认奴隶也是人，并根据当时的社会现状提出了一整套的仁政、德治的政治主张，反对刑罚压迫与苛政，缓和阶级冲突，孔子"仁"与"礼"在人道主义原则下结合，成为儒学政治伦理一个重要的组成部分。严北冥指出，儒学中的人道主义属于民族性、民主性精华，在提倡气节、鼓励奋发有为和丰富民族精神文化有积极的作用。随后，刘树勋 1980 年 3 月发表《关于孔子再评价问题》、张岱年 1982 年发表《谈孔子评价问题》、匡亚明同年发表《对孔子再研究和再评价》等文章，从不同的角度对孔子及其学说提出了各自的认识。

1978 年到 1983 年的孔子研究，重点在于拨乱反正，重新确立孔子及其思想的地位，在整体上进行研究与评价。从 1983 年开始，伴随着对孔子研究从整体开始转向孔子思想深入研究，引出了对中国传统文化研究热潮。儒家典籍出版发行，官方以及民间的儒学社团成立，如中国孔子基金会、中国文化书院等先后成立。国内以孔子及儒学为研究对象的学术期刊《孔子研究》在 1986 年创刊。这是国内代表孔子及儒学研究最高水平的专业类学术期刊。各种孔子及儒学研究的学术会议召开，如：1987 年中国孔子基金会和新加坡东亚哲学研究会联合举办了国际儒学学术探讨会；1989 年以及 1994 年孔子诞辰日北京都举办了宏大的纪念会，并且在 1994 年成立了国际儒学联合会。据统计，仅 20 世纪 80 年代十年间大陆学者发表的儒学研究文章超过 1000 篇。儒学研究的热潮直接带动了 80 年代的"文化热"。改革开放不仅带来经济的快速发展，而且打开了国门，引进了先进思想。海外现代新儒家的学术成果和思想被陆续介绍到中国大陆，两岸的文化交流与讨论得以展开，推动大陆"儒学热"。[①] 海外现代新儒家的思想逐渐受到国内学术界的关注，开

---

① 朱维铮在《中国文化研究的新进展》中从"八个表征""三种取向""十个问题""两大焦点"总结 80 年代的"文化热"。"八个表征"是指这场文化大讨论，在研究队伍、研究机构、学术沟通、层面形成、理论模式、争鸣气氛、纵向沟通、既得业绩八个方面出现了"热"；"三种取向"就是：一是关注中国文化的历史进程，超越利害的考虑，从传统本身说明问题；二是关注中国文化的价值判断，从现实出发反思传统；三是关注中国文化的发展趋势，规范传统研究；"十个问题"是指这场文化讨论所关注的重要问题，例如文化的涵盖面、文化的重叠性、文化的特征、文化的结构、文化的发展阶段、文化的空间差异、文化传统的总体、中外文化交流、中国文化世界化和世界文化中国化等；"两大焦点"是指这场文化讨论的关注两个焦点问题：传统儒学问题；二是儒学与现代化的关系问题。（参见宗胜利：《80 年代"文化热"研究综述》，《理论前沿》1996 年第 2 期，第 16 页。）

启了国内对现代新儒家的研究。①

二、改革开放初期关于儒学与现代化的认识与争论

当中国人从"文化大革命"的十年内乱中如梦清醒，张开眼睛看世界的时候，他们恍若隔世，世界真大，信息化时代科技日新月异，而中国表现在物质匮乏的状态似乎与世界的差距比想象得还要大。对于中国的现代化事业，一代又一代的仁人志士为此付出了艰辛的努力，但现代化的进程总是步履维艰，一次又一次被打断。"'文化大革命'的出现乃是文化传统与现代化冲突朝着背离现代化要求方向恶性发展的高峰却是毫无疑问的。"②

改革开放成功开启中国特色社会主义现代化建设道路，给中国的命运带来了新的转机，而传统文化与现代化之间的对立成为困扰人们思想的问题。中华民族是一个有着几千年丰富文化传统的国家，近现代以来，虽然意识形态上的儒学终结，但儒学在中国人思维方式、心理结构、价值观念、风俗习惯的影响仍在，儒学在中国社会上并没有消失或消亡，如何处理传统与现代化建设的关系，这是改革开放初期主要困扰人们的一个思想问题。儒家思想在中国传统文化上的特殊地位，传统文化与现代化关系问题在很大程度上又可以归结为儒家思想与现代化关系上来。

改革开放新时期关于儒学与现代化的认识经历了一个否定之否定的过程。80 年代"文化热"一开始就表现为一种反思传统的批判倾向。国家经济建设的重心由阶级斗争转向经济建设，儒学虽然摆脱意识形态化的窘境，但又面临着"现代与传统"的对立。在那个特定的年代，中国的经济建设既

---

① 主要的代表著作有：郭齐勇、李明化《试论熊十力哲学的性质》（《江汉论坛》1983 年第 12 期）；景海峰《试论熊十力的体用观》（《深圳大学学报》1985 年第 3 期）；李泽厚《关于儒学与"现代新儒学"》（《新华文摘》1986 年第 4 期），《略论现代新儒家》（《中国现代思想史》），何新：《对现代化与传统温暖的再思考——评海外新儒家》，（《社会科学辑刊》1987 年第 2 期）；等。

② 曹锡仁：《中西文化比较导论》，中国青年出版社 1992 年版，第 493 页。

需要理论界为中国落后寻找观念上的原因，也要为现实的政治和经济改革寻求合法性的依据，"文化热"就在这样的背景下产生的。但在 80 年代思想启蒙的话语中，无论是哪种目标，都将儒学视为社会主义现代化建设的罪魁祸首，儒学与现代化是相冲突的，认为中国社会停止不前的原因和现实之中政治、经济的改革阻力都来自中国的传统文化，特别是以孔子为代表的儒学。1985 年，上海师范大学的萧功秦在《文汇报》发表《论传统文化惰性对中国现代化的三重屏障》一文，认为儒家文化是现代化的障碍。20 世纪 80 年代初期，中国内地学者在儒学与现代化的认识上普遍受马克斯·韦伯观点的影响，即接受传统价值体系的人不可能接受现代价值体系的观点，认为儒家文化价值与现代完全不具备共同性，正如李泽厚认为的那样，儒学"始终是中国走向工业化、现代化的严重障碍"。分析这类观点，在传统与现代的关系上，学者们还是顽固坚持了以往"新旧""古今"对立的历史观，将传统与现代化对立起来，只看到了传统文化的时代性，没有看到其中蕴含着民族性的精华。杜维明这样描述当时中国内地关于儒学与现代化的认识：在 20 世纪 80 年代，杜维明在北京高校讲儒学的时候，经常听到这样的议论，中国深受儒学之苦，儒家是封建遗毒，没有它中国的现代化早就实现了，儒学是被认定是中国的现代化的障碍而被排斥的。[①] 美国政治学家列文森在《儒教中国及其现代化命运》一书中断言，君主制结束以后，伴随着西学的冲击，儒学失去存身之处，已经死亡，或者已经被"博物馆"化了。即是说，儒学已无现代价值，只是"博物馆"中的陈列品，供人欣赏的古玩而已。随着中国特色社会主义形成与发展，经济体制改革与中国原有的政治体制、文化体制之间的矛盾越来越尖锐，国内思想观念受西化自由主义的影响，在文化上出现反传统的西化倾向，一度泛滥，以电视上政论片《河殇》的出现最具代表性。

　　20 世纪 80 年代末政治风波之后，西化受阻，传统主义复苏，传统文化热

---

① 　杜维明：《体知儒学》，浙江大学出版社 2012 年版，第 5 页。

出现。汤一介指出："现代化不能只限于科学技术层面，更重要的是应该有文化深层的现代化相配合，其中包括价值观念、思维方式以及对我国传统文化的历史反思等等。"[①]90 年代以后，一大批学者反对民族文化的虚无主义和"全盘西化"的主张，积极从传统文化中挖掘现代化的思想资源，致力于传统文化的继承与弘扬，中国出现"国学热"。学者们开始重视国学价值，加强国学教育设施投入，提高国学基础教育，建立与现实相应的传统文化教育与传承体系。近年来，中小学传统文化教育、大学生语文教育得到全社会的高度重视，并落实到实际行动中。在中国不断向现代化的社会转型中，在寻求克服现代化转型时期人文价值失落的危机，从而避免重复西方现代化老路的思考中，传统文化被得到重视，儒家基本价值被肯定。社会上出现"儒学复兴"运动。

三、改革开放进程中大陆传统文化复苏及儒学热

改革开放以后中国大陆的"文化—思想"经历这样一个发展的转变：由"文化大革命"反思引发文化热，最后发展到反传统的西化思潮大行其道。20 世纪 80 年代的"文化热"在激进西化思潮影响下，由学术思想领域进入到政治文化层，将文化、民族的虚无主义的意识推到全社会，进一步引燃了80 年代末知识青年的浮躁——表现在国家现代化道路选择上的迷茫与对民族传统文化的沉重的思想负担。一场政治风波之后，中国又一次遭到西方集体制裁与封锁，整个中国知识界开始由浮躁转入冷静的思索。人们在那场政治风波看到了主张"全盘西化"的自由主义者险恶的用意，顿时清醒过来。而站在传统与现代的十字路口，中国人开始进行反思，反思自己的文化，当发现西方个人主义的弊端时，于是，复归传统成为时代的呼唤。"进入 90 年代以来，中国内地的文化发生了深刻的转型。""一种新保守精神正在崛起"，这种与目前"冷战后"的新的世界格局紧密联系的"文化思潮既包含着对

---

① 汤一介：《中国传统文化中的儒道释》，中国和平出版社 1988 年版，第 256 页。

80 年代以来的文化运转的反思，又有对五四以来激进话语的反思"。①

到了 20 世纪 90 年代，文化主题出现了"话语转化"，文化界开始出现一股"国学"旗号下的文化保守主义思潮。90 年代主要的是文化保守主义思潮中的"国学热"。近代所指的"国学"是与"西学"相对应，在"西学"的参照下相当而言的民族文化的总称。儒学当之无愧是"国学"之中的瑰宝。经过 80 年代儒学研究热潮的兴起，90 年代儒学成为时代的"显学"②。这个"儒学热"是"国学热"继续，在某种意义上讲，"国学热"就是"儒学热"。如果说在 20 世纪 50 年代到 80 年代儒学及儒学现代化的重心在港台地区及海外，那么改革开放之后，两岸三地之间的交流、国内与国际之间的交流加快了学术与思想的碰撞与交融，大陆儒学研究复苏，得天独厚的人文地理条件和强大研究队伍显示出大陆强劲的势头。在短短的十几年之内，国内儒学研究就有遍地开花的感觉，除高校和科研机构以外，还有各领域、各种身份学者的涌现，渐露"一阳来复"（杜维明）、"贞下起元"（陈来）的迹象。

随着改革开放的推进，港台现代新儒学对大陆儒学研究的"反哺"，推动大陆"儒学热"。在"国学热"的浪潮中，海外的现代新儒学，即第三代现代新儒家们，其中以杜维明、余英时、成中英、陈荣捷为主要代表。在中国改革开放的时代背景下，他们有机会到大陆讲学、进行学术交流，他们现代新儒学的思想和著作对大陆儒学研究产生深远影响。在他们的助推下，人们逐渐破除在儒学现代价值上认识的"左"的思想束缚，推动大陆儒学现代化进程。1986 年 11 月，方克立、李锦全作为课题负责人的"现代新儒家思潮研究"被列为国家社会科学基金重点课题，从而拉开了对大陆对现代新儒家的研究序幕。十年之后的 1996 年，方克立教授在总结这十年现代新儒学研究时指出："没有想到一些大陆学者欣赏、认同以至归宗现代儒学，自称'大陆新儒家'。"③

---

① 方克立：《要注意研究 90 年代出现的文化保守主义思潮》，《高校理论战线》1996 年第 2 期。

② 儒学研究热潮是"文化大革命"极左思潮消退后发生在 20 世纪 80 年代文化界一个显著特征，前文已经对这个问题进行了分析。

③ 方克立：《评大陆新儒家推出的两本书——〈理性与生命〉》，《晋阳学刊》1996 年第 3 期。

这个判断是对当时所谓的"大陆新儒家"群体迅速发展的且影响日益扩大的局面下做出的。在"儒学复兴论"的口号,"大陆新儒家"发展迅速,在当时已有相当的势力和影响。方克立的立场代表了大陆以马克思主义为指导从事儒学研究的学派对现代新儒家以及"大陆新儒家"基本的态度和观点。大陆儒学现代化研究呈现多元化的局面。

"大陆新儒家"是大陆文化保守主义的代表。他们在儒学现代化问题上排斥马克思主义,与中国当代主流意识形态发生龃龉,呈现出鲜明的政治倾向。大陆儒学热在 2004 年形成高潮。2004 年出现了一系列与儒学有关的引人注目的事件:2004 年 5 月,《中国文化经典基础教育诵本》出版之后在全国掀起了"读经热潮"。9 月,许嘉璐、季羡林、任继愈、杨振宁、王蒙发动"2004 文化高峰论坛"并签署保护和发展中国传统文化、弘扬中国人文精神、捍卫世界文明多样性的《甲申文化宣言》。也是在同年 9 月,山东曲阜举行首次由政府主持的公祭孔子大典。12 月"共同的传统:新左派、自由派和保守派视阈中的儒学——暨《原道》十周年会议"举行。……所以这些事实表明,"不仅在学术领域,而且从高层到民间,已经形成一股以尊孔崇儒为核心的文化保守主义社会思潮。"[1] 中国大陆的这种儒学热潮,不仅与当代中国政治、文化、经济发展有着直接的联系,也与 20 多年来,现代新儒家研究所积累的社会资本,是催生这一热潮的重要因素之一。方克立也指出:"这正是港台新儒家进行'反哺'的结果。"[2]

四、现代化背景下的"儒学复兴"与儒学现代化路径

进入 21 世纪之后,随着中国改革开放事业的胜利推进,中国经济实力

---

① 胡治洪:《近 20 年我国大陆现代新儒家研究的回顾与展望》,载《儒学复兴继绝与再生》,中国政法大学出版社 2012 年版,第 233 页。

② 方克立:《致第七届当代新儒学国际学术会议的信》,载《原道》第 12 辑,北京大学出版社 2005 年版。

快速增长，中国现代化建设取得显著成就。中国的快速发展为中华民族的复兴展现出美好的前景。改革开放进程中社会主义市场经济体制的确立，是中国一次深刻的社会转型。在这个社会转型之中，社会收入分配格局化，社会阶层固化，社会意识多元化，社会价值观念多样化。社会物质生活水平的提升，决定了人们在精神生活上多样化，回归传统伴随着"国学"热持续升温，成为 21 世纪前后中国思想文化领域一大特色。民族复兴与文化复兴紧密相连，儒学长期在中国文化之中居于主流的地位，因此，儒学的复兴与中华民族的复兴是分不开的。民族复兴业已在望，在"国学"热潮持续升温的带动下，"复兴儒学"呼声日渐升高。

"复兴儒学"是中国大陆"国学热""儒学热"延续。20 世纪 90 年代以后，儒学复兴渐成潮流，复兴势头不可阻挡，海内外少数学者不断作出"21 世纪是儒学世纪""21 世纪儒学必然在全世界复兴"的判断。新世纪"儒学复兴"思潮甚为复杂，这里面既有意识形态上的"儒学复兴"，也有学术思想上的"儒学复兴"。"儒学复兴"既有文化保守主义的复兴，也有自由主义立场的"儒学复兴"。但更多的大陆学者对儒学现代化持谨慎的态度，认为儒学应该妥善处理与马克思主义的关系，意识形态儒学不可能复兴。但儒学经过现代转化，可以为社会主义现代化服务，成为社会主义文化建设的重要组成部分。

（一）"大陆新儒家"代表儒学现代化的政治转向

在中国大陆的复兴儒学思潮之中出现了一个极端化的儒学研究群体："大陆新儒家"[①]，也有人称之为"新国粹主义"[②]。在当代儒家研究之中，基本

---

① 本书所提到的"大陆新儒家"是方克立教授首先提出并界定的专用概念，特指对 2004 年 7 月贵阳儒学会讲中集体亮相的陈明、康晓光、盛洪等人。他们致力于儒学的政治化与宗教化，提出"儒化中国"等一系列极端主张，具有强烈的意识形态和现实针对性，是当今中国文化保守主义的代表。

② 张允熠：《中国文化与马克思主义》，人民出版社 2015 年版，第 267 页。

上都是围绕现代化展开对研究和讨论的，但有一派人物，他们是反现代化的思想派别，从根本上否定民主、自由等现代价值，试图恢复儒家本位以及儒学道统，恢复儒家的政治地位，建立"王道政治""仁道政治"。他们对孔子及其儒家学说全盘肯定，主张在大陆儒学政治化、意识形态化，试图取代马克思主义的指导地位，其核心观念是"政治儒学"，这个政治、思想派别被称之为"大陆新儒家"。这个思想派别开始出现的时候，表现为还比较微弱和分散，其倡导者政治意图明显且情感宣泄大于理性探讨，因而不被学术界所重视。

"大陆新儒家"是一种儒学原教旨的文化保守主义立场。他们将马克思主义与儒学的关系视为西化与传统之间的对立。"大陆新儒家"坚持"崇儒反马"的文化立场，坚决反对以马克思主义为中国的主导意识形态，这当然是我们应该坚决批判的。

（二）自由主义在儒学现代化立场的转变

海内外自由主义者原来在文化立场上主张"全盘西化"，他们在儒学上是极力否定儒家文化价值的。自由主义西化思潮历经建国、"文化大革命"的批判，其影响在改革开放之初，在中国大陆影响甚为微弱。随着中国的改革开放，国门打开，中国人在"走出去"的同时，也有更多来自国外的，尤其是来自西方欧美的文化、意识对中国给以巨大的影响。

在20世纪80年代的文化热中，中国又一次出现了全盘否定传统和全盘接受西方的文化的倾向，自由主义派基本的文化思路仍然是把中国现代化的最大阻碍归结为儒家思想。许多人对中国以及中国传统文化有一种极端情绪化的倾向，以谈论西方文化作为一种时尚，表现出欲与中国传统文化彻底决裂的态势。这一波的欧美风刮起，究其原因，这与改革开放以后马克思主义在意识形态领域指导地位的弱化，思想领域信仰的危机和价值观混乱有直接的关系。崇洋媚外之风是西化思潮泛滥的温床。西化派就把"文化大革命"的失误归结为儒家封建思想遗毒，继而上升到对传统文化的全盘否定，认为马克思主义及毛泽东思想都是传统思维模式，而传统思维模式的本质就是"封建主义"，并以此为根由，否定传统文化，否定马克思主义、毛泽东思想。在"文化热"出现各种思想流派，如"西体中用"派、新启蒙派、五四运动派、彻底重建派等，反传统的西化派占据相当的比重，成为当时思想界的一大特色。20世纪80年代末期开始出现的西化自由主义思潮是一种极端情绪化的宣泄，是一种激进的政治主张，狂热有余而理性不足，因而在实践上不可行，也就不能称之为一种文化建设思想，却极易陷入民族虚无主义和文化虚无主义的泥潭。世界上没有哪一个国家的现代化是建立对自己的传统否定的基础之上的。"像对民族的精神发展有过如此巨大影响的黑格尔哲学这样的伟大创作，是不能用干脆置之不理的办法加以消除的。必须从它的本来意义上'扬弃'它，就是说，要批判地消灭它的形式，但是要救出通过这个形式获得新的内容。"① 列宁在《青年团的任务》中，指出："应当明确地认识到，只有确切地了解人类全部发展过程所创造的文化，只有对这种文化加以改造，才能建设无产阶级的文化。"② 历史的发展证明，任何一个国家的现代化建设，都不可能超越本国的历史文化的根基。无论哪一种现代化，无一不是建基于本国国情和文化传统之上的。现代化并非只有"西化"一种模式，只有立足于本国传统，积极吸纳世界各国先进文化和经验的现代化，才是正确的现代化之路。

受现代新儒家的影响，海外自由主义者认为儒学在吸收西方的民主、自由、科学进行创造性转化后可以为现代社会服务，解救西方社会的人文危机。相对大陆的自由主义者而言，他们淡化意识形态，站在弘扬中国传统文化的立场上推动儒学复兴，因而取得了一些成就，对国内儒学复兴产生了积极的影响。比如以殷海光、张佛泉等为代表的第二代自由主义者，其原来基本观点是儒学与现代民主政治是根本对立的、不可调和的，中国要现代化就必须扬弃传统文化，但殷海光晚年思想有所变化，从反传统变成一个"非

---

① 《马克思恩格斯选集》第4卷，人民出版社1995年版，第219页。
② 《列宁选集》第4卷，人民出版社1972年版，第385页。

传统主义者"。张灏认为儒家思想有一些思想资源可以为现代社会服务，但也有阻碍现代民主政治发展的因素，其中最具代表性的观点就是"幽暗意识"，即是："发自对人性中或宇宙中与生俱来的种种黑暗势力的正视和省悟。"[1]1989 年之后定居港台的大陆学者金观涛、刘青峰夫妇，在 80 年代提出了中国封建社会的超稳系统结构学说，并以此检视中国封建社会周期性震荡与稳定性之间的关系，揭示儒学是实现中国封建社会超稳定结构的关键与核心要素。1984 年出版的《兴盛与危机》一书对中国封建社会的超稳定假说进行了详细的论证。1999 年出版的《中国现代思想的起源》一书，以超稳定结构与中国政治文化的演变为主要线索论证了儒家意识形态与社会变革之间的互动，指出了儒家思想与中国近现代思想的起源之间的关系，充分肯定了儒学的现代价值。

20 世纪末以后，出现这样的新变化：一方面是有一些儒家学者向自由主义靠拢，另一方面是自由主义者也认识到中国的发展离不开儒家思想的继承。张灏从正面肯定了儒家的现代价值。此外林毓生、李慎之等有同样认识上的变化，随着儒学现代价值得到越来越多的肯定，海内外自由主义者在儒学复兴有着一样的认同，这个群体呈现不断扩大的趋势，其社会影响日增。自由主义正在建立一种儒家式的自由主义，其中代表性的学说有"儒教自由主义""儒家自由主义""中道自由主义"，以及"西儒会融""儒家资本主义"等学说。

（三）儒学在学术上的复兴与现代化

改革之初，学者对儒学的基本态度还是受到"文化大革命"政治批孔的消极影响，对儒学的现代价值认识不足。21 世纪以来，更多的大陆学者在儒学复兴问题上认识到儒学作为过去时代的文化意识，在现代化的今天已经失去了存在的经济基础与社会基础，但是儒学曾是中国人"老祖宗"，其中

---

[1]　张灏：《幽暗意识与时代探索》，广东人民出版社 2016 年版。

的积极内容经过现代转化可以为今天现代化建设服务，为中华民族振兴服务，儒学可以在学术上复兴。儒学经过现代转化可以为当代社会服务，成为社会主义多元文化格局中的一个重要组成部分。国内从事儒学研究与儒学普及的学者，积极构建自己的学说和学术体系如：陈来教授"仁学本体论"、张立文教授的"和合说"、牟钟鉴教授的"新仁学"、黄玉顺教授"生活儒学"等，呈现儒学现代化多样化的发展势头，展现了社会主义社会的多元文化格局。

在当代中国，马克思主义与儒学的关系是大陆儒学复兴与儒学现代化研究必然面对的问题。总结历史经验，作为意识形态儒学不可能复兴，从学术层面上讲，儒学经过创新性的现代转化，完全可以复兴。

第五节　改革开放背景下儒学现代化与马克思主义中国化

在改革开放相当长的一个时期，人们对马克思主义中国化中蕴含的"马克思主义与中国革命的具体实践相结合"已成为常识，但对"马克思主义与中国传统文化相结合"则长期得不到学术界认可，学界就连"马克思主义中国化"这一命题也一度被人为冷处理。这一方面是与当时"一切向前看"的社会背景有关，对传统文化的价值，对革命经验认识不足，继承不够；另一方面是刚摆脱"左"的阴影，人们对"文化大革命"封建文化残余死灰复燃而感到厌恶，也是导致对传统继承不足的原因。随着改革开放推进，中国社会有传统向现代转型，社会利益结构、价值体系以及社会结构呈现多元化，儒学热、儒学复兴的背后是马克思主义在主流意识形态的指导地位逐渐失落和边缘化，从而导致社会意识混乱、价值观错乱、道德滑坡，社会问题层出不穷，问题多多。在中国大陆持续不断的传统文化热，有人将马克思主义与儒学为代表的传统文化对立起来，尤其是结合改革开放以来出现的社会价值观混乱、民族精神失落、道德沦丧等一系列的社会问题,不加思考地归结为马克思主义作为一种外来的文化,在国家权力的保护下取代了儒学位置而导致的。"儒学现代化"在某些专家、学者眼中成为现代新儒家的代名词。因此,儒学与马克思主义的关系成为新的历史时期儒学现代化如何开展争论中的一个焦点。"放弃对终极价值、目标信仰的追求和提供,而是关注具体的局部问题的解决。"[1] 出现这样的思想倾向:在去马克思主义立场上继承儒家道德,从西方"后现代主义""后结构主义""后殖民主义"上针砭现代人文精神的"失落"和"遮蔽";站在新生社会阶层的立场上主张解构、消解和淡化马克思主义主流意识形态。

在 21 世纪要在中国复兴儒学,就不能回避儒学与马克思主义主流意识的关系。对当代大陆的儒学研究者来说,在探讨儒学现代化的过程中,有一个问题是绕不过去的,那就是马克思主义与儒学的关系问题。[2] 方克立教授称其为当代儒学研究的"第一课题"。马克思主义与儒学的现代化取得了一些客观的研究成果,但也出现了一些极端的、不合主流的倾向,如"大陆新儒家"则企图用儒学应该取代马列主义。

儒学现代化坚持马克思主义思想的指导,建设中国特色社会主义文化,既是一条马克思主义中国化的基本经验,也是我们持之以恒的既定目标。在 21 世纪,进行理论创新,推进马克思主义中国化,就要继承与弘扬传统文化,在儒学之中挖掘现代社会需要的思想资源,促进儒学的现代转化。汤一介指出:"我们不能离开中国社会的现实要求,另一方面我们必须使马克思主义中国化,即与中国传统文化接轨,特别是实现与儒学的有机结合。"[3]

---

[1] 方克立:《要注意研究 90 年代出现的文化保守主义思潮》,《高校理论战线》1996 年第 2 期。

[2] 陆信礼:《论方克立的马克思主义儒学观》,《思想理论教育导刊》2016 年第 2 期。

[3] 汤一介:《传承文化命脉推动文化创新》,《中国哲学史》2012 年第 4 期。

一、马克思主义中国化是中国革命、建设和改革取得成功的基本经验

马克思主义中国化在中国落地生根实现中国化解决中国革命、建设和改革的问题。近代以来儒学式微，靠孔夫子解决不了近代中国社会转型面临着民族独立与现代化的历史任务。儒学是与封建生产关系相适应的思想文化，是落后的意识形态。中国近现代社会不断转型，中国逐渐脱离原来封建社会发展轨道，具备某些近代社会的特征，传统儒学出现危机，儒学独尊的时代已经结束。现代新儒家看不到这一点，基于根深蒂固的儒家"道统"意识，虽然他们为传统儒学输入西方现代思想理念，试图恢复儒学传统地位。但是，属于儒学的时代已结束，只有在新的经济基础与政治基础上，经过现代转化，构建新儒学才是儒学现代化方向。现代新儒家不敢面对儒学已经被马克思主义所取代的现实，他们在建构自己学术体系的时候，企图以儒学改造社会，以儒学对抗马克思主义，最终只能流于主观的幻想，不能救国也不能救民。"近代以来的历史表明，中华民族的复兴靠的是中国化的马克思主义的科学指导"，"马克思主义的指导地位不是自封的，而是在同包括现代新儒学在内的各种非马克思主义和反马克思主义思潮争论中取得的。"① 马克思主义仍然是当代及今后中国的指导思想，现代化的实现及民族的复兴都必须继续坚持马克思主义基本原理与中国具体实际结合，以中国化的马克思主义指导我们的实践，这一点是必须坚持的原则。

马克思主义中国化不仅要与中国实践相结合，还需要与中国历史文化结合，主要是与儒学实现结合。这种结合不是去引证儒家文化之中的某些思想资料去证明马克思主义的真理性，如"西学东源"之说；也不是用马克思主义的理论框架去整理与裁剪儒学思想，分割儒学，二者的关系不是引证与注释的关系。

---

① 许全兴：《百年中国哲学革命》，人民出版社 2015 年版，第 426—427 页。

二、马克思主义与儒学结合推进马克思主义中国化与儒学的现代转化

儒学作为一种旧时代的文化意识，属于它的时代已经结束。近现代中国社会转型中儒学出现危机，不断遭到批判，直至从意识形态独尊地位跌落。近代以来儒学现代化就是儒学实现自我变革，适应新的时代的过程。任何一种学说能否复兴关键取决于其自身能否适应社会变革实现现代转化。

中国共产党没有中断儒家文化，而是儒家文化的继承者与弘扬者。马克思主义中国化进程中对儒学的批判吸收既是马克思主义中国化的需要，也是儒学现代转化的需要，马克思主义中国化与儒学的现代转化相互促进是中国共产党对儒学现代化的贡献，是儒学现代化的一条基本经验。马克思主义与儒学的结合，是立足当代中国和世界的现实，运用马克思主义对儒家文化进行总结、概括与吸收，将儒学中有而马克思主义中没有的等加以吸收和改造，补充到马克思主义之中，用以指导当前中国的实践。儒学因马克思主义先进思想的指导与引入，实现现代转化，儒学并在现实生活中发挥积极作用。

改革开放背景下，继续推进马克思主义中国化与儒学的现代转化，既是对马克思主义中国化的基本经验，也是儒学现代化的基本经验。弘扬传统文化，建设社会主义新文化中，挥儒学在现代社会发展作用，实现当代的儒学现代化是每一个热爱民族文化、关心儒学发展、致力于儒学现代化学者的共同心愿。

本章小结

中华人民共和国的成立标志着争取民族独立的新民主主义革命任务的完成和社会主义革命的开始。社会主义制度在中国确立为全面现代化开辟了宽

阔的道路，提供了制度上的保障。新中国成立之后，共和国主要精力是医治战争创伤，恢复国民经济，为全面社会主义建设进行各种准备。从 20 世纪 50 年代中期开始，随着"双百"方针的制定，新中国文化建设空前活跃与繁荣，儒学研究启动，学者们开始在学术层面认识与讨论儒学的现代意义。但是，党的思想路线偏离实事求是的轨道，"左"的思想发展导致儒学正常学术研究受到政治运动的干扰，对传统批判大于继承，对儒学的现代价值认识不足，儒学现代化进程中断。一批流亡在海外的现代新儒家们面对儒学"花果飘零"的凄惨局面，以延续儒学命脉、弘扬传统目的，推动儒学发展在海外延续。唐君毅、牟宗三、刘述先、成中英、余英时、杜维明是代表人物。1978 年之后大陆实现了拨乱反正，改革开放事业胜利推进，现代化建设取得较快进展，中国社会实现了从计划经济向市场经济的转型。从 80 年代开始出现文化热，90 年代表现为儒学热、国学热，以及 21 世纪初的"儒学复兴"思潮。这些与传统文化有关的热潮是中国现代化建设进程中必然出现的一种文化现象。它表明任何一个国家的现代化都离不开对传统文化的继承。21 世纪，儒学现代化面临着新的发展机遇。在儒学复兴上存在者文化保守主义、自由主义和马克思主义的不同倾向与流派，呈现改革开放年代意识多元化、价值多元化的复杂态势。21 世纪的新儒学必须适应服务社会主义现代化建设。与当代中国社会主义社会相适应，21 世纪的新儒学为此必须摒弃不合时宜的糟粕，挖掘具有现代价值的积极成分，并积极借鉴与吸收世界其他先进文化，构建中国特色社会主义社会的新形态。

第六章
当代儒学现代化的必要性、原则及途径

中国近现代社会转型中的儒学现代化经验告诉我们，近代以来传统儒学赖以生存的封建经济基础逐渐瓦解，失去封建专制主义制度的庇护，影响日渐式微，失去在传统社会的中心位置，淡出人们的视野是历史的必然。当今社会的经济基础、上层建筑都发生了显著的变化，再想还原儒学原来的位置，恢复儒学在社会生活领域的道统地位是不可能实现的。儒学要生存，就必须适应社会转型，面向现代化，以开放包容的胸怀不断吸收其他先进文化成果实现创新性发展与创造性转化。中国特色社会主义加快了中国现代化进程，为中国特色社会主义文化的繁荣奠定了经济基础，提供了政治保障。当代儒学现代化是中国特色社会主义文化建设中一个不可或缺的组成部分。现代转化之后的儒学为中国特色社会主义建设服务，为中国现代化事业提供思想资源和智力支持。

第一节　当代儒学现代化的必要性与可能性

中国的发展离不开传统的继承，儒学也必将随着中国现代化进程不断实现现代转化。当代儒学现代化是社会主义文化建设的重要组成部分，它是儒学现代化在新的历史条件下的继续发展，它吸纳世界上所有先进文化，既不

是抗拒西方文化的保守主义闭门造车，也不是以古非今的文化复古，也是不排斥现代文明的本土化创造，而是在马克思主义指导下，在批判继承传统的基础上以开放包容的方针，积极吸纳世界一切先进文明的创新性发展与创造性转化。当代儒学现代化是社会主义文化建设的不可或缺的组成部分。

一、儒学是社会主义文化建设不可缺失的资源

儒学是中国文化的主干，在中国传统文化占据主导位置，是中华民族精神的"根"与"魂"。儒学现代化的经验告诉我们，中国的发展离不开儒学，儒学在中国的革命、建设和改革曾经发挥着重要的作用。随着中国现代化进程加快，中华民族即将实现伟大复兴，现代转化之后的儒学将在文化复兴中扮演重要角色，将在社会主义文化建设发挥重要作用。

（一）儒学是社会主义文化的植根沃土

儒学可以在中国社会主义文化要解决两方面的问题提供思想资源：一是民族文化信心问题，即如何在现代化、全球化的背景下与西方文化的不断冲突融合中保持中国文化的独立性，展现中国文化的特色；二是继承中华优秀传统文化，弘扬传统美德。在文化继承与变革上，"全盘西化"和文化保守两种不同思潮，自近代以来，一直困扰着人们。这是社会主义文化的建设应该认真思考的两个问题。随着中国现代化建设事业的推进，在当今社会显得尤为迫切。儒学在现代社会完全可以促进社会进步，儒学的价值观念对解决现代工业文明发展所带来的弊端所起的独特作用，已被东亚诸国的事实所证明。儒学是中国特色社会主义文化建设的植根沃土，儒家优秀的文化资源可以挖掘与整理转化成为当代儒学现代化的重要内容，是社会主义文化的重要组成部分。

（二）儒学是涵养社会主义核心价值观的文化源泉

儒家传统文化之中蕴含丰富的有深刻哲理格言警句，激励人们砥砺前行

的名人轶事，儒家文化以它特有的冷静深邃的忧患意识，以及海纳百川、包容异质的博大胸怀，以睦邻友好、休戚与共的共同体意识，以反对穷奢极欲、天下大同的和平理念，对中华民族民族精神的培育，民族传统美德的形成起到了重要的推动作用，当代的儒学现代化就是要把儒家这些具有民族性精华结合当今的时代特点，有机融合起来，将儒家蕴含的积极因素、价值观念、传统美德、道德规范注入到人们的行为方式和生活方式中去，为社会主义核心价值观构建提供精神滋养。

社会主义核心价值观是社会主义核心价值体系的集中体现，本身就是中国几千年优秀文化的精髓和社会主义本质有机结合，反映了社会主义意识形态的本质与核心。儒家学说博大精深，源远流长，在当今具有不可泯灭的当代价值诸如"仁爱、重民本、守诚信、崇正义、尚和合、求大同"等丰富的思想精华和道德精髓，可以为社会主义核心价值观培育与践行提供丰富的文化滋养，正如习近平总书记指示的那样要使中华优秀传统文化成为涵养社会主义核心价值观的重要源泉。当代的儒学现代化要在社会主义核心价值观培育与践行上发挥应有的作用，发挥儒家思想中国人心理与行为"日用而不知"的作用，积极弘扬儒家思想精华，推进当代的儒学现代化。

（三）儒学是新时代治国理政的思想资源

新时代国家对文化建设高度重视。从传统文化之中吸取治国理政的智慧是新一届党中央明的特点。这不仅表现在习近平总书记讲话之中对传统文化格言准确、灵活运用上，还体现在文化高度重视，在文化建设上指出发展方向上。在纪念孔子诞辰的 2565 年的国际儒学联合大会上，习近平总书记亲自到会并发表了重要讲话。他指出："优秀传统文化是一个国家、一个民族传承和发展的根本，如果丢掉了，就割断了精神命脉。""包括儒家思想在内的中国优秀传统文化中蕴藏着解决当代人类面临的难题的重要启示。"[1] 挖掘

---

① 习近平：《在纪念孔子诞辰 2565 周年国际学术研讨会暨国际儒学联合会第五届会员大会开幕会上的讲话》，《人民日报》2014 年 9 月 25 日，第 1 版。

与整理这些思想宝藏，从传统文化中汲取精髓，"努力实现传统文化的创造性转化、创新性发展。"[1]

（四）儒学为民族复兴和中国梦提供精神支持

习近平总书记指出："实现中华民族伟大复兴的中国梦，物质财富要极大丰富，精神财富也要极大丰富。"[2]传统文化是满足中国人民精神需求的重要思想资源，而儒学在传统文化的位置决定了它必然随着中国人民对丰富精神生活的需要而走进千家万户。从20世纪90年代以来的"儒学热"，直到今天仍然持续，说明了儒学在人民日常精神生活中的不可替代的位置。儒学之中自强不息、经世致用、求实务真的思想为中华民族的生生不息提供精神的滋养，是中国人特有的精神家园。在20世纪30年代，在民族危机时刻，一批学贯中西的爱国知识分子以对儒学的挚爱，为振奋民族精神的需要，在危机时刻分别创立现代新儒学的理论体系，以实现唤起民众，激起民族精神的需要。儒学是中国传统文化的代表与核心，它在中国文化及中国人的位置决定了儒学在民族复兴之路上不会作壁上观，儒学现代转化之后必将在振奋民族精神上作出新的贡献。

二、儒学蕴含可继承的积极因素和现代价值

维护封建专制统治的意识形态儒学已经随着封建社会的解体而终结，但儒学是多层次、多领域的思想体系。儒学之中与封建专制统治相适应的应世、救世主张与观念随着时间的流逝而失去价值，但儒学之中历经岁月磨砺、凝聚的智慧、美德、精神则具有普遍的永恒的价值。现代化的中国离不开传统的继承，儒学这些理念在现代社会具有永恒价值。笔者认为以下几个方面是最具代表性的、最能体现儒学现代价值的核心理念：

---

① 习近平：《习近平谈治国理政》第二卷，外文出版社2017年版，第313页。
② 习近平：《习近平谈治国理政》第二卷，外文出版社2017年版，第323页。

（一）儒家积极入世、经世致用的思想

儒家思想重视实践，儒家哲学是一种"治国平天下"的实践哲学，基本的精神是入世的。中国儒家思想与西方的宗教有着明显的区别，儒家重视现实、现世，不像西方浓重的宗教观念，在迷信上帝，追求虚无的来世。孔子创立儒学开始就把关注点放在现实之中，在面对"礼崩乐坏"的局面下竭力变"无道"为"有道"，为了救世，儒家主张"知其不可而为之"，体现了一份救世的责任。宋明理学是儒学发展的一个重要阶段，无论是追求客观的"理"程朱理学还是对"心学"崇尚的陆王心学，都倡导积极入世、经世致用。随着时间的推移，儒学逐渐僵化，追求儒学形而上的本体代替了对社会现实、对黎民百姓、对天下兴亡的关注，儒学的积极入世的作风以及经世致用的优良传统丧失殆尽，"无事袖手谈心性，临危一死报君王"，儒学熏陶出的是一些只会背诵"子云诗曰"的腐儒，与国事无补。明末清初的黄宗羲、顾炎武、王夫之等人对空谈误国、玄虚无用的宋明儒学进行了强烈的批判，恢复了儒学经世致用的传统，开创实事求是、注重实践的实学。这是明清之际对儒学流弊一次纠偏。明末清初的启蒙思想对近代中国变革有直接的影响。儒家"实事求是""经世致用"思想对中国共产党实事求是的思想路线、理论联系实际的优良作风形成有直接的影响。儒家"经世致用"具有悠久的魅力，时刻提醒和告诫我们做任何事情都不要脱离实际、好高骛远，要心系国家与社会，学有所用，不唯书、不唯上、只唯实，做一些有社会价值的事。

（二）儒家"民本"思想

民本思想在中国有深厚的传统。孟子"民贵君轻"就是一种典型的民本主义思想。荀子把民与君比作水与舟的关系，"水可载舟，亦可覆舟"，可以说是民本思想的真谛。汉代贾谊提出"民者，万世之本"，"民者，至贱而不可简也，至愚而不可欺也。故自古至于今，与民为仇者，有迟有速，而民必

胜之"。他警告统治者"戒之哉！戒之哉！民为政本"。① 我们应该看到，汉代尊孔，儒家思想被封建统治者封为御用思想，先秦儒家之中的民本思想外加了维护一个封建专制的政治因素。在一个封建君主专制的国度里，建立在封建专制体制之上的君王本位，反映在儒家思想中朴素的民本思想最终的目的是为了维护阶级统治，归根结底是为了社稷与君王，这就使得儒家的民本思想陷入两难境地，显现出二重性。两千多年以来，儒学民本思想就在这种二维思想的结构之中，一方面是维护封建君主专制的民本思想，一方面是孔子儒家原始的民本主义思想。在明末清初思想启蒙思想家对封建君主专制进行深刻的批判，就是看到了在君主专制体制下，儒家民本思想的局限，将批判的矛头对准了封建君王，揭露了儒家官学的外衣，展现出儒家民本思想本来面貌，展现出近代民主思想的端倪。如黄宗羲将矛头对准封建君王，指出其"屠毒天下之肝脑，离散天下之女子，以博我一人之产业"，"敲剥天下之骨髓，离散得天下之子女，以奉我一人之淫乐"。② 黄宗羲在书中提出了"君民共治""是非决于学校"的主张，这已是近代民主思想的萌芽了。近代以来，龚自珍、魏源继续用儒学的民本主义作为启蒙的思想武器，对以后的严复、谭嗣同、康有为、梁启超等资产阶级改良派产生了积极的影响。近代当西方民主思想传到中国以后，迅速与儒家民本思想对接，被先进的中国知识分子接受，从而从传统的民本主义出发，走向现代民主主义。当马克思主义在中国传播，中国人在俄国十月革命的实践中看到了这种主义给苏联带来的变化，在这个同中国情况类似的国家里，劳动人民得到解放，消灭了剥削阶级，人人平等实现。儒家民本思想被中国共产党吸收与转化，转化为中国共产党"为人民服务"的党的宗旨、"以人为本"的发展理念以及"人民对美好生活的向往是我们的奋斗目标"的价值观上。在当代社会，儒家"民本""宽容""责任"等理念可以接引"自由""民主""人权"等现代理念成为进入中国现代社会的桥梁，这些理念同样是现代社会的财富。

① 贾谊：《新书·大政上》。
② （明）黄宗羲：《明夷待访录·原君》。

（三）儒家"天人合一"思想的生态价值

"天人合一"思想代表了以中国儒家文明为代表的东方哲学对人与自然关系的认识。这种对自然与人之间相关、依存、统一的认识，虽然也有"天人感应"、等迷信的、因果报应的封建迷信的色彩，但并没有继续演变为尊神的宗教传统。从远古到今天，"天"一直有天命与自然的双层含义，人们信仰的"天"不仅仅代表神灵和上帝，还具有人间最高意志和力量的意涵。儒家强调人与自然在尊重客观规律、敬畏"天"之道的基础之上的和谐相处，做到敬天、畏天、知天。"天"在中国儒家传统文化被伦理化。儒家主张人与自然和谐统一的理念与西方哲学突出人的主观意志的"天人对立"的思想差异反映出在处理人与自然关系上的显著差别，这已是学术界的共识。

"天人合一"是中华民族在几千年繁衍生息中总结出来智慧的结晶，是古代东方文明之中自然观、伦理观、文化观、道德观的综合体现。"天人合一"思想蕴含的独具特色的自然与人和谐相处、相互转化的生态理念对生态文明的构建具有重要的启示。

（四）儒家"天下"观

"天下"的理念是中国儒家文化的显著特征。"天下"早在周朝就已经初步成型，"周朝创造了天下体系，试图把世界看成一个完整的政治单位去治理，而天下体系就是世界制度"。[①]"天下"体系后来被吸收到儒家思想体系之中并逐步形成儒家"天下"观。在古代，因为科学技术条件的制约，以中国为中心去想象世界，它在地理上只是中国狭小中原一部分国土面积而已，但重要的不是"天下"所代表的真实面积，而是中国古人从整体上看问题而显现的"世界意识"与"天下"的情怀，从整体高度去分析与处理华夏民族面临的问题。儒家"天下观"是世界上最早的、最系统的从人类整体角度看

---

① 赵汀阳：《天下体系的一个简要表述》，《世界政治与经济》2008 年第 10 期。

问题的哲学思想，是古代中国人独特的世界观。

今天我们重新重视与发掘儒家文化中"天下观"意蕴，弘扬"天下观"的现代价值，不是要恢复中国古代封建社会以血缘宗法为基础的家国同构社会治理模式，也不是要延续以华夏中心，坚持夷夏之防的狭隘立场，而是立足于当代世界多元化背景与当今世界一体化趋势，在现代民族国家体系里灌注儒家"天下"理念的互助和礼让永久价值，建构起当今世界天下一家的共同体意识，为世界的繁荣进步与人类的共同发展贡献中国智慧。儒家"天下观"展现出来的世界意识与天下视野是习近平总书记人类命运共同体构想的思想渊源，展现出当代中国共产党人对传统文化的继续与弘扬。

（五）儒家忧患意识与担当精神

在周代以前，中国人的精神生活还处在原始性的宗教统治之下，人的精神与行为还在祖宗神、自然神以及"天神"的控制之下，还没有出现理性的分析与判断。但在周以后，随着生产力的发展以及文化的发展，人们开始有了自主意识和自觉精神。中国最早的儒家经典《周易》就是出于对殷周兴衰的"忧患"意识而作，告诫"君子安而不忘危，存而不忘亡，治而不忘乱。"[1]

忧患意识的产生，人不再依赖外在的神转向自身的努力，开始人以自觉的道德精神指导和规范自己的行为。有学者指出"所谓的忧患意识，是指人在精神上的一种自觉，其中蕴含着一种坚强的意志和奋发的精神。"[2]杜维明认为，"中华民族早期，特别是儒学的出现，则体现为一种'忧患意识'。这种'忧患意识'，促使人们对人进行全面的反思。"[3]孔子继承了这种精神，在"天下无道"的春秋时期，孔子对"礼崩乐坏"局面深感忧患。在《论语》之中有多处体现了这种孔子的"忧患"。孟子则明确提出："生于忧患死于安

---

①　《周易·系辞下》。

②　李维武：《20世纪心学开展的三种形态》，载景海峰主编：《儒学的当代发展与未来前瞻》，人民出版社2014年版，第397页。

③　《杜维明文集》第1卷，武汉出版社2002年版，第551页。

乐。"总之，孔子创立的儒学继承了自周以来产生的这种忧患意识，纳入到儒学思想之中，逐渐演化为"以天下为己任"的担当精神。这种忧患意识与担当精神是中国古代知识分子身上的所秉持的、基于儒家思想之中特有的具有不可推卸责任与历史使命产生的。

在中国封建专制社会，儒家这种忧患意识与担当精神虽然是维护封建专制的为目的的，但是"汤武革命"的正当性、以"有道伐无道"的传统道义，儒家忧患意识与担当精神对专制皇权还是有一定的制约作用的，具有现代价值。现代社会了废除封建的人身依附关系，实现了人与人的平等，儒家的"居安思危"忧患意识以及对社会、对政治、对不良风气的批判意识需要我们在继承的基础上认真总结，转化为现代知识分子的担当精神。在现代社会，在面对当下中国社会不良风气，当代中国知识分子不能对此熟视无睹，保持缄默，应该继承儒家的忧患意识与批判精神，以儒家"士不可以不弘毅"的精神，充当人民的喉舌，发出正义的声音，促进社会的公平、民主、自由，使整个民族在不断反省、不断思考之中进步，从而长盛不衰。

（六）儒家"大同"理想

"大同"理想代表是儒家所向往的理想社会，也是孔子思想的重要组成部分①。孔子赞美周礼，把恢复周礼作为自己的追求。但他的理想社会并不是夏、商、周的三代，而是三代以前的尧舜时代。在孔子看来，尧舜的时代才是"尽善尽美"的理想社会。经过发展演变，在《礼记》中《礼运篇》中描述的大同社会是儒家吸收了道家对社会弊病反思的基础上，糅杂了"儒""道""墨"各家思想汇合所创造的社会理想。②"大同"表现为两个方面，

---

① 现代新儒家熊十力认为：孔子思想以五十岁为界，五十岁以后为晚期思想。孔子在晚年创立六经之学，开创"大道学派"，其核心就是"大同"。熊指出："孔子晚年其思想确突变。始作六经，发明首出庶物，贬天子、退诸侯、讨大夫，乃至天下之人有士君子之行。群龙无首，天下一家，可谓大道之行，天下为公。"（参见熊十力：《原儒》，山东友谊书社1989年版，第546页。）

② 陈正炎、林其锬：《中国古代大同思想研究》，上海人民出版社1986年版，第93页。

一个是天下一家，另一个方面是主张消除社会等级、贫富差距。近代康有为对儒学"大同"理想进行重新的释义与阐发，"大同"理想成为近代以来中国改革和革命的理想。"大同"理想一直是中国人民梦寐以求的理想社会，对中国人的影响深远，是近代中国人走向马克思科学社会主义的文化因素之一。

儒家大同思想对近代中国革命产生过重大的影响。"大同"理想是百年中国革命和中国改革的历史逻辑，"天下为公"是近代中国改革与革命的根本动力。在中国近代，大同理想曾经是中国人接受马克思共产主义的传统文化基因。这种文化基因的存在，决定了中国选择什么样的外来思想，也决定了中国人的共产主义实践和宣传的模式。在那个世界里"没有剥削者、压迫者，没有地主、资本家，没有帝国主义和法西斯蒂等，也没有受压迫、受剥削的人民，及黑暗、愚昧落后等。……那时，人类都成为有高等文化程度和技术水平的、大公无私的、聪明的共产主义者，人类中彼此充满了互相帮助、互相亲爱，没有'尔虞我诈'、互相危害、互相残杀和战争等不合理的事情。那种社会，当然是人类史上最好的、最美丽的、最进步的社会。"[1]

以上几个方面只是儒家思想积极因素其中的一部分。博大精深的儒家文化在长期的历史发展之中不断丰富、积累与沉淀，成为优秀中国传统文化之中的主脉，对中华民族精神的形成与发展作出主要的贡献。儒家思想的积极因素除上述的几方面之外，还包括儒家的传统美德、修身观、义利观、诚信观、和谐观，以及儒家中庸思想、大同梦想等优秀的思想资源，是当代文化建设取之不尽的宝藏，蕴含普遍的、永久的价值。[2]

---

[1]　刘少奇：《论共产党员的修养》，《刘少奇选集》上册，人民出版社 1981 年版，第 122 页。

[2]　中央党校的许全兴教授在《关于儒学复兴的若干思考》一文中，对儒学适合现代社会的普遍的、永久的价值总结了十二个方面，其中包括：一、团结统一、独立自由；二、自强不息、刚健有为；三、厚德载物、民胞物与；四、经世致用、实事求是；五、多思审问、知行合一；六、和而不同、执两用中；七、革故鼎新、与时俱进；八、内省修养、止于至善；九、公而忘私、心忧兴亡；十、民贵君轻、以人为本；十一、协和万邦、爱好和平；十二、天下为公、大同理想。以上十二个方面，涵盖了儒学具有现代价值的主要方面，为挖掘儒学现代价值提供了重要的参考。（参见许全兴：《关于儒学复兴的若干思考》，《百年中国哲学革命》，人民出版社 2015 年版，第 425 页。）

三、儒学可以为现代化的社会提供精神滋养

儒家文化是否有价值、有活力，不光仅看到它在中国文明史的地位及影响，还要具体分析现代社会需不需要儒学，能否回应中国在当下及未来所遇到的问题。在现代化的进程中，如何避免西方现代化国家那种"意义丧失"的精神危机？现代生活方式彰显的是工具理性、个人主义极度膨胀，人生意义的失落，理性自觉不断被现实生活剥蚀。在这种情境下审视儒学，在传统中寻找思想资源作出可能的回应，不仅是可能的，而且是现实的、有意义的。"儒学对现代化的作用主要不是工具意义上的助推，而是坚持倡导与现代市场经济相补充、相制约的伦理价值和世界观。"[1] 当代的儒学现代化必须蜕掉它在历史上附着有权力因素的国家意识形态性质，而以其固有的伦理道德思想特质，以作为中国传统文化中具有久远价值的基本精神，儒学在解决现代化遇到的问题，在提高生活意义、人生价值、社会道德、民族凝聚力等方面具有持久的价值。

（一）儒家倡导积极有意义的生活

儒学在倡导积极有意义生活上有积极的作用。儒学就是一种生活儒学，儒家思想塑造促很强适应能力的、世俗的儒家生活方式。在现实中，与世俗生活紧密是儒学的一个特点与优点。"儒学其实是教养，是文明。"[2] 家庭日常伦常生活在儒家生活方式中是最基本、极重要的。家庭之中的父子、夫妇、兄弟构成了儒家道德中的"五伦"中的主要部分，家庭日常生活中充盈着儒家道德理念，即所谓"洒扫应对便是形而上者，理无大小故也"。[3] 家庭里的伦理道德规范，可以扩展到国家、社会的道德规范，家庭是源头、基础。儒家人生意义、道德伦理是在家庭生活的实践中产生的。宋明理学强化

---

① 陈来：《如何看待儒家文化与中国传统文化》，《中国哲学史》2018 年第 1 期，第 24 页。
② 郭齐勇：《儒学与现代化的新探讨》，商务印书馆 2015 年版，第 276 页。
③ 《河南程氏遗书》卷十三。

了儒学的意识形态性质，在国家的"教化"政策下，少儿儒学经学启蒙、科举考试等一整套的与儒家教化相适应的教育体系，儒学逐渐浸润到士、农、工、商的各个社会阶层，并且在人格上完成他们的塑造。儒学经过这种强化，内化于心外化于行，千百年的耳濡目染，已经在潜移默化地影响着中国人的一举一动，成为一种文化心理、一种生活方式、一种意识、一种品格，达到了日用而不知的境界。儒家倡导积极有意义的生活是矫正现代社会普遍存在的"现代病"有所帮助，继承与弘扬儒学这方面的当代价值，是当代儒学现代化的任务之一。

（二）儒学医治现代精神危机启迪人生价值

儒家思想在人生价值方面有大量的论述，可以为人生有价值、有意义生活提供丰富的思想资源。这些资源，对解决现代社会的精神危机有益。18世纪以来，现代化在世界范围内不同程度上的实现，也在不同程度上带来了民主政治、个人自由、科技进步、生产力解放、财富增加，人类社会在价值和制度层面都取得了巨大的进步；但是，在现代社会，特别是现代化已成熟发展的西方发达国家，现代社会也出现了社会风险和精神危机。当代的中国，现代化建设已取得显著成就，西方国家表现出来的某些现代化的社会问题、精神危机在我国也逐渐显露出来。在所有现代化社会问题之中，人生或生命意义的失落是现代性精神危机中的核心问题。人的问题，归根结底是社会的问题。儒学强调的是对人生与生活的自觉，是一个伦理道德思想为核心的，蕴含丰富的观念价值体系。

（三）儒家思想在提高社会公德方面有积极启示

儒学不仅表现在人生与生活层面上，还有表现在社会意义。经过礼乐教化，形成人的社会性，儒学也就有了社会功能。儒家中的伦理道德思想具有久远的生命力，这是儒学在现代社会具有价值集中体现。如儒家主张"人禽之辩""义利之辩""公私之辩""天人之辩"，要克服原始的、本能的、自然的欲望，要有践行人伦道德的伦理自觉，要具备驾驭超越于私己利欲、实现人之尊严、高尚的道德自觉。儒学的这些思想对现代社会具有重要的借鉴与启示意义。

（四）儒家思想在弘扬民族精神、提高民族凝聚力的作用

儒家思想之中深沉"家国情怀"，对爱国主义为核心的民族精神的形成与培育起到了积极的作用。这种"家国情怀"孕育出一种为维护国家和民族利益的道德觉醒，不仅在慎独自律、勤劳简朴、和而不同、中庸之道等基本道德伦理层面对中国人性格塑造起到了关键作用，而且还在"人能弘道""不可不弘毅""舍生取义""杀身成仁"等更高境界中感悟到生命的意义和终极追求，从而达到一种精神层面的满足，这是中国传统文化之中最为珍贵和最具价值的部分。在中国文明史上，儒家滋润了一代又一代仁人志士为民、为国、为民族慷慨付出，死而后已，"先天下之忧而忧，后天下之乐而乐""人生自古谁无死，留取丹心照汗青""家事、国事、天下事，事事关心"等正是这种儒家情怀是中国传统文化的优良基因，激励着一代又一代的中国人。当今，全球化背景下，儒家这些思想资源是复活中国文化最优良的"因子"，培育"文化自觉"的最有价值的思想资源。

总之，儒家思想丰富的人文资源是涵养当代中国人思想的精神家园，对提高文化自觉，增加文化认同，树立文化自信，振奋民族精神，提升中华民族内在凝聚力，具有不可估量的重要作用和意义。

第二节　当代儒学现代化基本原则

习近平总书记指出：对待传统文化要"坚持古为今用、推陈出新，结合新的实践和时代要求进行正确的取舍，而不能一股脑儿都拿到今天来照套照用。"[1]

---

[1]　习近平：《习近平谈治国理政》第二卷，外文出版社 2017 年版，第 313 页。

当代儒学现代化服务现代化，为现代化提供精神食粮与智力支持。它以批判继承、开放包容的文化方针，促进儒学的现代转化，并积极吸纳世界上其他先进文明。中国特色社会主义新时代的儒学现代化与所谓的"大陆新儒家"划清界限，坚决抵制儒学政治化倾向，在新儒学建设之中时刻提醒儒家消极因因素对现代化建设的干扰。

一、儒学现代化为中国特色社会主义服务

中国社会特色社会主义是中国化的马克思主义发展新阶段，是中国共产党在改革开放的实践之中逐渐摸索并最终确立的道路、理论与制度，开辟了中国社会主义建设的新时代，是中国通往现代化必然经历的阶段。在这个新时代，儒学现代化为中国特色社会主义服务，是中国特色社会主义文化建设的重要组成部分。

儒学曾是中国封建社会的主流意识形态，被定于一尊，但是随着封建社会的解体，儒学赖以生存的经济基础和上层建筑都发生了变化，传统儒学的没落是历史的必然，让被马克思主义取代也是历史的必然。时代变迁，当代儒学现代化必须以马克思主义为指导思想，总结儒学政治化、意识形态化的经验教训，拒绝任何将新儒学意识形态化、政治化的企图。在近现代社会转型中，儒学现代化常受到政治的纠缠而意识形态化，不仅对儒学造成很坏的影响，而且阻挠了儒学现代化正常进程，其结果是注定失败。在北洋军阀时期、国民党蒋介石统治时期，都曾经试图将儒学作为维护专制独裁的统治政治工具，以儒学作为思想工具对抗马克思主义中国的传播，将儒学意识形态化，以古非今，大肆尊孔读经，试图重新恢复儒学传统地位，恢复儒学意识形态独尊的位置，以儒学为道统对抗先进思想的引入，维护其专制独裁的统治。将孔子及儒学作为政治统治的手段与策略，结果只能是违背时代精神的倒行逆施，遭到人们的唾弃，最终导致政治上的失败，儒学为复辟与独裁背负骂名，造成更大范围的文化虚无以及"全盘西化"思潮的泛滥。

现代新儒家是近现代儒学现代化的思想重镇，他们在儒学现代化上作出了突出的贡献，但是他们也有很大的不足，其中最主要的就是现代新儒家在对儒学认识缺乏马克思主义立场、观点与方法的分析，认识不到儒学作为旧生产关系的上层建筑一部分已经失去了存在的基础，新的生产关系上必然出现新的文化与之相适应，儒学只有经过现代转化，成为新文化建设的重要组成部分才是儒学唯一的出路。现代新儒家们以振兴中国传统文化反对全盘西化的美好愿望，执着地坚持恢复儒学的正统地位，试图再现儒学社会意识上的主导地位，试图阻挡马克思主义在中国的发展，其结果也就可想而知。

对待儒学也不能以政治的有色眼镜看待，只看到历史上的儒学维护封建专制，在政治上具有反动的一面，将儒学作为旧思想、旧文化、旧伦理、旧道德的代表，作为封建落后的东西从根本上予以否定，进行政治上批判，这是建国之后儒学现代化被迫中断的思想上的主要原因。"文化大革命"之中，在"左"的思想支配下，将正常研究政治化，对孔子及儒学断章取义，以偏概全将孔子及儒学统统视为封建糟粕予以否定，在政治上进行大批判，导致大范围的文化"虚无"主义，也是从一个极端走向另一个极端。20世纪90年代后，文化保守主义势力抬头，所谓的"大陆新儒家"粉墨登场，表现出强烈的儒学政治化倾向，"复兴儒学"其实是儒学在政治上的复兴，试图再一次把儒学作为意识形态以取代马克思主义，喧闹之后很快就销声匿迹，可见，儒学意识形态化并没有多少人真正赞同，意识形态上复兴儒学是不现实的，也是不可能的。

任何国家的现代化都不是在完全抛弃传统文化的基础上建立起来的，相反，越是现代化程度高，越是重视传统文化的弘扬，这已被各国经验所证明，因此，我们不能只看到儒学阶级性与时代性的不足，而看不到儒学民族性等方面的积极作用，否认儒学的现代价值，而放任儒学自生自灭。当代的儒学现代化是深刻总结近代以来儒学现代化的历史经验，对儒学在现代社会的作用，儒学现代化的方向与路径有清醒的认识与准确的定位，正确处理儒学现代化在中国特色社会主义中的位置。中华民族的伟大复兴靠的是中国特色社会主义，当代中国最重要的中国化的马克思主义是中国特色社会主义。新时代的儒学现代化为中国特色社会主义服务，在社会主义文化建设中发挥实际效用与自身价值的体现。在政治方向上，拒绝取代或挑战马克思主义在意识形态领域的指导地位，拒绝意识形态化，"倘若有人想以复兴儒学来抗衡、取代中国马克思主义，那就忘了中国近现代社会发展的最基本的历史经验，就会重蹈前人的覆辙"。[1]

二、当代儒学为中国现代化服务

中国现代化建设为社会主义的文化建设奠定了坚实的基础，为当代儒学现代化建设提供了新的政治、经济基础。改革开放以来，我们终于找到了中国实现现代化的路径，这条路径就是中国特色社会主义现代化建设道路。沿着这条道路前进，中国现代化建设日新月异，离现代化建设目标愈来愈近。中国的现代化是政治、经济、文化、社会全面的现代化，中国社会主义现代化建设为新时代的儒学现代化提供物质基础和制度保证。只有经过现代化的经济建设，包括儒学在内的一切优秀传统文化才有复兴的物质基础。当代的儒学现代化也将为中国的现代化建设提供精神动力和智力支持，为全面实现现代化作出应有的贡献。

百年以来，现代化是中国人民梦寐以求、持之以恒追求的目标。近代中国根本的问题就是现代化，在中国近现代社会转型中，现代化是推动中国实现由传统社会转变为现代社会的根本力量。纵观儒学发展史，儒学曾经先后融合玄学、佛教等外来文化资源之后实现自我创新，将自己推进一个新的阶段。但宋明理学之后，儒学停止了创新，从此裹足不前，儒学也因而失去创新而逐渐僵化。到了明清时期的失去创新活力的儒学压抑个性的生长、窒息新思想的产生，塑造出一个个毫无个性与创新精神的封建的卫道士，严重阻

---

[1]　许全兴：《百年中国哲学革命》，人民出版社 2015 年版，第 427 页。

碍了中国传统社会向近代社会的转型。"任何创新，都需要有独立人格。没有独立的人格，就谈不上创新。"[①] 传统儒学压抑了人个性，因而也就失去了创新，儒学不断僵化，是导致近代儒学危机直接原因。在近现代社会转型之中，先哲们呕心沥血地通过文化创新实现儒学现代化，挽救近代儒学危机也是这种考虑，隐含了通过现代化来解决儒学现代化问题的思考。创新对现代化有着重要推动。现代化依赖创新来驱动，创新促进现代化，现代化与创新互为关系，不可分离。中国的现代化事业推动儒学在新的历史时期继续创新发展，实现现代转化，为当代的儒学现代化发展提供了根本保障。儒学吸纳现代化的成果之后，实现自我创新与转化，可以为现代化提供精神食粮与智力支持，推动现代化事业的不断向前推进。因此，任何固执的、守旧的、不思进取的违背现代化潮流与方向的思想、文化、意识都将被历史所淘汰、抛弃，而只有那些顺应时代的发展、把握时代脉搏的，并融入时代精神，并充分吸纳现代新的新文化才能适应现代化，服务现代化，才是现代的新文化。

三、当代儒学现代化坚持批判继承的方针

批判地继承儒学，一方面，从社会发展阶段上看，儒学是中国封建社会产生的文化形态，是属于旧的社会文化形态。任何社会的文化，都是与那个阶段的生产方式与生产方法相适应的，是那个阶段生产方式所决定的。封建社会的生产方式与方法是分散的以农业经济为主体的社会，现代社会的生产方式与方法是以自动化、全球化、信息化等为主要特征，属于旧的生产方式的文化不经现代转化是不可能适应现代社会的。儒学作为过时的、淘汰的社会生产方式下的文化形态，在现代社会，要警惕儒学中消极、落后、不合时宜的东西混入，对儒学的继承首先要坚持批判继承的方针。另一方面，儒学毕竟是在中国封建社会占据主流位置几千年的学说，它对中国社会、中国文

---

① 许全兴：《〈实践论〉〈矛盾论〉研究综述》，中共中央党校出版社 2013 年版，第 353 页。

化、中国人的影响是根深蒂固的，是潜移默化的，现代化离不开对传统的继承。在现实生活之中，时刻警惕封建儒家消极因素以及封建糟粕，保持清醒的认识，对儒学进行实事求是的分析，在日常社会生活之中防止有人打着儒学的幌子进行各种封建迷信活动、复兴儒学、文化复辟。

四、当代儒学现代化应积极吸收外来文化

当代的儒学现代化积极借鉴与吸纳世界上其他先进文明。任何一种文化或文明要就继续发展，继续前进，要保持生机勃勃的活力，就要不断吸收其他先进文明。儒学是一个不断吸纳外来的文明促进自身现代化的学术体系，儒学自身的发展也是一个不断进行文化交流的结果。近代儒学受到西学冲击，无论是康有为等"托古改制"，还是现代新儒家们"援西入儒"，都是吸收先进文化，将先进的西学与传统儒学结合起来，推动儒学现代化的转型。儒学现代化历史经验告诉我们，儒学现代化的顺利推进取决于对待儒学及其他文化的态度，儒学现代化的先例，无一不是儒学尝试吸收其他先进文化实现自我转换结果。

在现代化建设上，我们应该认识到现代化绝不能在与世界文明相隔绝的状态下实现。同样，儒学现代化也不能在与世界其他的文明割断的条件下实现现代转换。只有充分吸收先进文化，儒学才能将其中的积极因素同现代化结合起来，实现创新性发展和创造性的转化，转化之后的新儒学才能真正融入现代社会，发挥应有价值。

第三节　当代儒学现代化基本途径

中国当代意识形态的主流与指导思想是马克思主义，这一点是毋庸置疑的。新时期，当代的儒学现代化要立足中国现实，面向世界和面向未来，面

向现代化，积极吸收古今中外的优秀历史文化遗产和优秀传统，积极构建社会主义新儒学。社会主义新儒学是当代的儒学现代化主要的形式，它以马克思主义为指导思想，在中国特色社会主义的指导下，是社会主义性质的新儒学，它与社会主义社会的其他儒学现代化的形式有根本的区别。社会主义社会的其他形式的儒学只要适应社会需要，为社会主义服务即可，不要求一定接受马克思主义的指导，因此社会主义社会的儒学现代化是多元的。在现代社会，个人信仰自由，以马克思主义为指导推动新儒学建设，构建社会主义新儒学是我们提倡的，着力建构的，但不是唯一的。信笃儒学，从事儒学弘扬事业，完全是个人自由。当代儒学现代化有多种路径的选择，可以与非马克思主义的新儒学并存。社会主义社会的新儒学是中国特色社会主义多元文化中的一支，完全可以保持自己的特质和气派。

一、以中国化的马克思主义批判改造儒学促进儒学的现代转化

孔子和儒家思想救不了中国，在经过长期的、曲折的过程，在俄国十月革命的助推下，苦苦追寻救国救民真理的中国人发现了马克思主义这个先进理论武器，在马克思主义的指导下，中国革命面貌焕然一新。作为现代文明的马克思主义与封建小农经济基础的儒家文化之间的冲突是必然和长期的，但是也不可否认二者之间有相同或相似的内在联系与本质属性，因此二者的结合也是可能的，同时，近代中国悲惨的命运以及中国人救亡图存的强烈愿望也促进了二者之间的结合。

马克思主义自传入中国以后，从理论变成实践，成功指导了中国的革命、建设和改革，成为我们党长期坚持的指导思想。毛泽东指出："马克思主义必须和我国的具体特点相结合并通过一定的民族形式才能实现。"[1]

---

① 《毛泽东选集》第四卷，人民出版社1991年版，第534页。

马克思主义与儒家结合是一个双向的选择与融合的过程。马克思主义与儒学的结合，不是去引证儒家文化之中的某些思想资料去证明马克思主义的真理性；也不是用马克思主义的理论框架去整理与裁剪儒学思想，分割儒学，也就是说，二者的关系不是引证与注释的关系。先进文化总是善于不断从传统文化之中吸收思想资源和精神养料实现自我创新，扎根于民族文化之中。毛泽东思想的伟大之处就是在马克思主义与中华传统文化之间找到了某些结合点。这个结合过程是马克思主义与儒学为代表的中华优秀传统文化的融合创新过程。儒学与马克思主义之间结合，用中华优秀文化的表达方式与喜闻乐见的语言去阐明马克思主义，儒学因而获得新的内容而实现现代转化，同时马克思主义也具有的中国气派与中国风格实现了中国化。

中国共产党运用马克思主义改造儒家文化是以五四新文化运动为契机和开端的。以毛泽东为代表的中国共产党人在推进马克思主义中国化进程中批判继承以儒学为代表的传统文化，促进了儒学的现代转化，这是儒学现代化一种特殊的方式，一条基本经验。在新时期，马克思主义继续与儒学实现结合，这种结合，就是对儒学思想资源的批判、借鉴、吸收、融通的过程。这个过程是马克思主义的主动结合，是马克思主义中国化推动儒学现代转换，而不是儒学选择吸收马克思主义的过程。马克思主义与儒家传统文化中优秀成分相结合，是产生中国特色社会主义新文化的过程，儒学因为马克思主义的批判吸收获得了现代转化，成为中国特色社会主义新文化重要组成部分。

二、系统研习传统儒学经典重新阐释儒学

儒学是一个博大精深的理论体系，要创新，就先要继承。要系统、全面、深入地研习儒家经典，掌握其基本要义，把握其精神实质。在此基础之上，破除道统论的狭隘眼界，破除传统注经解经的传统的模式，扭转从古至

今对儒学断章取义的弊端，以"六经注我"①的方式，面向现代化，科学解释儒学，构建社会主义新儒学。

当代的儒学现代化，只注意在学理上对儒学现代化进行阐释和思想资源的整合，还是不够的，还必须在系统、全面、学习研究儒家经典，把握其精神实质，跳出传统经学狭隘眼界，赋予儒学全新的内涵。研习儒家经典，把握儒学精神实质，实现儒学的现代转化。当代的儒学现代化解决好以下三个问题：一研习儒家经典，是继承儒学的需要。传统儒学的传承有一套完整的教育、考试与选拔制度来保证，这就是本论文前面提到的封建社会"一体化"的结构。儒学作为维系整个社会运行的核心要素，从儿童进入学堂那一刻起就开始接触儒学，耳濡目染，他所接触的儒学是全方位的，那个时代的人有丰厚的儒学功底。近代封建社会的解体，教育制度的改革、科举的废除，儒学失去了制度的依托，儒学逐渐失去了昔日地位及影响，儒学退回学术，除了少数人专业和有兴趣的人还在学习之外，中国人已经不怎么读儒家典籍了。对一个听起来熟悉，走进陌生的学问，要发展、要创新，首先要继承，就必须全面地、系统地研习儒家经典。"读经热"是近几年争论比较激烈的一个问题，反对者与赞同者，毁誉参半，反映出关于儒学继承的问题，已经引起社会上的争论。二是研习儒家经典的过程，也是一个创造的过程。研习儒家经典，不是对儒家经典的照抄照搬，不是照着讲，而是接着讲。儒家经学体系就是历代儒者根据自己对儒家原典的理解，不断加以注解而形成的学术体系，所以说儒学体系是一个不断吸收、创新与转化的过程。当代的儒学现代化要跳出传统儒家经学窠臼，不受它们思想的束缚，打破传统道统论的狭隘眼界，以"六经注我"的气概，立足于新实践、吸收新内容，创造出适合现代社会的新儒学。三是研习儒学

---

① 笔者认为，所谓"六经注我"总的原则是：立足当代中国和世界的现实，以儒学为社会主义现代化服务，在马克思主义指导下，儒学成为社会主义意识形态建设的支撑意识，在传统儒学基础上促进儒学的现代转化，构建社会主义新儒学。而非迎接社会需要随意注释儒学。

经典，把握儒学精神实质，是实现儒学大众化、实用化、现代化转变的需要。当代的儒学现代化是中国特色社会主义文化建设的一部分，致力于文化复兴，要在治国理政、振奋民族精神、提供精神食粮、培育社会主义核心价值观、规范人民道德生活中发挥实际的效用，就必须实现儒学的大众化、实用化、现代化转变。我们有一批数量相当、专业素养高、造诣深厚的儒学研究队伍，在儒学领域也取得相当大的成就，但这些书斋、大学和研究所的学问与普通百姓日常生活相隔太远，与社会主义文化建设贡献不大。当代儒学现代化要着力改变这种局面，要在儒学典籍现代转化、普及化上下功夫，让儒学真正得到继承。

三、儒学吸收包括世界人类文明成果实现创新性的发展

儒学是春秋末期孔子开创的、一个以"仁""礼"等伦理道德为核心思想的学说体系。汉代"独尊儒术"以后，国家权力因素渗入儒家伦理道德思想体系，儒学政治功能突出，逐渐演变为封建社会的国家意识形态，儒学道德功能向社会层面扩展，从而具备了某些法律功能和宗教性的功能。在中国长期的封建社会，儒家社会生活中一直存在着"出礼入法，礼法相表里"的法律观；儒学有准礼立法，以礼为法、援礼入法的法律的功能，表现出儒家的道德规范成为立法的依据，中国历史上的"名教罪人"，正是叛离或违背儒家教条而受到诛罚的。儒家思想之中宗法意识、法律性质等都具有浓厚的封建意识，内含大量的糟粕，需要借鉴现代文明探照灯，认真清理，仔细鉴别，予以批判继承，才能显现出其蕴含在其中的现代价值与思想精华的部分。

儒学要在新时代有所发展，就必须立足世界全球化与现代化和中华民族伟大复兴的现实，吸取包括马克思主义在内的世界先进文化，实现现代转化。

马克思主义真实性深刻反映了社会存在，是人类一切思想文化成果的合

理继承者和集大成者，是人类实现解放的学说。儒学吸收马克思主义先进思想才能实现自身的现代化，实现儒学与马克思主义之间的结合。儒学与马克思主义之间的结合，包括两个方面：一是二者在想通、相一致的方面的结合，如儒家民本思想、大同构想、平均主义等均可在马克思主义中找到相似的思想资源，从而实现二者的结合；二是马克思主义与儒学各自特有的思想和内容进行互通互补，这是另一种形式的结合。儒学吸收马克思主义的先进思想资源，实现创新，诞生新的文化形态，而将儒学之中丰富的道德人文资源、思想理念和概念加以吸收和改造，丰富马克思主义之中，产生中国化的马克思主义。

吸收先进文明改造儒家传统文化将是一个长期的过程，原因有以下几点：一是文化作为历史积淀的精神现象，具有相对独立性，可能超过政治、经济的发展而成为超前意识，但也可能滞后与政治、经济的发展，表现为顽固性、惰性。尤其是中国这样一个有着几千年文明史的国家，儒家思想根深蒂固，要全面肃清儒家封建残余的影响，还有很长的路要走。"文化大革命"结束之后，邓小平就指出"左"的思想相呼应的是旧文化之中的封建糟粕泛滥，仍然顽固地发挥着它们的影响，"肃清思想政治方面的封建主义残余影响这个任务，……没有能够完成。"[1] 二是经济的快速发展、人民物质生活水平的提高，并不能带来思想、精神层次的自动提升，也不是行政的手段来达到的，儒家传统之中的糟粕不是靠一纸禁令就能彻底根除的。现实生活之中，对儒家文化中残余的消极因素要提高警惕，如果不及时根除，就有可能死灰复燃、逐渐蔓延，对现代化事业造成伤害。因此，当代的儒学现代化要坚持马克思主义等先进文化对儒学的不懈改造，坚持批判继承的方针，积极吸纳现代科学、民主、自由等人文观念及价值理念，建设新时代儒学，谨防腐朽、落后、消极的各种因素对现代化事业的损害。

---

[1] 《邓小平文选》第二卷，人民出版社1994年版，第335页。

四、儒学通过自我革命实现创造性的转化

儒家文化在几千年发展演变中，不断地融合、改造、进步。在儒学发展史上，两次面临外来文化的冲击，对儒学的影响是全方位的，儒学顽强生存下来。近代，在西方文化的冲击下，儒学可谓是历经磨难。在 20 世纪初，儒学在意识形态上的地位随着封建社会的瓦解而终结，儒学成为专制主义代名词在五四新文化运动遭到了彻底的批判，从人们的声讨中在独尊的位置上跌落下来，此后的"孔子羞不能出口"。经过近一个世纪的发展变化，在 20 世纪末中国大陆出现"儒学热"，复兴儒学的呼声不绝于耳。

儒学适应了现代化的挑战，在中国近现代社会转型之中儒学现代化在曲折进行，说明了儒学在几千年的发展中没有中断，本身具有较多的合理性。但是，儒学毕竟是非常古老的思想，其中一部分内容已经不能适应现代社会，这就是所谓糟粕，在现代社会，一定要警惕儒学之中的糟粕，防止现代社会中有人打着"儒学复兴"的幌子贩卖私货，宣扬已经不合时宜的落后思想与观念，扰乱视听；或者传播封建专制思想，为剥削阶级摇旗呐喊；或者企图文化复辟，以儒学取代马克思主义在意识形态的指导地位。当代儒学现代化也要警惕消极因素的渗入，如传统儒家理论对经济行为与经济利益的排斥，对独立个性及自由的忽视，以及与民主法治理念的不契合之处等。我们认识儒学现代转化的规律，才能从根本上把握儒学的发展方向，找到儒学发展路径，才能更好地发挥儒学的现代价值。

儒学现代化就是对儒学做出现代化的解释，儒学现代化不是所谓的"大陆新儒家"的政治主张使儒学取代马克思主义成为现代社会的主导思想，也不是西化自由主义者"全盘西化"去中国化，用西方文化取代儒学，而是儒学着眼于现代化，实现自我革命。当代的儒学现代化是在儒学固有内容对其有现代价值的部分按照现代化的要求做出新释义，在创新性发展与创造性转化之后转化为儒学的新态，使传统儒学在现代社会得以发挥效用，成为社会主义多元文化格局中的一员。

参 考 文 献

一、马克思主义经典著作类

[1] 马克思恩格斯选集（第1—4卷），人民出版社2012年版。

[2] 马克思恩格斯文集（第1卷），人民出版社2009年版。

[3] 马克思恩格斯文集（第3卷），人民出版社2009年版。

[4] 马克思恩格斯文集（第4卷），人民出版社2009年版。

[5] 马克思恩格斯全集（第46卷上），人民出版社1979年版。

[6] 马克思恩格斯全集（第10卷），人民出版社1962年版。

[7] 列宁选集（第2卷），人民出版社2012年版。

[8] 列宁选集（第4卷），人民出版社2012年版。

[9]《毛泽东早期文稿》，湖南人民出版社1990年版。

[10]《毛泽东选集》（第一—四卷），人民出版社1991年版。

[11]《毛泽东文集》（第五卷），人民出版社1996年版。

[12]《毛泽东文集》（第六—八卷），人民出版社1999年版。

[13]《毛泽东书信集》，人民出版社1983年版。

[14] 中共中央文献研究室编：《建国以来毛泽东文稿》（第13册），中央文献出版社1998年版。

[15]《周恩来选集》（上卷），人民出版社1980年版。

[16]《刘少奇选集》（上卷），人民出版社 1981 年版。

[17]《邓小平文选》（第二卷），人民出版社 1994 年版。

[18]《邓小平文选》（第三卷），人民出版社 1993 年版。

[19]《江泽民文选》（第二至三卷），人民出版社 2006 年版。

[20]《胡锦涛文选》（第二至三卷），人民出版社 2016 年版。

[21] 习近平:《习近平谈治国理政》第一卷，外文出版社 2018 年版。

[22] 习近平:《习近平谈治国理政》第二卷，外文出版社 2017 年版。

二、中文著作类

[1] 陈国庆:《中国近代社会转型研究》，社会科学文献出版社 2005 年版。

[2] 陈旭麓:《陈旭麓学术文集》，上海人民出版社 2011 年版。

[3] 陈旭麓:《近代中国社会的新陈代谢》，上海人民出版社 1992 年版。

[4] 陈旭麓:《中国近代史十五讲》，中华书局 2008 年版。

[5] 陈旭麓:《陈旭麓文集》（第 1 卷），华东师范大学出版社 1996 年版。

[6] 任建树主编:《陈独秀著作选编》（第 1—3 卷），上海人民出版社 2014 年版。

[7] 陈正夫、何植靖:《孔子儒学与中国现代化》，福建教育出版社 1992 年版。

[8] 陈来:《陈来儒学思想录》，华东师范大学出版社 2016 年版。

[9] 陈来:《仁学本体论》，生活·读书·新知三联书店 2014 年版。

[10] 陈先达:《马克思主义和中国传统文化》，人民出版社 2015 年版。

[11] 陈先达:《文化自信与中华民族伟大复兴》，人民出版社 2017 年版。

[12] 崔大华:《儒学引论》，人民出版社 2001 年版。

[13] 崔大华:《儒学的现代命运——儒家传统的现代诠释》，人民出版社 2012 年版。

［14］崔龙水、马振铎：《马克思主义与儒学》，当代中国出版社 1996 年版。

［15］陈晋：《毛泽东之魂》，吉林人民出版社 1993 年版。

［16］曹锡仁：《中西文化比较导论》，中国青年出版社 1992 年版。

［17］成中英：《成中英文集》（第 4 卷），湖北人民出版社 2006 年版。

［18］丁伟志、陈崧：《中西体用之间》，中国社会科学出版社 1995 年版。

［19］董士伟：《康有为评传》，百花洲文艺出版社 2010 年版。

［20］丁守和：《从五四启蒙运动到马克思主义的传播》，生活·读书·新知三联书店 1979 年版。

［21］丁守和：《辛亥革命时期期刊介绍》，人民出版社 1982 年版。

［22］邓中夏：《中国职工运动简史》，人民出版社 1953 年版。

［23］杜维明：《儒家传统的现代转化》，中国广播电视出版社 1992 年版。

［24］杜维明：《杜维明文集》（第 1—5 卷），武汉出版社 2002 年版。

［25］杜维明：《现代精神与儒家传统》，生活·读书·新知三联书店 1997 年版。

［26］杜维明：《体知儒学》，浙江大学出版社 2012 年版。

［27］杜维明：《儒家精神取向的当代价值：20 世纪访谈》，北京大学出版社 2016 年版。

［28］杜维明：《二十一世纪的儒学》，中华书局 2014 年版。

［29］方克立：《现代新儒学案》，中国社会科学出版社 1995 年版。

［30］方克立：《现代新儒学与中国现代化》，长春出版社 2008 年版。

［31］方克立：《中国文化的综合创新之路》，中国社会科学出版社 2012 年版。

［32］方克立：《马魂、中体、西用》，人民出版社 2015 年版。

［33］冯契：《中国近代哲学史》，上海人民出版社 1989 年版。

［34］冯友兰：《三松堂自序》，东方出版中心 2016 年版。

［35］冯友兰：《贞元六书》（上、下卷），中华书局 2014 年版。

[36] 冯友兰:《中国现代哲学史》(第7册),广东出版社1999年版。

[37] 冯友兰:《三松堂全集》,河南人民出版社2000年版。

[38] 冯友兰:《中国哲学史新编试稿》(上册),中华书局2017年版。

[39] 冯友兰:《冯友兰自传》,江苏文艺出版社2000年版。

[40] 冯契:《中国近代哲学史》(上、下册),上海人民出版社1989年版。

[41] 冯契:《中国近代哲学的革命进程》,华东师范大学出版社1989年版。

[42] 封祖盛:《当代新儒家》,生活·读书·新知三联书店1989年版。

[43] 范文澜:《中国通史简编》(修订本第1编),人民出版社1965年版。

[44] 费正清:《剑桥中国晚清史》,中国社会科学出版社1985年版。

[45] 韩华:《民初孔教会与国教运动研究》,北京图书馆出版社2007年版。

[46] 韩星:《儒家的现代传承与复兴》,福建教育出版社2015年版。

[47] 韩毓海:《人间正道》,人民大学出版社2011年版。

[48] 韩毓海:《五百年来谁著史——1500年以来的中国与世界》,九州出版社2009年版。

[49] 韩达:《评孔子纪年:1911—1949》,山东教育出版社1985年版。

[50] 贺麟:《五十年来的中国哲学》,辽宁人民出版社1989年版。

[51] 贺麟:《文化与人生》,上海人民出版社2011年版。

[52] 贺麟:《黑格尔学述》,商务印书馆1945年版。

[53] 贺麟:《会通集》,生活·读书·新知三联书店1993年版。

[54] 黄宗羲:《明夷待访录》,中华书局2011年版。

[55] 黄玉顺:《面向生活本身的儒学——黄玉顺"生活儒学"自选集》,四川大学出版社2006年版。

[56] 胡绳:《中国共产党七十年》,中共党史出版社1991年版。

[57] 何怀宏:《选举社会及其终结》,生活·读书·新知三联书店1998年版。

[58] 侯树栋、辛国安主编:《马克思主义中国化的基本经验》,人民出版社 2009 年版。

[59] 干春松:《制度儒学》,上海人民出版社 2006 年版。

[60] 干春松:《康有为与儒学的"新世"——从儒学分期看儒学的未来与发展路径》,华东师范大学出版社 2015 年版。

[61] 干春松:《制度儒学》,上海人民出版社 2006 年版。

[62] 干春松:《保教立国——康有为的现代方略》,生活·读书·新知三联书店 2015 年版。

[63] 干春松:《制度化儒学及其解体》,中国人民大学出版社 2003 年版。

[64] 高瑞泉:《巨变时代的社会思潮与知识分子》,上海古籍出版社 2014 年版。

[65] 葛荣晋:《中国实学研究》,中国社会科学出版社 1992 年版。

[66] 葛兆光:《中国思想史》(第 2 卷),复旦大学出版社 2016 年版。

[67] 郭齐勇:《熊十力思想研究》,天津人民出版社 1993 年版。

[68] 郭齐勇:《儒学与现代化的新探讨》,商务印书馆 2015 年版。

[69] 郭湛波:《近五十年中国思想史》,山东人民出版社 1997 年版。

[70] 郭沫若:《十批判书》,科学出版社 1956 年版。

[71] 耿云志:《近代中国文化转型研究导论》,社会科学出版社 2016 年版。

[72] 龚自珍:《龚自珍全集》,上海人民出版社 1975 年版。

[73] 金冲及:《毛泽东传》(1893—1949),中央文献出版社 1996 年版。

[74] 金春明:《毛泽东思想基本问题》,中共中央党校出版社 2001 年版。

[75] 金耀基:《中国文明的现代转型》,广东出版社 2016 年版。

[76] 金观涛:《兴衰与危机——论中国社会超稳定结构》,法律出版社 2011 年版。

[77] 金观涛:《开放中的变迁——再论中国社会超稳定结构》,法律出版社 2011 年版。

[78] 金观涛:《中国现代思想的起源——超稳定结构与中国政治文化的演变》(第一卷),法律出版社 2011 年版。

[79] 景海峰:《儒学的现代转化:景海峰学术论文集》,孔学堂书局 2016 年版。

[80] 蒋庆:《再论政治儒学》,生活·读书·新知三联书店 1997 年版。

[81] 蒋锐、鲁法芹:《社会主义思潮与中国文化的相遇》,山东人民出版社 2016 年版。

[82] 柯文:《在中国发现历史——中国中心观在美国的兴起》,林同奇译,中华书局 1989 年版。

[83] 钱穆:《中国三百年学术史》,商务印书馆 1997 年版。

[84] 姜林祥:《儒学与社会现代化》,广东教育出版社 2004 年版。

[85] 匡亚明:《孔子评传》,齐鲁书社 1985 年版。

[86] 孔庆东:《1921 谁主沉浮》,重庆出版社 2008 年版。

[87] 康有为:《康有为全集》(第 5 卷),中国人民大学出版社 2007 年版。

[88] 康有为:《康有为全集》(第 1 集),上海古籍出版社 1987 年版。

[89] 康有为:《康有为全集》(第 2 集),上海古籍出版社 1990 年版。

[90] 康有为:《康有为全集》(第 3 集),上海古籍出版社 1992 年版。

[91] 康有为:《康南海自编年谱》,中华书局 1992 年版。

[92] 李培林:《"另一只看不见的手":社会结构转型》,社会科学文献出版社 2005 年版。

[93] 李泽厚:《中国近代思想史论》,生活·读书·新知三联书店 2008 年版。

[94] 李泽厚:《中国现代政治思想史》,天津社会科学院出版社 2003 年版。

[95] 李剑农:《戊戌变法以后的三十年中国政治史》,中华书局 1965 年版。

[96] 李大钊:《李大钊文集(上、下册)》,人民出版社 1984 年版。

[97] 李中华：《冯友兰评传》，百花洲文艺出版社 2015 年版。

[98] 梁启超：《饮冰室合集》，中华书局 1989 年版。

[99] 梁漱溟：《梁漱溟全集》（第 1 卷），山东人民出版社 1989 年版。

[100] 梁漱溟：《梁漱溟全集》（第 2 卷），山东人民出版社 1989 年版。

[101] 梁漱溟：《东西文化与哲学》，上海人民出版社 2011 年版。

[102] 梁漱溟：《中国文化要义》，上海人民出版社 2011 年版。

[103] 林毓生：《中国传统的创造性转化》（第 1 卷第 1 册），生活·读书·新知三联书店 1988 年版。

[104] 刘大鹏：《退想斋日记》，山西人民出版社 1990 年版。

[105] 刘明逵：《中国工人阶级历史状况》，中共中央党校出版社 1985 年版。

[106] 刘述先：《儒家思想开拓的尝试》，中国社会科学出版社 2001 年版。

[107] 刘小枫：《儒教与民族国家》，华夏出版社 2015 年版。

[108] 鲁迅：《鲁迅全集》（第 11 卷），人民文学出版社 1981 年版。

[109] 罗检秋：《近代中国社会文化变迁录》（第 3 卷），浙江人民出版社 1998 年版。

[110] 罗嗣亮：《现代中国文艺的价值转向——毛泽东文艺思想与实践价值新探》，社会科学出版社 2015 年版。

[111] 罗荣渠：《现代化新论——世界与中国的现代化进程》，北京大学出版社 1993 年版。

[112] 楼宇烈：《温故而知新——中国哲学研究论文集》，商务印书馆 2004 年版。

[113] 吕明灼：《儒学与近代以来中国政治》，齐鲁书社 2004 年版。

[114] 吕明灼：《近现代中国思想史论》，青岛出版社 2003 年版。

[115] 吕振羽：《中国政治思想史》，生活·读书·新知三联书店 1955 年版。

[116] 李良玉:《动荡时代的知识分子》,浙江人民出版社 1990 年版。

[117] 戚其章:《晚清社会思潮演进史》,中华书局 2012 年版。

[118] 孙立平:《现代化与社会转型》,北京大学出版社 2005 年版。

[119] 牟宗三:《时代与感受》,鹅湖出版社 1984 年版。

[120] 牟宗三:《中国哲学的特质》,台湾学生书局 1968 年版。

[121] 萧功秦:《儒家文化的困境——近代士大夫与中西文化碰撞》,广西师范大学出版社 2006 年版。

[122] 萧功秦:《危机中的变革——清末政治中的激进与保守》,广东人民出版社 2011 年版。

[123] 萧功秦:《超越左右激进主义——走出中国转型的困境》,浙江大学出版社 2012 年版。

[124] 鄢一龙等:《大道之行——中国共产党与中国社会主义》,中国人民大学出版社 2015 年版。

[125] 杨念群:《五四运动九十年祭一个问题史的回溯与反思》,世界图书出版社 2009 年版。

[126] 杨国荣:《善的历程》,上海人民出版社 1994 年版。

[127] 宋志明、刘成有:《批孔与释孔——儒学的现代走向》,华东师范大学出版社 2004 年版。

[128] 宋志明:《熊十力评传》,百花洲文艺出版社 2010 年版。

[129] 宋志明:《现代新儒家研究》,中国人民大学出版社 1991 年版。

[130] 苏舆编:《翼教丛编》,上海书店出版社 2000 年版。

[131]《孙中山选集》(第 9 卷),人民出版社 1981 年版。

[132] 邵龙宝:《全球化语境下的儒学价值与现代践行》,同济大学出版社 2010 年版。

[133] 尚斌等著:《中国儒学发展史》,兰州大学出版社 2008 年版。

[134] 赵汀阳:《没有世界观的世界》,中国人民大学出版社 2005 年版。

[135] 蔡尚思、方行编:《谭嗣同全集》,中华书局 1981 年版。

[136] 汤志钧编：《康有为政论集》（上、下卷），中华书局 1981 年版。

[137] 汤一介、李中华主编：《中国儒学史（近代卷）》，北京大学出版社 2011 年版。

[138] 汤一介、李中华主编：《中国儒学史（现代卷）》，北京大学出版社 2011 年版。

[139] 汤一介：《中国传统文化中的儒道释》，中国和平出版社 1988 年版。

[140] 唐德刚：《从晚清到民国》，中国文史出版社 2015 年版。

[141] 许全兴：《百年中国哲学革命》，人民出版社 2015 年版。

[142] 许全兴：《中国现代哲学史》，北京大学出版社 1992 年版。

[143] 许全兴：《毛泽东与孔夫子》，人民出版社 2003 年版。

[144] 许全兴：《〈实践论〉〈矛盾论〉研究综论》，中共中央党校出版社 2013 年版。

[145] 许全兴：《毛泽东晚年的理论与实践》，中国大百科全书出版社 1993 年版。

[146] 许涤新、吴承明：《中国资本主义发展史》（第 1 卷），人民出版社 1999 年版。

[147] 许纪霖编：《二十世纪中国思想史》（上卷），东方出版中心 2000 年版。

[148] 许抗生：《儒家思想的过去、现在和未来》，中华书局 2015 年版。

[149] 徐复观：《中国思想史论集》，台湾学生书局 1988 年版。

[150] 徐复观：《中国人文精神之阐扬》，中国广播电视出版社 1996 年版。

[151] 熊十力：《十力语要》，上海书店出版社 2007 年版。

[152] 熊十力：《新唯识论》，中华书局 1985 年版。

[153] 熊十力：《原儒》，上海龙门书局 1956 年版。

[154] 萧延中：《巨人的诞生——"毛泽东现象"的意识起源及中国近代政治文化现象》，国际文化出版社 1988 年版。

[155] 王栻编:《严复集》,中华书局 1986 年版。

[156] 杨明:《现代儒学重构研究》,南京大学出版社 2002 年版。

[157] 杨伯峻:《论语译注》,中华书局 1980 年版。

[158] 颜炳罡:《当代新儒学引论》,北京图书馆出版社 1998 年版。

[159] 姚春鹏:《毛泽东思想与儒学》,山东大学出版社 2012 年版。

[160] 余英时:《现代儒学论》,上海人民出版社 1998 年版。

[161] 余英时:《现代儒学的回顾与展望》,生活·读书·新知三联书店 2012 年版。

[162] 俞祖华、王国洪编:《中国现代政治思想史》,山东大学出版社 1999 年版。

[163] 汪晖:《现代中国思想的兴起》,生活·读书·新知三联书店 2015 年版。

[164] 王祖荣:《晚清变法思想论丛》,连经出版事业公司 1983 年版。

[165] 王韬:《弢园文录外编》,上海书店出版社 2002 年版。

[166] 王德诏:《清代科举制度研究》,中华书局 1984 年版。

[167] 王思隽、李肃东:《贺麟评传》,百花洲文艺出版社 2010 年版。

[168] 王夫之:《船山全书》(第 2 册),岳麓书社 2011 年版。

[169] 王中江:《儒家的精神之道和社会角色》,中华书局 2015 年版。

[170] 王尔敏:《晚清政治思想史论》,广东师范大学出版社 2005 年版。

[171] 王韬:《弢园文录外编》,中华书局 1959 年版。

[172] 汪晖:《现代中国思想的兴起》(第 2 部上卷),生活·读书·新知三联书店 2015 年版。

[173] 汪荣祖:《从传统中求变——晚清思想史研究》,百花洲文艺出版社 2002 年版。

[174] 韦政通:《儒家与现代中国》,上海人民出版社 1990 年版。

[175] 魏源:《魏源集》,中华书局 1976 年版。

[176] 魏源:《海国图志》,中州古籍出版社 1999 年版。

[177] 吴雁南等著:《中国近代社会思潮(1840—1949)》(第2卷),湖南教育出版社2011年版。

[178] 赵吉惠:《中国儒学史》,中州古籍出版社1991年版。

[179] 赵士发:《现代化进程中的马克思主义中国化》,人民出版社2016年版。

[180] 郑大华:《晚清思想史》,湖南师范大学出版社2005年版。

[181] 左宗棠:《左宗棠全集》,岳麓书社1987年版。

[182] 张昭军:《传统的张力——儒学思想与近代文化变革》,吉林人民出版社2004年版。

[183] 张灏:《幽暗意识与时代探索》,广东人民出版社2016年版。

[184] 张灏:《危机中的中国知识分子》,中央编译出版社2016年版。

[185] 张灏:《烈士精神与批判意识》,中央编译出版社2016年版。

[186] 张锡勤:《儒学在中国近代的命运》,人民出版社2011年版。

[187] 张世保:《西化思潮的源流与评价》,华东师范大学出版社2004年版。

[188] 张世保:《大陆新儒学评论》,线装书局2007年版。

[189] 张学智编:《贺麟选集》,吉林人民出版社2010年版。

[190] 张允熠:《中国文化与马克思主义》,人民出版社2015年版。

[191] 张腾霄、张宪中:《马克思主义与儒学》,中国人民大学出版社2000年版。

[192] 张申府:《张申府文集》(第1集),河北人民出版社2005年版。

[193] 张立文:《和合学》,中国人民大学出版社2016年版。

[194] 张之洞:《劝学篇》,吉林出版集团有限责任公司2010年版。

[195] 郑观应:《盛世危言》,华夏出版社2002年版。

[196] [美] 列文森:《儒教中国的现代命运》,郑大华译,中国社会科学出版社2000年版。

[197] [德] 马克斯·韦伯:《新教伦理与资本主义精神》,生活·读

书·新知三联书店 1987 年版。

[198]［美］萧公权：《近代在中国与新世界：康有为变法与大同思想研究》，汪荣祖译，江苏人民出版社 2007 年版。

[199]［美］萧公权：《康有为思想研究》，汪荣祖译，新星出版社 2005年版。

[200]［美］塞缪尔·亨廷顿：《变革社会中的政治秩序》，盛平译，华夏出版社 1988 年版。

[201]［美］塞缪尔·亨廷顿：《文明的冲突与世界程序的重建》，周琪等译，新华出版社 2010 年版。

[202]［美］郭颖颐：《中国现代思想中的唯科学主义》，雷颐译，江苏人民出版社 1995 年版。

[203]［美］莫里斯·迈斯纳：《毛泽东的中国及其发展——中华人民共和国史》，张瑛译，社会科学文献出版社 1992 年版。

[204]［美］罗兹曼：《中国的现代化》，国家社会科学基金"比较现代化"课题组译，江苏人民出版社 1988 年版。

[205]［美］周策纵：《五四运动史》，陈永明等译，世界图书出版公司北京公司 2016 年版。

[206]［英］安东尼·吉登斯：《现代性的后果》，田禾译，译林出版社2000 年版。

[207]［美］查尔斯·泰勒：《现代性之隐忧》，程炼译，中央编译局2001 年版。

[208]［日］依田喜家：《日本帝国主义与中国》，卞立强译，北京大学出版社 1989 年版。

[209]［日］沟口雄三：《作为方法的中国》，孙军悦译，生活·读书·新知三联书店 2011 年版。

三、中文期刊类

[1] 陈国庆：《中国近代社会转型》，《华夏文化》2001 年第 2 期。

[2] 陈文：《关于"文化热"中的几个问题的思考》，《云南社会科学》1990 年第 3 期。

[3] 陈占安：《马克思主义中国化的基本经验》，《新疆师范大学学报（哲学社会科学版）》2015 年第 1 期。

[4] 陈来：《二十世纪中国文化中的儒学困境》，《浙江社会科学》1998 年第 3 期。

[5] 丁成际：《历史、现状与未来——儒学与马克思主义研究的三个面向》，《马克思主义与现实》2012 年第 4 期。

[6] 丁成际：《马克思主义儒学化与儒学马克思主义化之辨析》，《现代哲学》2013 年第 5 期。

[7] 丁守和：《传统文化与当代现实》，《教学与研究》1989 年第 4 期。

[8] 都培炎：《五四时期马克思主义与中国传统文化关系再认识》，《党史研究与教学》2009 年第 3 期。

[9] 杜维明：《全球化条件下文明对话》，《哲学研究》2003 年第 8 期。

[10] 杜维明：《现当代儒学的转化与创新》，《社会科学》2004 年第 8 期。

[11] 方晓珍：《中国近代社会思潮的主要特征》，《安庆师范学院学报（社科版）》2001 年第 6 期。

[12] 方克立：《要注意研究 90 年代出现的文化保守主义思潮》，《高校理论战线》1996 年第 2 期。

[13] 方克立：《评大陆新儒家推出的两本书——〈理性与生命〉》，《晋阳学刊》1996 年第 3 期。

[14] 方克立：《关于马克思主义与儒学关系的三点看法》，《红旗文稿》2009 年第 1 期。

[15] 高华：《近代中国社会转型的历史教训》，《战略与管理》1995 年第

4 期。

[16] 胡伟希:《20 世纪中国三大社会思潮及其当代转型》,《华东师范大学学报》2010 年第 5 期。

[17] 何新:《对现代化与传统温暖的再思考——评海外新儒家》,《社会科学辑刊》1987 年第 2 期。

[18] 何三畏、蒋庆:《当代大儒的乌托邦实践》,《南方人物周刊》2005 年第 29 期。

[19] 韩毓海:《漫长的 19 世纪》,《书城》2009 年第 7 期。

[20] 景海峰:《试论熊十力的体用观》,《深圳大学学报》1985 年第 3 期。

[21] 郭齐勇、李明化:《试论熊十力哲学的性质》,《江汉论坛》1983 年第 12 期。

[22] 郭齐勇:《儒学与中国化的马克思主义及中国现代化》,《马克思主义与现实》2009 年第 6 期。

[23] 郭沂:《国家意识形态与民族主体价值相辅相成——全球化时代马克思主义与儒学关系的再思考》,《哲学动态》2007 年第 3 期。

[24] 蒋庆:《中国大陆复兴儒学的现实意义及其面临的问题》,《鹅湖》1989 年第 171 期。

[25] 蒋庆:《中国大陆复兴儒学的现实意义及其面临着的问题》,《鹅湖》1989 年第 170 期。

[26] 金耀基:《论中国的现代化与现代性》,《北京大学学报》(哲学社会科学版) 1996 年第 1 期。

[27] 孔德永:《中国共产党与传统文化关系之历史考察》,《石油大学学报》(社会科学版) 2001 年第 2 期。

[28] 刘宗贤:《儒学与中国现代化关系的反思以东亚模式为视角》,《齐鲁学刊》2003 年第 4 期。

[29] 林英:《儒学思想讨论会综述》,《中国史研究动态》1991 年第 9 期。

[30] 李翔海:《论中国文化现代发展的三个阶段》,《南开学报》2005 年

第 6 期。

[31] 李泽厚：《关于儒学与"现代新儒学"》，《新华文摘》1986 年第 4 期。

[32] 李先明：《新文化运动时期陈独秀"反孔非儒"的历史重探》，《复旦学报》（社会科学版）2018 年第 1 期。

[33] 陆信礼：《论方克立的马克思主义儒学观》，《思想理论教育导刊》2016 年第 2 期。

[34] 罗志田：《体相和个性：以五四为标识的新文化运动再认识》，《近代史研究》2017 年第 3 期。

[35] 马敏：《有关中国近代社会转型的几点思考》，《天津社会科学》1997 年第 4 期。

[36] 刘惠君：《论中国近代经济、政治法律及文化转型》，《社会科学家》2008 年第 12 期。

[37] 牟钟鉴：《二十世纪儒学的衰落与复苏（上）》，《孔子研究》2008 年第 3 期。

[38] 牟钟鉴：《二十世纪儒学的衰落与复苏（下）》，《孔子研究》2008 年第 4 期。

[39] 戚其章：《从"中体西末"到"中体西用"》，《中国社会科学》1995 年第 1 期。

[40] 欧阳哲生：《在传统与现代性之间——以"五四"新文化运动与儒学关系为中心》，Chinese Culture Research，Edition Summer 2001。

[41] 陶爱萍：《西学、儒学与中国近代社会转型》，《兰州学刊》2008 年第 2 期。

[42] 李三谋：《近代中国对"中学为体，西学为用"的认识历程》，《河北学刊》1986 年第 3 期。

[43] 阮青：《九十年代关于马克思主义与儒学关系问题的研究》，《孔子研究》1998 年第 3 期。

[44] 孙铁骑：《论马克思主义与儒学的融通》，《理论探讨》2013 年第 4 期。

[45] 汤一介：《儒学现代化问题》，《天津社会科学》1991 年第 2 期。

[46] 汤一介：《关于儒学复兴的思考》，《浙江大学学报》（人文社会科学版），2007 年第 4 期。

[47] 汤一介：《传承文化命脉　推动文化创新》，《中国哲学史》2012 年第 4 期。

[48] 田克勤：《马克思主义中国化与中国文化从传统向现代的转化》，《马克思主义研究》2015 年第 9 期。

[49] 徐庆文：《经学解体与儒学的现代转换》，《山东社会科学》2010 年第 2 期。

[50] 徐志祥：《孔子研究四十年(1949—1989)》，《齐鲁刊》1989 年第 6 期。

[51] 文军、童星：《论人类社会发展与三次社会转型》，《湖南社会科学》2001 年第 1 期。

[52] 汪祖荣：《论戊戌变法失败的思想因素》，《近代史研究》1982 年第 3 期。

[53] 王世雄：《中国传统社会的政治特征及其近代转型》，《新东方》1998 年第 5 期。

[54] 王杰：《"马克思主义与儒学的关系"研究综述》，《中共中央党校学报》2008 年第 6 期。

[55] 王杰：《2008·马克思主义与儒学高层论坛综述》，《孔子研究》2009 年第 1 期。

[56] 王杰：《如何对待传统文化》，《理论动态》2009 年第 5 期。

[57] 苏云峰：《张之洞的中国官僚系统民主化构思——对张之洞的再认识》，《近代中国史研究通讯》1989 年第 8 期。

[58] 许全兴：《纪念"五四"新文化运动百周年四题》，《毛泽东邓小平研究》2015 年第 7 期。

[59] 许全兴：《陈独秀与中国传统文化》，《孔子研究》1989 年第 2 期。

[60] 许全兴：《马克思主义中国化的政治层面和学术层面区分》，《论前

沿》2003 年第 18 期。

[61] 许全兴:《"马克思主义中国化"的提出与新文化运动》,《毛泽东邓小平理论研究》2008 年第 3 期。

[62] 许全兴:《"和"真是中国传统哲学的精髓吗?》,《社会科学》2008 年第 5 期。

[63] 许全兴:《论马克思主义与中国传统文化相结合》,《党的文献》2009 年第 3 期。

[64] 许全兴:《关于儒学复兴的若干思考》,《贵州社会科学》2010 年第 2 期。

[65] 许全兴:《中国近现代两大历史任务刍议》,《理论视野》2016 年第 8 期。

[66] 许全兴:《加强历史文化的马克思主义研究》,《理论视野》2017 年第 5 期。

[67] 杨向奎:《孔子的思想及其学派》,《文史哲》1957 年第 5 期。

[68] 杨国荣:《现代化过程中的儒学》,《社会科学》1993 年第 1 期。

[69] 杨国荣:《儒学发展的历史问题》,《孔子研究》2007 年第 1 期。

[70] 杨凤城:《中国共产党对待传统文化的历史考察》,《教学与研究》2014 年第 9 期。

[71] 魏洛:《近代中国割地赔款情况简述》,《教学与研究》1990 年第 5 期。

[72] 宗胜利:《80 年代"文化热"研究综述》,《理论前沿》1996 年第 2 期。

[73] 周桂钿:《儒学的时代化与现代化》,《马克思主义与现实》1997 年第 2 期。

[74] 周桂钿:《关于儒学现代化的断想》,《新视野》2006 年第 5 期。

[75] 张允熠:《马克思主义与儒学异同》,《思想理论教育导刊》2010 年第 4 期。

[76] 赵吉惠:《儒学的现代化与儒学的现代意义》,《咸阳师专学报》

1994 年第 4 期。

[77] 郑大华：《五四新文化运动："多元的文化观念"》，《史学月刊》2016 年第 3 期。

[78] 陈来：《如何看待儒家文化与中国传统文化》，《中国哲学史》2018 年第 1 期。

四、报纸类

[1] 郭建宁：《马克思主义与儒学》，《中国教育报》2010 年 6 月 30 日。

[2] 许全兴：《创造中国奇迹的哲学奥秘》，《光明日报》2018 年 2 月 12 日。

[3] 《劳动节的北京》，《民国日报》1920 年 5 月 1 日。

[4] 李初梨：《十年来新文化运动的检讨》，《解放》（第 24 期）1937 年 11 月 20 日。

[5] 蒋介石：《军人精神教育之精义》1933 年 9 月 12 日。

[6] 《丙戌阳明精舍之行——一蒋庆等人谈儒学当下发展路》，《儒学联合论坛》2006 年 9 月 4 日。

[7] 李一氓：《李一氓同志写给蔡尚思教授的一封信》，《文汇报》1990 年 12 月 26 日。

[8] 《匡亚明认为对孔子要实行"三分法"》，《人民日报》（海外版）1986 年 2 月 19 日。

[9] 王杰：《国学热亦需冷思考》，《中国教育报》2007 年 3 月 20 日。

[10] 王杰：《当前"国学热"兴起的主要原因》，《北京日报》2007 年 6 月 18 日。

[11] 王京生：《中华民族的伟大复兴就是中华文化的复兴》，《中国文化报》2012 年 7 月 10 日。

[12] 陈来：《弘扬中华优秀传统文化的根本指引》，《人民日报》2016 年 9 月 22 日。

[13] 姜义华：《走向现代中华文明的伟大转型》，《人民日报》2016 年 9 月 30 日。

[14] 刘靖北：《"净化空气"要驱散六种歪风》，《解放日报》2017 年 1 月 24 日。

[15] 左玉河：《反传统、激进主义与五四新文化运动》，《中国社会科学报》2017 年 5 月 23 日。

五、资料汇编与论文集

[1] 璩鑫、唐良炎编：《中国近代教育史资料汇编》，上海教育出版社 1991 年版。

[2] 中国史学会编：《中日战争》（四），上海人民出版社 1957 年版。

[3] 中国近代史丛书编写组：《戊戌变法》（第 4 册），上海人民出版社 1957 年版。

[4] 中央档案馆编：《中共中央文件选集》（第 1 册），中共中央党校出版社 1989 年版。

[5] 汪敬虞：《中国近代工业史资料》（第 2 辑），生活·读书·新知三联书店 1958 年版。

[6] 《五四时期爱国运动档案资料》，中国社会科学出版社 1980 年版。

[7] 中央档案馆编：《中共中央文件选集》，中共中央党校出版社 1991 年版。

[8] 中共中央党校党史教研室编：《中共党史参考资料》（七），人民出版社 1979 年版。

[9] 中国史学会编：《第二次鸦片战争》（五），上海人民出版社 1978 年版。

[10] 封祖盛编：《港台海外中国文化论丛——当代新儒家》，生活·读书·新知三联书店 1989 年版。

[11] 新京报编：《科举百年》，同心出版社 2006 年版。

［12］罗荣渠编：《从西化到现代化——五四以来有关中国的文化趋向和发展道路论争文选》，北京大学出版社 1990 年版。

［13］中华孔子学会编：《儒学与现代化——儒学及其现代意义国际学术研讨会论文集》，人民教育出版社 1994 年版。

［14］任重、刘明：《儒学复兴——继绝与再生》，中国政法大学出版社 2012 年版。

［15］滕文生：《儒学：世界和平与发展——纪念孔子诞辰 2565 周年国际学术研讨会论文集》，九州出版社 2015 年版。

［16］景海峰：《儒家思想与当代中国文化建设——"儒家思想与当代中国文化建设"国际学术研讨会会议论文集》，人民出版社 2013 年版。

［17］景海峰：《儒学的当代发展与未来前瞻——第十届当代新儒学国际学术会议论文集》，人民出版社 2014 年版。

［18］许嘉璐：《重写儒学史——儒学现代化版本问题》，人民出版社 2015 年版。

后　记

本书在我博士论文的基础上修改而成。

选择"中国近现代社会转型中的儒学现代化"这个题目作为我的博士论文选题其实由来已久。作为孔子故里人，一直关注并思考儒学的昨天、今天与明天。2015年来北京读博士，这是我人生中一个重要的经历。来到北京之后，沉思之余，常常想到一百年前的北京是一个什么样子？于是两个标志性的事件就不由浮现在眼前：第一个就是五四新文化运动的兴起。一百年前《青年杂志》创刊，标志着以科学与民主为旗帜的新文化运动兴起，它所掀起近代资产阶级思想启蒙在中国近现代史上是一个标志性的大事件，它所承载的"爱国""科学""民主""创造""奋斗"等"五四精神"称为中华民族永久的精神标识，五四新文化运动的发生标志着中国由此进入一个新的时代。第二个标志性的事件就是袁世凯图谋恢复帝制。同样是在这一年，急于当皇帝的袁世凯打起孔子的主意，恢复"读经"，提倡礼制，为封建专制制造声势，在中国掀起一股尊孔复辟的逆流。在这之后，五四新文化运动将批判的矛头对准孔子及儒学，在思想文化领域掀起一场轰轰烈烈的"批孔"运动，从而结束了儒学在意识形态独尊的位置，解除了儒学与封建专制的瓜葛，它所造成的思想解放局面为马克思主义的引入创造了条件，开启了马克思主义中国化的历史进程，中国由此进入一个新时代……

青年时代的汤因比在回忆写作《历史研究》曾经提到这样一段神奇的经

历：第一次世界大战后，汤因比乘东方快车自伊斯坦堡一路西行，行驶在巴尔干岛上古缥缈的高山平原，这一刻使他想起昔日文明的光荣与血腥，一种奇异而壮丽的历史感在心中涌起，他感到"一战"的欧洲和修昔底德写作伯罗奔尼撒战争时代相类似，这种感觉始终萦绕着他，促成完成《历史研究》的写作。类似感觉同样出现在我的身上，影响着我对儒学命运的持续思考：当下各地方兴未艾的文化热潮，儒学成为万众瞩目的焦点，儒学热持续升温；新一届领导人高度重视儒学的继承与弘扬，借鉴与吸收传统智慧成为新时代治国理政思想的重要来源……儒学热持续升温。从1915年算起，一百多年过去了。一百年放在历史的长河中并不算长，但这一百年，对中华民族、对现代化社会转型中国来说，可谓是意义重大、不同凡响，而儒学在这一百年的沧桑巨变是其中的一个缩影。儒学在近现代多舛的命运，儒学现代化经历的沧桑岁月，不能不引起我的极大关注，激发我探索这个过程的学术热情。意识形态的儒学随着清朝的覆灭而走向终结，虽然皇帝没有了，但帝制和专制影子依然存在，封建专制主义残余还在。刚刚踏进民主与共和新时代的中国，社会充满了黑暗与光明、共和与专制、保守与激进的对立与冲突。封建专制主义思想没有得到彻底的根除，社会有一股尊孔势力与人物在积极活动，试图恢复儒学原来地位与影响，各色政治人物也打着尊孔名义积极进行政治复辟……中国大地光怪陆离，你方唱罢我登场，不断冲击着黑暗而古老的中国。社会上，新学说、新思想如同一块石头投入一潭死水一般，在掀起有限的几圈涟漪之后，一切又复归平常。古老中国身体已经跨入共和，但思想还停留在专制时代，尊孔与复辟的结合使先进的知识分子认识到儒学是维护专制的帮凶，是扼杀新思想的刽子手，是导致中国落后的总根源。先进的知识分子对黑暗的社会现实再也无法压抑，但是压抑在知识分子心头的怒火已经难以遏制，一场彻底的思想解放的运动已经酝酿成熟，以《新青年》的创刊掀起的新文化运动终于在1915年爆发了。新文化运动围绕"中国向何处去"、如何自强、如何实现现代化而展开，陈独秀发出了民主与科学的呼喊，犹如闪电袭过沉闷、黑暗、令人窒息的思想界，警醒了正在沉睡的先进中国人。中国开始了一个新的时代，这一切都发生在刚刚过去的一百年……汤因比说过："追求历史的好奇，不仅是一种知识活动，而且是一种感情的经验。"100年关于儒学的历史记忆——这个记忆有很大的曲折，既有悲剧性的健忘，又有主动的忘却——这与中华民族几千年的历史传统的严重断裂有关——整个民族在西方文明的压迫下陷入了困境。如果没有这种历史感，就不会对百年来儒学现代化的发展变迁有任何的学术的兴趣；如果没有这种历史感，就很难展望今后中国文化的走向。认真了解我们的前辈的思考和尝试，你就会对今天中国所进行的所谓复兴儒学的种种急就章是多么苍白和无力。

中国近现代社会转型是从一个封闭落后的农业社会转变为一个开放文明的现代社会，从一个有着两千多年封建传统的专制主义社会转变为现代民主法治的社会，从一个等级森严、尊卑分明的伦理型社会转变为一个公平自由平等的现代社会。中国近现代社会转型受到帝国主义、本国封建专制主义以及官僚买办势力的阻碍，步履艰难。进行反帝反封建的革命，争取民族独立是中国近现代社会转型首要的历史任务。中国特殊国情决定了近现代中国社会的曲折转型，民族不独立严重制约了中国的现代化进程与社会转型。中国近现代社会转型在西方列强侵略以及封建专制制度的制约下，进展缓慢。西方入侵客观上促进了中国资本主义经济的发展，但又阻碍了中国近代社会转型，成为中国革命的对象之一。

儒学是中国文化上的主体，在中国人有着中挥之不去的影响。近代中国社会逐渐转型，中国原来封建社会的经济基础、政治结构以及社会意识都发生了变化，在近现代中国社会转型中儒学失去意识形态独尊的地位，被新的文化意识取代是历史的必然。在中国近现代社会转型中，儒学赖以生存的经济基础以及依附的封建制度瓦解与解体，儒学面临着现代化；同时，近代中华民族国势衰微，国家生灵涂炭，在西方政治、经济与文化的挑战下，中国全面落伍。近代中国在西方侵略下持续的失败，中国一切失败落后的原因很容易被归结为儒学，儒学被视为这种厄运的精神与文化根源而受到质疑、批判乃至否定。西方进步和成功原因归宿为西方文明，从而从全盘否定儒家文化变为全盘接受西方文化。近代中国的兴衰荣辱都能在儒学上不同程度地显现，因此在近代思想文化意识领域一直存在传统与现代、改良与革命、西化与保守之间的冲突与对立。纵观中国近现代社会转型中的儒学现代化进程，儒学现代化的曲折反映出中国近现代社会转型的艰难性；中国近现代社会转型的历史任务决定了儒学现代化的方向。在近现代社会转型中，儒学的变革曾引起封建顽固保守主义者激烈的反抗，恪守祖宗之法与维护儒学道统是守旧势力不可触碰的底线，这也是康有为托古改制、援西入儒，促进儒学现代转化值得肯定的地方。然而无论是康有为对儒学的变革，还是后来现代新儒学的产生，他们都是以维护儒学道统、试图恢复儒学原来地位与影响，他们没有看到属于传统儒学的时代已经结束。只有在新的经济基础与政治制度下，才能建设起新的文化。包括儒学在内的传统文化经过现代转化之后成为新文化的组成部分，从而获得新生命。中国化的马克思主义对儒学的借鉴与吸收，实现马克思主义中国化与儒学的现代转化的有机融合，是近代儒学现代化的一条成功的经验。总之，在儒学现代化上，在不改变旧的经济基础与旧的政治制度的前提下，维持或者恢复儒学原来地位与影响的尝试，也不可能达到目的，真正实现。儒学在中国近现代社会转型中逐渐失落、没落，遭遇近代危机，直至被批判与否定，不断进行着现代转化。思考、求索儒学如何融入、并发力于中国走向现代化的事业，成为近代中国思想运动中的一个突出的主题。众多的学者在挖掘儒学之中具长久或永恒价值的观念因素，以确立中国文化的生命之根；探寻儒学之中可以生长发育出现代生活的思想成分，寻找与现代生活衔接的榫卯，实现儒学的现代转化。他们的努力无论成功与否，都是对近代中国近现代思想运动涌现的那个主题的回应。应该说，这个主题现代仍然在困扰着我们，也激励着我们，召唤更多的学者去进行自己的理论创造。

　　凭借对儒学百年变迁的历史以及儒学未来发展的深切关注，我毅然选择了近现代社会转型视角下的儒学现代化研究作为我博士论文的选题。以近现代社会转型为视角，历史地、长时段地、整体地考察儒学在一百多年时间里的兴衰荣辱，考察儒学经历了一个失去权力庇护被逐渐边缘化的过程，直至从意识形态独尊位置跌落；儒学经历了一个被质疑、被否定、被批判但又迎来发展机遇并重新焕发生机的过程。我的研究就是对儒学现代化这一进程的考察、思考、总结，可以勉强算得上是有着上百年课题的一个小小的回应，为儒学现代化尽一点微薄之力。对于儒学现代化，曾有人对此表示怀疑与担忧：儒学现代化尚有争议，题目敏感；况且凭借你的专业基础和理论素养很难驾驭这样一个题目，纷纷劝我退出。然而，对儒学现代化的非议不正是我研究的必要性吗？考察近现代社会转型中儒学现代化的历史进程，总结儒学现代化的经验，回答社会上一部分人对儒学现代化的质疑，为今天儒学的现代转化提供借鉴，不正是我研究的价值所在吗？至于研究的难度，只要有研究的必要与价值，困难能算什么呢！知难而进，挑战自我，立志做好博士论文是支撑我这一年多来不懈努力的信心与勇气。在论文选题上，许老师给予我坚定的支持，并在接下来的写作中给予我耐心的指导，孜孜不倦的教诲，不厌其烦的指正。对我每次提交的稿子，许老师都用最短的时间，从头到尾，大到逻辑、观点，小到错别字、标点，都给我耐心地修改过来。许老师在学术上求真和务实的态度，严谨、扎实、勤奋的学风，不仅令我辈深深敬佩，引以为自豪与榜样，而且是激励我在今后学术之路奋勇前行的精神动力。谢谢许老师对我多年不懈的教诲及关照，对我一年多来论文写作的耐心细致的指导。每次与导师交流都是难忘的经历，都是难得的学术提升过程。导师对我的关怀与教导将永远铭记在心。我要用我今后不懈的努力来回报包括许老师在内的，所有关心、帮助、支持过我的老师与同学，在这里表示诚挚的谢意。

回顾博士论文的写作过程，至今仍然怀念那种紧张而且充实的生活。我深知自己是半道出家，底子薄，基础差，做好博士论文，缩短与别人的差距，只有付出比别人更多的努力与汗水。每天，将自己关进我的小房子之中，重复简单而充实的写作生活，可谓是"万卷古今消永日，一窗昏晓送流年"。孤灯枯坐，寒来暑往，冬去春来，时光飞逝，转眼间就是一年。我早已习惯这种按部就班的写作，熟悉了这种雷打不动的节奏，享受这两耳不闻天下事的清净。回忆起来，竟然也有点"此间乐，不思蜀"了。在一天恨不能换做两天过的紧张中，在又一个万物复苏、草长莺飞的季节来临之际，论文也逐渐成形了，经过紧张的修改，终于通过各关，顺利通过最终的答辩，获得博士学位。

在这里，再次感谢在中央党校读博期间给予我支持与鼓励的各位老师，受益于他们的教诲，他们扎实的学风以及渊博的知识给我留下深刻的印象，成为激励我奋勇前行的标杆。感谢我的博士同学们，不仅是我们朝夕相处，在学术上、在生活上彼此照应，成为挚友。百名马博同学来自全国各地，在人至中年还能认识这么多好同学和好朋友，实在是人生一大幸事。

感谢我的家人。妻子刘永萍女士独立为我撑起家庭的重担：既要照顾老人，又要带孩子，自身还有繁重的教学与行政工作。为了让我完成学业，她默默地承担这一切，无怨无悔，支撑我顺利完成学业。我日渐年迈的父母也为我分担了许多家务，他们对我殷切的期盼是我奋力前行的精神力量。转眼间儿子已经上中学，我却因为读书缺失了他一半年纪的成长。今后，我将陪伴他的成长，将自己恒心与毅力、勤奋与奋斗品质通过言传身教传递给他，愿他快乐成长，走好人生每一步。

此外，本书在写作过程中还参考了国内外学术界的众多研究成果，文中繁多的注释以及文后"冗长"的参考文献只是其中一部分，还有更多的学术成果被我参考，给我启发，由于篇幅限制，不能一一标注。在此谨向学界各位前辈和同人致以衷心的谢意！

是为记。

郭 瑞

2018 年 5 月 15 日于中央党校

2019 年 4 月 8 日于山东曲阜

责任编辑：赵圣涛

责任校对：吕　飞

封面设计：胡欣欣

图书在版编目（CIP）数据

中国近现代社会转型中的儒学现代化／郭瑞 著 . —北京：人民出版社，2019.7

ISBN 978－7－01－021057－5

I. ①中…　II. ①郭…　III. ①儒学－思想史－中国　IV. ① B222.05

中国版本图书馆 CIP 数据核字（2019）第 146690 号

中国近现代社会转型中的儒学现代化

ZHONGGUO JINXIANDAI SHEHUI ZHUANXING ZHONG DE RUXUE XIANDAIHUA

郭瑞　著

人民出版社 出版发行

（100706　北京市东城区隆福寺街 99 号）

北京中科印刷有限公司印刷　新华书店经销

2019 年 7 月第 1 版　2019 年 7 月北京第 1 次印刷

开本：710 毫米 ×1000 毫米 1/16　印张：25

字数：370 千字

ISBN 978－7－01－021057－5　定价：79.00 元

邮购地址 100706　北京市东城区隆福寺街 99 号

人民东方图书销售中心　电话（010）65250042　65289539